U0638450

**上海文化发展系列蓝皮书**
THE BLUE BOOK SERIES ON
SHANGHAI CULTURAL DEVELOPMENT

# 上海文化产业发展报告
## （2016）

ANNUAL REPORT ON
CULTURAL INDUSTRY DEVELOPMENT OF SHANGHAI
（2016）

## 迈向"十三五"，开创新格局

主 编／荣跃明　花 建

上海社会科学院出版社
SHANGHAI ACADEMY OF SOCIAL SCIENCES PRESS

# 《上海文化产业发展报告（2016）》
# 编委会

**主　编**　荣跃明　花　建

**编　委**　（按姓氏笔画排列）

孙一兵　任仲伦　刘世军　黄昌勇　何建华

陈跃华　胡惠林　胡劲军　胡明华　赵淳怡

任义彪

# 摘　要

《上海文化产业发展报告(2016)》以"迈向'十三五',开创新格局"为主题,全面分析了"十二五"时期上海文化产业的主要成果和经验,以目标为引领,以问题为导向,对"十三五"时期上海文化产业的发展,进行了深入的研究,并且提出了一系列对策举措。

"总报告"回顾了"十二五"期间上海文化产业的成果和问题,以全球化的视野和大量的实证分析,研究了上海文化产业在"十三五"期间的发展背景与重要任务,指出"十三五"期间是中国建设文化强国的关键阶段,上海要成为世界文化创新的枢纽,连接全球文化要素的巨港,面向未来的文化产业引擎。其重点是:培育新型主体,加快文化科技融合;拓展新兴领域,推动跨业融合;结合城市转型,优化空间布局;结合国家"一带一路"战略,提升对外文化开放优势。

"栏目二:文化科技融合　服务实体经济"追踪国内外代表性的前沿科技发展动态,提出上海要把文化科技融合作为文化产业发展的强大动力,在新一代电视、虚拟现实、大数据等领域寻求新的突破;"栏目三:文化金融建设　凸显平台活力"密切关注上海文化金融建设的最新动向,分析了上海文化产权交易所的创新模式,研究了上海文化创意产业的众包模式,提出完善文化金融的要素市场管理等举措;"栏目四:扩大对外开放　增强国际竞争力"强调上海要进一步形成文化对外开放的新优势,研究了中国上海国际艺术节连续举办17届的主要经验,探索了中国上海自由贸易实验区对外文化开放的实施路径,提出了上海在建设全球城市过程的文化产业对策;"栏目五:发展优势产业　拓展新兴领域"聚焦上海文化产业的一系列新兴领域,对上海方兴未艾的特展产业进行了深入研究,对上海网络游戏产业和动漫产业等提出了加强集聚、鼓励原创、增强竞争力等一系列举措；"栏目六：前沿的视角 发展的对策"，以前瞻的视野，研究了上海艺术品产业发展的现状和前景，提出要科学地开发上海郊区民俗文化产业；"栏目七：推动园区升级 提升产业集群"从城市规划、空间布局、产业转型等多重视角，研究了上海文化创意产业园区的类型演化及其选址特征，分析了上海纺织创意产业园等的转型发展，指出了上海文化创意产业园区从 2.0 版迈向 3.0 版的内在规律；"栏目八：借鉴国际经验 优化产业政策"采用了日本和美国学者的研究成果，分析了日本的创意产业和创意城市政策，研究了纽约创意区的生活圈在过去几十年间不断移动和变化的规律。

# Abstract

Annual Report on Cultural Industry of Shanghai ( 2016 ), comprehensively analyzes the key achievements and experiences of Shanghai cultural industry during "China's 12th plan of five-year national development", which main theme is towards "China's 13th plan of five-year national development" and opening a new pattern. Leading by goals and directed by problems, the report does intensive researches on the developments of Shanghai cultural industry in the "13th five-year plan" and provides a series of strategic suggestions.

"General Report" reviews the results and matters of Shanghai cultural industry during "12th five-year plan" with global perspective and numerous case studies, and does research on development background and main tasks, moreover points out it is the key historical stage next few years during "13th five-year plan" for China to be a strong cultural nation, and for Shanghai to be a new global creative culture innovation centre, great cultural harbor which connecting international cultural elements, and cultural industry engine which facing future. To realize these purposes, the core points are: Cultivating new type enterprise and accelerating the cultural integration with science and technology; Expanding emerging field and promoting cross-combination fusion; Integrating development plans with the urban transformation and optimizing space layout; According to national strategy of "the Belt and Road" and enhancing the opening cultural advantages.

Tracing international and domestic Cutting-edge Science and Technology developmental dynamic conditions, "B Ⅱ Compromising Culture and Technology, Servicing for the Real Economy" suggests Shanghai should take the integration of culture into science and technology as powerful strength of cultural industry development and find new breakthroughs in the fields such as new generation TV, virtual reality and Big Date; Paying close attention to the latest trends of financial culture construction, "B Ⅲ Building Cultural Economy, Highlighting Platform Energy" analyzes the innovation model of Shanghai culture assets and equity exchange, and studies the crowdsourcing model of Shanghai creative cultural industry, meanwhile provides suggestions as to complete marketing financial elements; "B Ⅳ Expansion Opening to the Outside World, Strengthening International Competitive Power", it emphasizes that Shanghai should further form the new advantages of cultural opening to the outside world. This part studies the main experiences of holding 17 consecutive terms of China Shanghai International Arts Festival, as well as explores the implementation of opening to foreign culture in Shanghai Free-Trade Zone, and puts forward in the construction of Shanghai cultural industry countermeasures in the process of global city; "B Ⅴ Developing Superior Industry, Exploring New Realm" focus on a set of new areas of Shanghai cultural industry, and do deeply research on latest field like feature exhibition industry, furthermore gives some suggestions for Network Game Industry and Animation Industry, as to enhance collection, encourage originality and strengthen competitive power; With forward-thinking vision, "B Ⅵ Front Edge Perspective, Development Countermeasures" studies the current situation as well as developing prospects of Shanghai Artwork Industry, and gives suggestions as to scientifically explore folk culture industry in Shanghai suburbs; From multiple perspectives such as urban planning, space layout and industrial transformation, "B Ⅶ Upgrading Districts, Promoting Industrial Cluster" analyses the types evolution and locational characteristics of Shanghai creative cultural industry districts developments, and the innovation of Shanghai's textile creative industry districts, moreover points out the internal rules of Shanghai creative cultural industry districts from version 2.0 to 3.0. Using Japanese and American scholars' academic achievements, in this column "B Ⅷ Drawing Lessons from International Experience, Optimizing Industrial Policies", one paper analyzes Japanese Creative Industry and Creative City Policies, while another does research on unceasingly areas shifting and changing rules in the life cycle of New York's creative districts during the past few decades.

# 目  录

# 栏目四：扩大对外开放　增强国际竞争力

# 栏目五：发展优势产业　拓展新兴领域

# 栏目六：前沿的视角　发展的对策

# 栏目七：推动园区升级　提升产业集群

## 栏目八：借鉴国际经验　优化产业政策

# CONTENTS

## I   General Report

## II   Compromising Culture and Technology, Servicing for the Real Economy

# Ⅲ Building Cultural Economy, Highlighting Platform Energy

# Ⅳ Expansion Opening to the Outside World, Strengthening International Competitive Power

# Ⅴ Developing Superior Industry, Exploring New Realm

# VI  Front Edge Perspective, Development Countermeasures

# VII  Upgrading Districts, Promoting Industrial Cluster

# VIII  Drawing Lessons from International Experience, Optimizing Industrial Policies

# 栏目一:总报告

# 1
# 迈向 "十三五" 的上海文化产业建设

内容提要： 本文回顾了"十二五"期间上海文化产业的成果和问题,立足于
大量数据和案例,研究了上海文化产业在"十三五"期间的发展
背景、重要任务和突破重点,指出"十三五"期间是中国建设文化
强国的关键阶段,上海要成为世界文化创新的枢纽,连接全球文
化要素的巨港,面向未来的文创引擎。其重点是:培育新型主体,
加快文化科技融合;拓展新兴领域,推动文化产业跨业融合,形成
竞争优势;发展新型载体;结合城市转型,优化空间布局;结合"一
带一路",提升对外文化开放优势。

关 键 词： 十三五,上海文化产业,战略与重点

---

① 花建,上海文化产业发展报告主编,上海社会科学院文化产业研究中心主任,研究员,长期从
事文化产业、创意经济、城市文化研究和决策服务工作。

## 1.1　"十二五"上海文化产业的回顾

进入"十二五"规划时期以来,上海围绕建设成为国际文化大都市和"设计之都"的战略目标,依托"四个中心"建设和产业要素资源集聚的优势,推动文化产业稳步发展,形成高端产品和原创产品比例逐步提高,产业结构向合理化调整,对实体经济和城市转型升级的贡献力不断提升,继续保持对外文化贸易优势的可持续发展态势。

### 1.1.1　加强宏观推动,实现预期目标

"十二五"时期,上海以2010年世博会为重要起点,进入到发挥"后世博"优势,保持后续动力,推动规模经济的阶段。五年间,上海文化产业向着规模化、集约化和专业化的方向稳步发展。2014年上海文化产业实现增加值1 397.47亿元,占本市GDP的比重为5.93%左右,预计2015年上海文化产业增加值将达1 500亿元左右,跨上一个重要的历史性台阶。

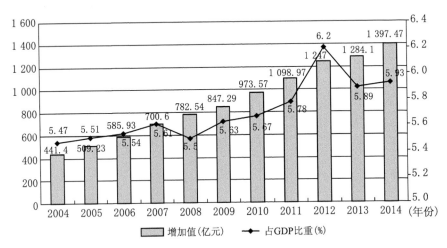

**图1.1　2004—2014年上海文化产业增加值和占 GDP 比重**

资料来源:作者根据历年《上海文化统计概览》的数据绘制,文化产业增加值数据从2014年开始由国家统计局统一核算反馈。

上海市在宏观指导和政策设计方面,充分发挥了"顶层设计"和"摸着石头过河"相结合的实践指导作用,结合上海建设四个中心和国际科创中心的战略步伐,积极落实《文化部、中国人民银行、财政部关于深入推进文化金融合作的意见》《国务院关于加快发展对外文化贸易的意见》等相关文件精神,在2012年8月在全国各省市中率先制订和发布了《上海推进文化和科技融合发展行动计划(2012—2015)》,明确提出上海要突破一批满足文化发展需要的共性关键技术,打造系列体现国际大都市特色的文化科技融合创新示范工程,实现若干关键文化产品和装备的升级和国产化;三年内打造文化科技龙头企业20家,骨干企业100家,上市企业5~7家,年产值达10亿的企业5家,形成全国文化科技融合发展的示范中心和强大引擎。

上海充分发挥国际金融中心的优势,在2014年发布了《上海市关于深入推进文化与金融合作的实施意见》等政策文件,从完善文化金融合作机制、拓展文化金融合作渠道和优化文化金融合作环境3方面着手,提出16项具体举措,包括设立文化创投风险引导基金,连续3年每年安排1亿元,鼓励更多专业化风险投资基金和天使投资基金投资文化小微企业等,为上海文化产业的发展提供了资金动力。上海文化企业在文化科技和金融融合的动力推动下,其规模和能级稳步提高,上海文化企业在北京大学文化产业研究院等评选的中国文化上市公司20强榜单中,占有明显的数量优势。2015年12月,继文化专项财政扶持资金、文化产业引导基金、文化股权投资基金、文化金融创新实验区等文化金融体系建设之后,上海市委宣传部文化改革发展办公室领导在第四届中国文化产业资本大会上表示:上海第一个专注于文化企业的小额贷款公司即将于近期挂牌,成为上海文化金融体系的又一补充①。它不仅将帮助中小微文化产业企业开拓融资渠道,还将通过小贷公司的实验,建立起一套符合文化企业经营规律和资产特点的评级授信办法和申贷体系。

## 1.1.2 服务实体经济,培育"四新"亮点

"十二五"时期,上海市深化落实《国务院有关推进文化创意和设计服务

---

① 《上海文化小贷即将成立  成为上海文化金融体系又一补充》,《中国文化报》2015年12月19日。

与相关产业融合发展的若干意见》,发挥金融中心、经济中心、贸易中心和航运中心的优势,推动文化创意和设计服务为实体经济服务。根据上海产业经济进入到"非典型发展、最典型转型"的阶段性特点,上海依托原有的战略性新兴产业基础,走科技型、智慧型、轻资产、高成长的发展道路,大力培育"四新"——新产业、新业态、新技术和新模式。在这样的大背景下,上海作为联合国教科文组织认定的全球创意城市—设计之都,紧紧围绕活动、金融、人才、基地、联盟、产业六大要素,形成了全球设计之都的生态系统,推动上海的创意设计业成为上海文化产业中增长最快、规模最大的领域之一。

上海文化创意和设计服务业正在渗透到上海经济转型发展的各个领域和产业链的各个环节,既有在上海新兴战略性产业培育阶段的发力作用,又有对优势产业如汽车、高端船舶等所赋予的经济、生态和人文价值,还有对都市型产业如时尚产业开发国际化、体验型新领域的贡献。上海"十二五"期间的重要经济增长点如大飞机、机器人、海洋工程、高端船舶、3D打印、智能穿戴、软件、分布式光伏、都市时尚产业等,都吸收了文化创意和设计服务所提供的大量贡献,成为全球集聚创意和创新资源最为集中的城市之一。上海文化创意设计对上海建设创新城市和中国迈向全球创新大国的贡献,引起了世界范围的关注。2013年10月,英国国家科学艺术基金会NESTA发表长篇研究报告《中国的吸引力状态》指出:中国正如希腊神话中的阿基里斯巨人,迅速成为全球对创新资源最有吸引力的大国,而以上海为中心的长三角城市群密布着各种创新和创意平台,逐步形成优良的产业生态,成为全球最有吸引力的中心城市群之一[1];2014年初出版的英国《每日电讯报》(The Daily Telegraph)上,一份由权威大数据公司全球语言监测机构(The global language monitor)公布的2013年度世界时尚之城排名榜单指出,在全球时尚领域排名榜上,上海已经明显超越了东京和香港,跻身全球第十、亚洲第一。

### 1.1.3  打造新兴产业,培育经济增长点

"十二五"时期,上海积极培育科技含量高、创意含量高的新兴文化产业,

---

[1]  NESTA, China's Absorptive State, Oct 2013, www.nesta.org.uk.

显示了占比大、增长快的特点。2014年,上海以文化软件服务、广告服务、设计服务为主的文化创意和设计服务,提供了增加值600.59亿元,占全市文化产业增加值的37%以上,同比增长11%以上,成为服务实体经济,推动产业和城市双转型的文化产业主力兵团,突出显示了上海作为联合国教科文组织认定的全球创意城市——设计之都的强大实力和规模优势。

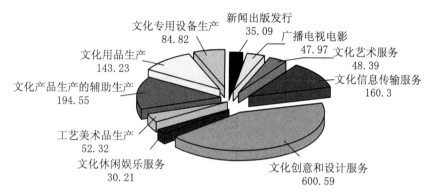

**图1.2　上海文化产业增加值的主要门类(2014年)**　单位:亿元人民币

资料来源:作者根据《上海文化统计概览2015年》的资料绘制。

从"十二五"期间以来,上海文化产业稳步增长,其中科技型、智慧型、数字型的新兴产业增长最快。上海积极贯彻国务院2015年40号文件,把握"互联网+"的重要机遇,推动数字化技术与出版业的融合发展,在互联网期刊、电子书(含网络原创出版物)、数字报纸、微信博客、在线音乐、网络动漫、移动出版(手机彩铃、铃音、移动游戏等)、网络游戏、互联网、在线教育等领域努力拓展新领域和新业态,其中文化信息传输服务,增加值160.30亿元,同比增长8.7%,占上海文化产业增加值的11.4%。上海的数字出版产业多年保持了全国数字出版业的龙头老大。2014年上海数字出版产业再创佳绩,全年营业收入达658亿元,比2013年增长37.5%,高于全国数字出版产业的33.36%的总体增长水平,占全国数字出版业营业收入3 387.7亿元的19.4%[①],提前完成上海"十二五"数字出版规划提出的目标。上海的百视通发展成为国内领先的

---

①　《2014年我国数字出版高速增长　报刊业持续下滑》,新华网,2015年7月15日。

IPTV 新媒体视听业务运营商、服务商,在宽频电视、互动电视、高清电视、手机电视和 IPTV 业务等方面形成了较强的竞争力,实现了总体规模的跨越式增长,名列 2013—2014 年全国文化产业上市公司前 10 强的第 3 名,市值为 408.5 亿①,显示了上海发展文化产业新型业态,从工业文明迈向信息文明的巨大活力和广阔前景。

### 1.1.4 依托自贸区建设,拓展对外开放新优势

"十二五"时期,上海依托上海自贸区先行先试的制度创新优势,努力打造对外文化开放的新优势。上海自贸区以负面清单管理模式和同等国民待遇等为重点,推动投资和贸易自由化,为壮大中国文化对外开放的主体,提供了重要条件。2014 年上海自贸试验区"负面清单"的修订版比 2013 年版实现了大幅"瘦身",由原来的 190 条调整为 139 条。负面清单管理的要义并不在于"负面",而在于国家对同等国民待遇等"正面"义务的承担;其重点不在于"清单"的长短,而在于将非歧视、市场化、贸易投资自由化等作为基本原则;其特色不但要求加强监管,更加强调服务和促进。

上海自贸区率先推出区内企业到境外投资开办企业,实行以备案制为主等创新管理方式,利用国际资金、技术、人才、品牌等,推动更多的中国文化企业进入国际市场,投资、承包和运营海外文化项目,建立横跨境内外的文化服务链、文化价值链、文化产业链。2014 年 4 月,上海市政府公布《中国(上海)自由贸易试验区文化市场开放项目实施细则》,规范管理外商独资演出经纪机构、外商独资娱乐场所、外资企业从事游戏游艺设备的生产和销售等三项文化市场开放政策。上述政策出台以来,推动了上海文化对外开放:韩国最大的文化产业集团之一 CJ 集团,在上海自贸区国家对外文化贸易基地,设立了专门的文化产业合作平台;在游戏游艺机设备的生产和销售方面,微软与百视通共同组建"上海百家合信息技术发展有限公司",开展家庭娱乐游戏业务,2014 年 9 月,微软的 Xbox-One 汉化游戏机在中国国内正式发售;2014 年 5 月,索尼

---

① 数据参看陈少峰主编:《中国文化企业报告》,清华大学出版社 2014 年版。

与东方明珠设立合资企业,推广 PS 系列游戏机,并宣布于 2015 年面向国内市场发售 PS4 和 PS Vita 游戏机。在演出经纪方面,2014 年 10 月,美国百老汇知名演艺经纪机构倪德伦环球娱乐公司在上海自贸区注册成立中国首家外商独资演出经纪机构,逐步在中国大陆启动"演艺剧场群"计划,并推动更多中国优秀剧目走向美国市场;香港寰亚集团下属寰亚蒙丽文化传播公司成为自贸区首家取得《营业性演出许可证》的外商独资企业。在娱乐场所方面,日本太田公司正在自贸区筹建游艺机保税展示体验中心。

加快国家对外文化贸易基地建设,是上海自 2006 年以来在推动文化对外开放方面先行先试的一个典型示范项目。它作为自贸区建设试点任务之一,是推动自贸区文化建设的重要内容。自上海自贸区成立以来,截至 2014 年底,该基地吸引新增入驻企业 144 家,新增注册资本 51.48 亿人民币,累计入驻文化企业已达 300 余家,文化贸易规模超过百亿,成为中国对外文化贸易的龙头和引擎①。基地入驻企业涵盖文化投资、演艺、数字内容、娱乐、影视、动漫游戏、图书出版、印刷、拍卖、贸易、艺术品经营等文化产业各领域,吸引亚洲联创、星空卫视、微软、CJ、灿星、太田游艺、索尼、佳士得拍卖、倪德伦演艺等一批国际文化龙头企业在自贸区注册设立子公司或合资公司及分支机构。

### 1.1.5　面临激烈竞争,传统产业亟待升级

"十二五"时期,国际形势继续发生深刻复杂变化,世界多极化、经济全球化深入发展,文化多样化、社会信息化持续推进,国际格局和国际秩序加速调整演变。上海培育文化产业新兴主体的速度和规模都有所加快,但是从更大的范围看,美国和欧盟等发达国家都确立了自己的创新发展战略,提出了以文化为基础的创新等理念和举措,大力培育具有创新活力的新兴文化创意产业主体;北京、广东、浙江、江苏等兄弟省市,也涌现了你追我赶、新人辈出的局面,中国发达省市的文化产业正在从政府推动的早期形态,经过比较成熟阶段的企业经济,迈向更高阶段的企业家经济。这对上海是一个不可回避的巨大

---

① 以上根据作者在国家对外文化贸易基地(上海)的调研。

竞争压力。2015年9月23日习近平主席访问美国期间,在西雅图出席中美企业家圆桌会议,出席会议的15位美国公司首席执行官和15位中国公司首席执行官中,有多位主业涉及文化创意产业的世界级企业领军人物,美国企业家代表包括亚马逊公司的贝索斯、沃尔特·迪士尼公司的鲍勃·伊格尔、苹果公司的蒂姆·库克等,中国企业家代表包括百度的李彦宏、阿里巴巴的马云、腾讯的马化腾等①。而上海文化企业家代表在这一张榜单上的缺位,不仅仅是个别领军企业家的缺失,也是近年来上海在文化创意产业领域,缺乏具有全国和世界级影响力的优秀企业家和领军企业集团的一种反映。

"十二五"期间,上海传统形态的文化产业包括新闻出版、广播电视电影服务、文化艺术服务、文化休闲娱乐服务等面临着转型升级的巨大挑战。它们在全市文化产业增加值中的占比逐步缩小。以上海电影产业为例,上海是中国电影产业的发祥之地,拥有品牌、资金、人才、企业经营等方面的诸多优势,在20世纪80年代初期,上海故事片产量占全国总产量的25%,但是"十二五"期间,上海出产的电影数量明显低于北京、浙江、江苏、广东等兄弟省市电影产品的增长势头。2011年,全国故事片产量为558部,上海生产的故事片为23部,占全国8%;到了2014年,全国故事片产量为456部,上海主导生产的电影故事片为11部,仅占全国的2.4%,而同期北京故事片产量占全国50%以上。上海故事片产量的绝对数量和在全国电影产业中所占的比重,都在逐步下滑。又比如上海广播电视台努力拓展手机电视、网络视频、IPTV、移动互联网电视等业务,如澎湃网的视听节目制作量不小,但是日均视听节目仅4条,总时长在30分钟以内;基于移动互联网的广播社区平台"阿基米德"在内容制作方面也做了许多努力,但是绝对用户数量非常小,而且本身没有良好的盈利模式,没有如方兴未艾的第三方新媒体平台那样获得超常规的发展。

上海传统文化产业的其他环节也亟待加强,比如上海电影发行的主要渠道集中在长三角地区。上海联合电影院线在2003年成立之后,在全国电影院线市场的占比曾经领先,但是近年来上影发行公司的市场占有比重逐渐下滑,

---

① 《中美各15名企业家参加习近平访美座谈会》,凤凰财经,2015年9月17日。

截至 2014 年,全国注册院线近 50 条,其中总部位于北京的中影、华夏两家国有发行公司与万达等民营发行公司雄踞前列。而起兵于浙江中西部小镇、以民营资本为主的横店院线,也与上海展开了激烈竞争,形成了立足浙江、辐射全国的扩张态势。与此同时,上海地区的本地票房排名也在下降,2011 年上海地区电影总票房 10.91 亿元,占全国 131 亿票房的 8.3%,在全国各省市排名第 3 位;2014 年上海地区电影票房 20.4 亿元,占全国 296.39 亿元票房的 6.88%,在浙江、江苏等省市之后,位居全国各省市的第 5 位。从深层次的原因看,与上海缺乏一批优秀的电影产业主体密切相关,"十二五"期间快速崛起的一批影视产业龙头企业,其总部分别位于北京、浙江、广东等省市,如电影上市公司第一股华谊兄弟(300027)、电影上市公司光线传媒(300251)、电视剧上市公司第一股华策影视(300133)、博纳影业、阿里影业、横店集团、乐视影业、小马奔腾等,一批民营电影公司正在成为参与电影市场竞争的主力军,与上海的影视企业形成了激烈竞争,大有群雄并起,不进则退之势。

## 1.2 以创新为第一动力,培育新型业态

"十三五"是中国全面建成现代化强国,迈向两个 100 年的关键阶段,也是中国在世界多极化、经济全球化、文化多元化、社会信息化的背景下,迈向全球大国的关键阶段。我们要从统筹国内外两个大局的意义上,在国家战略背景下来把握上海的文化产业建设,推动上海成为体现世界文化强国的文化重镇,连接全球文化要素的文化枢纽,面向未来的巨大文创引擎。

上海发展文化产业,是对中国文化强国战略的伟大担当。中国所要建设的文化强国,包括五大内容:一是增强文化创造力,激发全民族的文化创造热情和成果;二是壮大文化生产力,在规模、质量、能级上,在全球的文化生产价值链、产业链、供应链和服务链中占据主导位置;三是提升文化贡献力,与我国区域性发展战略相吻合,构建国家文化地缘战略的空间大布局;四是强化文化辐射力,通过多种路径特别是对外文化贸易,扩大中华文化的国际影响力;五是提高文化服务,全面提高文化公共服务的效能,体现文化惠民。这五大内容

的一个重要基点，是建立充满创新活力的文化产业。从这个意义上说，上海发展文化产业，正是从建设社会主义文化强国的战略目标出发，充分发挥国际化大都市在科技、金融、教育、人才、交通、国际联系等方面的优势，发展创意型、智慧型、生态型、集约型新兴产业的必然选择。

《中共中央关于制定国民经济和社会发展第十三个五年规划的建议》明确指出：创新是引领发展的第一动力。必须把发展基点放在创新上，塑造更多依靠创新驱动、更多发挥先发优势的引领型发展；强调要培育发展新动力，释放新需求，创造新供给，推动新技术、新产业、新业态蓬勃发展。这对于上海"十三五"文化产业的发展，具有根本性的指导意义。

上海文化产业的创新活力应该从两个层面展开：在理念的层面上，要集中倡导创意、创新和创业的行业共识；培育勇于超越、宽容失败、推动创造的行业理念；在从业人员特别是管理层中，形成赶超先进、建设一流的文化 DNA——"勇敢的心"；在业态建设的层面上，要大力建设一个由创新主体、创新领域、创新空间、创新业态等组成的先进文化生产力体系，培育一大批创新型、智慧型、国际化的文化企业和企业家，开发以设计研发作为引领，以产业联动作为拓展，以产城融合作为载体的文化产业创新空间，形成全面感知、互联互通、智慧服务、激励创业的文化产业生态系统，在全球文化生产的价值链、文化资源的供应链、文化服务的品牌链中占据中高端地位。

上海文化产业在"十三五"要振奋创新活力，关键是培育一大批创新型的文化企业和文化企业家。国内外大量的统计和研究表明，现代经济增长的动力，主要不依赖于土地等资源的投入，而是来自内生于经济体系的技术变革、有着边际报酬递增特征的知识资本和企业家精神。正如马克斯·韦伯在《新教伦理与资本主义精神》中所指出的，理想的企业家"具备鲜明的和较高的道德品质，以及远见卓识和行动能力"，"工于算计而闯劲十足，更重要的是，他们节制有度，守信可靠，精明强干，全力投入事业之中"①。在 21 世纪的产业增长中，企业家精神更具有决定性的主体意义。比如：1998 年的金融危机之

---

① ［德］马克斯·韦伯：《新教伦理与资本主义精神》，阎克文译，上海人民出版社 2012 年版。

后,美国经济复苏的速度明显快于欧洲和日本,就与美国发达的企业家群体密切相关;又比如:创客运动(Maker Movement)最早是1996年柏林的一群知识分子在聚会中提出的,针对德国大规模制造业转移到中国后,为德国制造业提出的一项对策,但是它大规模的崛起却是在美国,即以用户创新为核心,成为面向知识社会的创新2.0模式在设计与制造领域的典型体现。美国创客运动的规模和深度都远远超过了欧洲、日本和加拿大①。其中一个重要的原因,是因为美国经济活动中的企业家精神,远比欧洲、日本和加拿大更为活跃。根据著名管理学家德鲁克的理解,企业家经济显然是一种更高级、更有生命力的经济形态,是市场经济发展到更加成熟阶段的表现。

上海是中国近代产业的摇篮,上海曾经培育出中国近代一大批优秀的企业家。"十三五"时期上海文化产业要保持稳步增长,归根结底是要培育、集聚和壮大一批优秀的文化企业和企业家。企业家精神作为文化产业可持续增长的动力,具体表现在:企业家具有将资金积累转化为有效投资并形成资本的能力;企业家的创业和创新,是吸纳就业、提高居民收入的主渠道;企业家通过对需求的不断试错以创造新的市场,转化潜在需求,由此促进消费增长。让人喜悦的是,近期以来,在上海各级政府的推动下,有利于创业创新和企业家成长的制度环境正在逐步成熟,企业家精神在文化产业中形成了越来越重要的动力作用。以百视通、新文化、盛大、河马、沪江、亮风台、聚力、喜马拉雅FM、蜻蜓FM、宽创国际、第九城市、众人网络、巨人科技、新汇文化娱乐、小蚁科技等为代表,上海的一大批优秀文化企业和企业家正在激烈的竞争中崭露头角、逐渐壮大,而且带动了一大批新兴的文化产业形态,在上海快速培育和成长。

比如:作为国家文化产业示范园区的上海张江文化产业园,2015年产值预计达到346亿元,同比增长18%;累计入驻企业总数550多家,涵盖数字出版、网络游戏、网络视听、互联网教育、文化装备、动漫影视等上下游产业领域,年产值1亿元以上企业达到21家,正在成为汇聚优秀文化企业和企业家的战

---

① 根据维基百科的统计,2015年上半年正式注册的美国创客空间已经达到750家,超过其他发达国家的数量,包括德国的176家、英国的85家、法国的70家、加拿大的62家等。https://wiki.hackerspaces.org/List_of_ALL_Hacker_Spaces.

略高地。2015 年，入园企业—中国互联网教育的龙头—"沪江"进行品牌升级，确定了"平台化"和"移动化"两大战略方向和四大战略板块；沪江网创始人、董事长伏彩瑞当选第十八届上海十大杰出青年；2015 年 3 月，由腾讯文学与盛大文学联姻整合而成的新公司阅文集团正式运作，成为目前全球最大、最全的互联网中文原创平台，阅文集团首席执行官吴文辉获得第十四届"上海IT 青年十大新锐"；盛大游戏在端游、手游、海外三大领域都取得突破。在2015 游戏产业年会暨中国"游戏十强"庆典上，盛大游戏同时囊括"十大品牌游戏企业""十大游戏研发商""十大海外拓展企业"三大奖项，公司 CEO 张蓥锋荣获"年度十大影响力人物"称号；喜马拉雅 FM 作为中国互联网音频服务的龙头企业，目前拥有超过 2 亿手机用户，通过认证主播信用体系，吸引了大量的自媒体人，其中包括 6 000 多位有声自媒体大咖、350 万有声主播、200 家媒体和 600 家品牌入驻喜马拉雅 FM。在由中国科学院《互联网周刊》和新华网联合主办的 2015（第十三届）中国互联网经济论坛上，喜马拉雅 FM 获得2015 年度最佳创业生态奖。喜马拉雅 FM 和蜻蜓 FM 合起来，占有了中国互联网音频市场的大半壁江山①。

## 1.3　以文化科技融合为特色，推动产业升级

"十三五"是上海建设全球科创中心的关键阶段，上海要依托这一重要的历史机遇，紧紧抓住创新引领、载体建设、技术集成、整合资源等环节，审时度势，进一步确立上海文化科技融合创新的重点工程，掌握战略的主动权。环顾世界，以大数据、智能制造、移动互联为三大潮流，以计算机技术、通信网络技术、智能化技术、视听表达技术、新材料技术、节能生态技术等为代表的一大批新科技成果，与文化产业的发展逐步实现深度融合，在全球的文化产业领域内，正在涌现大量的新主体、新空间、新载体、新技术。

中国科学家白春礼指出：世界正处在新科技革命前夜。科技革命有两种

---

① 以上数据根据作者在张江文化产业园的调研。

驱动:一种是社会需求驱动,一种是知识与技术体系内在的驱动。迄今为止,人类历史上已经发生了五次科技革命,包括两次科学革命,三次技术革命。当今世界科技发展呈现出多点群发突破的态势,未来有可能在基本科学、网络信息、先进材料和制造、农业和人口健康等六个方面产生第六次革命性的突破①。在 2015 年第二届世界互联网大会上,腾讯创始人马化腾也指出:几乎是每 20 年,终端的演变会对整个信息业态甚至对整个经济业态产生一次重大转变②。

有鉴于此,上海在"十三五"期间的文化产业建设,必须把文化与科技的融合作为发力点,在互联网期刊、电子书(含网络原创出版物)、数字报纸、数字博客、数字音乐、电子动漫、移动出版(手机彩铃、铃音、移动游戏等)、网络游戏、互联网在线教育等领域努力拓展新领域和新业态。"十三五"期间,上海将正式启动第二个上海推进文化和科技融合发展三年行动计划,要以网络视听、数字出版、动漫游戏等七大重点产业为牵头,以张江、紫竹、临港、漕河泾等国家级和市级文化产业示范园区和文化科技融合创新基地等为基石,进一步形成文化科技融合发展大格局,以顶层设计、工作机制为核心,逐渐形成"关键技术、示范工程、基地建设、创新要素"等"点、线、面、体"的文化科技融合发展新格局;通过研究三维、高清晰采集、摄像、投影以及打印技术,开发国产的三维、高清晰拍摄和快速获取设备,实现 1080 线及以上的自主知识产权后期处理相同,研究大规模复杂场景实时高效绘制技术、实现大规模高逼真虚拟现实场景的实时制作生成,突出"四屏"(移动屏、电脑屏、电视屏、电影屏)、"两台"(数字媒体舞台和现代设计平台)和"一网"(数字公共文化服务网),立足超高清、虚拟现实、下一代广播电视无线网、大数据、深度学习与人工智能五个能推动文化产业向高端转型的关键技术领域;重点打造中国(上海)网络视听产业基地、环上大影视产业集聚带、临港文化科技装备基地等一批重大项目,尽快培育文化科技装备产业等一批国家有急需、市场潜力大、上海有基础的新兴产业,实现文化科技创新的产业化健康发展。

---

① 白春礼:《世界正处在新科技革命前夜》,《光明日报》2013 年 1 月 21 日。
② 马化腾:《每 20 年终端就对经济业态产生一次转变》,《新浪科技》2015 年 12 月 17 日。

国内外大量事实说明:先进科技对文化产业的促进作用,往往表现为两种形态:一是推动作用,从供给端发力,开发出全新的产业链;二是嵌入作用,从消费端发力,通过终端的改变扩大消费市场。有鉴于此,科技与文化的融合,可以说是三位一体,多点推进的,即 IP 的生产周期在缩短(创意端)、跨界整合能力的增强(生产端)、精准的对接消费市场(消费端)。正如史蒂夫·乔布斯所说:"了解消费者想要什么,并不是消费者的事儿。(消费者)很难告诉你他们想要什么,因为对于跟他们想要的东西没有一丝相像的东西,他们连见也没有见过"①,换言之,是科技研发撬动了前所未有的潜在市场需求,而不是被动地跟随市场的需求。正因如此,上海在"十三五"期间要发挥上海整体科研力量强大、各个工业门类齐全、国际化联系广泛的整体优势,依托通过"提高原创能力""集成式创新"和基于消化吸收引进技术的"再度创新"等多种方式,通过复杂的网络参与全球的创新链条,形成自己在文化与科技融合方面的率先优势。近期,上海亮风台信息科技有限公司正式公布了 HiAR Glasses 增强现实智能眼镜原型机。它是国内第一款自主研发、基于视觉增强现实的智能眼镜,在国内首次做到光学融合 AR、双目显示。它完全不同于与 Google Glass 相仿的单目智能眼镜,在真正意义上实现了立体全息成像效果;众人网络安全技术有限公司自主研发的中国第一代动态密码技术和产品,被评定为"填补国家空白,国际先进水平";小蚁科技登陆淘宝众筹发布最新的智能硬件产品——小蚁智能行车记录仪,采用 165°超大广角、星光级夜视,1 296P 超高清解析度,可在 60fps 的高帧数下录制 1 080P 全高清视频等。这些最新科技成果的研发,显示了上海文化与科技融合的良好势头,有可能在"十三五"期间从供给端和消费端发力,推出更多引领潮流、激活市场的重大成果。

上海在"十三五"期间的文化科技融合发展,必然要发挥四个中心和国际文化大都市的优势,吸引更多海内外优质创新资源的整合。在全球化和网络化的时代,英国国家科学与艺术基金会 NESTA 的研究报告《中国的吸引力状态》指出:所谓吸引力,就是东道国吸收和采纳外国最新技术的能力,它比起其

---

① 《财富箴言》,美国《财富》杂志(中文版)2012 年 6 月上半月刊。

他地方,可以更好地吸收新思想/吸引人才和创造机会。以上海为中心的长三角地区正在成长为这样的全球创新吸引力中心,越来越善于吸引和利用全球的知识、人力资源和机会①。2015年5月27日,"中国(上海)国际跨媒体技术装备博览会NAB Show, Global Innovation Exchange:Shanghai(NAB SHOW GIX)"在上海自贸区拉开序幕。上海与美国国家广播电视业协会(NAB)开始全面合作,对于我国发展高科技文化装备产业意义深远,双方共同在高科技文化装备产业发展方面举办高峰论坛和年度展会,参与国家对外文化贸易基地(上海自贸区)国际高科技文化装备产业基地的"高科技文化装备常态展",进行常态化的全球高科技文化装备最新信息和技术的发布,共同组建全球高科技文化装备的技术培训中心等。这也是NAB首次在亚洲地区授权开展的全方位合作。它预示着上海将在全球的文化科技创新网络中扮演一个核心枢纽的作用,成为中高端资源集聚、整合与提升的核心。

## 1.4  以创意设计服务为亮点,促进跨业融合

"十三五"期间,上海要深化落实《国务院有关推进文化创意和设计服务与相关产业融合发展的若干意见》(国务院2014年10号文件),发挥上海作为全球"设计之都"和金融中心、经济中心、贸易中心和航运中心的优势,推动文化创意和设计服务为实体经济服务,为制造业、城市建设业、旅游业、现代农业等的转型升级服务,为推动和贯彻"中国制造2025"战略再创佳绩。

根据上海产业经济进入到"非典型发展、最典型转型"的阶段性特点,上海在"十三五"时期发展文化创意设计,要紧紧围绕"四新"——新产业、新业态、新技术和新模式,发挥多方面的贡献力。上海作为联合国教科文组织认定的全球创意城市—设计之都,要把握好活动、金融、人才、基地、联盟、产业六大

---

① NESTA, China's Absorptive State, Oct 2013, www.nesta.org.uk. 该报告指出:"中国已经在碎片化和模块化的全球生产中获益,使其企业专注于特定的细分市场的产品和服务价值链……中国正在加速创新改革的质量和速度能力,曾经被视为是中国的弱点,如今已成为重要争力。复杂的制造网络擅长于吸收、适应原型设计和市场测试新产品和新技术的速度。"

要素,形成全球设计之都的生态系统,推动上海的创意设计业继续成为上海文化产业中增长最快、规模最大的领域。2015 年 12 月,上海市长扬雄在对上海"十三五"规划进行说明时指出:"十三五"时期,上海制造业比重将力争保持在 25%左右,关键是要推动制造业整体升级,不断向创新链、产业链、价值链高端迈进①。近年来上海的服务经济增长明显,制造业比重逐渐下滑,上海的目标是发展成为全球创新中心,而创新中心的载体是先进制造业,所以,要不断提升先进制造业的比例,守住制造业占上海 GDP 总量 25%的底线,决不能让上海滑入产业空心化的低谷,这就对上海作为设计之都提出了更高的要求。

环顾全球,设计业本身也随着先进制造业和现代服务业的进程不断提升。"设计"(Design)本身就是一种创造,是创造一种更为合理的生存和生产方式的活动。从社会学的角度看,工业设计是从人类总体文明的角度,对相对偏窄的工业文明视角的修正,又是将高效率的工业生产引入社会文化体系的全过程。它的核心成果是创造工业产品系统的社会文化价值,又让社会文化价值获得更加有效的生产。它在不断地递进和升级中,呈现出五大形态:

**表 1.1　上海文化创意和设计服务的五个阶段和五大形态**

| | 发展阶段 | 主　要　内　容 |
|---|---|---|
| 1 | 风格创意 | 设计产品的外在形态和个性化的风格 |
| 2 | 意义关注 | 设计赋予新的经济、生态和人文价值 |
| 3 | 协调管理 | 设计优化整个产业的价值链、供应链 |
| 4 | 创造体验 | 设计为客户带来的身心体验和附加值 |
| 5 | 驱动创新 | 设计为先进制造业现代服务业注入活力 |

"十三五"期间,上海文化创意和设计服务业要通过五大形态,渗透到上海经济转型发展的各个领域和产业链的各个环节,既包括在上海新兴战略性产业培育阶段的发力作用,又有对优势产业如汽车、高端船舶、海洋工程等所赋予的经济、生态和人文价值,还有对都市型产业如时尚产业开发国际化、体

---

① 《上海十三五:提升 GDP 含金量　保持制造业占比 25%》,《21 世纪经济报道》2015 年 12 月 25 日。

验型新领域的贡献。上海的文化创意和设计服务业要对大飞机、航天工程、机器人、海洋工程、高端船舶、新能源汽车、3D 打印、智能穿戴、软件、分布式光伏、都市时尚产业等,提供文化创意和设计服务的大量附加值和品牌内涵,进一步提升上海作为全球城市的能级和活力。

上海文化创意和设计服务要加强对制造业、城市建设业、旅游业、现代农业等的贡献,首先要加快设计产业自身的创新变革。当前,集成电路设计、软件设计、品牌设计、城市规划与建筑设计等与产业链之间的联系日益紧密,设计创新力已成为决定产品和企业市场竞争力的关键因素。创意设计自身的创新变革必须遵循如下原则:一是关注前沿,把握全球趋势、采用目标导向;二是创新思维,注重用户视角、软硬融合、提升效能;三是智慧开发,注重数字设计、虚拟设计、智能设计;四是协同发展,注重绿色设计、节能设计、安全环保;也要注重集成设计、协同设计。"十三五"时期的上海设计,要向现代设计的深度和广度进军,就要重新思考事物的本质,并且综合现代大批科技成果,从智慧城市、生态城市、美丽城市的高度来综合进行设计。比如:传统意义上的城市道路街灯,只是一个钢筋水泥桩的照明工具,占据了道路的大量空间。大型CT 医疗设备主要从一件工业产品的角度来设计,不适应重病患者、残疾人、老年人和体重肥胖者的需求。患者进入幽暗的扫描筒道时,往往陷入一种被幽闭的恐慌之中。医护人员必须在另一个房间中操作,观察 CT 数据和患者的情况很不方便。这就要求设计者从人类总体文明的角度,对街灯和医疗设备设计中"见物不见人"的工业文明视角进行修正,同时又将高效率的工业技术引入生产和操作的全过程。它的核心成果是创造各类产品系统的社会文化价值,又是让关怀人的价值观念获得更加有效的表达。

2015 年上海获得德国红点设计大奖的优秀产品就体现了设计提升先进制造业的强大力量,显示了全球设计之都的竞争实力。红点奖(Red Dot Award)源自德国,拥有 50 多年历史,与德国"IF 奖"、美国"IDEA 奖"并称为世界三大设计大奖。产品能否获得红点奖,除了创新设计,还在于能否为用户创造价值、带来良好的体验。2015 年各国申报 4 980 个产品,中国企业申报产品 656 个,而上海设计一路过关斩将,共获得红点大奖 9 项,创造了历史新高。比如获得

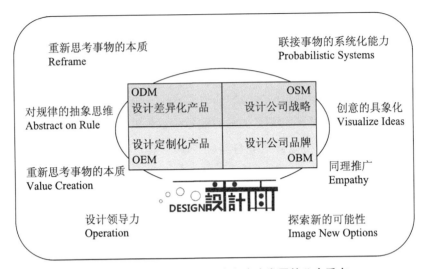

**图 1.3　上海设计服务向深度和广度发展的八个重点**

红点奖的上海联影 uCT510 系统,通过精益系统架构和结构设计,采用极简线条、亚克力配材、银白配色锻造轻薄外观,配备"全知全能"数字触控显示屏和IML 工艺按键,显示了上海大型医疗设备向智能化、小型化、节能、环保发展的最新趋势,而获得红点奖的上海木马设计"普罗娜智慧路灯"是融合了微基站、多媒体屏、LED 照明、太阳能光伏等为一体的智慧型路灯。它兼具通信微基站的功能,可以增强城市无线网络的覆盖能力;它的 LED 屏搭载了信息交互系统,具备交通卡充值、水电煤查询及缴费功能;它作为城市安全的监控摄像头,还可以成为交通流量的数据采集器,并且成为电动车的充电桩,实现了"位置网+车联网+服务网+道路运输网"的合一,做到了"车、人、路"的智慧相连。这些优秀的设计作品,显示了"十三五"时期上海设计对于实施"中国制造 2025"战略将会大有可为。

　　2015 年 1 月,李克强总理亲自考察深圳柴火空间,给了上海诸多的启发和激励。上海要借鉴美国、德国和深圳等地区的经验,汇聚"四条线":产品线、技术线、人才线、资金线,形成"五大流":项目流、人才流、资金流、信息流、数据流,形成打通上下游的创意全产业链:1 创意—2 设计—3 元器件—4PCB板—5 检测 DEMO—6 小批量生产—7 检测产品—8 营销众筹—9 较大批量生产—10 销售渠道—11 投资,使得创意设计更加紧密地融入实体经济,使得设计产业走向智能化、新能源、联盟化和平台化分享。近年来,上海设计产业立足于系统创新,将智慧照明屏作为电脑屏、电视屏、手机屏后的第四张屏,设计创造了城市信息物理载体(CPS)——Prona 系统,集成 LED 照明、视频监控、广告、微基站、新能源充电桩等功能;未来融入大数据、流量分析以及信息提醒和反馈机制,将使城市的交通网络向更高的智能化方向发展;又如:上海明确在"十三五"期间,把智能穿戴作为发展重点,但是目前这一领域的功能比较碎片化,这就需要上海设计业对传统家电、日用消费品和智能穿戴物进行跨界融合设计,由此将开启巨大的消费和增长空间。

## 1.5　打造新型集聚区,优化空间布局

上海在"十三五"期间文化产业的发展,要更加科学地利用城市土地和物理空间,打造新型载体,优化产业布局。上海是一个超大型的国际化大都市,又是一个土地、供水、供电、固体废弃物处理等资源和能力有限的城市。上海陆域面积中的全市建设用地总量已经超过 3 100 平方公里,已经接近 2020 年土地利用总体规划确定的 3 226 平方公里的极限。

有鉴于此,上海文化产业在"十三五"的发展,不可能大规模占用土地,而必须伴随着城市向精明型、紧凑型、生态型、智慧型发展的大方向,进一步优化美化空间,形成"一轴双心""主线+组团""花心+花环""城市更新+园区升级"的大格局,不仅开发市中心的文化产业,也要拓展边缘区,包括近郊区和远郊区,走向大分散、强集聚、多组团、网络化的文化产业空间布局,同时加强与长三角的协作,形成长三角城市群一体化网络状合作的文化创造活力。

所谓"一轴+双心","一轴"沿依托横贯中心城区东西向的城市文化轴线和现代服务业集聚带,从西侧的大虹桥,贯串市中心区,一直延伸到浦东,包括张江、迪士尼、外高桥、临港等区域,集中了会展、博览、演艺、媒体等产业,形成绵延上百公里的文化产业带。特别是"十三五"期间,虹桥商务区将全面建成运作,它包括的国家会展中心将成为全球最大的会展综合体之一。根据规划,

它将培育具有国际影响力的大型会展 5 个以上、中小型专业展会 30 个以上、引进国际知名会展企业集团 5 家以上、国内知名会展企业 20 家以上,总展览面积每年 800 万平方米以上,净展览面积 400 万平方米以上①。这将使得上海在已经成为全国综合实力第一位的会展中心城市基础上,进一步发展成为亚太地区乃至全球的会展中心城市。上海也将进一步形成隔江相望的"双心",指浦东花木地区和浦西中心城区,形成隔江相望的两大文化产业集聚中心。

　　所谓"主线+组团",是指上海的文化产业依托"两河沿海沿边"的主线:"两河"是利用苏州河、黄浦江两岸沿线的空间改造,打造融都市生活、休闲时尚、文化创意、演艺娱乐等多种功能于一体的文化集聚带。"沿海"是适应国家的海洋开发大战略,依托浦东新区、奉贤区、金山区、崇明县等区县的海岸线资源,形成以文化创意设计、文化设备制造、文化生态旅游为特色的文化集聚带。"沿边"则是利用长三角一体化发展的大趋势,在边缘与长三角接壤的机会地区,推动跨界合作;"组团"是指依托上海的产业和城市双转型,打造一批大型的文化产业战略组团,包括迪士尼—上海国际旅游度假区、徐汇滨江、大虹桥、大张江、上海自贸区等,在文化科技装备、文化旅游、艺术品和动漫、会展博览、文化科技、文化贸易和交易、影视制作等方面,形成特色鲜明的战略集群,并且根据"十三五"期间上海各区域盘活土地存量、提高使用效益的特点,结合各种业态对区位和空间的要求,促进创意、设计、媒体、娱乐、时尚等产业向中心城区集聚,同时鼓励软件、影视、装备制造、印刷、游戏等产业逐步向中心城区的边缘和近郊区拓展,形成多个核心组团,与电子信息产品制造、精品钢制造业、汽车制造业等先进制造业相结合。这些产业组团又和上海沿沪宁线、沿沪杭线、滨江沿海等主要发展轴形成联动,形成覆盖整个长三角的文化产业及现代服务业网络,呼应国家"一带一路"的发展大战略,融入《长江三角洲地区区域发展规划》所确定的"一核九带"之空间布局②,为长三角文化创意

---

① 数据根据作者在虹桥商务区的调研。
② 《长江三角洲地区区域发展规划》把长三角的空间结构概括为"一核九带",即以上海为核心,重点突出和优化沪宁和沪杭甬线,沿江、沿海、沿湾、沿宁湖杭线、沿湖、沿东陇海线、沿大运河、沿温丽金衢线发展。

产业的长远壮大留出空间。

所谓"花心+花环",是指上海文化产业的主要板块要依托 600 多平方公里的市中心区作为"花心",利用丰富文脉和记忆空间,通过整体谋划、资源置换等,集中打造环人民广场文化演艺娱乐集聚区、安福路演艺会展娱乐集聚区、环同济创意产业集聚区、环东华时尚创意设计集聚区、音乐谷国家数字音乐产业基地等一批文化创意组团。与此同时,上海文化创意产业的增量组团,将进一步向中环线和外环线及郊区拓展,建设环上大影视产业集聚带、徐汇滨江等超大型的文化创意组团,形成"金腰带"战略,形成以新城镇为依托的文化创意产业集群,编织更加开阔的产业大"花环"。要充分利用上海自贸区"先行先试"的制度创新与金融创新的政策开放和功能优势,吸引外向型和国际化的文化创意产业企业集聚,建设上海国际高科技文化装备应用示范中心,打造我国第一个国际高科技文化装备产业集聚平台等项目,利用边缘区、近郊区和远郊区不同的土地空间,形成一批新的文化产业战略增长极。

所谓"城市更新+园区升级",是指上海文化产业在"十三五"期间要与城市更新相结合,推动文化产业集聚区与中环线、外环线两侧的工业区改造相结合,同时推动产业集聚区自身的升级。截至 2012 年底上海工业用地总量已累计供应 856 平方公里,占建设用地比重约 28%,是东京、纽约等国际代表性城市的 3—10 倍。这样大规模的工业用地在其他世界城市如纽约、伦敦和东京,是非常罕见的。据有关专家统计,上海工业增加值率低于全国平均的工业增加值率,如果按日本的工业用地单位产出,上海约为日本的 1/5。如此规模的工业用地量和低效的产出,既是上海的心头之痛,也是新一轮城市更新包括发展文化创意产业的潜在空间,有待于发展多种规模和特色的文化产业集聚区。"十三五"时期,上海文化创意产业集聚区将结合工业区改造和城市更新,从1.0 版、2.0 版向 3.0 版转型升级,即从"文化创意产业要素集聚",演变为以"文化创意产业要素融合渗透",再上升到"以文化创意产业要素辐射联动"。其重点是:建立辐射更为广泛的文创服务平台,形成与各个服务商与服务对象相结合的网络状结构:如"设计立县"服务平台,就由前述获得红点奖的上海木马工业产品设计有限公司组织运营,通过市场化模式,推动专业设计企业、设计师、营销咨询企业与制造业、旅游业的合作,从企业"点对点"服务企业开始,整合为平台"面对点"服务企业,再上升到"面对面"服务片区;优化总体环境,推动园区、商区、社区三区融合:由于中环线和外环线两侧逐渐成为新兴产业集聚的热点,这些地区迫切要求新的文创产业集聚区,具有良好的创业条件和配套设施,能够吸引海内外的创业团队,朝着办公、商业、旅游、遗产活化一体化的方向发展。如宝山区的中成智谷创新创意创业园区,就是三区融合的代表。它位于长江隧道附近,曾经是 1959 年建立的新中国最早的中国成套设备进出口(上海储运)分公司旧仓库,还保留了长 1 000 米的中国最早之铁路——淞沪铁路(1876 年)[1]。它逐步形成"一谷三汇"的新一代文创园区,即智慧谷(商务办公)和乐居汇(家居设计)、乐喜汇(婚尚喜典)、乐童汇(儿童体验),吸引到唯一视觉、星球影棚、醇情百年、云 SPACE、UPBOX 激战联盟诸多品牌企业入驻等。为保护和利用工业遗产,园区精心布置了各种火车车厢、铁轨、道岔、仓库等,形成了"火车/工业历史景观",把艰苦创业的工业文明基因,与现代创意时尚相结合,成为一系列真人秀、婚纱摄影、足球运动等项目的集聚之地。这些园区建设的成果,预示着"十三五"时期上海文化创意产业集聚区的升级发展将会大有可为。

## 1.6　服务"一带一路",扩大文化贸易优势

"十三五"时期,上海要主动服务国家"一带一路"战略,打造成为推动中华文化走向世界,形成对外文化开放新优势的大枢纽和新引擎,重点是创新文化对外开放的机制,顺应国际文化贸易规则的新变化;在优化文化出口产品和服务、提升国际文化竞争力;大力发展外向型的文化产业企业和文化跨国公司,推动上海成为培育我国文化跨国公司的总部经济集聚区;以本土

---

[1] 淞沪铁路是中国最早建成的一条铁路,原为吴淞铁路,1876 年 7 月 3 日,从天后宫北到江湾段首次通车营业,以后逐步延伸。在 1932 年的"一·二八"战争和 1937 年的淞沪抗战期间,淞沪铁路两侧是中国军队抵抗日本侵略的激战地带,大量设施被日军炸毁。从 1958 年起,它几经改造使用至 1970 年,成为体现上海城市和工业历史的遗址之一。

文化产业为动力源头,形成投射中国文化影响力的近中远三重辐射带,提升中国在全球文化产业的价值链、文化资源的供应链、文化品牌的服务链中的地位。

上海要形成对外文化开放的新优势,必须敏锐地把握全球文化贸易发展的新趋势。世界银行在题为《全球化:增长与贫困的研究》报告中指出①:19 世纪 70 年代以来,有三次大的"全球化高潮",分别出现在 1870～1914 年、1950～1980 年和 1990 年代以后。联合国贸发会议的专家最近指出:在新一轮全球化浪潮中,全球的货品流通在 1980 年以来增长了 10 倍,服务流通自 2001 年以来增长了 3 倍,资本流通自 2002 年以来增长了 1.5 倍,人员流通自 2002 年以来增长了 1.3 倍,而信息流通自 2008 年以来增长了 7 倍②。这种惊人的速度和密度,是过去任何一个时期都无法比拟的。谁放弃了参与全球化的交流和贸易,谁就放弃了增长的强劲动力,这已经是一个无情的竞争规律。

必须清醒地看到:2015 年 10 月 5 日,跨太平洋伙伴关系协定(TPP)12 个谈判国在美国佐治亚州亚特兰大举行的部长会议上达成基本协议,同意进行自由贸易,并在投资及知识产权等广泛领域统一规范③。以此为起点,规模占全球经济约 40% 的巨大经济圈将应运而生。尽管政界、企业界和学界对 TPP 有各种各样的分析和议论,但是从总体上看,TPP 代表了未来国际贸易、投资、电子商务、环境经济等方面更高的全球标准,预示了全球贸易自由化的六大趋势:第一,从货物贸易的自由化转向投资贸易的自由化;第二,从有形商品贸易转向更加广阔的数字内容贸易;第三,从一般服务贸易领域开放转向强调重点服务贸易领域的开放;第四,从强调自由竞争转向公平竞争;第五,从关注产品

---

① 世界银行编写组:《全球化:增长与贫困的研究》,中文本,中国财政经济出版社 2003 年版。

② UNCTAD, Carolina Quintana: CULTURE, CREATIVITY AND INTERNATIONAL COMPETITIVE-NESS-SPEECH AT FORUM ON CULTURAL INDUSTRIES(MACAO), 2015.

③ 根据美国贸易代表处网站上公布的 TPP 协定概要内容,TPP 协定共 30 章,包括了四大部分:第一部分,货物贸易;第二部分,投资和服务贸易;第三部分,贸易规制;第四部分,争端解决机制。TPP 作为一项国际经济贸易法律制度的安排,是经济全球化发展到一个较高阶段的产物。

贸易末端的待遇相同,转向强调环境、劳工等价值平等目标;第六,从强调政府对政府的争端解决模式,转向注重投资者和政府之间的争端解决模式。2015年10月5日,中国商务部部长高虎城表示,中方对符合世界贸易组织规则、有助于促进亚太区域经济一体化的制度建设均持开放态度。中方希望 TPP 与本地区其他自由贸易安排相互促进,共同为亚太地区的贸易投资和经济发展作出贡献①。从上述官方表态可以看出:中国对 TPP 等制度建设持开放态度,而这些制度将对上海发展对外文化贸易的影响,有待于我们及早做出前瞻研究,并且与深化文化开放的机制创新结合起来。关键是上海要以不断推动规则和主体建设,确立在全球文化治理中的引领作用②。

上海是中国扩大文化对外开放,发展对外文化贸易的排头兵,也是培育优秀外向型文化企业和文化出口项目的重镇。上海已经连续 5 年保持了文化进出口的顺差,而且对外文化贸易的结构不断优化。2014 年上海在国际贸易形势低迷的情况下,再创对外文化贸易的佳绩,进出口总额达到 171.7 万美元,其中进口额 73.9 万美元,出口额 97.8 万美元,保持顺差 23.6 亿美元;特别是上海以文化内容和创意服务等为主的核心文化产品,进出口总额达 54.6 万美元,其中进口额 24.9 万美元,出口额 37.2 万美元。上海文化贸易的实力来自不断成长和集聚的外向型文化企业群体。根据最新数据,2015~2016 年度国家文化出口重点企业有 353 家,其中,北京 70 家,上海 35 家,广东 24 家,江苏23 家,浙江 18 家,四川 12 家。上海的 35 家重点企业中包括了上海五岸传播有限公司、上海新文化传媒集团股份有限公司、上海幻维数码创意科技有限公司、富乐工业设计(上海)有限公司、上海河马动画设计股份有限公司等领军企业,涉及了工业设计、科技装备、动画电影、数码创意、游戏制作、图书版权、先进印刷等多个领域。相比较之下,北京的文化出口重点企业中还包括了许多文化央企和国家级企业,从这个意义上说,上海在各个地方省市中所拥有的国家级文化重点出口企业数量名列第一。

---

① 《中国需要担心 TPP 吗》,中国中央政府门户网站,www.gov.cn,2015 年 10 月 10 日,参看《光明日报》2015 年 10 月 10 日。
② 冯军、贺小勇等:《TPP 对中国的影响及中国的应对策略》,《上海思想界》2015 年第 12 期。

（单位：个）

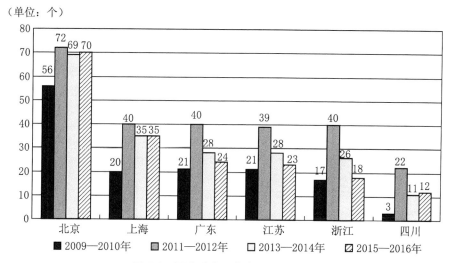

**图1.4 国家重点文化出口企业数量**

资料来源：作者根据国家商务部官方网站和各省市政府网站数据整理绘制，并且参考汪素芹、汪丽《京沪粤苏浙五省市文化贸易比较研究》，《浙江树人大学学报》2015年第1期。

再从国家重点文化出口项目的角度看，情况大体相同，2015~2016年度，全国一共确立了140项国家重点文化出口项目，其中，北京38个，上海15个，广东5个，江苏5个，浙江7个，四川3个。上海的15个项目中包括了上海艺术博览会、中国上海国际艺术节演出交易会、上海国际艺术品展示交易服务平台、上海自贸区国家对外文化贸易基地建设、动画片《泡泡美人鱼》、外文版"文化中国"海外出版发行工程等一批重点出口项目和重大服务平台。它们之中有中国上海国际艺术节演出交易会这样持续十多年，长盛不衰的国际品牌，也有《泡泡美人鱼》这样创造中国动画片出口国际市场一系列新纪录的优秀项目，在海内外产生了良好的影响，显示了上海培育国家级重点文化出口项目举措得力，成果显著。"十三五"期间上海应该在培育国家重点文化出口企业和项目方面，保持后劲，更上层楼。

"十三五"时期，上海要敏锐把握全球文化贸易规则的升级，配合国家"一带一路"战略，特别是大力培育外向型文化企业和文化跨国公司。这一个重大战略的实施，不仅仅包括扩大国际市场的占有率，而且包括在全球获得重要的战略性资源，占据在全球施展中国文化软实力的战略空间，实施创新驱动与规

（单位：个）

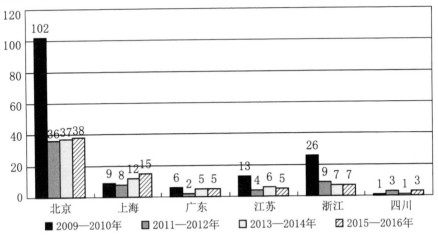

**图1.5 国家重点文化出口项目数量**

资料来源:作者根据国家商务部官方网站和各省市政府网站数据整理绘制,并且参考汪素芹、汪丽《京沪粤苏浙五省市文化贸易比较研究》,《浙江树人大学学报》2015年第1期。

模优势、学习与合作、赶超与竞争、海外投资和自主研发相结合的文化跨国公司战略。截至2015年8月底,外商在上海累计设立跨国公司地区总部522家,其中亚太区总部36家,投资性公司306家,研发中心390家[1]。在2015年中国100大跨国公司总部的地区分布中,上海占8%,继续保持在全国各省市中的领先优势[2]。上海作为国际总部经济的规模和增长率在全国名列前茅,上海作为中国培育文化跨国公司最佳聚集地的条件越来越成熟。上海培育文化企业进行跨国投资、并购、贸易,不是简单地占有东道国文化消费市场和利用当地的廉价劳动力资源及土地资源,而首先是获得高端的文化科研创新资源、人力资源、要素资源如基础设施、院线、品牌、研发中心、服务平台,以及知识产权资源包括专利技术、市场准入许可证、专营权、著作权和专利、技术秘密等,抢占全球文化市场的地缘中心,把握好跨国投资的重点目标,体现文化产业作为国家战略性资产的作用,形成体现中国全球战略的文化产业集群和辐射力。

---

[1] 《上海跨国公司地区总部达522家 其中亚太区总部36家》,东方网,2015年9月17日。
[2] 《2015中国100大跨国公司发布》,人民网,2015年8月22日。

继中国成为全球最大货物贸易国之后,2014 年,中国共实现全行业对外投资 1 160 亿美元,如果加上第三地融资再投资,对外投资规模据估计应该在 1 400 亿美元左右,总数比我国引进外资高出约 200 亿美元。这是一个重要的历史转折点,它意味着,2014 年我国实际对外投资已经超过利用外资规模,成为资本净输出国。这个历史性跨越对中国具有重大意义,标志着中国改革开放初期碰到的资金匮乏、外汇短缺的"双缺口"时代的彻底结束,进入国内资金相对充裕、有条件大规模开展对外投资、在全球范围内进行资源配置的新时代①。随之而来的是:上海对外文化贸易特别是投资贸易,也越来越多,而且进入到更加广阔的领域,成为上海文化走向世界的重要领域。2014 年,华人文化产业投资基金 CMC 投资控股了美国百老汇的音乐剧制作公司 Broadway Global Ventures(BGV),2015 年 CMC 领衔投资出品的音乐剧"Something Rotten!"和话剧"Hand to God"囊括第 69 届美国托尼奖 15 项提名,CMC 也因此成为 2015 年托尼奖获得提名数量最多的制作人。在美国托尼奖的历史上,非改编的原创剧目同时获得如此众多提名,而且领衔出品方来自中国,这是历史上的第一次! 2015 年 9 月 20 日,CMC 与美国华纳兄弟联合宣布,双方将共同出资成立"旗舰影业"(Flagship Entertainment Group)。旗舰影业由华人文化领导的财团控股 51%,华纳兄弟持股 49%。新合资公司总部设在香港,将开发、投资和生产一系列主流华语影片和全球顶级大片,面向中国及全球发行。在这之前,2014 年 6 月,复星国际宣布与美国好莱坞的 Studio 8 公司合作,联合投资 Studio 8 公司,从事国际影视娱乐业务等。与此相联系,上海"十三五"时期提升对外文化贸易包括对外文化投资,将获得更有利的条件,更加符合全球化、信息化、网络化时代的新趋势。随着互联网在空间上无所不在、时间上永远在线、主体上连接一切、视听体验和服务快速迭代的"泛在化"趋势,上海扩大对外文化贸易和文化投资,必须同时发展更广泛的文化创新网络,这有点类似于"分布式混合赛跑",与全球文化创新资源进行连接的数量与密度成为关键。例如,要发展基于网络的文化科技创新"众包"模式,让任何参与者都能

---

① 吴雪明:《成为资本净输出国对中国意味着什么》,《解放日报》2015 年 2 月 19 日。

够借助网络平台来提供创意、解决问题并获取酬金;又如要发展文化科技的融资"众筹"等新模式,让更多的投资主体可以通过网络平台为某一项目或某一创意提供资金支持,有助于上海在配合"一带一路",扩大对外文化开放方面,尽快形成比较优势。

"十三五"时期,上海要发挥自贸区制度创新的优势,以负面清单管理模式和同等国民待遇等为重点,推动投资和贸易自由化,为壮大中国文化对外开放的主体,提供有益的经验。从全球范围看,自由贸易园区是当今世界上自由度最高、培育经济新业态最为活跃的基地之一。全球已经建立了 1 200 多个自由贸易园区,其中 15 个发达国家设立了 425 个,占 35.4%;67 个发展中国家设立了 775 个,占 64.6%。上海自贸区以开放的服务环境,培育出越来越多的文化新兴业态。近期以来,上海自贸区国家文化贸易基地建立文化产权及艺术品交易和资源配置等平台,实现"在场、在地、在线"服务的有机结合,为中外文化企业了解和进入中国与国际市场提供渠道设立语言服务中心、知识产权调解中心、文化行政审批咨询窗口等机构及保险、金融、物流、会计等专业机构和文化贸易促进专项扶持资金;鼓励基地内企业到境外投资开办企业,实行以备案制为主等创新管理方式,推动更多的外向型文化企业进入国际市场,投资、承包和运营海外文化项目;率先推出区内企业到境外投资开办企业,连续举办了中国(上海)自由贸易试验区两届文化授权交易会,推动 IP 知识产权的衍生产品开发和国际授权交易;上海自贸区国际艺术品交易中心运营全面投入运作,为文化艺术品贸易产业链各个环节提供全流程服务,包括艺术品外贸代理、仓储物流、展览展示、交易洽购、评估鉴定、金融服务等。上海在文化对外开放方面这些可复制、可推广、可借鉴的经验和成果,正在推动中国文化产业,建立横跨境内外的文化服务链、文化价值链、文化产业链,为国家的文化强国战略做出更大的贡献。

# 栏目二：文化科技融合　服务实体经济

**2**

# 上海文化与科技融合发展
# 的重点方向和路径
## ——迈向"十三五"

陈天琛①

**内容提要：** 文化与科技融合发展，已经成为世界范围内的重要潮流。在建设具有全球影响力的科技创新中心这一大背景下，上海通过推动实施《推进文化和科技融合发展行动计划（2012—2015）》，已经形成了以网络视听等七大产业为牵头，以张江文化基地等为基石的文化科技融合发展大格局。为抓住文化科技融合发展的历史性机遇，上海应继续结合自身优势和已有成果，在电影电视、虚拟现实、大数据等具有高度商业价值和引领效应的领域寻求新的技术突破，进一步拉动文化生产力，发挥国际化的辐射能力。

---

① 陈天琛，上海市科学技术委员会高新处，推进上海文化与科技融合相关工作。

关 键 词:文化创意产业,十三五,文化与科技融合

## 2.1 文化与科技融合概述

### 2.1.1 文化与科技融合发展的内涵

对于文化与科技融合内涵的理解,目前学术界并没有形成一致的看法。综合各类内涵的定义。我们认为,文化与科技融合,就是以文化内涵为核心,运用现代科学技术,充分展示和创新文化的内容和形式、创新文化服务方式及提升文化体验,使文化产品赋予更强的传播力、感染力和吸引力,从而创造更大价值的过程。在哲学意义上,文化和科技融合是社会文化变迁的内在机制,推动现代文明发展;在经济学意义上,文化和科技融合是一种技术诱发的产业发展模式,通过要素层面、企业层面和产业层面的融合,两者交叉、渗透、重组并最终融为一体。从文化和科技各自的含义来看,文化更看重精神内涵,而科技更看重技术呈现,二者融合,实际上是以文化为内容,科技为载体的融合。

### 2.1.2 科技支撑对文化发展的重要作用

回溯人类文明演进,我们不难发现:文化与科技是人类物质文明和精神文明的具体表现。其中,先进文化是科技创新的重要动力和源泉,而科技创新又是人类社会文化形态演进发展的驱动力,文化与科技相互促进、融合发展是人类文明发展的最重要特征。历史发展的轨迹表明,随着人类文明的不断进步,整个社会在科技族谱与文化脉络两张"进度表"上,愈加呈现出强烈的对应关系。

当下,科技创新在经济文化和社会互动中,扮演着越来越重要的角色:文化影响着科技的生成、发展和传播,影响着科技创新的结果;伴随着以网络信息技术高速发展为主要特征的科学技术的进步,传统文化产业正不断推陈出新。比如,声光电技术的革新给舞台演艺增添了丰富的表现力和感染力;音视频处理以及网络化传播技术的飞速发展,为广播影视提供了广阔的发展空间;

数字出版的兴起改变了传统的新闻出版及大众阅读模式;虚拟现实技术为文化遗产的保护和传承提供了必要的技术支撑手段。同时,科技嵌入生活中的每一个细节,正在改变我们与这个世界的联结方式和我们的认识习惯,并潜移默化地引导着文化变革:社交媒体的产生,随即带来了社会个体关系重塑、媒体文化从传统的单向灌输式向更为复杂的多方交互式的转变;新的电子阅读器和播放器的普及,让音乐、艺术与知识以一种前所未有的便捷程度融入日常生活。

目前,世界各国都积极推进科技和文化的融合,加强对文化产业和科技发展的支持力度。而进入新世纪以来,以科技带动文化发展、促进文化和科技融合、发展新型文化业态,已列入国家经济和社会发展的重要战略。当下,上海、北京、深圳、武汉等地正将具有地方特色的文化与科技创新有机地结合在一起,成为推动城市发展的重要引擎,成为加快城市创新转型的重要途径。

总的来讲,科技在现代文化发展中的作用主要表现为:提升文化的创作力、表现力、感染力、传播力,实现文化的大众化,扩大文化消费,推动文化的产业化,促进了相关产业的融合发展。现代社会文化与科技的高度融合,充分证明了文化和科技相互促进,交融发展是驱动社会进步的历史规律,也是现代文明发展的主旋律。

## 2.2　文化与科技融合发展情况介绍

### 2.2.1　国际和国内情况介绍

#### 2.2.1.1　国际的发展趋势

目前,世界各国都积极推进科技和文化的融合,加强对文化产业和科技发展的支持力度,通过计算机网络等手段,不断打通科技文化产业链。世界知识产权组织的最新数据显示,2013 年,全球文化产业增加值占 GDP 的比重平均为 5.26%,约 3/4 的经济体在 4.0%~6.5% 之间。其中,美国最高,达 11.3%,韩国、巴西、澳大利亚、中国、新加坡和俄罗斯均超过 6%,加拿大、英国、中国香港、南非和中国台湾则分别达到 5.4%、5.2%、4.9%、4.1% 和 2.9%。分区域看,北美市场份额最高,达到 35.2%;欧洲、中东和非洲共占 30.9%;亚太占 27.4%,中南美洲占 6.5%。

美国的经济发展是文化和科技创新互动的结果,它致力于用科技手段表达文化内涵,通过技术创新提高文化的表现形式和传播力,这种特点在版权产业尤为突出。根据国际知识产权联盟发布的报告,2010 年美国版权产业创造的增加值达 1.63 万亿美元,约占当年美国 GDP 的 11%,成为最大的出口产业之一。从美国电影工业到智能手机的"乔布斯现象",无不体现美国注重文化创新和科技创新的结合,注重创意产业的转化。美国大片风靡世界,创下数十亿美元的票房价值,缘于美国电影产业大量运用高科技的特技、音响、摄影等技术,如杜比全景声(Dolby Atmos),它是由美国杜比实验室研发的最新音效技术,以结合动态对象与播放声道的混音和声音定位方式,令观众能全方位被声音包围,达到亲历其境的效果。杜比全景声不但能同时传输多达 128 个无损音讯输入(声道或对象),还能完整呈现 64 个独立扬声器的内容,能将音效设计师和混音师的创意提升到另一水平,确保观众能够在专属影院配置下完整感受到跟一般家座影院与众不同的混音魅力。自 2012 年 6 月首部杜比全景声电影发行以来,全球已有无数部电影已经或即将采用杜比全景声发行,好莱坞的地标建筑、奥斯卡金像奖大本营杜比剧院也一直致力于展示杜比实验室的最新科技。

英国历来重视科技和文化的融合发展,鼓励技术创新和文化创意发展,是世界率先提出创意产业理念和用政策激励产业发展的国家之一。随着新技术的发展,英国的文化企业迎合消费者的需求,纷纷将杜比全景声技术、虚拟现实技术等运用于文化节目制作、影院体验、文物展览等活动中,通过更加自然真实的效果为观众带来强大的全新体验,同时也发掘出新技术的商业潜能,节省商业成本。例如,开发交互式电影的英国 Rust 图像制作公司(rust studios),通过利用虚拟电影棚和分布于世界各地的电脑数字艺术家,进行电影的拍摄、设计、计算机图像生成和后期制作。一部在美国需花费约 6 000 万美元的电影长片,通过这种方式制作只需用 200 万美元,并可实现在不同的平台上链接游戏。英国的博物馆采用虚拟现实(Virtual Reality)技术,举办虚拟文物展,用户通过三维立体眼镜、显示头盔或传感手套等装备,在虚拟世界中实时漫游,并通过视、听、触等直观感知沉浸于仿佛真实世界的模拟环境中。2011年,英国兰迪德诺(Llandudno)博物馆就举办了一次虚拟馆藏文物集中展会。这次虚拟馆藏中包括一个刻有古罗马的天神 Mars(火星)的大石头和距今超过1万年的骨骼,通过采用全息 3D 立体成像技术,观众可以身临其境的感受远古时代的气息。

法国历届政府都非常重视文化产业的科技发展路径,在产业结构调整中挖掘文化与科技结合的巨大价值和潜力,为文化和科技的融合、打造现代创意产业制订了一系列优惠政策和资助措施,仅文化和交流部下设鼓励出版行业技术化和产业链的年资金资助就达三四亿欧元。由于政府的鼓励和政策的支持,以及产业技术、创意文化的导入应用,法国创意文化产业得到了极大地发展,法国成为世界图书生产、销售、出口大国,市场占有率高达 15%。巴黎大区是法国影像与多媒体科技最具代表性的地区,被称作"巴黎数字角",集中了法国 90%的电影和视听技术服务供应商,仅数字应用技术产业(影像、电子游戏等)就提供了 16 万的就业岗位,是一个极具竞争力的文化科技集群。因此,以数字媒体和传播产业为主的"数字角"竞争力集群拥有影像创造及信息、数字科技发展的地理优势。集群着重发展数字技术的 9 个战略领域,其中包括:电子游戏、知识工程、文化遗产、教育、服务与使用、图像/声音与互动、软件与新经济模型、机器人与通信对象、数字设计。

奥地利的克拉福根市没有主要的公共图书馆,因而该市正在着手一个名为"Ingeborg 计划"的创新项目,旨在把旧建筑、旧文学和新技术用一种创新的方式结合起来。具体内容包括,把 70 张配备有二维码和 NFC(近场通信技术)芯片的标签放置于城镇各个不同的场所,用户可以通过公共域名服务下载电子书。这个项目最有特色的地方在于人们可以在不同的场所下载相关的书籍,例如可以在教堂附近下载到关于寻求救赎者的书,或者可以在警察局附近下载名为《杀人犯》的短篇故事。该项目未来还计划纳入参考信息、音乐和美术作品等。

韩国是世界公认的以技术力量为保障的文化产品出口大国和文化创意产

业强国。韩国一方面提出"文化立国"的战略口号,通过文化产业局、文化产业振兴院、文化产业基金、游戏产业振兴中心等,颁布《文化产业促进法》,制定《文化产业5年计划》,鼓励文化产业发展,另一方面则依托IT产业和数字技术的快速发展,明确将数字技术作为国家战略产业,有力地推动文化产业的发展。韩国的文化数字内容产业已成为最活跃、成长最快、吸纳就业人数最多的支柱产业之一。据统计,韩国的数字内容产业已超过传统的汽车产业成为第一大产业。

### 2.2.1.2 中国国内发展情况

文化和科技的融合是近年来我国文化大发展、大繁荣战略中的一个重要组成部分,促进文化和科技在各个层面深度融合是国家产业结构转型发展的重要途径。

北京于2010年正式提出建设世界城市的战略目标,制定"人文北京、科技北京、绿色北京"三大发展战略,并于2011年底发布《中共北京市委关于发挥文化中心作用、加快建设中国特色社会主义先进文化之都的意见》,明确北京建设文化中心,实施文化创新、科技创新"双轮驱动"战略,加快文化科技融合,推动首都科学发展和文化大发展大繁荣。

深圳以"科技立市"著称。在深入贯彻落实科学发展观过程中,深圳积极实施"文化立市"发展战略,大力促进文化与科技的深度融合,实现文化产业的逆市飞扬与跨越式发展。"文化与科技紧密结合,创意与创新水乳交融"是深圳文化产业发展的基本特色和基本经验。瞄准文化创意和科技创新两大主攻方向,深圳重点发展数字传媒、数字娱乐、数字出版三大产业,已形成龙头企业带动、五大重点项目驱动、七大平台支撑发展的产业链式发展格局,正打造具有国际竞争力的自主创新和知识经济示范基地。

武汉是国家首批创新型试点城市与"三网融合"试点城市,东湖新技术开发区是全国第二个国家级自主创新示范区。武汉东湖国家级文化和科技融合示范基地内拥有华中国家数字出版产业基地、光谷创意产业园等20多个文化创意产业园区,基地总产值3 348亿元。武汉通过将文化、科技、智力等资源有效聚集,形成发展特色,打造文化科技融合示范基地核心区"两心两轴多点"的整体空间布局。

### 2.2.2 上海情况介绍

#### 2.2.2.1 上海文化科技融合形成点、线、面、体发展新格局

近年来,上海深入贯彻国家战略,坚持把科技创新作为文化发展的重要引擎,着力增强文化科技类企业核心竞争力。从全市层面看,上海以顶层设计、工作机制为核心,逐渐形成"关键技术、示范工程、基地建设、创新要素"等"点、线、面、体"的文化科技融合发展新格局。

建机制、订规划,全面推进融合工作。上海积极推动文化和科技跨行业、跨部门融合,建立了由市委宣传部和市科委牵头,市文广局、市新闻出版局、市张江高新区管委会等相关部门参加的上海市文化和科技融合联席会议制度。联席会议负责协调部署重大规划和协同创新项目,力求形成部市合作、委办联动、市区协同的良好运行机制。在联席会议的指导下,2012 年 5 月 17 日,上海张江国家自主创新示范区被授予首批 16 个国家级文化和科技融合示范基地之一,并在国家文化科技座谈会上作为唯一基地代表发言。8 月,上海在全国率先召开文化科技融合推进大会,发布了《上海推进文化和科技融合发展行动计划(2012~2015)》,举行了上海张江示范基地授牌仪式。

抓落实,重实效,深入贯彻行动计划。上海针对文化产(事)业发展对科技的需求,围绕"四屏"(移动屏、电脑屏、电视屏、电影屏)、"两台"(数字媒体舞台和现代设计平台)和"一网"(数字公共文化服务网),以打造"品牌活动、品牌团队和品牌产品"为目标,整合资源、优化布局,推进应用示范,着力提升企业创新能级。东方梦工场、西岸传媒港、临港高科技影视制作基地等一批市级重大项目纷纷落地启动,全市文化科技创新业态发展良好。

搭平台、觅人才,系统开展园区建设。作为首批国家级文化和科技融合发展示范基地,上海张江已建成数字出版、网络视听、绿色创意印刷等一批文化科技国家级基地,搭建了影视制作、多媒体、版权交易等一批公共服务平台,发布了《上海张江国家级文化和科技融合示范基地建设实施方案》。同时上海正深入开展文化科技特色基地园区、文化科技企业政策措施、文化科技跨界人

才培养等产业要素支撑体系的研究工作，以示范项目、重点实验室建设进一步带动学科建设以及跨界人才培养。

2.2.2.2　上海文化科技融合成果显著

文化产业总体规模持续扩大。2013年，上海文化产业实现增加值1 387.99亿元，同比增长8.1%，增幅高出同期地区生产总值0.4个百分点；占地区生产总值的比重达6.43%。文化产业已经成为上海的支柱性产业之一，成为"创新驱动发展、经济转型升级"的重要力量。

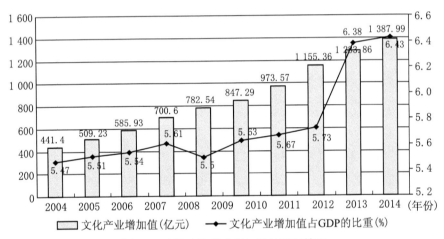

**图2.1　上海文化产业增加值的增长情况**

资料来源：《2014年上海文化产业发展报告》。

文化产业结构不断优化。在文化与科技融合发展的带动下，新兴文化产业占比大、增长快。以文化软件服务、设计服务为主的文化创意和设计服务实现增加值521.48亿元，占文化产业增加值的37.6%，同比增长11.6%。文化信息传输服务实现增加值120.63亿元，占文化产业增加值的8.7%，同比增长15.9%。与此同时，文化相关产品生产继续保持增长。文化相关产品生产实现增加值388.06亿元，占文化产业增加值的27.7%，同比增长6.9%。其中，文化产品生产的辅助生产增加值为130.25亿元，同比增长6.8%，文化产品的生产增加值为195.87亿元，同比增长6.7%，文化专用设备的生产增加值为61.94亿元，同比增长7.5%。

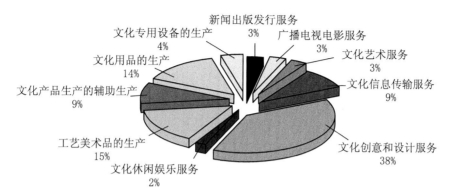

**图 2.2 上海主要文化产业增加值(2013 年)**

资料来源:《2014 年上海文化产业发展报告》。

### 2.2.2.3 上海文化科技融合重点领域分析

上海通过《上海推进文化和科技融合发展行动计划(2012—2015)》的实施落地及全面推广,已经在网络视听、广播电视等 7 个领域已经形成了政策有效扶持、产业结构升级、成果转化应用的发展势头。

网络视听领域:依托中国(上海)网络视听产业基地集聚效应,打造跨平台、跨网络的开放创意视听云平台,围绕内容运营及平台技术支持,为园区用户提供"视频云""视频建站""视频托管"和"视频网站"等五大类视频服务,扶持网络视听节目生产、制作、交易、播出、运营等领域企业发展。如土豆网针对我国带宽现状和用户使用习惯,研发 CDN 内容分发等关键技术,从网络路径演算、服务器负载均衡及文件同步补完三个方面进行技术革新,以更高效快捷的内容传输有效提高用户体验;百视通突破支撑"一云多屏"新型家庭娱乐应用模式的关键技术,推出融合"高清、云计算、应用商城、电视支付"为一体的 OTT 机顶盒,实现"全渠道、全服务、全覆盖";聚力传媒则从做网络视频起步,通过攻克无线数据传输同步等技术,实现内容在 PC、手机等智能终端设备间的实时共享和连续播放,逐步构建"P2P 视频技术—版权保护—多屏互动—电子商务—PPBOX 智能家居生态系统"的产业发展形态。

广播电视领域:上海广播电视台总控高清化数字播出系统完成升级,在高清节目制播方面具备覆盖采编播存用全流程的生产能力。目前新闻、娱乐、财经、体育类节目已实现网络化高清制播,可支持 24 个频道高清播出;8 个演播已进行高清视觉改造,提升 20 余档栏目的视觉效果。3D 技术公共服务平台和播控示范应用基地全面建成,3D 影视拍摄制作装备设备实现国产化。针对 3D 技术的国际垄断问题,市科委整合了 SMG、百视通、中科院微系统所、索贝等多家龙头企事业单位,攻克多项提升立体视频制播效率和效果的关键技术,制定了多项相关标准及规范,保障了上海 3D 频道的开通和持续性发展。

数字出版领域:2013 年,上海有六家新闻出版单位获得了首批全国传统出版数字化转型示范单位称号,全市数字出版产业保持较快发展,全年销售收入 478.4 亿元,同比增长 34%。其中,网络文学销售收入 13 亿元,保持全国 70%以上的市场份额;网络游戏销售收入 255.2 亿元,同比增长 34.2%,约占全国销售收入的 31%。一是培育文化科技企业,如上海方正数字出版技术有限公司自主研发了 POD 按需印刷云平台,可满足按需印刷的全流程服务,并依此与新华传媒进行了深度合作;琥智科技、亮风台科技等增强现实技术企业迅速发展,与解放日报、文汇报等平面媒体联手探索二维码等技术,促进报网互动,吸引读者关注。二是加强重点项目建设,电子书包推广方面,虹口电子书包试点已与国内 20 余家知名企业签署合作协议,在全区 8 所中小学开展试点;在网络游戏方面,试点施行游戏属地化管理,持续打造"ChinaJoy 展览"等国际性品牌活动。三是推动张江国家数字出版基地发展,2013 年的产值达到 228 亿元,同比增长 14%,现已汇聚了盛大集团、沪江网、北大方正、城市动漫、龙源期刊网等 400 余家创新型、创业型、规模型的数字出版创意企业,累计注册资金达 50 余亿元,基地物业面积已达 20 万平方米。

数字电影领域:围绕电影产业关键环节部署创新,提升覆盖上海电影全生命周期的技术支撑能力。在制作环节,环上大影视产业基地扬帆起航,将打造全球影视后期制作的文化产业新高地;以顶级录音棚为主体的立鼎电影后期制作基地即将竣工,将为高端电影后期制作提供国际级的声效服务;河马动画、开圣影视等具有核心电影后期制作技术的企业高速发展。在传输环节,上影集团完成 NOC+TMS 系统(数字影院远程网络管理)建设,形成了标准开放、可管可控、能覆盖 5 000 块银幕的数字院线远程运维体系,实现异地卫星传片、影厅硬件远程实时监控、实时排片放映等功能,极大地提升了数字院线自动化管理运维能级。在展现环节,上影股份通过对多基色激光光源技术、片源影像优化技术、全景立体声等技术的研发创新,建成了上海影城"东方巨幕"示范影厅,并成为 2014 年上海国际电影节的主会场,"东方巨幕"品牌及标准将继续在联合院线进行推广,与国外巨幕标准进行竞争。在发行、管理及保护环节,上海正积极探索利用大数据技术建立影片跟踪模型,完成评分维度划分、影片评价体系和票房预测模型,指导剧本的生产创作。同时,上海已完成了 200 余部老旧影片的数字化修复,并将适时建立数字影像网络平台。

数字媒体领域:在大型文化场馆、剧院和建筑物等不同场所开展多媒体秀和示范节目演绎,支持幻维数码、复旦上科、张江超艺、恒润科技等高科技企业做大做强。在地标景点方面,外滩灯光秀、1933 老场坊 5D 激光投影秀、上海自然博物馆新馆多媒体投影秀等一系列多媒体投影作品,不仅成为文化与科技融合创新的典型案例,也大大丰富了市民的文化生活;虹口 1933 大型激光秀已成为虹口区重点打造的科技、文化、旅游、商务深度融合项目,形成"三圈两带"都市文化新名片,是全国第一个固定商业化演出的 4D 灯光秀;上海交响乐团、上海自然博物馆新馆、后世博园区的上海新能源文化主题公园、园庆典广场大型水幕多媒体秀等也将于今年完成建设。在文化科技节目创新方面,2014 年幻维运用全息、LED 镜面反射、CG 动画等多种技术创新手段,高质量完成了亚信峰会文艺晚会的舞美视频制播,科技和文化的高度契合带来全新视觉体验成为晚会最大亮点,并成功为春晚《蜀绣》节目提供技术支持。上海音乐学院、上海戏剧学院等综合运用物联网、实时交互、声光电一体化控制等新技术,探索新型智能化舞台建设及新型多媒体文化剧目表演形式,相关剧目《声立方》等已于 2015 年上演。在文化装备方面,恒润科技、上戏米亚艺术中心、蓝硕科技、复旦上科等数字媒体企业不断突破机械、电气、影像、异形硬件装备等技术,形成了可广泛用于广告会展、主题公园环境的行业解决方案,如上海新能源主题公园正在建设大型 4D 动感平台,通过沉浸式多媒体演示提升用户的现场感,得到与真实世界近似相同的感受。

现代设计:推动以工业设计、时尚设计、建筑设计、广告会展设计为主体的大设计产业加速发展，现代设计对全市经济贡献率进一步提升，设计与科技加快融合。一是政策扶持力度不断增强，近年来，国家下发《关于促进工业设计发展的若干指导意见》，上海出台《上海市促进创意设计业发展的若干意见》等一系列政策，重点对包括现代设计等领域的项目提供扶持。二是文化创意园区建设步伐加快，上海国际汽车城研发科技港建立的汽车设计产业基地吸引了多家国际知名汽车设计研发企业相继落户，上海国际工业设计中心、800秀、尚街Loft等园区中也涌现了木马、松果艺术、洛可可、界龙等众多现代设计企业，集聚效应明显。三是产学研合作模式日趋成熟，曼恒数字与华东理工合作共建"G-Magic"虚拟现实实验室，建立感性工学技术研发平台，实现校企合作开发、人才培养、共同发展；上海工业设计协会组织上海15所高校联合举办"上海高校创意设计优秀毕业作品展"，中国美院上海分院以"科艺融合"为主题组织400位毕业生进行大规模的毕业设计活动，促进设计与科技融合发展。

数字化公共文化服务：围绕城市公共文化数字云建设，实时运行"一卡通"的图书馆已达262家，全市公共图书馆服务效率进一步提升；上海图书馆推出e卡通电子资源远程服务，可随时随地上网使用上图的数字化资源，形成实体、网络、自助、移动服务互补的文化知识服务系统。2013年10月，中华艺术宫数字博物馆正式上线，是我国首次实现并提供全场景虚拟浏览的博物馆官方网站，以"高精度采集、高维度关联、高逼真展现"为目标，上线7 000幅数字化艺术作品，让上海市的文化场馆可以为市民提供互动性更强、形式更为丰富的优质文化服务。上海以东方有线为核心，率先建设了下一代广播电视网（NGB）示范网，用户规模达到500万，并面向街道、社区，建立包括多网多屏融合、个性化推送、智能搜索等功能的公共文化服务云平台。全市已建成300余家东方社区信息苑，覆盖全市17个区县、221个街镇，实现"步行十分钟"到达的生态圈文化服务。整合全市公共文化服务信息，充分利用东方社区信息苑专网、社区数字家园网、人民日报电子报栏、社区文化活动中心中央信息管理平台信息发布窗口、东方宣教中心手机短信平台、社区电子宣传栏等途径，发布公共文化服务信息制作文化地图，并形成纸质+网络版+移动端应用程序，引导市民走进文化场所。

# 2.3 "十三五"文化与科技融合发展重点方向和路径

文化与科技融合的趋势明显且已经进入高速发展、产业深度整合的阶段，上海在文化科技融合的开拓、促进和引领的过程中，逐步形成了上文所述具有自身基础和特色的重点行业。"十三五"期间，上海要结合自身优势，不断推进文化和科技深度融合，继续发挥上海在全国的引领作用；要立足超高清、虚拟现实、下一代广播电视无线网、大数据、深度学习与人工智能等五个具备高度商业应用价值、能推动文化产业向高端转型的关键技术领域，持续加大技术研发力度；要推动文化行业运用现代科技手段，创新服务品牌，推出更具吸引力的文化产品和服务，营造规模化、集约化经营，分工明确，有序竞争，协同发展的现代文化经济体和产业链。

## 2.3.1 超高清

### 2.3.1.1 超高清技术概念

20 世纪后期，日本、欧洲和美国科研机构对超高清数字电视（UHDTV）展开研究，在充分考虑人类视觉系统（HVS）的基础上确定超高清相关参数，通过 BT.1769 和 SMPTE2036（2007）等标准定义出 3 种超高清电视模式，在画面显示比例为 16：9 的条件下按像素结构可以分为：4K 模式（3 840×2 160 像素）、8k 模式（7 680×4 320 像素）和 16K 模式（15 360×8 640 像素）。

在超高清技术的应用中，一个非常大的特点是：由于超高清的高分辨率和高帧率，带来了数据量的大幅度增加，这对超高清全链路上各个模块的处理带宽、计算能力、存储和传输都带来巨大挑战。以 4：4：4 采样，4K 模式视频的原始数据率为 3 840×2 160Pixel/f×24bit/Pixel×50f/s，约为 10Gbit/s，而 8K 模式视频原始数据率则约为 40Gbit/s，如以 4：2：2 采样，4K 和 8K 模式视频的数据率分别可达 6.67Gbit/s 和 26.7Gbit/s，是原有高清视频的 8 倍和 32 倍。

超高清数字电视产业全链路主要包括：超高清的内容制作（主要是内容的拍摄与编辑），超高清播控平台（主要用于包括是频道管理和互动应答），超高清内容深度压缩编码,超高清传输系统,超高清的应用终端设计五大部分。

### 2.3.1.2 超高清技术发展趋势

全球 4K 超高清电视的发展情况各不相同,欧美主流国家发展得比较快,主要有:

美国有线运营商 DirecTV 已于 2014 年 12 月正式发射 4K 卫星 DirecTV-14,信号覆盖区域约占美国领土的二分之一。该卫星使用 Ka 波段和"反向" DBS 信号,传输 4K 格式的电影和纪录片。此外,DirecTV 还计划于 2015 年在美国推出首个 4K 频道。此外,Netflix、Amazon、Youtube 等公司自 2014 年以来还相继推出了 4K 串流服务。

欧洲卫星运营商 SES 预计 2020 年全球将有 200 个超高清直播频道,用户达 1 亿户。到 2025 年将增加至 1 000 个超高清频道,5 亿多用户。研究公司 NSR 预测,到 2025 年,将有 560 个 4K 和 8K 频道通过 DTH 平台该方式播送,将有超过 260 个频道通过卫星分发到有线和 IPTV 前端。

法国卫星电视运营商 Eutelsat Communication 于 2014 年 1 月推出了 4K 电视频道,提供纪录片、文化和体育节目等超高清节目。该频道采用 HEVC 格式编码、50 赫兹的帧率及 10-bit 色深,任何带有 DVB-S2 信道和 HEVC 解码方案的终端都可以接收该信号。该公司还与亚洲卫星电视运营商 ST Telesport 达成合作,计划将 Eutelsat 70B 卫星上的 4K 频道覆盖到东南亚以及澳大利亚地区。

韩国于 2014 年 4 月推出全球首个超高清有线电视频道 U-max,播出纪录片、动画、现场音乐会和体育赛事等 100 个超高清节目内容。2014 年计划提供 200 多个小时的超高清节目内容,并将在 2016 年投资 400 亿韩元用于超高清内容制作。同年 6 月,KT Skylife 公司推出韩国第二个 4K 超高清频道 SkyUHD,采用 H.265(HEVC)影片格式无缝传输,并计划于 2015 年正式全面实现商用。

日本从 2014 年 6 月起,在 CS 卫星电视试播 4K 节目,并将在 2016 年启动 BS 卫星电视的 4K 节目试播。同年 10 月,日本 IPTV 服务商 NTT Plala 正式推出了旗下的首个 4K 电视频道 Hikari TV,提供 4K 视频的 VOD 服务,是世界上首个商用 4K/60p VOD 服务。此外,日本 SKY Perfect JSAT 公司也将于 2015年开设两个专门播放 4K 电视节目的频道并首次实现商用,提供日本职业足球联赛等体育赛事直播、电影及音乐现场直播等。届时,日本将有三个 4K 电视频道。根据日本超高清计划,2016 年里约奥运会之际,日本还会再发射新的卫星,用来传输 4K 电视信号。预计到 2020 年,日本卫星电视节目中的 4K 节目覆盖率将达到 50%。

当前数字电视产业已进入 4K 超高清时代并逐渐成熟,采编系统、终端设备等相关产品如今已经大量上市。2014 年 4K 电视出货量增长明显加速,第三季度,4K 电视出货量同比增长 500% 达到 300 万台,全年总出货量将增至640 万台。产业链上各环节企业急需丰富的 4K 超高清内容促进技术升级及设备普及。但是,在 4K 超高清电视的应用上,我国与欧美和日韩等国家有较大的差距,目前,超高清电视直播频道(超高清大范围应用的通道)在中国尚无明确计划时间表。作为国家下一代广播电视的试验示范区,上海已经从2015 年开始,计划通过 2 年的时间建设一个 4K 超高清电视的试验示范区,该试验示范区的建设将有力的推动我国超高清电视应用的发展。

#### 2.3.1.3 推动超高清技术发展的重点路径分析

(1)上海要结合目前全球超高清产业发展趋势和自身的产业基础,重点发展以下关键技术与应用:

① 通过超高清内容制作技术、超高清节目内容的高效编解码技术,将超高清技术与各种特殊拍摄手段进行结合与探索,达到高效制作、高效压缩,减轻带宽压力,在内容数量剧增的同时,关注内容的多样性、保持画面的精致化。

② 通过 3D 声音设计制作与节目内容开发、声效演示支撑系统,创作实验类音视频内容,达到声画的完美融合、在演示环境中实现超过目前现有最高22 声道的全息声场极致体验。

③ 通过内容创意的网络众包支撑技术,构建超高清版权内容生产制作及应用平台,利用互联网将工作分配出去、发掘创意或解决技术问题的新型服务模式。

④ 通过对 4K 节目创意、制作加工、播出交易全流程的业务分解,再通过

网络平台开展分工合作,为平台的建设提供丰富的节目创意和成片,并在该平台上实现创意节目的版权转换管理。

⑤ 建设基于集群并行计算框架的超高清 HEVC 编码器架构,具备弹性可伸缩性,支持新一代高分辨率、高帧率、高码率视频内容分发服务。

(2) 从产业链协同发展的角度,应组织上下游单位协同开展此类研究:

① 内容生产平台。基于现有的 4K 超高清拍摄器材及后期编辑调色制作系统,建设 4K 超高清拍摄、现场制作器材及网络化、云端化、可扩展的后期制作平台,形成导入、编辑及制作、审片、导出发布、归档保存查询全流程闭合且规范的完整制作体系。

② 超高清内容的高效编解码硬件。联合集成电路企业,关注超高清 HEVC 高效编码器和高效解码器的研发,通过算法、架构、平台三个层面的优化设计及高效实现,支持最大分辨率 3 840×2 160、最高帧率 60p 最高码率 50Mbps 的 HEVC 软件编码模块及编码设备,并针对典型应用环境,设计开发支持 4K-HEVC 高效解码软件模块以及解码设备。

③ 3D 声音设计制作与内容开发体系。3D 声音不仅能够将声像点定位在音箱位置所处的方位,而且能够定位在室内外任意一个三维空间中的方位。系统可以回放定制的 3D 声音节目源,也可以向下无损地支持传统格式的立体声或者环绕声节目源;同时制作创作端,可以根据要求,进行任意的空间声音设计。

### 2.3.2 虚拟现实与场景仿真

#### 2.3.2.1 虚拟现实与场景仿真技术概念

虚拟现实技术(VR)是一种可以创建和体验虚拟世界的计算机仿真系统,主要包括模拟环境、感知、自然技能和传感设备等方面。它利用计算机生成一种模拟环境,是场景仿真技术的一个重要方向,并与计算机图形学人机接口技术、多媒体技术、传感及感知技术、网络技术等多种技术存在交叉关联关系。模拟环境是由计算机生成的、实时动态的三维立体逼真图像。除计算机图形技术所生成的视觉感知外,还有听觉、触觉、力觉、运动等感知,甚至还包括嗅觉和味觉等,也称为多感知。自然技能是指人的头部转动,眼睛、手势、或其他人体行为动作,由计算机来处理与参与者的动作相适应的数据,并对用户的输入作出实时响应,并分别反馈到用户的五官。传感设备是指三维交互设备。

### 2.3.2.2 虚拟展示与场景仿真技术发展趋势

足不出户感受真实世界、身临其境的被带入电影中、体验真实的游戏娱乐感受……这些都是虚拟现实技术在文化产业中的需求和应用。2014 年面世的虚拟现实电子设备高达 30 多款,各种发布会也层出不穷。整个虚拟现实行业,可以说是在野蛮的生长,急速的狂奔。纵观国际市场,索尼在自己的 PS 平台上推出了头盔,微软也准备在自己 XBOX 平台上推出自己的头盔,三星则是挂靠 Oculus 推出了头戴式手机头盔,Google 则常年专注于虚拟现实(如 Google 眼镜等)。虚拟现实在巨大的文化需求和厂家推动下迅猛发展,主要集中在:

(1)游戏。虚拟现实最早的应用就在游戏领域,最具发展潜力的也是在游戏领域。一般的 3D 游戏只能通过固定不动的屏幕来显示立体画面的效果,终究无法达到人眼看事物的自然和自由程度,而虚拟现实设备则突破了这个瓶颈:借助头部追踪甚至眼球识别技术,游戏画面将随玩家的视角而变动,使得代入感更为真实。游戏产业被认为是虚拟现实未来最有潜力的发展方向之一,国内虚拟现实领域的创业公司也在追随巨头脚步,不断在游戏领域挖掘用户需求开拓市场。

(2)电影。虚拟现实技术为影视公司开创了将影片作为体验进行销售的模式,例如《星际迷航:下一代》中的全息打斗场面。福克斯的《走出荒野》能够让观众随着演员瑞茜·威瑟斯彭(Reese Witherspoon)和劳拉·邓恩(Laura Dern)一同漫步,身临其境般地体验森林的全景画面。这部短片也参与了圣丹斯电影节,而福克斯公司已经开始鼓动制片商在拍摄中使用其虚拟现实技术方案。

(3)旅游。虚拟现实正在改变"视讯旅行"的意义,其将人们带到遥远的地方去旅行,这在以前是完全不可能的:人们在决定进行实际的长途旅行前先进行一次虚拟体验。随着头戴设备及智能手机的进步,虚拟旅行也变得越来越重要。通过虚拟旅行来做出你所喜欢的选择——只需在屋内走动就能够体验并探索附近的各项设施。例如,我们能够坐在冠军联赛的场地内观看,而不再需要耗费巨资来购买实际的门票。而且,赛场也将为你的智能手机提供一个 VR 头戴设备,从而你坐在家里就能够享受同样的体验。

### 2.3.2.3 推动虚拟现实技术发展的重点路径分析

虚拟现实技术与数字媒体技术有着非常密切的关系,两者对技术的要求都有许多共同点,而上海已经具备极为领先的数字媒体行业实力。从某种意义上讲,虚拟现实是数字媒体技术在未来应用中的一种延展与综合体现。

（1）上海应当重点关注以下技术与应用：

① 立体显示技术。人类从现实世界获取的信息中有 70% 来自视觉。立体视觉显示技术是虚拟现实中重要的支持技术,而且要实现完美的立体显示技术较为复杂。人类之所以感受到立体物体,是由于人的左右眼得到的图像相似但有细微差异,大脑对其进行融合产生空间感。我们可以借助特定的硬件设备,使左右眼观察到细微差异的图像,从而恢复出三维深度信息。

② 环境建模技术。要建立虚拟现实环境,首先要对环境进行建模,然后在建模的基础上再进行实时绘制,立体显示,从而形成一个虚拟世界。这里的虚拟环境既可以是模拟真实世界中的环境,也可以是人的主观构造环境,还可以是人类不可见的环境。虚拟环境中的物体要有良好的操作性能,当用户与物体交互时,物体必须做出相应的反应。目前主要的环境建模是三维视觉建模和三维听觉建模。其中三维视觉建模又可以分为几何建模,物理建模,行为建模等。

③ 真实感实时绘制技术。为了在计算机中重现真实世界,需要模拟真实物体的物理属性,比如物体表面的纹理和粗糙程度等。真实感绘制技术就是为解决这个问题而提出的。另外因为用户在虚拟环境中会从不同视角观察物体,所以我们需要实时绘制物体,跟上用户视角转变的速度。实时绘制技术将遵循两条技术路径演进:一是基于几何图形的实时绘制技术,用曲线,曲面等数学模型预习定义好虚拟场景的几何轮廓,再采用纹理映射,光照等数学模型加以渲染;二是基于图像的实时绘制技术,直接用图像来实现复杂环境的实时动态显示,从一系列已知的图像中生成未知视角的图像。

④ 自然交互与传感技术。虚拟现实强调交互的自然性,就是让人们如同在与真实世界进行交流。手势识别:手势是一种简单方便的交互方式,分为基于数据手套的识别和基于视觉的手势识别。面部表情的识别:在现实人际交往中,人的表情传递了很多微妙的信息。对人脸的识别是虚拟现实交互中很重要的部分。但目前的人脸表情的识别还不太成熟。

(2)从应用场景看,应该推进以下模式的试验示范:

① 虚拟现实旅行、探险。去年年底万豪酒店已经推出了虚拟旅行体验活动,用户可通过 Oculus Rift 前往伦敦或是夏威夷;而一款名为"The Wild Within"的应用则能够让你在家中实现加拿大荒野生存的体验;谷歌的虚拟历史服务则可以带你到世界上任何无法深入的古迹,如完整的庞贝古城、神秘的金字塔内部等。

② 虚拟电影院。影视行业的高科技趋势在近年来凸显,电影行业拥抱互联网,互联网及其背后代表的高科技力量,将颠覆影视产业的实体环境和虚拟生态。从爱奇艺到乐视再到 360 与光线的合资公司,电影及视频网站也开始意图抢跑产业,虚拟现实视频库初具规模,硬件生产正在初步试水,全景直播及转制技术日趋成熟,产业中的内容短板正在被一块块补齐。

③ 虚拟现实游戏。从索尼到微软到腾讯,各大游戏厂商都已经纷纷在自家的新产品中接纳虚拟现实技术,甚至连三星、谷歌、HTC、Facebook 等这些未涉足游戏市场的大型科技公司也开始谋篇布局。2014 年以来, Nibiru 梦镜、三星 Gear VR、Oculus Rift 等等虚拟现实眼镜的上市,引发了虚拟现实娱乐化的热潮,而且越来越多的公司加入到虚拟现实领域的投资当中去。而虚拟现实游戏是建立在这些硬件平台基础上的内容基础,前景非常看好。

④ 虚拟主题公园。迪士尼从 1980 年开始便一直应用虚拟现实头戴显示器,在"未来世界"(Epcot)有一个实验室和各种硬件与软件原型构建。但一些消费设备,如任天堂的"虚拟男孩"于 90 年代中期折戟沉沙,已经减退的头戴显示器热度,直到近期才又随着 Oculus Rift 的火热被再次点燃。迪士尼公司不再是将显示器放在人脸上,团队开始研究"洞穴自动虚拟环境",即在封闭空间里装备高分辨率的显示器。这种体验的简化版已通过"飞越加州"而实

现,即人可以坐在架空的椅子上,前方是 IMAX 70mm 的超大屏幕。此后,公司又推出了运动跟踪和 4K 巨幕放映概念。在巴黎的迪士尼有《料理鼠王》(Ratatouille),可以让你感受到像在如电影里皮克斯那般大小的角色运动。

### 2.3.3 下一代广播电视无线网

#### 2.3.3.1 下一代广播电视无线网技术概念

三网融合是我国信息产业发展的战略目标。作为推进三网融合的重要管理部门,国家广电总局将推进三网融合列为"十一五"规划的重要内容,下一代广播电视网(NGB)作为适合我国国情的、"三网融合"的、有线无线相结合的、全程全网的下一代广播电视网络,是引领和支撑三网融合发展的重要手段。

下一代广播电视无线网(NGB-W)作为我国下一代广播电视网的无线部分,是包括移动、地面和卫星的立体化全覆盖网络,需要在相当长一段时期内满足国家、社会和人民群众对广播电视类公众信息服务的各种已有要求和新兴需求,从而实现对现有无线广播电视网络体系的全面升级换代。

#### 2.3.3.2 下一代广播电视无线网技术发展趋势

文化产品的传播力有待提升。加快数字、网络、移动等各类先进通信技术的转化应用,进一步构建传输快捷、覆盖广泛、双向互动,可管、可控、可信的现代传播体系,不断开发基于数字、移动、网络等具有不同传播、接收、显示特点的新型文化产品,缩小不同区域、不同文化阶层、不同人群间信息与机会不均等的"数字鸿沟";促进数字出版、娱乐休闲、远程教育等新型文化服务产业链的形成与发展,进一步提高文化的传播力。

受互联网等新媒体的冲击,传统文化产业自身整合改制的步伐将加快,其营销模式发生根本性改变,为文化产业提供了更为广阔的发展前景。内容提供商可以跨越中间渠道,通过网络传播平台,利用电子商务、推送服务等方式,将丰富多样的文化产品直接提供给客户。数据显示,包括游戏、出版、影视、动漫、音乐在内的互联网文化产业,在短短几年时间里已经达到了千亿元的产业规模,并正在以年均超过 20% 的速度增长。

### 2.3.3.3 推动下一代广播电视无线网技术发展的重点路径分析

（1）基于上海已有的产业技术，在关键技术方面，我们应当关注：

① NGB-W 智能融合媒体网络与协同传输关键技术。满足"无处不在、跨网联动、多屏互动"等多种需求，支持"多种通信技术、多个通信频段、多类通信网络"的异构协同传输技术是实现新媒体承载和协同的有效手段。智能融合的 NGB-W 网络可有效解决视听传播信息量指数级增长与单一网络信息传输与处理能力线性级增长之间的矛盾，缩小文化传播的城乡差距，满足主流文化传播的公益性要求。

② NGB-W 增强传输技术。针对文化传播对传输渠道能力提升的要求，无线接入网络在传输效率和对业务支撑的灵活性方面亟待提高。基于低密度奇偶校验码（LDPC）、高阶非均匀调制、多天线预编码、载波聚合等当前无线通信技术最新技术成果和系统设计理念，应实现更高的系统性能和频谱效率，更好地支撑现有的地面数字电视、移动多媒体广播等无线广播电视类业务和更高质量的高清、甚高清的音视频广播类业务；同时利用动态自适应流媒体传输、实时单向传输等关键技术，以实现广播业务与双向业务的有效融合，更好地支撑多屏、互动的新型全媒体业务，从而有力支撑文化产品的表现力的提升。

③ 智能媒体融合网络智能感知与分发关键技术。面向融合媒体个性化服务与安全管控需求，基于媒体分析、媒体标签、媒体封装、媒体控制的智能关联和智能管理、基于大数据分析的智能推荐、智能搜索、智能分发等关键技术，以实现业务内容与用户需求的精细化匹配，网络资源与业务形式的精细化匹配，充分利用广播网与双向网的特性，智能感知与融合"内容""用户""网络""终端"四个维度的资源，更好地提高网络传输效率，贴近用户个性化需求，提升全网整体服务质量和安全管控能力。

（2）在应用场景方面，我们应当关注：

① 面向城市热点地区文化传播的 NGB-W 多媒体传输系统。针对城市热点地区的文化传播具有受众密集、内容相关度较高、传播效率高、影响大等特点，以及密集用户在线、宽带、高效、灵活的新媒体业务无线接入需求，突破面

向城市热点地区文化传播的 NGB-W 系统的异构组网、广播增强传输、双向接入、WiFi 组播、用户行为分析与推荐等关键技术,实现热点覆盖下频谱效率与吞吐量显著提升,研制 NGB-W 关键设备,构建面向地铁、广场、体育馆、商业街区等热点地区的实验网并开展应用示范,支持文化产品的高效、灵活传播。

② 面向社区、广告等文化传播的 NGB-W 多媒体推送系统。针对面向社区服务、电子屏广告等公共文化信息发布应用需求,以及高效、高可靠、广覆盖的无线多媒体推送技术要求,突破广播与双向协同推送技术、应用层编/译码技术、以及基于 NGB-W 的数据广播协议,显著提升现有单一无线网环境下信息推送的传输效率和可靠性,研制 NGB-W 多媒体推送前端和智能终端设备,并构建验证系统,开展相关应用验证与示范,为上海市文化信息传播提供高效的新媒体发布平台。

### 2.3.4 文化产业大数据

#### 2.3.4.1 文化产业大数据技术概念

大数据就是通过改变数据应用规模和形态而形成的不断增长的数据及其能力。大数据与典型数据库软件工具相比,拥有更强大的数据收集、存储、管理和分析能力,具有大量化、高速化、多样化、价值化 4 个特点。美国政府在 2013 年将"大数据"上升为国家战略,奥巴马宣布将通过输入数亿美元来拉动相关产业的发展,大数据的产业化已逐步进入繁荣发展的时期。

#### 2.3.4.2 文化产业大数据技术发展最新趋势

2013 年是文化大数据的元年。历经两年时间,今年全球文化产业从创意、生产、营销、交易到版权保护,每个产业环节都在开始与大数据快速结合并发生着微妙的"化学"反应,新创意、新模式、新方法不断涌现,大数据所带来的文化科技深度融合给整个文化产业带来了新方向、新出路。

(1) 科学生产。大数据与文化产业的融合使得文化产业朝着科学生产、规避风险、利益最大化的方向快速前行。大数据在商业、经济领域已经受到了极大的重视并开始运用于实际操作中。而过去充满风险的影视产品生产领域,也开始意识到大数据分析的重要性。2013 年互联网渠道运营商和内容租赁商 Netflix,通过投资《纸牌屋》而显示的"大数据制作",正标志着文化产业大数据时代的一个崭新的起点。

（2）精准营销。以精准营销、个性化营销为代表的大数据营销时代已然到来。互联网技术对文化产业的渗透来势汹汹,大数据时代下互联网+文化创意产业的模式也必将改变产品的营销模式。一方面,企业正积极使用互联网技术开展与电商的广泛合作,通过建立健全网络平台,对接线下营销的方式,进行线上线下的双向合作。另一方面,企业也对游戏营销、精准营销、SNS 营销等新型营销策略善加利用,不断健全企业营销网络。

（3）版权保护。大数据时代的到来,为我国的数字出版等文化产品的生产、审核、营销及用户反馈等方面带来革新的同时,也造成了版权保护立法、作品授权及作者维权方面的困局。健全出版法制建设、加快版权保护技术研发及引入补偿金制度同著作权集体管理制度配合运用,是解决数字保版权保护困局的关键。在技术层面,互联网企业应依托大数据平台的监控,可以有效的掌握盗版侵权信息,在原有版权保护的加密、水印等技术的基础上,大数据提供了动态、高效的发现手段,可以在海量的数字产品中实现版权的实现异常情况跟踪,还可以实现碎片化盗版等新型版权保护技术。

### 2.3.4.3　推动文化产业大数据技术的重点路径分析

（1）基于以上趋势,上海应该在文化与科技融合的大数据路径方面,密切关注如下方面:

① 大数据采集技术。数据采集是指通过 RFID 射频数据、传感器数据、社交网络交互数据及移动互联网数据等方式获得的各种类型的结构化、半结构化及非结构化的海量数据,是大数据知识服务模型的根本。应当重点突破分布式高速高可靠数据的提取或采集、高速数据全映像等大数据收集技术,突破高速数据解析、转换与装载等大数据整合技术,并设计文化大数据质量评估模型。

② 大数据分析及挖掘技术。数据挖掘就是从大量的、不完全的、有噪声的、模糊的、随机的实际应用数据中,提取隐含在其中的、人们事先不知道的、但又是潜在有用的信息和知识的过程。数据挖掘涉及的技术方法很多,应改

进已有数据挖掘和机器学习技术,研发数据网络挖掘、特异群组挖掘、图挖掘等新型数据挖掘技术,并结合用户兴趣分析、网络行为分析、情感语义分析等领域开展大数据挖掘技术示范。

③ 大数据展现与可视化技术。数据呈现与可视化无论对于普通用户或是数据分析专家,都是最基本的功能。数据图像化可以让数据自己说话,让用户直观的感受到结果。大数据技术需要通过可视化技术才能直观的展现并成为文化产业的创意、生产、营销等产业环节的决策依据。数据可视化要适时适当融入交互性元素,最终实现设计良好、易于使用、易于理解、有意义、更容易被人接受,这其中就包括了可视化算法及技术实现手段,包括建模方法、处理大规模数据的体系架构、交互技术等关键技术。

(2)基于大数据技术与文化产业融合发展的新趋势,面向文化产品在创意、生产、营销、交易、保护等产业链运营过程,上海应当重点推动以下环节的示范建设:

① 基于数据智能的文化创意产品决策辅助系统。研究基于数据分析和商务智能的文化产品的创意、生产、营销与服务适配技术及应用系统,研究文化创意产品和服务的价值链协同、多渠道网络新媒体营销技术与方法,利用数据采集、行为分析、趋势预测、用户画像、数据可视化等技术,实现文化产品从创意生产、产品开发与制作到消费服务的价值链优化与最优匹配,提高文化生产与服务的质量和效率,为基于文化产品和内容的智能化、定制化生产和精准化营销决策提供技术支撑。

② 版权监控与舆情监测系统。研究针对文化领域各类新型媒体的版权监控与舆情监测技术,实现媒体内容自动分类、话题发现、倾向性分析以及关键舆情信息的识别与预警,并在此基础上实现对媒体内容进行统计分析和智能报告在内的舆情分析与监控。研究大数据环境下的高速版权识别关键技术,研究针对数字媒体内容的版权标识技术,实现版权标识的分配、加载、检测等版权控制机制;研究基于高效检索的数字指纹识别、版权交易结算、版权监测、侵权取证等数字版权服务关键支撑技术,形成基于可信第三方的数字版权服务支撑技术体系,实现对文化内容的版权管理与全程追踪。

③ 数字版权价值评估系统。研究基于大数据分析的面向版权无形知识资本的价值评估体系和模型(包括版权评估相关的标准规范研制、影响版权价值的因素、版权评估参数、版权评估方法等),有效提升版权所有者对其版权作品权益和价值的认知,为版权定价交易、版权投融资、版权侵权索赔维权等经济活动提供强有力的技术支持。制定与版权价值评估相关的技术标准和管理规范,构建起科学、有效、系统的版权价值评估体系和模型并推广应用,为版权交易、投融资、侵权维权等活动提供基本的版权价值评估参考依据和服务。

### 2.3.5 深度学习与人工智能

#### 2.3.5.1 深度学习与人工智能技术概念

人工智能是指由人工制造出来的系统所表现出来的智能,它试图了解智能的实质,并生产出一种新的能以人类智能相似的方式做出反应的智能机器。人工智能从诞生以来,理论和技术日益成熟,得到了愈加广泛的发挥。近年兴起的深度学习是人工智能领域中一系列试图使用多重非线性变换对数据进行多层抽象的算法。至今已有多种深度学习框架,如深度神经网络、卷积神经网络和深度信念网络等。这些网络结构已被应用于计算机视觉、语音识别、自然语言处理等领域并取得了良好的效果,并在学术界和工业界同时掀起了深度学习研究与应用的热潮。

#### 2.3.5.2 深度学习与人工智能技术发展趋势

今天,人类社会进入了大数据时代,与此同时,媒体文化也从传统的单向灌输式向更为复杂的多方交互式转变。承载人类活动信息的数据正以指数速度增长,其中 80% 为图像、视频等多媒体大数据。例如,Facebook 上已经有超过 2 500 亿幅图像,YouTube 用户每天观看数亿小时的视频。据 IDC 2013 年预测,到 2020 年,全球数据规模将达到 40ZB。"十三五"期间,上海应该对这些海量规模的大数据进行高效、深入地自动分析与理解,有望开辟出许多创新性的应用,产生巨大的社会和经济效益。

#### 2.3.5.3 深度学习与人工智能的技术新动向

面对海量多媒体数据,需要对于这些收集到的数据进行自动分析,以支撑高层应用。上海应当从图像、视频、语音、文本几个角度，对深度学习与人工智能技术进行前瞻布局：

（1）图像内容识别领域，如从美国斯坦福大学等机构组织的大规模视觉识别挑战赛（ILSVRC）中了解到，大赛的任务是对 ImageNet 图片数据库中 1 000 个类别的图像进行内容识别。根据 2014 年 8 月最新公布的结果显示，来自 Google 公司的研究组采用改进的深度学习网络模型已将识别准确率提升到了 93.344%。

（2）视频方面，采用运动特征描述等技术。近年来识别精度提升较快，但仍远落后于图像识别。例如，由美国中佛罗里达大学、法国 INRIA 等机构组织的年度动作识别大赛，目前 100 类视频动作识别的最高精度在 80%~90%。由美国国家标准局主办的视频事件识别比赛，最高结果则只有 20%~30%。

（3）音频处理方面，来自微软公司的研究人员首先将深度置信网络引入到了语音识别声学模型的训练中。他们使用深度神经网络-隐马尔科夫模型框架取代了传统的混合高斯模型-隐马尔科夫模型框架，并在大词汇量语音识别系统中获得了巨大成功。基于深度计算的模型在 Switchboard 电话通话语料中的单词识别准确率达到 80% 以上。在最新的一些研究成果中，研究人员在华尔街日报的语料上使用深层的递归神经网络构建出的语音识别系统的识别准确率已经达到了 93.7%。在这些前沿领域的研发和突破，将成为上海"十三五"推动文化科技融合发展的重要契机。

# 3

# 前沿科技应用促进上海文化创意产业发展的重点举措

陈敬良①

**内容提要：** 近年来，文化创意产业在我国取得了迅猛发展，产业门类、规模和产业增加值都有了显著的提升。在数字技术发展与广泛应用的社会转型背景下，上海文化创意产业更加强调推陈出新，更加推崇先进科技应用。本研究通过追踪文化创意产业领域国内外代表性前沿科技发展动态，梳理出宏观发展方向，把握科技产业与文化创意产业的融合趋势，通过典型案例分析影响高新科技在文化创意产业领域应用的关键要素，挖掘文化创意产业融合与技术优化的切入点，研究提升上海文化创意产业的前沿科技应用成效的政策建议，进一步促进文化创意产业新型服务业态的多样化，发挥科技创新在上海文化创意产业中的支撑作用。

**关 键 词：** 文化创意产业，前沿科技，产业促进，应对举措

近几年，国内外在文化创意产业多个细分行业都产生了一定数量的新科技、新应用，这对文化创意产业发展带来了深远的影响。党的十八大会议明确指出科学技术水平的全面提升是保障文化产业发展的重要支撑，提出要促进文化和科技融合，发展新型文化业态，提高文化产业规模化、集约化、专业化水

---

① 陈敬良，上海理工大学管理学院教授，博士生导师，上海出版传媒研究院执行院长，本文为2013年上海市促进文化创意产业发展财政扶持资金项目研究课题"文化创意产业前沿科技应用发展研究"成果。

平。本研究结合文化与科技融合的产业背景,对文化创意产业前沿科技应用演变路径进行分析,探讨前沿科技应用对文化创意产业发展的影响,为政策制定提供重要信息参考。

## 3.1　文化创意产业代表性前沿科技应用与技术演进趋势

### 3.1.1　文化创意产业领域前沿科技应用分类

科技的进步改变着文化艺术的创作、生产、传播和消费方式,现代高科技越来越广泛地渗透到文化领域,文化产品和文化服务的高科技含量越来越高。从文化创意产业科技应用的涵盖范围可以看到,应用涉及受众视觉、听觉、触觉等感知渠道,文化创意产业的产品及服务需要满足消费者不断被挖掘的感官体验,相关前沿科技应用主要涉及电子信息科学、光学、声学、材料科学等工科学科。科技的创新应用为创意产业提供新的市场路径,为人们享受文化创意类产品或服务提供了具有更优客户体验的双向互动工具。

借鉴世界各国文化创意产业分类,结合我国的行业划分标准,相应的前沿科技应用可分为四个大类:文化艺术前沿科技应用类,主要包括表演艺术、视觉艺术、音乐创作等领域的应用;创意设计前沿科技应用类,主要包括服装设计、广告设计、建筑设计等领域的应用;传媒产业前沿科技应用类,主要包括出版、电影及录像带、电视与广播等领域的应用;软件及计算机服务前沿科技应用类,主要包括软件研发、移动互联网应用等领域的创新的应用。

### 3.1.2　文化创意产业代表性前沿科技应用

国内外在前沿科技作用明显的工业设计(如消费电子、汽车、服装行业设计工具)以及数字内容制作(包括数字影音、数字动漫、游戏、数字出版)等细分领域都产生了一定数量的新科技、新应用。通过相关资料的搜集整理,本研究选择了对文化创意产业产生比较大影响的代表性前沿科技:手势识别技术,3D 打印技术,增强现实技术,可穿戴设备技术,立体摄像技术等进行分析。

课题组对文化创意产业代表性前沿科技的研究主要是基于技术范围与内

容知识图谱,对已有前沿科技进行量化分析,并基于所得到的数据图谱,进行科学的趋势推测总结,对相关技术给文化创意产业发展带来的潜在影响进行预测。研究过程中依托可视化文献分析软件 CiteSpace 绘制图谱,并采用德温特专利数据库作为相关数据源。

### 3.1.2.1 手势识别技术前沿和演进趋势分析研究

图 3.1 由代表德温特手工代码的节点和文字组成,共涉及 313 个手工代码节点,整个网络密度适中,专利之间通过所标记的手工代码有一定的技术交流。图中节点圆环的大小与此手工代码被标记的频次数量有关,圆环越大则说明此手工代码被标记的频次越多,是有关手势识别专利手工代码标记较多的一个领域,同时说明相关专利对该领域的涉及程度越大。带有红色圆圈的节点为有一定突现率的德温特手工代码,表示其所代表的领域在一段时间内被相关专利标记的次数突然增多,可以理解为相关技术专利在一定时间段的研究前沿。

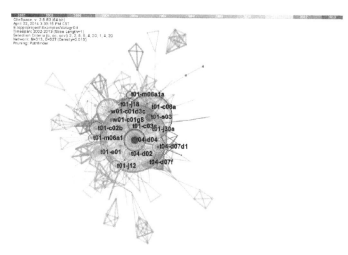

**图 3.1  手势识别技术专利的德温特手工代码共被引网络图谱**

资料来源:课题组绘制。

按照被引频次来看,手势识别专利手工代码多集中于 t01 代表的数字计算机技术和 t04 代表的计算机周边设备技术,说明涉及计算机技术和周边设备的手势识别相关专利最多。其中 t01-j10b2a 代码是手势识别专利标记最多的手工代码,说明其所代表的领域是手势识别技术涉及最多的领域,同时也是最基本的涉及领域,其代码的意义为"图像分析识别技术"。该领域被搜索到的手势识别相关技术专利标记了 220 次,在图 3.1 中为最大圆环对应的节点。其次是主张权利的软件产品技术,其手工代码被相关专利标记了 149 次。同时手势识别技术热点领域还涉及便携式移动无线电话(w01-c01d3c)、触摸屏设备手动输入技术(t04-f02a2)、特征和信号模式识别技术(t04-d04)。从被标记频次可以看出,手势识别技术相关专利的技术热点主要集中在如何对图像进行识别以及相应的应用技术领域。

将如图 1 所示的德温特手工代码共被引图谱转换为对应的 timezone 图谱,如图 3.2 所示。将每一年中有一定突现率的节点添加标签,可以得到一个手势识别技术领域发展前沿的演进图谱。为了进一步了解手势识别技术在 2002~2013 年这 12 年中的热点研究领域和研究前沿的变化,可将每一年中带红圈的节点作为该年度技术前沿的代表,如果某一年度没有带红圈的节点,则将该年中被标记频次最多的节点作为其技术前沿的代表,形成了一条手势识别技术前沿热点领域的演化路径。

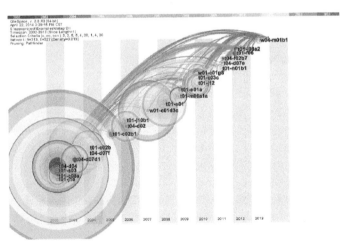

**图 3.2　手势识别技术领域发展前沿之 timezone 图谱**

资料来源:课题组绘制。

在这 12 年间,手势识别技术的研究前沿走过了这样一条路径,从"图像识别技术"到"识别技术中的动作检测技术"到"数字信号定位值转换器技术"到"协同显示技术"到"图像增强技术"到"便携式移动无线电话"到"数据处理技术"到"数据处理技术中的分类技术"到"多功能电话"到"基于相对位置的三维输入技术"到"数字信号处理器"到"电子静态摄像头"。在手势识别的技术演进过程中,专利内容主要集中于手势识别的相关技术,即如何对利用电子器件识别手势动作、相关信号如何转为数字信号、定位及数字化记录和显示。后期开始出现了如何将手势识别技术应用到相关产业中的技术专利,比如:在多功能手机、便携电脑中如何应用这一技术完成人机交互、数据输入和读取等。

### 3.1.2.2　3D 打印技术前沿和演进趋势分析研究

3D 打印技术改变了人们对打印的普遍理解,突破了打印内容是二维平面的设计局限性。3D 打印技术近年来成为了工业领域,甚至社会舆论的关注热点,舆论对技术的应用价值和产业发展普遍具有较高的预期,将 3D 打印视作第三次工业革命的重要标志之一。3D 打印技术极大地缩短产品的研制周期,提高生产率并降低生产成本。随着 3D 打印设计软件和建模工具材料的多样化发展,3D 打印不仅在传统的制造行业体现出发展潜力,同时其应用延伸至影视传媒、创意设计等多个文化创意产业领域。

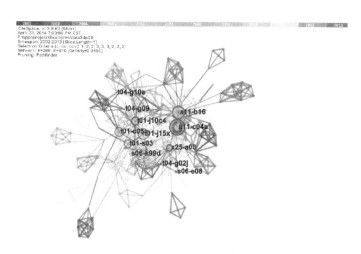

**图 3.3　3D 打印技术专利的德温特手工代码共被引网络图谱**

资料来源:课题组绘制。

图3.3共涉及288个手工代码节点,如前文所述,网络密度适中,手工代码具有一定技术交流。按照被引频次来看,3D打印专利手工代码多集中于a11代表的含设备在内的聚合物处理技术和t01代表的数字计算机技术。说明3D打印相关技术专利多涉及聚合物处理领域和计算机技术。其中a11-c04a代码是3D打印技术专利标记最多的手工代码,说明其所代表的领域是3D打印技术涉及最多的领域,同时也是最基本的涉及领域,其代码的意义为"表面处理、绘画、印刷技术"。该领域被搜索到的3D打印相关技术专利标记了52次,在图3.3中为最大圆环对应的节点。其次是印刷设备相关技术,其手工代码被相关专利标记了47次。同时3D打印技术热点领域还涉及成型过程的立体建模技术(a11-b16)、数据处理系统应用程序辅助设计技术(t01-j15x)、3维数据处理系统技术(t01-j10c4)。从被标记频次可以看出,3D打印相关专利的技术热点主要集中于3D打印技术及3维数据处理和模型建立技术。

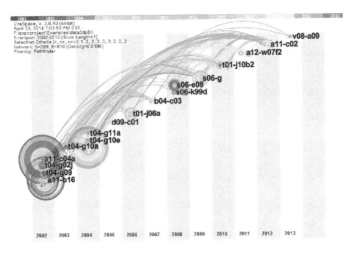

**图3.4　3D打印技术领域发展前沿之timezone图谱**

资料来源:课题组绘制。

由图3.4可以看出,在这12年间,3D打印技术的研究前沿走过了这样一条路径,从"表面处理、印刷技术"到"印刷设备控制系统的内部控制技术"到

"印刷设备的结构和生产细节"到"假肢和移植"到"医药数据处理系统"到"一般聚合物"到"不使用电荷模式的电子照相法"到"喷墨图像复制技术"到"图像处理中的图像分析技术"到"印刷承印物"到"聚合物处理中交联固化、橡胶的硫化"到"激光相关方面技术"。在 3D 打印技术演进过程中,专利内容首先集中于普通的印刷技术这一领域,即如何以及采用何种方式进行 3D 打印。随后开始出现涉及 3D 打印控制和 3D 打印材料相关的专利,以及将 3D 打印技术应用于除了快速制造业以外新领域(如生物医药、骨组织工程等)的专利。由于近年来的 3D 打印热潮正在兴起,及其在其他应用领域的潜在优势,研究的前沿再一次回到了如何创新 3D 打印方法和相关材料上。

### 3.1.2.3　增强现实技术前沿和演进趋势分析研究

**图 3.5　增强现实技术专利的德温特手工代码共被引网络图谱**

资料来源:课题组绘制。

图 3.5 共涉及 258 个手工代码节点,整个网络密度适中,专利之间通过所标记的手工代码有一定的技术交流。按照被引频次来看,增强现实专利手工代码多集中于 t01 代表的数字计算机技术,说明手势识别相关专利大多数都涉及计算机技术。其中 t01-j40c 代码是增强现实技术专利标记最多的手工代码,说明其所代表的领域是手势识别技术涉及最多的领域,同时也是最基本的

涉及领域,其代码的意义为"数据处理系统中的增强现实系统",被该领域被搜索到的增强现实相关技术专利标记了1 413次,在图3.5中为最大圆环对应的节点。其次是主张权利的软件产品技术,其手工代码被相关专利标记了352次。同时增强现实技术热点领域还涉及便携式移动无线电话(w01-c01d3c)、三维图像生成技术(t01-j10c4)、图像分析技术中的识别技术(t01-j10b2a)。从标记的频次可以看出,增强现实技术相关专利的技术热点主要集中于3维图像的生成、分析和识别技术以及增强现实技术的应用。

将如图3.5所示的德温特手工代码共被引图谱转换为对应的timezone图谱,如图3.6所示。如果某一年度没有带红圈的节点,则将该年中被标记频次最多的节点作为其技术前沿的代表,形成了一条增强现实技术前沿热点领域的演化路径。

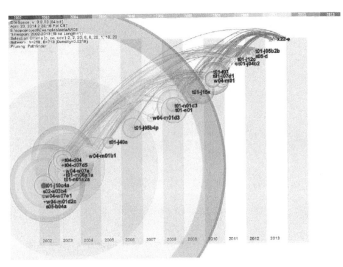

**图 3.6　增强现实技术领域发展前沿之 timezone 图谱**

资料来源:课题组绘制。

在这12年间,增强现实技术的研究前沿走过了这样一条路径,从"虚拟现实技术"到"虚拟现实和增强现实技术"到"电子静态摄像头"到"虚拟现实系统的游戏"到"数据库应用技术"到"摄像机的寻像器";从"从远程站点或服务器的数据传输"到"非电气应用的计算机辅助设计"到"基于对象系统的程序控制"到"人机交互信息的安全性"到"数据和目录结构的保存"到"汽车电气系统的仪器仪表指示板"。在增强现实技术的演进过程中,专利内容首先集中于虚拟现实和增强现实系统的相关技术。随后逐渐开始向电子游戏、人机交互的应用上集中,数据的传输和和数据管理也是增强现实相关专利在某一时间段的研究前沿。

### 3.1.2.4 可穿戴设备技术前沿和演进趋势分析研究

**图 3.7 可穿戴设备专利的德温特手工代码共被引网络图谱**

资料来源:课题组绘制。

图 3.7 共涉及 483 个手工代码节点,专利之间通过所标记的手工代码有一定的技术交流。按照被引频次来看,可穿戴设备专利手工代码多集中于 t01 代表的数字计算机技术,说明可穿戴设备相关专利大多数都涉及计算机技术。其中标记最多的手工代码为 w01-c01d3c,其意义为手持、便携式移动无线电话,说明其所代表的领域是可穿戴设备专利目前标记最多的领域,被该领域搜索到的可穿戴设备相关技术专利标记了 196 次,在图 3.7 中为最大圆环对应的节点。其次是主张权利的软件产品技术(t01-s03),其手工代码被相关专利标记了 142 次。同时可穿戴设备的热点领域还涉及便携式个人设备(t01-m06a1)、生物医学数据测量(t01-j06a)、一般用于佩戴在人身上的设备(b11-

c04）。从标记的频次可以看出,可穿戴设备相关专利的技术热点主要集中于相关软件的开发及可穿戴设备在实际生活中的应用,例如,在便携式手机、电脑等设备上的应用,生物医药数据处理装置和佩戴在人身上的器械、装置等。

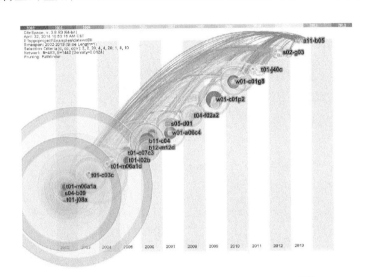

**图 3.8　可穿戴设备领域发展前沿之 timezone 图谱**

资料来源:课题组绘制。

在这 12 年间,可穿戴设备的研究前沿走过了这样一条路径,从"便携笔记本、掌上电脑"到"远距离数据交换技术中的无线电通信线路技术"到"可穿戴式计算机"到"电脑与其外部设备的无线连接"到"佩戴在人身上的器械、装置"到"电子医疗设备的测量和记录系统"到"触摸屏设备的应用"到"个人数字助手,即智能手机、平板电脑、手持的游戏机等"到"多功能电话"到"增强现实系统"到"加速度和震动的测量"到"涂布成型"。在可穿戴设备的技术领域演进过程中,可穿戴设备专利技术首先集中于便携设备的应用,例如便携笔记本、掌上电脑、可穿戴计算机等,同时也出现了相关的医学健康参数测定的应用,然后逐渐开始应用在触摸屏设备、智能手机及电子助手设备领域中。其间还出现了很多专注于解决可穿戴设备的无线电通信问题的专利内容。从可穿戴设备前沿热点领域的演化路径可以看出,可穿戴设备正向更加娱乐化、大众化的方向转变,逐渐吸引了更多青年消费者的目光,同时可穿戴设备对人体健康相关参数的采集与反馈,使得其面向的对象也越来越广泛。

## 3.2 前沿科技应用对文化创意产业发展的影响

### 3.2.1 前沿科技应用对文化创意产业发展的影响概述

#### 3.2.1.1 虚拟建模及快速成型领域的前沿科技应用

(1)随着3D打印的兴起,虚拟建模及快速成型领域的生产制造格局由以往的集中化、大批量的专业化制造转变为分散化、小批量的社会化制造。虽然3D打印技术出现已有十几年的历史,但3D打印产业仍处于发展阶段的初期,业态尚不丰富,文化创意产业领域辐射带动效应有限。随着3D打印技术的日趋成熟,独立设计师对于传统加工业的依赖性将越来越小,除了具备一定的设计、研发能力的专业设计师外,每个消费者都可能变成设计师和生产商,3D打印将进一步改变现在的艺术设计和工业设计行业的格局。

(2)通过技术演进的知识图谱分析可以看到,3D打印技术主要产业链未来主要会从"建模技术"与"打印材料"两条主线产生技术突破。3D打印产业链上游的难点主要是建模技术层面,目前较为先进的技术是使用全息摄影技术对扫描物体进行取像,并通过计算机视觉及摄影测量学技术对三维模型进行重建。建模技术上的突破将使整个产业的经营成本降低,从而拓展更广阔的市场。在材料方面,虽然3D打印技术近年来已取得不少的进步,比如种类增多,耗材价格下降,但从目前看,在没有变得更加成熟和廉价前,并不会被企业大规模采用[1]。对材料行业来说,通过目前打印材料提供商之间的竞争和市场规律的作用,最终将会形成3D打印材料的市场标准,这也有助于3D打印构筑成熟的产业链。

(3)文化创意产企业众包模式将成为3D打印技术实现商业价值的重要载体。随着3D打印技术所带来的社会化制造现状,新的社会化设计模式——"设计众包"也将大行其道[2]。众包的模式被很多领域所推崇和应用,并成为

---

① 黄国光:《3D打印——数字化制造技术》,《丝网印刷》2013年第5期。

② 张楠、李飞:《3D打印技术的发展与应用对未来产品设计的影响》,《机械设计》2013年第7期。

推动服务外包创新的一种新生力量。众包形式的在线协同制作使 3D 模型构建与修改变得日常化。目前流行的大规模协作生产,均强调把消费者的意志或创新思想吸收到生产过程中来,以此推动生产上的创新与符合消费者多样化需求产品的推出。

### 3.2.1.2　可穿戴设备及相关技术的前沿科技应用

(1)整体来看,可穿戴设备产业正处于发展的初期,技术发展、产品功能、商业模式、竞争格局仍在探索和形成过程中。近几年,可穿戴设备也引入了一些新的技术来达到更好的娱乐效果,如增强现实技术等。伴随着云计算技术和微型传感器技术的突破,手势识别、语音命令相继成为可穿戴设备的创新功能。从技术角度来看,传感技术融合发展、创新性人机交互方式、大数据处理等对文化创意产业领域的技术实现能力提出了更高的要求。

(2)可穿戴设备目前在国内文化创意产业领域仍属于前沿科技。与可穿戴设备密切相关的主要技术有:云技术,实时采集影像技术,传感技术,定位技术,语言操控技术,物联网。随着生产成本的降低、市场氛围的培育以及用户接受程度的进一步提升,可穿戴设备会更加普及,相关的应用和产品会渗透文化创意产业的各个细分行业。可穿戴设备给行业提出新的价值主张,更贴近消费者需求,特别是现实生活中的需求,这是可穿戴设备在文化创意产业领域应用的一个新趋势。

(3)文化创意产业与生物医疗技术的融合会进一步促进健康医疗类可穿戴设备技术的应用发展。可穿戴式传感器可用于疾病诊断及健康监测,目前的功能主要集中在生理和生化感测,以及运动感知方面[1]。可穿戴设备可以使用户更低成本的实时记录数据,设备获取的人体数据信息经过可视化处理呈现在移动终端上,使用户能更加直观的掌握自己的健康状况。作为人们对于健康娱乐相结合需求的产物,可穿戴设备产品未来会更加趋向小型化、低功耗和高智能。

### 3.2.1.3　人机交互与增强现实领域的前沿应用

(1)手势识别技术实现了手部信息的捕捉、处理、分析、识别以及与控制

---

[1]　Patel S, Park H, Bonato P, et al., A review of wearable sensors and systems with application in reha-bilitation, Journal of neuroengineering and rehabilitation, 2012, 9(1):21.

命令的转换,由此引发了两个改变:空间信息采集方式的改变和交互模式的改变。关于手势识别相关技术的专利数量在近年来呈现上升的趋势,并逐步完成从电子器件到相关产业再到实体化产业的发展路径。

（2）手势识别技术已经成为人机交互技术中的一项的热点新技术,其在娱乐产业中的应用会给用户带来全新的体验,使得用户的人机交互体验得到了质的提升。这种新兴技术在不同领域的应用也拉动了相关文化创意产业的经济增长,对文化创意产业领域有着深远的影响。

（3）增强现实技术的应用是文化创意产业中娱乐传媒行业的新突破口。通过虚拟技术增强用户对现实世界的感知,强化受众娱乐体验。增强现实商业理念的核心思想就是实体资源和虚拟资源整合。利用增强现实技术通过虚拟呈现模型,人们可以真切观看实际应用的效果,有助于做出更高效的决策,这都给文化创意产业带来了新的发展契机。

### 3.2.2　文化创意产业代表性前沿科技应用的总体趋势

前沿科技尤其是信息技术是文化创意扩张的源泉,科学技术是文化和生产力发展的直接动力,为创意向产品的转化及产品的商品化提供了实现路径。文化创意产业与信息技术、传播技术和数字多媒体技术等的广泛应用密切相关,呈现出高知识性、智能化的特征。有研究者将创意产业的应用科技分为"支持性"和"嵌入性"两类[1],前者不直接影响创意产品和服务的内容,它们通过改善产品物理形态、提高个性化水平、降低生产成本、改变消费模式等方式支持创意产业的发展;后者直接参与创意产品和服务的生产,直接影响了产业的生产过程、组织结构、市场行为。结合相关应用科技的"支持性"和"嵌入性"分析,文化创意产业前沿科技应用的发展趋势归纳为以下几点特征:

（1）传统的文化创意产业建模应用正在朝着更加丰富的媒体呈现方向发展。在文化产品制造领域,传统的、耗时较长的物理三维模型的构建,正向更易获得的虚实结合的建模技术发展,通过虚拟呈现模型,有助于使设计者做出

---

[1]　邓晓辉:《新工艺经济时代的文化创意产业研究》,复旦大学出版社 2006 年版。

更高效的决策。在消费电子领域,各类虚拟现实、增强现实技术可以将数学模型以立体的、可视化的形式呈现出来,让观众获得更为直观的感受。这些改变都给文化创意产业带来了新的发展契机。

(2)提升用户参与互动程度的新技术不断涌现。人体动作捕捉、增强现实、全息成像等方面的技术方法和功能日趋完善,新型的娱乐设备、人机交互型娱乐产业及周边消费类电子产品将更多的将消费者的交互感知作为用户体验的重要衡量指标。伴随着云计算技术和微型传感器技术的突破,手势识别、语音命令相继成为可穿戴设备的创新功能。从技术的角度来看,传感技术的融合发展、创新性的人机交互方式等对 TMT 产业领域的技术实现能力提出了更高的要求。

(3)移动终端与传感器技术普及使得位置信息成为了互联网移动应用中的核心要素。嵌入式传感器和基于各类信号的室内定位技术发展使得基于用户位置的功能应用得以实现。这些应用可以使用户通过可穿戴设备获得更生动的环境互动体验,并且激发新的应用设计思路。这也为移动互联网 App 开发及相关技术应用提供了无限创意空间。

(4)大数据应用使得文化创意产业领域的商业机构越来越关注数据分析与数据挖掘技术的重要性。随着传播终端技术的发展,大量用户开始涉足内容生产过程,这使得大众生产成为新媒体内容的重要来源。特别在出版传媒行业领域,大数据商业价值越来越被重视。用户在基于互联网的生产、传播、交易平台上产生了海量的行为数据,这些包括个人信息、消费记录在内的海量数据当中,蕴含着许多有价值的信息,通过分析用户数据以及数据挖掘对用户行为进行判断推荐,并利用这些数据指导后续的内容生产,此关联分析可以为企业经营、管理提供参考。"大数据"正日益渐成为文化创意产业的核心生产力。

(5)创意物质产品的设计和制造开始与互联网产生紧密的联系。通常情况下,基于互联网只能进行完全数据化的产品和服务,或者通过网络平台帮助物质化的产品和服务进行推广销售。随着经济信息化、知识化、技术化的发展,互联网的各类创新应用表现出了强大的的渗透力,在与传统产业的互动中,对其产生了高度的渗透性,推动传统产业的快速转型。而新兴的基于网络和数据的物质产品生产模式展现出由数据到实物的转化过程开始进入低成本,大规模,打破时空界限和个性化的全新历史阶段。

## 3.3 促进文化创意产业前沿科技应用扶持政策的重要举措

上海作为国际化文化大都市,正在根据中央的要求,加快向具有全球影响力的科技创新中心进军,形成强大的科技和创新能力;上海作为全球设计之都,拥有全国领先的文化创意产业规模和诸多基础优势。有鉴于此,上海在"十三五"期间,应该加强文化创意产业前沿科技发展的重点举措和有效保障,主要包括以下几个方面。

### 3.3.1 政策、法律法规方面的举措

#### 3.3.1.1 制定针对文化创意行业发展特征的扶持政策及产业发展规划

前沿科技的应用给我国文化创意产业带来了很多积极的促进效应,但是同时也应注意到它所带来的风险。前沿科技应用是文创产业的一个特点,极具科技型的高成长性,这也就说明,它的很多项目高风险、高投入、高成长、高回报,这种高成长性的产业本身就容易蕴藏失败风险。政府应当针对文化创意产业制定具体的扶持政策,将政策落到实处,甚至具化到特定行业。未来文化创意产业规划制定应重视产业前沿研究,上海市发展文化创意产业高新科技,需要注重对核心技术中辅助技术薄弱环节突破,研发具有自主知识产权的共性关键技术,对价值链上的多项技术进行集成创新,提高文化创意产业源头创新能力,从而提高产业整体科技水平。政府主管部门可以通过追踪文化创意产业国内外前沿科技发展动态,梳理出发展趋势及宏观方向,研究文化创意产业科技前沿及应用推广需要配套的政策、软环境以及建设模式,促进高新科技在文化创意产业领域的应用。

#### 3.3.1.2 加大对"社会化内容生产"领域的专利和版权保护力度

文化创意产业前沿科技应用本质上体现了知识产权的核心商业价值,而

我国在对知识产权,特别是版权保护方面仍然有很多需要改进的地方。近年来,文化创意产业与互联网产品进一步融合,社会化媒体的普及,内容生产者不再局限于专业机构,而是全体用户共同参与,凸显了"社会化内容生产"这种新的生产方式。然而,生产者的社会化使得大量虚假和违法信息出现在网络中,盗版侵权时有发生,从而引发社会化内容生产在发展中的版权问题、隐私问题、内容的非法性与失当性问题。内容生产通过"云模式"集中处理分散供应更能极大降低成本,并能够同时提升产品和服务的品质和质量。因此政府需要通过建立健全的专利和版权保护法律法规,依托云服务平台产生出高附加值的产品,实现基于大数据分析的版权保护技术,形成在云端进行需求分析、产品定位、选题策划、审稿编辑、数据加工、多渠道出版发布及多终端的内容生产新业态。

### 3.3.1.3 利用中国(上海)自贸区的建立助力文化创意产业高新科技的发展

文化服务的开放将给文化创意产业,特别是国际文化贸易带来新的发展机遇。上海市政府应当利用自贸区的资源优势,积极引进国外先进的技术和理念,借鉴国际成果与文化创意产业融合成功案例,同时加大政府对文化产业"走出去"的政策扶持力度,鼓励具有高附加值的 TMT 领域产品、服务的对外出口。另外可以利用高新技术形成产品的核心竞争力,提供"差异化""特色化"服务,扶持基础和实力好的文化企业争创国际品牌。

## 3.3.2 财政投入与市场运作方面的举措

政府应当加强基础设施以市场为主导的建设,结合企业的实际情况,建立服务机构,为企业提供市场动向、供求分析、技术动向、法律研究、海外市场等相关信息及产业发展研究。有了创新技术,还要有相适应的理论和应用模式支持。有了更良好的环境,前沿科技应用成果才能更快的商品化和产业化,专业性的服务能够形成各种互惠环境,给企业商业模式的制定提供支持,促进资本的高效运营,提高行业整体的经营效率。

### 3.3.2.1 针对文化创意产业的特点优化投入方式

文化创意产业领域的科技成果转化及新技术应用推广有别于其他生产性

行业领域,具有投资回报周期长、产品非实体化等特点。由于文化创意产业的高风险、轻资产的特点,文化创意产业领域的前沿高新技术应用普遍存在"叫好不叫座"的问题。上海市在文化创意产业财政扶持方面目前主要采取无偿资助、贷款贴息和政府购买服务等方式,未来可以采取项目补贴、后期奖励等方式,在资金投入上应向培育消费市场方面倾斜。在上海加快建设科创中心22条意见的基础上,需考虑文化创意产业的消费性、非工业制造的特点,特别在科技成果转化、财政扶持等方面应突出文化创意产业的特点。目前上海还没有出台针对文化创意类科技企业认定办法,文化科技企业要享受国家税收优惠政策就必须首先经过国家高新技术企业认定标准,否则就无法享受相关优惠政策。这在一定程度上提高了企业获得政府资源支持的门槛及成本,抑制了企业的创新积极性。为促进文化创意产业高新科技的进步,上海市可以针对文化创意与高新科技融合的项目建立专项资金,并制定严格的申报标准,增加相关企业和机构的创新积极性。

#### 3.3.2.2 推动基于高新科技的文化创意产业影响力营销

上海市的文化创意产业发展在国内尚居前列,然而未能形成有影响力的品牌,文化创意产品还只是依靠前沿科技来赚取关注,难以形成品牌效应。国内文创领域目前具代表性、原创性、前瞻性的科技应用主要以模仿与引进为主,缺乏大型具有国际竞争力及自主知识产权的原创技术。上海市的文化科技企业可以结合自身特色或上海的地区特色,鼓励社会力量举办文化节庆活动,逐渐形成自己的品牌,形成大批专业化的文化产业包装团队和营销团队,并扩大品牌影响力,通过科技手段反哺文化产业载体,而不是单纯依靠高新技术这个营销噱头。此外,上海市发展文化创意产业可以充分利用海派文化这枚文化标签,形成上海市独有的自身特色,实现文化创意产业科技发展错位竞争和差异化发展。

#### 3.3.2.3 通过探索适应前沿技术发展趋势的商业模式,提升文化创意产业科技附加值

面对高新科技的产业应用,部分企业没有升级旧有传统商业模式,导致资金浪费、资源利用不完全和商业运作效率低下。旧有科技服务平台多以工程

思路和生产经营为主导,缺少对文化创意产业行业特征的前沿科技应用分析。运用现代科技手段改造传统文化创意产业形成文化创意产业新的增长点,关键需要解决商业模式、市场与高新科技应用相互脱离的问题。借助互联网形成的信息平台,企业、客户及利益相关方纷纷参与到价值创造、价值传递及价值实现等生产制造的各个环节在制定文化发展战略中。可以预见,"互联网+文化创意产业"的发展将会大大提高文化创意产业相关商业活动的信息传播、内容生产、产品消费等方面的技术水平。政府的应鼓励引导文化创意产业企业在创新产品研发中充分融入的"互联网+"理念,通过信息化手段构筑分享经济模式,引领人们的消费方式及生活理念,同时也不断挖掘大众对文化产品新的需求。

### 3.3.3  技术、人才、平台建设方面的举措

将科研成果转化为文化创意产业实际生产力,这样不但可以提升文化创意产业原有的产业链,改善产品和服务品质,调整原有经济结构,还为提升文化创意产业附加值提供有效的技术保障,甚至通过技术创新找到新的商业模式,催生新业态。

#### 3.3.3.1  促进文化创意科技产业园区的建设,形成专题园区集聚效应

上海市政府应该积极开展文化创意科技产业园区的建设工作,发挥高科技产业园区的示范带头作用,加大对专题产业园区的扶持力度,带动上海市文化创意产业高新科技的发展。推进文化和科技融合示范基地建设、文化创意产业集聚区建设,支持服务文化科技融合的技术创新战略联盟,加快形成产业集聚效应的进程;重点建设高新科技与文化创意产业交叉融合型园区,聚焦文化创意产业应用热点领域的关键技术,加快示范应用,为提升文化创意产业附加值提供有效的技术保障,通过技术创新探索新的商业模式,催生新业态;对符合条件园区,应当积极推荐申报国家级企业技术中心、国家工程技术中心或国家工程研究中心。

#### 3.3.3.2  注重培养、引进文化与科技领域交叉的复合型人才

在上海市文化创意产业不断成熟以及科研能力不断提高的大环境下,应

注重对文化创意科技人才的培养,利用上海市高校的文化创意类学科专业资源,在校企合作组织结构、资金和制度保障、政府支持等方面形成人才共育、过程共管、成果共享、责任共担的紧密型合作办学体制机制,努力培养出一批既掌握现代高新技术又懂得文化创意的复合型新媒体产业人才,为专业建设和人才培养模式改革、产学合作、人才培养建立坚实的平台与基础。在人才引进方面,政府应不断完善对人才的保护、扶持等相关政策,创造有利于培养、引进和留住文化创意科技人才的政策和人文环境,利用经济、科技、政策等优势吸引全国高校人才来沪进行文化创意创业孵化。

### 3.3.3.3 对文化创意产业科技服务平台建设进行优化

平台服务需要提供足够的增值服务才能成为文化创意产业聚集资源的核心渠道,发挥良好的产业效用。根据《上海文化创意产业"十二五"规划》要求,上海创办了市级文化创意产业公共服务平台。平台提供园区信息公共发布服务、文化产业信息内参服务、文化产业对接交流服务,公共服务平台所覆盖范围从创业支持到商业运作非常全面,目前仍缺乏有效反馈验证机制。文化创意产业所涉及的行业很宽泛,虽然现有技术支持建设服务平台,但受到行政管理体制制约,目前平台建设出现重复建设情况,平台建设多头管理,这样会浪费投资经费,使用效率得不到提高。需要有顶层的整体规划,统一的布局,达到真正的"综合性"文创产业信息服务平台功能,为文化创意产业提供各种公共技术服务平台和共性技术支撑。

## 栏目三:文化金融建设　凸显平台活力

# 4

# 国家级文化产权交易所的 "互联网+" 文化金融创新理念和实践

张芮宁　陈　昊①

内容提要：　随着文化金融的蓬勃发展,我国在"十三五"时期发展"互联网+"
　　　　　文化金融的重要性日益突出。作为国家级文化产权交易及投
　　　　　融资综合服务平台的上海文化产权交易所在理论创新、机制创
　　　　　新和业态创新都做了深入的研究与实践。本文深入阐述了上
　　　　　海文交所在开展标准化文化物权的现货交易、探索设计具有消
　　　　　费属性的文化金融投资产品、开展艺术品和演艺及媒体金融服
　　　　　务推动"互联网+文化+金融"探索等方面的创新理念和实践,
　　　　　并且结合大量实践,提出了中国"十三五"时期推动"互联网+"

---

①　张芮宁,上海文化产权交易所常务副总裁,美国北卡罗来纳大学教堂山分校硕士,长期从事创
新金融、互联网金融和文化金融等方面的工作。陈昊,上海文化产权交易所投融资总监,信息
系统学士,金融 MBA,从事文化产业投融资、文化金融产品设计、产权交易、资产证券化、互联
网金融等方面的工作。

文化金融创新的对策建议。

关 键 词： 互联网+,文化产权交易所,文化金融

# 4.1　背景研究

## 4.1.1　我国文化金融发展现状

### 4.1.1.1　文化产业的蓬勃发展

从世界范围来看,越来越多的国家开始将文化产业视为一种战略产业加以谋划和推动。与传统产业相比,文化产业以创意为核心,并且具有经济效应大、对外输出无摩擦、有助于展示国家形象等优点。其巨大诱惑力不仅仅体现在直接的经济效益上,还具有较强的产业协同性。发达国家的文化产业在GDP 中的比重都普遍高于 10%,美国则高达 25% 以上。今天的文化产业,已实实在在成为社会生产力的重要部分,并成为一国综合国力的最直观、最具体的反映。

近年来,中国文化产业也蓬勃发展。随着 2003 年文化体制改革试点的推进,国家出台了一系列相关政策来支持文化产业的发展。从消费端来看,文化产业呈一个平稳上升态势,近 10 年年均增速保持在 26% 左右,而且文化产业被逐渐纳入到整个经济宏观结构当中。从文化产业自身来看,规模在扩大,结构在调整,发展质量在提升,同时存在由中心向边缘扩散的趋势。

从 1990 年代,随着社会主义市场经济体制的确立和发展,党和政府提出要建立健全文化经济政策。1996 年国务院下发《关于进一步完善文化经济政策的若干规定》。2000 年,中央在"十五"计划建议中明确从文化"管理体制"和"文化产品生产经营机制"两个方面提出了深化文化体制改革的要求。更为重要的是,该建议提出了要"完善文化产业政策,加强文化市场建设和管理,推动有关文化产业发展"。这是第一次在党的中央文件使用"文化产业"这一概念,标志着在强调文化的事业属性的同时,中央正式确认了文化的产业

属性。

2002 年 11 月,党的十六大作出深化文化体制改革的战略部署,并明确把文化区分为文化事业和文化产业,提出了两手抓、两加强的文化发展思路。2003 年国务院办公厅出台支持经营性文化事业单位转企改制和文化企业发展的改革配套政策两个意见,支持文化企事业单位转企改制。

2005 年,党中央、国务院出台了《关于深化文化体制改革的若干意见》。2006 年,新中国第一个专门部署文化建设的五年发展规划——《国家"十一五"时期文化发展规划纲要》公布。2009 年,我国第一部文化产业专项规划——《文化产业振兴规划》实施,这标志着文化产业已经上升为国家的战略性产业。随后 9 部委发布《关于金融支持文化产业振兴和发展繁荣的指导意见》。

2010 年 10 月,中共十七届五中全会通过《中共中央关于制定国民经济和社会发展第十二个五年规划的建议》,对"十二五"时期文化改革发展作出部署,提出推动文化产业成为国民经济支柱性产业的战略目标;2011 年《中共中央关于深化文化体制改革推动社会主义文化大发展大繁荣若干重大问题的决定》正式颁布。

2012 年,文化部发布《文化部"十二五"时期文化产业倍增计划》,提出文化产业增加值年增长高于 20%,2015 年比 2010 年至少翻一番,实现倍增。

2012 年 11 月,党的十八大提出文化产业要成为国民经济支柱性产业,要发展新型文化业态,提高文化产业规模化、集约化、专业化水平。此时,文化产业在国民经济中的地位已经不容动摇,已成为国民经济新的增长点、经济结构战略性调整的重要支点、转变经济发展方式的重要着力点。为了配合文化产业的发展,在同一年,国家统计局颁布了新修订的《文化及相关产业分类(2012)》标准,本次修订在 2004 年制定的《文化及相关产业分类》的基础上进行,延续原有的分类原则和方法,调整了类别结构,增加了与文化生产活动相关的创意、新业态、软件设计服务等内容和部分行业小类。2014 年以来,国家有关文化产业的政策连续重磅出台,层级之高、密度之大、力度之强,前所未有,为文化金融的发展提供了重要的基础。

### 4.1.1.2　文化金融的创新发展

随着中国文化产业的发展被上升到国家战略的高度,文化金融日益成为中国文化产业发展的引擎。2010 年 3 月,中国人民银行、财政部、文化部等九部委印发了《关于金融支持文化产业振兴和发展繁荣的指导意见》,明确提出了金融支持文化产业这一命题。近几年来,文化与金融的合作取得了重要成果,已经成为中国文化产业持续快速健康发展的重要动力。

据中国人民银行统计,截至 2013 年 12 月,文化产业中长期本外币信贷余额已达 1 574 亿元,较年初新增 419 亿元,同比增长 36.28%;185 家文化企业注册发行的债券余额已达 2 878.5 亿元;77 家文化企业在沪深两地资本市场上市。截至 2013 年末,全国各类型的文化产业股权投资基金 57 只,募集规模超过 1 350 亿元。政府部门、金融机构和文化企业等各方汇聚力量,积极探索出更好地促进文化产业发展的工作思路和一系列有效措施,经过努力实践,推进工作,逐步形成了多层次、多渠道、多元化的文化产业投融资体系。

2014 年 3 月,文化部、中国人民银行、财政部联合发布了《关于深入推进文化金融合作的意见》,这是文化部首次与中国人民银行和财政部共同出台的文件,从促进文化与金融的对接与合作角度对今后工作提出指引,并着力在文化金融的瓶颈环节、薄弱领域下功夫,着力完善文化金融合作信贷项目库、文化产业投融资公共服务平台、贷款贴息,将直接融资、区域股权市场、普惠金融等推广到文化产业领域,鼓励有条件的地方建设文化金融专营机构、建设文化金融服务中心、创建文化金融合作试验区。

2014 年以来,中国文化金融领域出现了大量的新趋势和新业态,比如:在政策利好和市场消费需求升级的双重背景下,文化企业的并购与投资成为一种常态,截止到 2014 年 12 月底,文化产业全年共发生并购事件将近 160 起,并购总规模超过 1 000 亿元,2014 年前 6 个月的并购规模已超过 2013 年全年总规模。文化金融呈现出全面发展的新格局。可以预见:"十三五"期间,随着文化金融产业的发展,国家将更好地发挥金融政策、财政政策与文化产业政策的协同作用,鼓励金融机构大力开拓文化金融市场,最大限度发挥金融推动文化产业发展的作用。

### 4.1.1.3　互联网+背景下的文化金融发展现状

互联网金融是传统金融行业与互联网精神相结合的新兴领域。在互联网金融中,支付以移动支付和第三方支付为基础,在很大程度上活跃在银行主导的传统支付清算体系之外,并且显著降低了交易成本。同时,互联网金融的信息处理方式,与商业银行间接融资模式,以及资本市场直接融资模式有很大的区别。互联网金融通过掌握客户的第一手数据,可以对市场的情况变化进行快速的反应。在互联网金融中,金融产品与实体经济紧密结合,交易可能性边界拓展,资金供求的期限和数量的匹配,不需要通过银行、证券公司和交易所等传统金融中介和市场,完全可以自己解决。

互联网金融促进我国的资金流动与资源匹配,是我国金融创新改革的重要领域。从2013年开始,互联网金融得到迅猛的发展,P2P网络借贷平台快速发展,众筹融资平台开始起步,第一家专业网络保险公司获批,一些银行、券商也以互联网为依托,对业务模式进行重组改造,加速建设线上创新型平台。

互联网金融特别是众筹形态的出现,更是为文化金融的发展注入了新动力。从国际经验来看,无论是全球最早的众筹网站还是目前最为成功的众筹平台其起点和初衷都与文化金融密不可分。而在我国,文化产业也成为和众筹模式结合得最好的业务之一。众多众筹网站的投融资栏目就包括出版、艺术、娱乐几个明确的文化板块。不只是热门文化娱乐项目,商业模式清晰的传统文化项目均在互联网上获得众筹融资。此外,在P2P网贷、文化小贷等多种创新型投融模式中,文化产业都成为热门的服务对象,文化担保等相关配套建设也逐步启动。

### 4.1.2　上海文化金融发展中的宏观态势

#### 4.1.2.1　上海文化金融发展的政策背景

作为国际金融中心及国际文化大都市的上海,2013年文化产业实现增加值1 387.99亿元,同比增长8.1%,增幅高出同期地区生产总值0.4个百分点;占地区生产总值的比重达6.43%。文化产业已经成为上海的支柱性产业之一,成为"创新驱动发展、经济转型升级"的重要力量。

2014 年,随着自贸区建设不断深化,文化领域按照市委、市政府"深入推进落实自贸区建设总体方案各项目标任务,尽快形成可复制、可推广的经验制度"的要求,深化落实文化市场开放政策,不断创新管理方式,获得了可喜的成果。同时上海贯彻落实《国务院关于推进文化创意和设计服务与相关产业融合发展的若干意见》的文件精神,结合建设国际文化大都市的要求,积极推动文化与金融、科技、装备制造、教育、旅游等多领域融合发展。

就文化金融的宏观指导层面来看,2014 年 11 月,在上海市文化金融合作座谈会上,《上海市关于深入推进文化与金融合作的实施意见》正式颁布。它强调从完善文化金融合作机制、拓展文化金融合作渠道和优化文化金融合作环境三方面着手,提出 16 项具体举措。设立文化创投风险引导基金,连续 3 年每年安排 1 亿元,鼓励更多专业化风险投资基金和天使投资基金投资文化小微企业。鼓励银行等金融机构与骨干文化企业深化合作。从那时起,上海借鉴国际先进的影视、财务管理经验,在文化金融服务、艺术品交易等领域开展诸多创新举措。在市级深化文化金融合作的基础上,徐汇区、静安区等也推出关于深入推进文化金融合作的实施意见,设立了区级文化类创投引导基金等举措。

#### 4.1.2.2　上海文交所推动文化金融建设的战略定位

上海文化产权交易所是根据中共中央关于文化产业大发展、大繁荣的战略布局,于 2009 年经上海市人民政府批准成立的中国第一家文化产权交易所。上海文化产权交易所是以文化版权、股权、物权、债权等各类文化产权为交易对象的专业化市场平台,是中宣部、商务部、文化部、广电总局、新闻出版总署支持的立足上海、服务全国、面向世界的权益性资本市场。上海文化产权交易所通过境内外的分支机构,为各类出资主体提供灵活、便捷的投融资服务,是上海及国家文化体制改革的重要市场平台,也是上海国际金融中心和文化大都市建设中的一个重要组成部分。

中宣发〔2011〕49 号文《关于贯彻落实国务院决定加强文化产权交易和艺术品交易管理的意见》以及中宣部《关于加强上海文化产权交易所建设的函》,明确上海文化产权交易所为国家级文化产权交易和投融资综合服务平台。

上海文化产权交易所作为中宣部、商务部、文化部、广电总局、新闻出版总署支持的国家级交易所，肩负着建设我国文化产业与资本对接主要通道的重任，是我国文化多层次资本市场的重要组成部分，中央给予其重要的战略职责，即一个战略定位、两个国家级平台、三项职能。

一个战略定位：立足长三角、服务全国、面向世界。

两个国家级平台：国家级文化产权交易平台、国家级投融资综合服务平台。

三项职能：文化产权交易（开展国有文化企业产权交易，文化品牌、商标、版权、冠名权等无形资产交易，文化产业项目融资交易和产权交易）、文化金融服务（为文化企业提供股权转让、增资扩股、私募引进、上市培育、质押融资、资产租赁等融资服务）、文化综合配套服务（建立和完善评估、登记、确权、托管、保管、信息发布、结算、鉴证、保险、信托、版权保护、资信评级等综合配套服务系统）。

肩负着中央和上海的重任，上海文化产权交易所自诞生之日起即引领着文化产业的创新，身体里流淌着创新的血液。上海文交所是全国乃至世界第一家文化产权交易所。上海文交所的产品模式被模仿并在美国、法国、港澳地区等地落地开花。上海文交所在文化金融领域一直进行着不懈的探索和创新。2014 年，在上海文交所的不懈努力和推动下，文化金融被中央认定为一种重要的新兴金融形态。作为国家级的文化产权交易及投融资综合服务平台，上海文化产权交易所也将不断创新，成为全国文化产业布局的桥头堡和先锋队。

同时为了更好地完成建设我国文化产业与资本对接主要通道的重任，上海文化产权交易所在"互联网＋"的大背景下，创新探索"互联网＋"背景下的文化金融发展模式，建设了文金所这一互联网金融平台，作为互联网＋背景下国家级文化产权交易所的文化金融创新实践的载体。

文金所是国家级文化产权交易和投融资平台——上海文化产权交易所在文化金融资产管理、互联网金融服务、O2O 联合交易、文化财富管理等创新服务方面设立的指定运营机构,文金所在上海文交所的指导下开展文化产业物权、债权、股权、知识产权等相关产权交易服务、文化金融资产管理、文化金融产品设计、文化金融服务模式创新、互联网金融服务、文化财富银行等方面的服务工作。

截止到目前,文金所已有百亿级的文化产权认购资金规模,并开设了国家级的文化产权众筹平台及全国首家互联网金融法律中心。同时,文金所已与多方形成战略合作关系,目前已设立体育金融、文玩金融、玉石金融等板块,全球首创明星卡交易产品、赛事转播权交易、体育培训等金融产品。2015年,文金所将筹备举办文化金融峰会、行业发展论坛、互联网金融法律研讨会等各类行业峰会。"十三五"期间,文金所将凭借自身的实力,打造全国文化金融行业第一平台。

文金所通过市场与金融创新推动文化与资本、虚拟文化与实体产业、无形资产与有形资产的对接,促进各类文化资产跨行业、跨区域、跨所有制、跨时界的流动,成为面向全国、服务全国的创新性文化产权交易和投融资平台。

在"互联网+"的大背景下,拥抱互联网将为文化产业插上腾飞的翅膀,因此,作为上海文交所的互联网金融平台,文金所也将成为上海文交所建设我国文化产业与资本对接主要通道的关键一环。

## 4.2 互联网形态下文化金融的发展意义

### 4.2.1 传统文化金融发展的瓶颈

从上海到全国,文化产业在近年都取得了蓬勃的发展,在规模化、集约化、专业化等方面增长显著。

在政策支持以及产业蓬勃发展的基础上,文化产业发展的一些问题也凸显出来,比如缺品牌、少创意、低消费等。而在这些问题背后,文化产业发展面临的瓶颈是文化与资本对接的问题,只有跨过这道坎,中国的文化产业才能在发展质量上有大的改观,实现真正的跨越式发展。

从2011年开始,中国进入文化资本的高增长阶段,文化金融也成为热点话题,但遗憾的是传统金融体系并不能很好地服务文化产业的发展,文化产业投资出现外热内冷的困局。2013 年全社会文化产业投融资规模超过 6 000 亿元。根据测算,2016 年文化产业将成为国民经济的支柱性产业,文化产业投融资需求将突破 1.2 万亿元,其市场空间巨大。但同时,文化产业投融资体系结构不尽合理,目前企业发展仍主要依靠自有资金和社会资金投入,在我国文化产业投融资结构中银行仅占 10%,文化产业直接融资与间接融资占比仅为 22%,金融对文化企业的融资支持仍然有限。尽管目前各路资本对于进入蓬勃发展中的文化产业表现出浓厚的兴趣,然而由于文化产业自身的特殊性,文化与资本的对接依然面临种种难题,成为了当前文化产业发展面临的瓶颈问题。

首先是文化企业融资困难的问题。作为融资主体,一方面,文化企业是轻资产,能够通过报表反映的资产规模比较小,同时资产以人才、创意、文化品牌、内容产品或地方文化特色资源等无形资产为主,资产评估难,抵押变现难,盈利方式难以确定,融资渠道相对比较窄;另一方面,文化企业业绩波动比较大,影响营业收入因素的可控性比较弱;

从金融机构角度而言,许多金融机构虽然乐见文化产业的兴旺势头,但对文化企业融资需求仍是望而却步,特别是在缺乏针对文化企业知识产权、版权等进行质押融资的金融产品的情况下,许多金融机构对于文化企业的融资需求就更加谨慎。

其次是文化产业投资高风险高收益的问题。由于文化产业轻资产、高杠杆、非标严重的特点,文化产业投资存在着高风险高收益的问题,同时文化产业就其本质而言,是一个"慢热型"的行业,需要耐心培育,而这些也是阻碍传统资本进入文化产业的难点之一。

最后是资本流通过度活跃与融资机制不成熟并存的问题。从文化企业方面来讲,一方面,特大型的文化企业不断登上舞台,部分文化企业由于资本热捧出现估值虚高与泡沫;另一方面,在全国文化产业的发展过程中,中小文化企业的数量占到总数的 80% 以上,市场增加值占到全国增加值的 60% 以上,而这类中小微企业却很难得到金融的支持。

从标的来讲,例如 IP 价格方面,经典动漫、热门影视、网络小说等优质 IP 成为各大文化企业争相抢购的重点,以网络文学为例,2014 年,《花千骨》《盗墓笔记》《摆渡人》《匆匆那年》等十几部热门网络小说即将或已经被改编为电影或电视剧,网络文学 IP 授权已经到了动辄百万元的地步。与此同时,更多的 IP 则处于无人问津的状态。同样的在艺术品方面,2014 年的艺术品市场出现了明代鸡缸杯、唐卡之类的天价拍品,但同时整体的价格低迷却是不争的市场主旋律。上述这种过度活跃与不成熟并存的情况,恰恰与文化资源和文化产品在交易中的低标、非标属性以及大量信息不对称的现象密切相关。

### 4.2.2　互联网的特点适合文化金融的发展

在"互联网+"的时代大背景下,"互联网+"与文化的结合成为目前突破传统文化金融所面临的瓶颈问题,更好地促进文化与资本对接的唯一有效渠道。

首先,互联网的开放性特点使它天生具有打破信息不对称、降低交易成本的优势。目前文化与资本对接的难点之一就在于文化产业的信息不对称,而互联网的介入,线下和线上交易的对接,使得大量的信息对流交汇,能够在一定程度上降低信息不对称;

其次,互联网互联互通的社会化网络的特征,使得文化产业能够借助互联网的传播优势,增加受众群,使得原本小众的一些文化领域、文化产品大众化,从而促进相关产业的发展、消费和交易,有效地将投资与消费做结合;

再次,互联网的长尾效应使得很多具有消费属性的文化产业接触更加广泛的互联网受众群,因而实现爆发式的增长。

最后,互联网与文化产业在很多地方具有相似性和共通性,二者均具有轻资产、消费性等特征,面向的受众群同样具有很高的重合度,因而互联网与文化的结合将最大限度地发挥互联网的优势,促进文化产业的跨越发展。

总之,互联网与文化产业的结合具有得天独厚的优势,而在"互联网+"的大背景下,拥抱互联网,与互联网相结合,也将为文化产业插上腾飞的翅膀,有力地破解现在面临的种种问题。这也是在传统渠道受阻的情况下,目前能够解决文化产业面临种种难题的有效的途径。

## 4.3  上海文交所在互联网形态下发展
## 文化金融的总体思路和实施路径

### 4.3.1  总体思路

互联网与文化金融的结合是大势所趋,也是互联网思维广泛普及与我国产业转型升级推动的必然结果。上海文交所作为国家级的文化产权交易所,顺历史潮流,在推动互联网形态下的文化金融方面,承担国家重要战略职责,在实践中逐渐形成明晰的总体思路如下:

理论创新方面,上海文交所将联合企业、基金、高校、科研单位的专家,形成专业研究团队,形成前瞻思路。重点研究在全球化、信息化背景下,以互联网作为媒介,推动文化与金融机构合作,针对艺术品、演艺、媒体等产业的需要,综合利用多种金融业务和金融产品,推出信贷、债券、保险、信托、基金、租赁等多种工具相融合的一揽子金融服务和个性化服务的理论依据,分析各类文化企业从初创期到成熟期各发展阶段的金融服务需求,为金融机构向艺术品、演艺、新媒体等新兴文化业态提供专业金融服务提供强大的理论支持。探究新环境下实施"互联网＋文化＋金融"的最佳路径,以便于文化与金融可以通过互联网这一媒介,实现加速发展。

机制创新方面,要聚焦于艺术品金融、演艺媒体金融、"互联网＋文化＋金融"三大重点,推动文化产业知识产权评估与交易,加强著作权、专利权、商标权、演出许可权等文化类无形资产的评估、登记、托管、流转服务。鼓励法律、会计、审计、资产评估、信用评级等中介机构为文化金融合作提供专业服务,形成价格发现机制、交易流通机制、优化配置机制等。

业态创新方面,通过环境创新优化发展条件。在有效控制风险的前提下,支持金融机构与互联网融合,逐步扩大面向艺术品、演艺媒体等项目的融资租赁贷款、应收账款质押融资、产业链融资、股权质押贷款等特色信贷创新产品的规模,探索开展文化产业的无形资产抵质押贷款业务,拓宽文化企业贷款抵质押物的范围。全面推动文化金融服务模式和经济业态的创新。

### 4.3.2 具体实施路径

#### 4.3.2.1 积极开展标准化文化物权的现货交易

目前,上海文交所联合旗下专业分支机构正着力探索标准化物权现货交易,通过运用电子化线上交易平台,让以往只能存在于线下交易的物权产品能够实现线上的鉴定托管、平台发售、交易鉴证。具体正在或将要实施探索的标准化物权包括:邮币卡、明星卡、茶等产品。2015 年 4 月,上海文交所及下属分支机构联合内蒙古文化产权交易所这一省级文化产权交易所推出了全国首个"互联网+"文化众筹(邮币卡)产品,运营五个月来首发邮币卡众筹产品申购火爆,前后申购资金总额达到数百亿余元,给投资者带来丰厚的财富收益和丰盛的文化体验,也为全国的文化产品与金融和互联网的结合提供创新服务平台。

#### 4.3.2.2 探索设计具有消费属性的文化金融投资产品

消费众筹平台将让传统消费品具有两大属性:首先是消费属性,参与众筹的用户将可以"会员价"购买货真价实、性价比高、厂家直供的商品,享有高质量个性化 B2C 的服务消费;其次是通过对未消费资金的补偿,让消费者的未消费资金享有类金融权益,让商户实现商品和服务的销售,并将互联网的高质量用户发展成为了商户的潜在消费人群,完成消费、金融的相互转化。就目前探索的文化金融产品来看,主要包括艺术家银行和消费信托等。艺术家银行一方面通过收录知名艺术家藏品,形成资产池,另一方面通过向公众融资形成资金池。资产池中的藏品可以通过出租、到期拍卖出售等方式实现收益,这部分收益将以一定的分成比例分配给艺术家和投资者。对于艺术家来讲,可以将藏品"寄存"在指定仓库,获取一定的收益;对于投资者可以在让渡较小部分的固定收益基础上,博取超额收益,从而使各方达到了共赢。

#### 4.3.2.3 开展艺术品金融服务

(1)建立艺术品资产池。依托上海文交所国家级平台的作用,为各类艺术品提供鉴定、评估、登记、托管、交易服务。艺术品经过"中文登"的鉴定、评估后,可以再通过登记具备金融资产的属性,成为金融机构资产配置的一部分,可以以互联网为依托进行托管、交易,进而形成高端艺术品的聚集地。该艺术品资产池建成后,汇集国内外高端艺术品,提供线上线下艺术品展览、鉴赏、收藏、拍卖等基础功能,实现艺术品的鉴定、评估、登记等高端功能,实现艺术品产业与金融资本的对接。上海文交所主要开展艺术品鉴定服务、艺术品评估服务、艺术品原作+艺术品版权收益等相关的多项服务。

(2) 建立艺术品资金池。相对于艺术品资产池面向艺术品解决艺术品成为金融资产的问题,艺术品资金池是将各类金融资本引入,为各类艺术品投资提供资金支持的服务体系,它包括:艺术品基金、艺术品信托、艺术品质押融资、艺术品租赁、交易中心驻场艺术品 FOF 基金等。该基金可以直接投向艺术品,也可以作为母基金投资于其他艺术品基金,根据实际情况灵活配置,积极参与并活跃艺术品和艺术品衍生产品的交易。

(3) 建立艺术品仓单交易平台。交易中心经过鉴定、评估的艺术品,将存放至上海文交所指定的艺术品保管仓库,并由上海文交所出具对应的艺术品仓单,进而实现并赋予艺术品较好的流动性。交易平台进行艺术品的数据采集、登记、认证、储存、发布、应用以及由此产生的文化艺术品电子商务交易等。艺术品经过评估鉴定等过程后,经过中心登记提供确权的法律依据,艺术品进入中心指定的仓库保管,同时中心生成与艺术品相对应的注册仓单,进入上海文交所提供的二级市场进行交易,当存续期结束或投资人想要提货时,注册仓单转为提货单,投资人凭提货单至艺术品仓库取走艺术品。

#### 4.3.2.4 开展演艺、媒体金融服务

(1) 建立演艺项目价值评估中心和评估体系。对演艺项目的核心文化无形资产,即著作权、表演权、特许权、文化创意相关权益、文化活动冠名权、文化品牌等文化资产,采用成本法、市场法和收益法等多种方法进行动量和定性相结合的价值评估,充分考虑演艺项目的成本因素、效益因素、可兑现因素、技术成熟程度因素、市场供求因素等的影响,利用评估机构的无形资产评估专业优势、标准优势、人才优势,通过对演艺项目资产进行评估,帮助企业将技术优势转化为市场优势,克服演艺机构货币或实物形式自有资本有限,难以满足银行在传统信贷体制下对风险控制要求的难题,以便充分利用互联网金融等创新

金融服务方式,如通过互联网金融平台实现对演艺项目的众筹、版权质押融资等。

（2）集聚演艺金融的专业机构。探索建立文化（演艺）专业银行,配备既熟悉银行业又熟悉演艺业的复合型人才,专门从事针对演艺业的信贷工作。为有效降低银行放贷风险,要构筑三道"防火墙":一是评估防火墙。由"中文登"认可的演艺业、金融业、评估业专业人士共同制定权威、客观的无形资产评估体系,创造性地把知识产权、品牌等无形资产评估作价,使银行发放贷款有据可依,也有利于实现对演艺项目的众筹、版权质押融资等。二是担保防火墙。形成以担保公司为主,由政府、演艺企业等组成的联保联贷共同体这类的实力雄厚、信誉良好的担保体系。三是保险防火墙。根据演艺企业的征信资料等相关信息,以保险公司等金融机构为主建立易投保易理赔的保险体系。

（3）拓展演艺、广电媒体项目的融资渠道。支持项目通过债券市场融资,支持符合条件的企业通过发行企业债、公司债、短期融资券、中期票据、集合债、集合票据等方式融资,提供企业债券发行的投融资综合服务。支持企业选择运作比较成熟的文化产业项目,以未来现金流、广告收益权等为基础,开展资产证券化试点。建立广电媒体项目资金库,将各类金融资本引入,为各类广电媒体项目提供资金支持的服务体系,它吸引的各类基金和风险投资可以直接投向广电媒体项目,也可以作为母基金投资于其他文化基金,活跃交易。

### 4.3.2.5 开展"互联网+文化+金融"探索和实践

（1）建立文化金融平台。为落实中宣部关于促进文化产业繁荣发展的精神,促进互联网金融与各个产业的融合。上海文交所将提供艺术品金融衍生服务,聚焦艺术品基本资产,实现金融产品创新;将提供文化资产管理服务,实现文化资产专家认证、登记确权、挂牌交易、竞价拍卖等一条龙服务;将建立文化金融产品评估定价系统,采用比较分析、专家意见、实证研究等方法实现文化金融产品定价评估,构建文化资产评估定价的数据模型;将建立网络金融服务系统,借助互联网方式,落实国家"互联网+"战略,提供更加便捷的金融服务；将建立文化金融产品确权系统，使得投资者认购文化产品时产权更加明晰，同时提供交易流通数据库，帮助投资者实现二次流通，挂牌交易。

（2）建立互联网金融平台。响应国务院"大众创业、万众创新"的号召，促进产业与互联网和金融的融合，上海文交所将制定互联网+行动计划，推动移动互联网、云计算、大数据、物联网等与现代制造业结合，促进电子商务、工业互联网和互联网金融健康发展，引导互联网企业拓展国际市场。有效利用众筹等新兴的互联网金融融资方式，辅以征信中心等相关评估、征信平台的建设，有效地解决中小企业，特别是文化产业的中小企业融资难问题。

（3）建立其他相关平台，完善"互联网+文化+金融"生态圈。为进一步实现"互联网+文化+金融"的有机融合，需要在建立文化金融平台和互联网金融平台的基础上，辅助建立相关系统，保证数据在多个平台之间的流转和共享，真正实现"互联网+文化+金融"生态圈。上海文交所需要建设具体的创新平台包括积分资产管理中心，解决个人积分互通的必要措施和手段，通过设计通用积分与其他积分的兑换率保证不同类别积分互相融通；建设不良资产证券化中心，将资产拥有者一部分相对流动性较差的资产打包通过组合，使之具有一定的流动性或产生稳定的现金流，这种方式特别适用于解决艺术品资产高杠杆、轻资产、难评估的困境；建设非标资产交易平台，通过一系列资产证券化方法，解决非标资产证券化等文化产品普遍存在的问题，提供文化资产新的实现融通的路径；建设金融大数据平台，通过大数据交易使得数据价值得以体现，促进"互联网+文化+金融"生态圈内的信息流动。

## 4.4 上海文交所基于"互联网+"的文化金融创新实践

随着我国对文化产业重视的不断提高和"互联网+"时代的来临，文化与互联网的创新结合正逐步成为国家在文化建设方面重点支持的领域。

上海文交所作为国家级文化产权交易和投融资综合服务平台，依托上海作为中心城市的区位特点，着眼于"立足长三角、服务全国、面向世界"的发展定位,以创新为本,引导"互联网+金融+文化"的深度融合,以此为基础汇聚各类优秀资源在文交所这一平台上进行交互、对接及整合,最终引领整个文化金融产业的良好发展。

在合法合规的前提下,上海文交所将产品发行及监管等进行分离,指定文金所作为文交所直属管理机构,由文交所授权开展文化产业物权、债权、股权、知识产权等相关产权交易服务、文化金融资产管理、文化金融产品设计、文化金融服务模式创新、互联网金融服务、文化财富银行等方面的服务工作。在文交所为主导的创新发展中,双方依托现有资源,进行大胆创新,最终获得了较好的结果,以下为部分成功案例。

### 4.4.1 体育金融互联网平台

当前中国体育产业进入了高速发展的机遇期,2014 年,国务院发布《关于加快发展体育产业、促进体育消费的若干意见》(又称"46 号文"),提出到 2025 年中国体育产业市场规模达到 5 万亿元以上,对应体育产业未来十年年均复合增速将达到 25%,正式拉开中国体育产业蓬勃发展的大幕。46 号文首次把全民健身上升到国家战略层面,从大力吸引社会投资、完善健身消费政策、完善税费价格调整等 7 个方面提出了支持举措。

从横向比较的角度来看,中国体育产业发展目前仍显滞后,空间很大。

2013 年全球体育产业增加值为 7.5 万亿元,占 GDP 比重约为 2%。在发

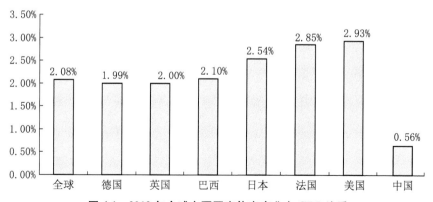

**图 4.1 2013 年全球主要国家体育产业占 GDP 比重**

达国家,体育产业增加值占 GDP 比重往往在 2%~3% 之间,例如韩国(3.0%)、法国(2.9%)、美国(2.6%)、日本(2.2%)等。我国体育产业增加值占 GDP 比重常年在 0.6% 以下徘徊,若按全球标准计算,则至少有 3 倍以上的发展空间。

我国体育产业的不成熟不仅仅表现在规模小,更表现在产业内部结构的严重不合理。根据中国体育科学学会的调查数据,2011 年我国体育用品服装制造业占整个体育产业比重为 69.60%,体育用品服装销售业占比 9.10%,两块合计超过 75%。相反,包含赛事运营、体育媒体、健身休闲、场馆服务在内的体育服务业占比不到 20%。失衡的结构反映出目前我国体育产业还很不成熟,下游变现途径单一且低级,上游赛事资源的价值得不到认可。

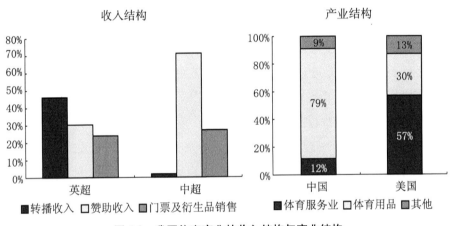

**图 4.2　我国体育产业的收入结构与产业结构**

在政策的撬动下,2015 年来产业资本在体育产业内动作频频,体育产业投资已经迎来春天。海外并购方面,万达集团 2015 年已斥资 18 亿美元完成三笔收购(马德里竞技 20% 股权、盈方体育 68.2% 股权、美国世界铁人公司 100% 股权);版权方面,腾讯和乐视体育分别以高价摘下 NBA 和英超未来几个赛季的独家转播权,而中超 5 年 80 亿的价格更是引爆网络;上市公司方面,恒大淘宝和体育之窗先后登陆新三板,为投资者理解中国体育产业链提供了更多的窗口。

在体育产业蓬勃发展且发展空间极大的背景下,上海文化产权交易所基于在行业内的多年积淀,根据"互联网+"战略与"大众创业、万众创新"的要求,结合自身在无形资产登记、确权、评估、定价方面的优势,成立体育金融互联网平台,促进体育文化金融创新产品与互联网结合。

该体育金融互联网平台是由上海文交所旗下文金所联合著名金融机构于2015年1月共同注册成立。该平台的业务主要分为赛事、培训、俱乐部以及场馆等四个方面。借助这一平台,可以有效整合各种优质的体育文化资源,在保障体育馆等资源的合理使用、青少年体育素质的培养等多个方面均能发挥一定的作用。此外,该平台还陆续开发了体育影视、体育公益、群众体育、体育艺术收藏等多种衍生品,具有样板意义。

体育金融互联网平台针对我国体育产业内存在的种种问题,发挥上海文交所在文化资产登记、确权、评估、定价上的优势和经验,已发展成为全球领先的体育无形资产定价与融资平台,为投资人及消费者提供公开、透明、有趣的投资工具,为中国文化产业、体育产业的发展及关注度的提升做出重要贡献,同时有力破解无形资产融资所面临的问题,为体育产业与资本的对接提供新思路。

### 4.4.2 艺术家银行

#### 4.4.2.1 艺术家银行探索背景

早在2005年,杭州就有艺术机构推出艺术品租赁业务。2006年底,上海市文化发展基金会和上海市徐汇区共同筹建了国内首家艺术银行——上海公共艺术银行,通过公益性质的艺术品购买和租赁对艺术原创给予支持。同样在2006年,上海证大艺术银行成立,向各大机构租借其所代理的100余位优秀艺术家的500多件当代艺术品。2007年3月,北京世纪墙文化艺术中心开业,提供艺术品租赁、委托出售和作品置换等业务。然而,这些照搬国外艺术银行的尝试大多惨淡收场。

但艺术机构试水艺术品租赁业务失败并不意味着艺术银行不适合我国,反而凸显了我国建设专业艺术金融机构的紧迫性。十八届三中全会指出:"建立多层次文化产品和要素市场,鼓励金融资本、社会资本、文化资源相结合。"

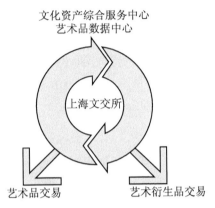

文化资产综合服务中心
艺术品数据中心

上海文交所

艺术品交易    艺术衍生品交易

**图 4.3    艺术家银行构成**

2014 年 3 月，文化部、财政部、中国人民银行共同下发《关于深入推进文化金融合作的意见》，提出"鼓励金融机构建立专门服务文化产业的专营机构"，"支持发展文化类小额贷款公司"，"在加强监管的前提下，支持具备条件的民间资本依法发起设立中小型银行，为文化产业发展提供专业化的金融服务。"因此，我国亟需专业金融机构从政策角度介入艺术领域，在现有的金融体系基础上大胆创新，弥补市场缺陷，贯彻落实国家的文化战略、政策与意图，为深化文化金融合作提供示范。本次艺术家银行的产品，不同于之前的艺术银行产品。

首先依托于上海文化产权交易所这样的专业官方机构，可以充分利用其在行业的上下游资源和信息优势及专业人才优势，由其充分发挥在文化艺术品领域的广阔资源为艺术家银行保驾护航，由上海文化产权交易所发起本计划，战略高度高，立意也能在文化领域能够短时间内取得管理人和投资人的快速接受。

其次，利用专业的行业内专家团队帮助运营管理方出管理的方案和策略，使艺术品的保值和增值能够得到保障，同时利用金融手段支持艺术家的创作和发展，实现艺术品投资的优化配置。

4.4.2.2    艺术家银行流程设计

总体原则：

在利用文化金融大数据技术及国家级的文化产权交易平台和投融资平台,通过艺术品资产的配置和运营管理,实现艺术品资产增值。

(1)发起。由信托公司、文金所和资金方共同发起项目,由资金方向市场上募集资金,由文金所组织艺术品资源,信托公司和资金方有权对选择艺术品和艺术品运作的过程进行监督。

(2)艺术品资源组织。由文金所作为艺术品投资的管理人,在项目发起后,负责艺术品资源的组织,发生的全部费用由信托计划承担。主要流程如下:

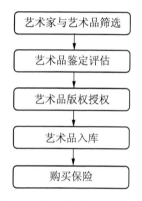

图4.4 艺术品资源组织流程

① 艺术家与艺术品筛选。由文金所筛选合适的艺术家和艺术品,主要标准有:艺术家的年龄、师承、创作领域、风格流派、权威评价、所获奖项、荣誉称号、作品拍卖表现、作品创作时期、艺术品类型、初步评估价值、版权二次开发的可能性和价值估计等。

② 艺术品鉴定评估。由文金所组织专家对艺术品进行鉴定和评估,以评估价值作为基础,同艺术家协商艺术品与其版权授权的具体价格。文金所将组织艺术品评鉴委员会(简称艺委会),艺委会由艺术界权威泰斗、顶级收藏家与博物馆管理人、拍卖界权威以及上海文交所、文金所代表构成。

艺委会主要对以下工作进行决策支持:共同商定作品估价,会议不能达成一致意见的,采取不记名投票方法决定。上海文交所、文金所代表具有否决权。

③ 艺术品和版权授权。经过评估的艺术品及其版权,按照约定的价格授权到信托计划内,艺术家与信托公司和资金方签订协议,并约定好拍卖的起拍价和保留价,除非各方协商一致,否则不得以低于保留价的价格拍卖。文金所负责组织对艺术品版权进行综合价值开发和对外授权,授权费价格参照市场行情确定,艺术家如有不希望授权的领域,需要预先明确注明。

④ 艺术品入库。艺术品存放于经认定授权的专业仓库之中,保存仓库需要具备相应的技防、人防条件,包括视频监控、消防系统、自动报警、电子锁、封条、保安巡视等,防止艺术品灭失、损坏、偷窃替换等风险。

（3）艺术品运作增值。由文金所负责艺术品的运作,包括对艺术家的宣传曝光、对艺术品的公开展览、艺术品租赁、媒体报导、鉴赏指导、拍卖运作、版权二次开发等手段。

（4）艺术品版权开发。文金所负责将艺术品的版权进行二次开发,包括变形、改变材质、植入影视作品等方式,实现艺术品的版权开发,并获得版权收益,授权费价格参照市场行情确定。

（5）艺术品资产处置。艺术品资产处置方式包括拍卖、交易所挂牌、协议转让、洽谈私购等方式,价款收到后,扣除相关费用后的净价款归属信托计划。

（6）信托计划清算。信托计划定期进行分红。在分红日,对信托计划当期实现的现金收益进行清算,并向资金方和艺术家分配;在结束日,对信托计划当期实现的收益进行清算。

### 4.4.3 文金乐宝

文金乐宝项目是促进娱乐文化金融创新产品与互联网结合的典型案例,文金乐宝是一款娱乐资产包信托产品,主要以众筹模式募集资金投入到电影的拍摄中,众筹的回报主要有:影视消费权益(包括但不限于观影券、电影周边、影视体验、明星互动等)或者是返还现金回报等,以此吸引投资人对电影的关注并形成影视消费。

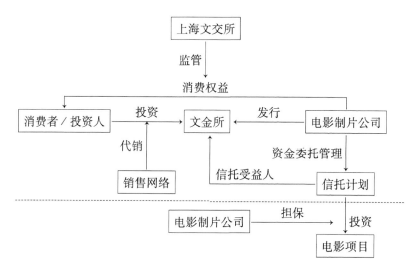

图 4.5　文金乐宝项目内容

### 4.4.4　翡翠银行

翡翠银行项目是促进艺术品文化金融创新产品与互联网结合的典型案例,翡翠银行是以翡翠艺术品为质押物进行融资的平台。上海文交所文化金融中心在翡翠艺术品质押融资进行产品创新,为艺术品持有人的融资以及艺术品投资人的投资提供了新路径。

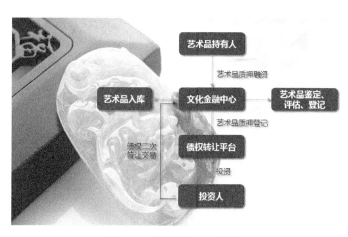

图 4.6　翡翠银行项目内容

### 4.4.5 动漫主题游乐中心

动漫作为文化产业不可忽视的一部分,在国内具有一定的市场,而上海文交所将众筹模式与动漫主题乐园的运营与开发相结合,一方面促进了主题游乐中心的融资推广,另一方面也为投资人提供了文化投资的新选择。

**图 4.7 动漫主题游乐项目**

### 4.4.6 古树茶项目

古树茶项目是促进茶业文化金融创新产品与互联网结合的典型案例,该项目的操作是在众创聚投这一泛文化众筹平台上运行的。众创聚投在文金所

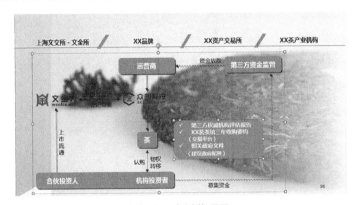

**图 4.8 古树茶项目**

登记备案,并受文金所管理。

上海文交所结合众筹模式创新,联合文金所、众创聚投等多家机构对古树茶交易做出了有益探索。

### 4.4.7 艺术品资产管理——综合艺术品及其衍生品金融服务平台

从事各类艺术品交易运营服务、艺术品金融服务设计开发、艺术品及其衍生品投融资管理、艺术创意园区服务等相关产权交易服务方面的工作,包括:信息披露、挂牌、预审、交易报单、交易经纪、咨询策划、会展论坛、基金设立、股权转让、增资扩股、私募引进、上市培育、质押融资、资产租赁等前置服务。

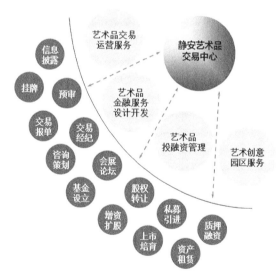

图 4.9 艺术品资产管理

### 4.4.8 艺术衍生品授权

艺术衍生品授权项目是促进艺术衍生品文化金融创新产品与互联网结合的典型案例,某画家多幅油画作品的版权许可在文交所挂牌,该版权可在丝绸、瓷器、漆器等领域使用,上海文交所帮助其版权进行权益开发和转让,并通过上海文交所平台寻找到合作方。

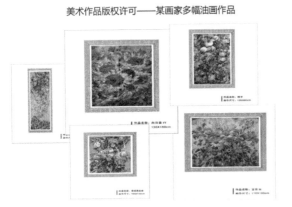

图 4.10　艺术衍生的授权

### 4.4.9　酒品文化金融

酒品文化金融项目是促进酒品文化金融创新产品与互联网结合的典型案例,上海文交所在酒品文化金融领域也做出了开创性的模式创新和产品结构创新,通过银行、信托、基金等构建金融产品发行体系,并建设二级市场资金池促进酒品交易。

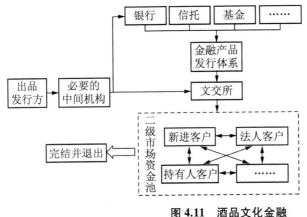

图 4.11　酒品文化金融

### 4.4.10 陶瓷文化金融

陶瓷文化金融项目是促进陶瓷文化金融创新产品与互联网结合典型案例,上海文交所在陶瓷文化金融领域创新仓单连续交易模式和组合产权模式,对相关市场的发展和交易的活跃做出了探索。在仓单连续交易模式下,陶瓷艺术品经由指定中心鉴定、评估、保险、登记之后,艺术品入库至指定的保管库,由上海文交所生成对应的仓单实现物权的连续交易。而在组合产权模式下,陶瓷艺术品经由指定中心鉴定、评估、保险、登记之后,艺术品入库至指定的保管库,按照不连续、不拆细的产权模式进行交易。

**图 4.12 陶瓷文化金融**

### 4.4.11 债权众筹——XX 综艺节目

**图 4.13 债权众筹**

上海文交所结合众筹模式,创新产品结构,为 XX 综艺节目推出债券众筹项目,通过众筹的方式,为文化项目投融资开辟了新方式。

### 4.4.12 玉石银行——原石众筹平台

**图 4.14 玉石银行宣传**

玉石银行项目是促进玉石文化金融创新产品与互联网结合的典型案例,上海文交所将众筹模式与原石市场相结合,独创性地推出玉石银行——原石众筹平台,解决了玉石中原石市场原先存在的种种问题,在促进了市场的发展和活跃,对于文化金融创新具有重要样板意义。

### 4.4.13 文化地产——房产权益资产包

**图 4.15 文化地产宣传**

文化地产项目是促进地产文化金融创新产品与互联网结合的典型案例，上海文交所创新文化旅游地产项目，通过平台和举措的不断更新，提供财富增值、文化旅游与地产权益的多重收益。

### 4.4.14　专业领域子平台建设

**图 4.16　专业领域子平台样板**

上海文交所在专业领域，成立了多家创新性专业子平台，包括瓷器文化资产交易平台、体育金融互联网平台、茶叶资产交易平台等 20 多个。

## 4.5　上海"十三五"文化金融创新的展望

"十三五"是我国建设社会主义文化强国的关键时期，也是上海文化金融创新的重要历史阶段。上海要在"互联网+"的大背景下，积极开展文化金融创新产品的开发和创新模式的设计，结合上海文交所作为国家级平台在文化金融领域全牌照的优势，开展文化金融服务，设计文化众筹产品。

### 4.5.1　在"互联网+"的背景下积极开展文化金融创新

上海推动文化金融的创新，要在"互联网+"的大背景下，积极开展文化金

融创新产品的开发和创新模式的设计,结合上海文交所在文化金融领域全牌
照的优势,开展文化金融服务、文化众筹产品、文化资产交易、艺术品投资基
金、艺术品产业园区、艺术品质押融资、艺术家银行、艺术品信托等业务。

### 4.5.2 充分发挥文金所的作用

上海推动文化金融的创新,要充分发挥好上海文交所等在互联网金融背
景下的文化资产登记、交易、众筹发行等功能。"互联网+"启动文化产业互联
网金融平台的发展新周期,制定互联网+行动计划,推动移动互联网、云计算、
大数据、物联网等与文化金融的融合发展,形成"文化+产业+互联网+金融"的
新型格局,利用互联网金融促进文化的产业化与产业的文化化。

### 4.5.3 建立新常态下文化金融发展研究机构

上海文化产权交易所要统筹规划未来发展,联合政界、商界、学界等各界
学者,建立文化金融发展研究机构,确定互联网新常态下文化金融方面主要的
理论研究目标和实践实施路径。机构的主要任务是:研究文化金融发展的宏
观趋势,制定上海文交所"互联网+文化+金融发展"路径,研究支持文化金融
发展的措施和实施细则,统筹解决文化金融发展中的重大问题。

### 4.5.4 加强文化金融投融资综合配套服务

上海推动文化金融的创新,要积极发挥上海文化产权交易所以及文金所
等分中心的作用,整合各类文化金融中介服务资源,积极发展与文化金融相关
的技术中介、咨询、经纪、信息、知识产权和技术评估、风险(创业)投资、产权
交易等投融资综合配套服务,为知识产权顺畅交易提供支撑。逐步形成以知
识产权交易机构为主,产权代理机构、会计师事务所、律师事务所、风险(创
业)投资公司、资产评估机构等相配套的文化金融服务体系。

### 4.5.5 积极争取上级领导部门的了解和支持

上海文化产权交易所等要定期与上海市委宣传部和文创办等领导部门进

行沟通和汇报,在大力推进文化金融产业发展的基础上,积极争取中宣部、文化部等和上海市领导的支持,形成资源的优化配置。通过文金所等上海文交所分支机构,逐步实现"上海文金集团"的战略大布局。

### 4.5.6　吸引优秀文化金融人才的集聚

上海推动文化金融的创新,要与有关国际金融机构、高校、科研单位等合作,组织开设与文化金融有关的培训,大力培养复合型的文化金融人才。探索建设文化金融社会化组织,发挥其桥梁纽带作用。鼓励建立文化金融的行业协会,推动地方性金融机构设立从事文化产业服务的专门部门,配备相关专业人才。推动文化金融机构建立专门的文化产业金融服务考评体系,建立尽职免责和正向激励机制。

### 4.5.7　加强大数据交易体系建设

上海推动文化金融的创新,要依托人民银行征信系统、文化市场监管与服务平台等,推动上海文交所各部门、各分支机构基础数据互联互通,促进文化企业与金融机构之间的信息联通,并通过建立相应的大数据交易平台使得各类信息在上海文交所体系内实现交易流通,进一步成为互联网时代新常态下发展文化金融的质押、融资、投资、拍卖等项目的重要条件。要进一步完善文化管理部门与金融机构的合作机制,同时推进与保险、债券、证券、投资等机构之间的合作,宣传和推广文化金融合作的政策、经验和成效。

# 5

# 推进上海文化创意产业领域
# 众包模式发展的对策研究

宗利永①

**内容提要：** 众包模式在文化创意产业领域不仅促进形成了新的组织业态，而且催生了社会大众参与创新创意的商业生态。本文通过对国内外文化创意产业众包模式发展现状及众包模式成熟案例的梳理概括，指出普遍存在内容监管、知识产权保护、社会认知及交易双方参与程度等方面的问题；强调要在对上海文化创意产业领域众包模式应用现状及国内外众包模式发展的共性问题总结的基础之上，探讨适合上海文化创意产业的众包模式与相应促进举措；同时提出了完善社会化内容生产的要素市场的管理，调动大众参与众包积极性，鼓励发展虚拟创意园区，扶持服务中介等政策建议。

**关 键 词：** 文化创意产业，众包模式，社会化内容生产，促进举措

  大力扶持文化产业新业态发展，促进文化产业商业模式创新，是我国文化产业的大发展、大繁荣的重要实现途径。众包模式在文化创意产业领域不仅促进形成新的组织业态，而且催生了社会大众参与创新的商业模式。在国家倡导"大众创业、万众创新"时代背景下，上海推进文化创意产业众包模式发展是对政策背景及产业发展要求的积极回应。本文在归纳文化创意产业众包

---

① 宗利永，上海出版印刷高等专科高等专科学校副教授，博士后，主要研究方向：文化产业众包模式研究。本文系上海市教委科研创新项目"文化创意产业社会化商业模式运行机制研究"（15ZS093）研究成果。

模式特征、运行机制的基础上,对上海文化创意产业领域众包模式应用现状及国内外众包模式发展的共性问题进行分析,探讨相应促进举措,对于文化创意产业发展政策制定以及政府行业监管都具有现实决策参考价值。

## 5.1 国内外文化创意产业众包模式发展现状

### 5.1.1 文化创意产业的众包模式及其主要类型

日新月异互联网应用为企业的开放式创新提供了技术实现载体,让消费者、用户个体参与到文化创意产业整个产业链的价值创造中,这种"用户驱动创新"的形式,充分发掘了大众的智慧与创意,进而产生了专业服务的"众包模式"。"众包模式"是指将传统上由企业内部员工或第三方专业机构承担的工作,通过互联网委托给企业外部的社会大众群体来完成的一种新型组织模式。文化创意产业主要以"知识创意型产品"生产、非物质无形投入、产出为主,体现为非实物型的服务交易,非标准化生产。

近年来,国内外文化创意产业领域基于众包模式的商业案例层出不穷,2006 年成立于重庆的"猪八戒"威客网发展至今,目前其平台上聚集了 300 万家微型企业和 1 100 万创意设计、营销策划、技术开发等文化创意服务人才,累计交易额超过 56 亿元。2010 年成立于厦门的"一品威客"网,截至 2015 年 4 月,平台上拥有来自国内、国外的注册创意设计机构、工作室、个人 800 多万人,已经成功为数万家企业、个人提供基于威客商业模式的创意交易服务。99designs 是世界上最大的在线平面设计交易市场,汇集了来自全球 192 个国家超过 25 万平面设计师,为设计需求的初创企业、小型公司、营销机构提供服务。自 2008 年创立至今,已累计举办了 25 万场在线设计评选活动,迄今已累计发放 6 200 万美元的设计劳务款。不仅各类"威客网站"纷纷开辟创意设计、互联网应用开发、策划文案等文化创意类的专门栏目吸引雇主及服务提供者,在一些文化创意产业的细分垂直领域也涌现出一批基于众包模式互联网应用,如为业余摄影师提供照片分享、销售的众包平台 iStockphoto,为创作者提供场地、道具等资源的微影视众包服务平台"唯象网"等。众包模式为文化创意产业跨区域高效信息整合、服务供求的撮合及要素资源的优化配置提供了实现载体。结合文化创意产业领域的典型应用案例,文化创意产业的众包模式按照不同的运行机制可以划分为以下几个种类型。

(1)以社会化求解机制为主导的众包模式。在智力资源交易市场中,大众参与者带来了多样化知识,技能和经验,多样性有利于产出新的解决方案、产品和服务理念。众包模式将微观个体智力资源引入文化创意产业的专业服务外包过程中,创意、创意的主动权被跨边界赋予给价值网络的各个微观节点,这种社会化的求解机制体现了文化创意产业中大众智慧的商业价值。对于文化创意产业而言,无论是线上数字化的设计、开发项目,还是线下实物产品的生产、租赁,供给,都会因为个体差异形成而任务求解的多样性,这有利于产生更多原创或独特的解决方案。目前主流的威客网站以及影视制作的场地众包大多采用此类众包模式。

(2)以社会化选择机制为主导的众包模式。在互联网时代,用户的评价反馈已经成为生产者、销售者改进商业方案的重要依据。来自大众的群体意愿具有决定权,好的方案或处理对象会在众包模式形成的筛选过程中脱颖而出,这种筛选并非来源于专家模式小范围商讨的结果,而是众多普通参与个体"不谋而合"的选择。创新创意的过程可以看做创造者反复对方案进行选择的过程,众包平台利用群体意愿形成的社会化选择行为包括众包用户进行的投票活动和点评活动,众包使得需求方的实施方案在系统迭代中获得优化,最终形成能够形成广泛响应的方案。文化产业营销活动中,企业通过引入众包可以洞察市场中消费者的群体偏好以及个体差异,获得更好的市场洞察力。从已有典型案例可以看到,来自数字出版、新闻、影视、摄影等内容生产领域的众包项目多采用的是此类模式,这也成为消费性文化创意产品生产领域新的发展动向。

(3)以社会化传播机制为主导的众包模式。众包模式允许的大众产生内容,企业把外部大众嵌入自身网络以相对较低的成本获得智力资源,同时还可以利用众包的传播特性进行品牌推广,通过发布任务作为宣传手段,增强大众对品牌的关注度。借助于互联网媒介工具,众包发包方可以实现与潜在客户直接、迅捷的沟通。发包方在众包平台通过发布任务作为宣传手段,增强大众对品牌的关注度。通过各种激励措施,用户积极参与到内容生产活动中,通过"社交应用"等技术前提,实现撰写评论、上传照片和视频等基于互联网的交互及协作行为,利用大众创造性输出产生的设计和开发,从而达到广告传播增加媒体曝光的效果。在以社会化传播机制为主导的众包模式中,公众集参与者和传播推广者角色为一身,传播满足其自身需求的信息的同时也满足了更多有同类需求的受众,这种消费者生产模式,能够更好地满足消费者所需,拉近品牌与用户之间的关系,建立品牌感情,提高用户的忠实度①。从一些创意广告设计众包平台的实际运营模式来看,更多的是采用这种以社会化传播机制为主导的众包模式。众包参与生产内容大多是原生性,这是吸引广大受众聚集的重要因素,同时也正向强化了众包平台的社会化传播机制。

(4)以社会化整合机制为主导的众包模式。众包的"众"体现的是创新要素资源的社会化,其特殊价值不仅体现在服务的供给方并不具备专业的资质,更在于异质性的个体能够通过众包平台规则的约束产生要素资源的整合,进而实现单一专业机构难以完成行动目标。文化创意产业中存在大量没有实物交割的生产环节,各种创意设计虚拟建模、音视频及文本内容加工剪辑、信息编码解码等。在不影响整体产出效果的前提下,众包项目可分解为若干模块,每个模块具有独立性,可以通过拆分任务,将任务众包给有着不同技能和知识储备的服务提供者。这可以极大地提高效率。众包能够使所有参与个体以较低整合的成本达成统一的接口,使得文化创意产业服务外包按照"任务模块化—分布式求解—输出整合"逻辑主线开展。从已有案例可以看到,来自影视字幕翻译、出版编辑校对等遵循一定规则的且可以被模块化、结构化的专业服务通常会选择此类众包模式。

## 5.1.2 国内外文创产业众包模式发展的重点进展

### 5.1.2.1 基于众包平台的个体声誉显性化形成了低门槛开放式创新模式

创意广告众包网站 Tongal、Zooppa 等利用众包的形式为来自世界各地

---

① 张利斌、钟复平、涂慧:《众包问题研究综述》,《科技进步与对策》2012年第6期。

的有志于从事广告拍摄的人才提供输出创意的网络渠道，需求方可以在众包平台上面发布任务，创意工作者则可以提交创意、完成任务，被选中者可以获得奖励，对于需求企业而言，可以通过便捷的方式获得低成本的优质服务。

从这些服务众包平台的运营案例可以看到，互联网平台能够给微观个体提供的产品及服务声誉以显性化处理，无论是发布方还是接包方，相关的评论和口碑能被较为完整的沉淀在众包平台，供需双方会将彼此在以往服务交易中的表现、资历作为双向筛选的依据。承接任务方的资质与能力评鉴由众包平台自主生成，而不依赖前期的行业积累或权威机构认证，这一特征决定了个人、团队或者工作室均可参与到众包接包中。借助个体声誉显性化的特征，文化创意产业企业能够实现自身组织结构扁平化、弹性化，提升文化创意类专业服务外包的参与灵活性。即使是小众创意提供方和需求方也通过供需平台的撮合达成交易，其所形成供需匹配的长尾，充分释放"大众创业、万众创新"带来的创新能量。

5.1.2.2　分布式的供给模式使得创新要素资源集聚摆脱了创意园区的实体空间限制

文化创意产业的集聚化发展，以文化创意产业园区作为普遍的载体形式，而"互联网+文化创意"，推动了文化创意要素资源的虚拟集聚效应。近年来，各类社会化商业解决方案提供商通过为企业提供包括社会化媒体管理平台、社会化电子商务解决方案、移动应用等产品和服务等，推动了实现打破地域限制的社会化创新。2012年重庆的北部新区引进的中国最大在线服务交易平台猪八戒网，建设了中西部地区唯一的、虚实结合的互联网产业集群——"文化创意虚拟产业园"。"猪八戒"威客网借助线上行业产业链整合能力为构建虚拟产业园提供了前提基础。目前猪八戒网虚拟产业园主要针对文化创意产业领域的创业者，提供包括"异地企业工商注册""创意设计公共服务平台""文化创意微企孵化""创意设计标准化建设"等服务。入驻虚拟产业园即可享受地址托管、税务减免、专业指导、金融小贷等服务。

互联网为文化创意产业提供了更加高效、便捷的集聚平台，将原本主营线下业务文化创意类企业集中投放到众包平台进行成果显性化展示,打破了企业与市场之间的信息不对称。众包使得发包按照"任务模块化—发布任务—获得竞争性求解—筛选优质方案"的逻辑主线开展,这种扁平化的内容创造过程将企业借助外部智力资源的程序高度简化,进而突破原有的要素资源的空间限制及产业界限。

### 5.1.2.3 众包模式激活了文化创意产业多领域业态转型升级

众包所具有的网络组织创新形式正在加速知识和创意的产生,来自文化创意产业领域的众包项目及众包商业活动正在改变文化创意产业的传统服务外包和资源整合的模式,并开始在行业内形成新的业态。依照国家统计局发布的《文化及相关产业分类(2012)》,我国文化及相关产业分为五层,共两大部分,10 个大类,50 个种类,120 个小类和 29 个延伸层[①]。对应文化产业的产业类别,可以概括出相应的众包模式的应用的分布情况,如表5.1 所示。

表 5.1　文化产业相关产业类型中的众包模式应用举例

| 文化及相关产业的类别名称 | 众包模式的应用举例 |
| --- | --- |
| 新闻出版发行服务 | 新闻出版服务众包、书籍装帧设计众包 |
| 广播电视电影服务 | 剧本创作众包、影视拍摄场地众包 |
| 文化艺术服务 | 文艺创作内容生产众包 |
| 文化信息传输服务 | 网站开发、移动应用开发 |
| 文化创意和设计服务 | 动漫游戏设计制作、多媒体设计众包 |
| 文化休闲娱乐服务 | 摄影众包、娱乐场所设计方案众包 |
| 工艺美术品的生产 | 工艺美术品的制造众包 |
| 文化产品生产的辅助生产 | 版权服务众包 |
| 文化用品的生产 | 无 |
| 文化专用设备的生产 | 无 |

从文化产业领域行业分布看,文化创意产业领域的众包模式的已经渗透到文化创意产业几乎所有的非实体制造领域。纵观国内几大众包平台文化创意领域的众包服务内容,更多集中在非实物、非物质领域的创意设计内容领

---

① 国家统计局、国家统计局:《文化及相关产业分类(2012)》,国家统计局网站,http://www.tctj.gov.cn/art/2012/7/11/art_2125_160326.html。

域,如平面设计、产品包装设计、文案编剧、主题曲征集、视频制作、服装设计、市场调研、活动创意、广告策划等。文化创意产业众包模式使得大众能够参与到各个环节中,拉近了生产者与大众群体之间的关系。这种用户们本身既是内容消费者,又是内容生产者的"产销合一"模式实现了汇集社会化需求的创新机制,来自消费者的高度显性化的社会需求极大的降低了企业实体产品研发、创意内容生产的风险,这不仅优化了经济效率的,更重要的是将消费者的对文化创意产品、服务的参与程度提升到一个空前的高度。

5.1.2.4 "深度众包"为文化创意产业众包模式发展提供了新思路

众包模式不仅为专业服务提供创新竞争的平台,还可以渗透到文化创意产业价值链的各个环节。国外的文化创意产业领域的众包模式案例揭示了该领域广阔的市场空间。2009 年成立于美国的 Quirky 是一个创意产品社区与电子商务网站,利用众包方式,让社区参与产品开发的整个过程,包括提交创意、评审团审核、估值、开发、预售、生产、销售等多个流程。社会化出版平台Bookkus 采取众包方式对书稿进行评审,由读者来判断作者来稿是否适合出版。这些"审稿"的读者没有接受过任何专业训练,将广泛接受作者来稿,后者既不需要支付任何费用,也不会丧失相应的版权;同时,读者会对书稿进行打分,如果书稿的得分足够高就可以进入编辑、销售环节,首先以电子书形式出版,随后以平装本形式发布,而如果手稿没有达到足够的分值,作者会收到相应的反馈及修改意见使其达到出版的"要求"。

从上述案例可以看到,相比国内的威客服务交易平台模式,国外的众包模式更加体现出"深度众包"的特征,文化创意企业需要来自大众群体的创新智慧,众包强调大众的广泛参与。参与创作文化创意内容创造的主体不再限定为广告公司、出版社、影视公司等专业机构,大众以产品及服务的使用者、评价者的身份通过众包方式参与到内容产业的价值创造过程中,体现的是内容生产的民主化。大众参与机制同样也激发了大众的创造力,有利于更多有创意的产品出现。国外众包模式应用会在产业链的各个环节开展对应的众包业务,其对服务品质的把控,知识产权的保护更值得我们深入思考。

## 5.2 上海文化创意产业领域众包模式应用现状 及国内外众包模式发展的共性问题

### 5.2.1 上海文化创意产业领域众包模式应用及发展现状

与传统模式相比,众包模式在文化创意产业领域的商业应用具有得天独厚的优势,大量来自文化创意产业的众包项目及众包商业活动获得了良好的经济效益和社会效益,在行业内产生了巨大的反响,这些来自文化创意产业的众包商业项目在设立之初就受到风险投资高度关注。风险投资机构对文化创意产业的行业发展趋势有极为敏锐的判断,融资事件作为行业动向的风向标可以清晰、客观折射出众包模式发展基本动向,本研究从互联网创业融资信息平台"IT桔子"(itjuzi.com)搜集了2000年1月至2015年8月之间发生在上海地区的1 300多个TMT(Technology,Media,Telecom即媒体、科技、通信)行业领域的投融资事件,按照众包模式的判断标准对相关初创企业及产品案例的融资事件信息进行筛选,获得融资事件汇总如表5.2所示:

**表5.2 上海文化创意产业领域众包模式商业案例融资事件汇总**

| 时　间 | 项目名称 | 融资轮次、规模 | 商业案例简介 |
|---|---|---|---|
| 2015.8.31 | video 威客网 | B轮、5 000万美元 | video威客网是一家基于众包模式的互联网影视广告交易平台,提供发布视频需求、供应视频制作服务以及第三方监督等功能。 |
| 2015.7.21 | 喜马拉雅 | C轮、数千万人民币 | 喜马拉雅获2015.1获得B轮融资后再次获得C轮融资。 |
| 2015.5.14 | 爱福窝 | A轮6 250万人民币 | 爱福窝是一家提供家具在线3D展示及导购产品的技术公司,设计师通过3D云端家装设计和导购软件可行完成分布式的内容设计。 |
| 2015.5.4 | DETIE 得意 | 种子天使、未透露 | DETIE是国内第一家独立设计师及品牌珠宝集成定制平台,取意Designers' Tie设计师纽带。 |
| 2015.4.7 | 游子日 | A轮、800万人民币 | 游子日是一家出国留学领域的大众点评网站,提供学校搜索、问答、评论服务。 |
| 2015.3.23 | 元气 弹漫画 | A轮、650万人民币 | 飞盒艺术派是一个在线绘画、漫画学习的UGC娱乐社区,在社区中人人都可以做漫画,获得独一无二创造体验。 |

| 时　间 | 项目名称 | 融资轮次、规模 | 商业案例简介 |
|---|---|---|---|
| 2015.3.3 | 答赏 | 种子天使、1 000 万人民币 | 答赏是一个针对职场管理人士的问答即赏社区，专注于管理类问答。 |
| 2015.2.28 | echo 回声 | B 轮、数千万人民币 | echo 回声是一个关于声音分享的移动社交应用，用户可以用 echo 录下并制作有声表情、分享音乐等。 |
| 2015.1.29 | 人人美剧 | 种子天使、数百万人民币 | 人人美剧前身是人人影视 YYeTs 字幕组，是一个主打外国影视节目的社区平台，提供观影、评论、交流等。 |
| 2015.1.14 | 喜马拉雅 | B 轮、5 000 万美元 | 喜马拉雅是一个 UGC 模式音频分享平台，内容消费方面突出个性化订制体验，内容生产方面则突出社会化生产模式。 |
| 2014.9.19 | 漏洞盒子 FreeBuf | 种子天使、数百万人民币 | 漏洞盒子是一个主打众包模式的漏洞发现与处理平台，帮助用户测试产品中潜在的安全风险。 |
| 2014.9.1 | 微差事 | A 轮、320 万美元 | 微差事是一个基于众包模式的 B2C 任务对接平台，提供企业和品牌发布个性化微型任务，帮助企业完成调研、内控以及推出精准的品牌互动。 |
| 2014.4.30 | MolaSync 画擎科技 | 种子天使、数百万人民币 | Molasync 是一个专为设计师打造的协同办公平台，用户可以随时随地涂画记录你的灵感，插入图片输入文字甚至用录音来书写笔记及批注修改文档。 |
| 2013.7.2 | 爱调研 | A 轮、1 000 万人民币 | 爱调研是一家网络调查及用户反馈管理系统提供商，为企业提供 SAAS 方式网络调研在线服务，提高企业市场调研、管理用户反馈的效率。 |

资料来源：笔者根据 http://itjuzi.com 网站及各公司公开的投融资事件信息整理获得。

对发展现状进行概括和梳理，上海文化创意产业领域众包模式应用及发展现状大致可归纳为以下几方面：

（1）从国内众包模式公司创立及典型融资时间的时空分布看，近年来各类威客网站及以基于众包模式垂直电商在国内取得了突破性的发展，一批领军型众包平台级企业在重庆、厦门、北京等城市为基地稳步成长。相比国内外知名众包平台在 2008~2010 年之间已完成行业整体布局，上海文化创意产业领域众包模式相关的产品及商业案例的融资事件则都是近两年出现的。从这方面看，上海发展众包模式并不具备先发优势。上海本地有以创意设计、视频制作等为主的垂直领域众包服务平台，目前还很少形成类似"猪八戒""一品威客"的综合型服务交易平台级企业。众包模式类型分布既有以社会化求解机制为主导的"video威客网""微差事""爱调研"等众包模式,也有"人人美剧""漏洞盒子""答赏"等以社会化整合机制为主导的众包模式。众包模式主要的应用集中在创意设计、音视频的内容生产、商业集体智慧等领域,众包模式商业应用的深度和广度仍有较大空间有待开发。

(2)从投融资事件的融资轮次和融资规模看,社会化内容生产已成为上海文化创意产业众包模式的发展的亮点。社会化媒体基于网络使用户生产内容,利用专业工具和人员整理加工最终呈现在网络平台。在互联网的技术辅助下,内容的生产者不再局限于专业机构和专业人士的PGC(专业机构产生内容),而是全体用户共同参与的UGC(用户产生内容),其中的运营模式主要体现在社会化选择机制和社会化传播机制主导的众包模式。作为社会化内容生产的典型代表,喜马拉雅FM电台自2012年11月上线以来发展迅猛,根据第三方移动数据平台TalkingData发布《2015移动音乐应用行业报告》,目前喜马拉雅FM总用户数已突破1.8亿,月活跃用户达到4 500万。喜马拉雅主要是采用UCG与PGC相结合的内容模式:UGC负责内容广度,主要贡献流量和参与度,体现了社会化选择机制,PGC维持内容的深度,树立品牌、体现了社会化传播机制。社会化内容生产模式均强调大众参与内容生产,以此推动生产上的创新与符合消费者多样化需求的产品的推出。

(3)从行业空间拓展角度看,结合上海文化创意产业的优势及基础,在网络文学、数字出版领域的众包模式还有待进一步挖掘。2015年腾讯文学和盛大文学联合成立的阅文集团,成为目前全球最大、最全的互联网中文原创平台。网络原创文学作为游戏、动漫、影视的全娱乐产业的源头,借鉴国外的"深度众包"的理念,上海现有的"内容源"平台可以在文学作品的分销及衍生品开发领域引入众包模式。如果能够通过业务流程、监管体系等方面的创新,借助众包模式实现选题、制作、构思、生产、策划等各产业链的重要工作,上海在网络文学、数字出版领域将释放出更多的"内容源"红利。对于国外文化创意领域出现的创新型"深度众包",由于行业监管环境及市场条件等差异,目前国内仍缺乏相关可经验借鉴的成熟案例,然而深度众包的模式为网络文学等内容产业的发展空间拓展提供了一个新思路,这对整个行业的良性发展将起到重要作用。

### 5.2.2 众包模式发展的共性问题

本研究对国内外众包模式发展中存在共性问题进行分析,探讨适合上海文化创意产业众包模式发展路径与相应促进举措。

#### 5.2.2.1 基于众包模式的社会化内容生产存在监管隐患

诞生于互联网的"分享文化"为文化创意产业造就了无数的内容生产者与编译者。众包模式的社会化内容生产借助全体网民共同参与的内容生产,包括来自大众的内容创作、评价,甚至审核,由此产生的内容、结果都可以被认为是社会化内容生产的产物。通过众包平台的筛选或匹配,任务的发包方与接包方本质上是点对点的对接,由于多数服务提供商是非职业化、非专业化的,内容生产者提供的内容大多具有原生性和无规律性的特点。社会化内容生产的参与者水平从草根用户到专业用户的层级差异明显,技术水平和专业知识差异大。从众包的模式特质看,文化创意内容的供给已经从专业机构的内部组织向开放协同扩展,开放式的众包平台在疏于监管的环境下最终生成的内容可控性较低。

#### 5.2.2.2 行业规制缺乏针对开放式创新的知识转移控制机制

从创意的构思和创作、生产和制造、到流通和消费过程,既是文化创意产业价值增值的过程,也是知识产权增值的过程。由于文化创意产品需求的不确定性,文化创意产业的核心要素信息、知识、文化、科技、创意等无形资产对知识产权的依赖性很强。众包模式的知识产权风险来源自文化创意产业以创意为核心的产品生产机制,非契约的约束关系因没有明确的知识转移控制机制,使企业从外界获取的知识完全处于零保护状态。实际运营过程中存在个人信息被滥用的风险、知识产权保护等问题,开放式的创新模式还会导致版权意识逐渐淡化,从而引发出社会化内容生产在发展中的版权问题、隐私问题、内容的非法性与失当性问题[①]。文化创意产业的核心生产要素是信息、知识,特别是文化和技术等要素的无形资产,在基于众包模式形成的社会化内容生

---

① 谭婷婷、蔡淑琴、胡慕海:《众包国外研究现状》,《武汉理工大学学报(信息与管理工程版)》2011 年第 2 期。

产活动中,任务发包者与接收者之间没有严格的、具备法律效力的行业规制来约束双方行为,诸如著作权、商誉权、隐私权等侵权问题成为阻碍文化创意产业众包模式发展的主要问题。

### 5.2.2.3 主流文化创意机构对众包模式运用方面认知度相对较低

主流文化创意机构对于众包模式应用价值仍缺乏认知,一定程度上制约了社会化商业活动发展思路的拓展。当前我国也涌现了不少专业的文化创意产业服务众包平台,从所涉及的业务类型看,大部分高成交量任务主要集中在图标设计、翻译、文案策划这样的相对简单应用,此类应用旨在将一些需要仰赖人力完成的工作借助众包平台的悬赏、招投标形式予以分发,通常是较琐碎、耗时费力的工作,平台缺乏专业化程度要求较高项目和复杂任务。从业务所属范畴看,众包并不属于传统外包的转型升级或更新换代,而是对传统服务外包的一种补充。这种业务模式对接包方没有很高的门槛,这就给予了发包方对最终成果更多的选择空间,这在一定程度上降低了创新的风险。从参与主体看,众包发包方多为小微企业,主流机构的参与不足,这与国外创新领先企业倾力打造基于网络众包的开放式创新体系形成强烈反差①。从目前发展现状看,受限于服务交易的管理业务流程,大型企事业单位对于涉及资金额度较高的项目仍以通过公开招投标方式进行,服务提供方的参与资质也存在严格的门槛限制,小微企业很难借助众包的形式获取此类客户的订单。

### 5.2.2.4 众包平台运作效能发挥受制于服务交易双方的参与程度

文化创意类众包模式最大优势就是利用服务提供商在平台上形成的规模经济、成本优势以及丰富的人力资源,众包平台遵循着"吸引供需双方形成平台、平台效应反哺供需双方"的演化逻辑。在文化创意产业服务众包平台中存在着大量的发包方和接包方,由于文化创意产业自身非物质生产的本质特征,更广域的参与者能够跨越时空限制参与到众包活动中来,大众的参与一方面带来了文化创意产业开放式创新的可能性,满足了日益增长的多元化需求,另

---

① 叶伟巍、朱凌:《面向创新的网络众包模式特征及实现路径研究》,《科学学研究》2012 年第1 期。

一方面也使互联网平台中的竞争日趋激烈,让接包方愿意以更低费用和付出更多的劳动成果来赢得雇主的青睐。由于决定的任务完成质量的关键因素很大程度取决于众包任务发布的广度及服务提供方的参与数量。因此,企业及行业管理者就需要通过提升众包各方主体参与的深度、广度,以此来弥补专业化程度不高的缺陷。

## 5.3 推进上海文化创意产业领域众包模式发展的对策建议

从目前的发展看,众包模式已不再是文化创意产业发展路径中起辅助作用的"补充项",灵动的组织结构、轻量化的资源配置方式代表了文化创意产业未来的发展方向。政府管理机构需要出台促进举措,积极应对文化创意产业"互联网+"背景下众包模式带来的深刻变革,以提升文化创意产品、服务的国际竞争力。

### 5.3.1 完善社会化内容生产要素市场监管形成众包模式良性发展的基础

文化创意产业的核心是内容生产,其发展以源源不断的创意作为其发展的基础,创意除了通过市场的刺激之外,还需要对创意进行保护。各类基于互联网的商业应用不仅满足了人们在文化、艺术、娱乐等多领域的个性化需求,而且培养了大众参与创新创意的兴趣。在开放式创新的环境中文化创意内容复制很容易且成本极低,在社会化商业情景中,创意要素资源碎片化既为文创领域的内容生产提供了新的源泉,同时也为行业管理者的内容监管提出了新的课题。在文化创意类原创作品知识产权保护领域,目前已有部分业内领先的众包平台通过平台技术手段优化,为服务提供商提供原创作品快速确权和诚信交易增值服务。在知识产权的开发和保护方面,上海要先行先试积极探索行之有效的举措,通过完善地方法律法规,从根本上保证众包模式背景下社会化内容生产的知识产权的开发和运作。在行业层面,主管部门应依托高影响力众包平台,充分发挥企业实施众包项目过程中大众筛选产生的溢出效应,在此基础上形成专业机构的审查机制与大众筛选的互补。

### 5.3.2 调动大众参与众包模式的积极性形成有效的"万众创新"社会动员机制

在文化创意产业社会化商业环境下文化创意产业发展应当借助有效的社会动员机制,充分调动大众的积极性,充分调动、高效利用全社会创新资源,降低创新成本,提高资源配置效率。众包模式与分享经济的本质是一致的,即借助互联网平台,通过设计合理的激励机制调动社会闲置资源进而为供需双方及平台企业创造新的价值,激发大众追求多元需求、个性化体验,众包实现的过程充分了社会化商业价值共同创造的本质。在国家倡导"大众创业、万众创新"时代背景下,鼓励大众创新的社会舆论环境对众包模式的发展提供持续的推动作用。2014 年初,国务院专门下发了《关于推进文化创意和设计服务与相关产业融合发展的若干意见》,鼓励和支持广告、设计等生产性文化服务业的发展。上海推进文化创意产业的众包模式发展应着眼重要政策契机,对于生产性文化创意产品及服务,如服装设计、工业品外观设计、广告文案、软件开发等,配套相应的政策、软环境以及建设模式,完善对创新产品的引导支持政策,鼓励产业企业文化产业产品及服务的选题策划,设计研发等高层次项目参与众包模式。对于消费性文化创意产品,重点扶持各种形式的创意竞赛活动提升整个社会对互联网新兴商业模式的认知程度。针对小微文化创意企业由于经营规模与资金的限制难以在资源的整合方面获得竞争优势的实际情况,在政策方面鼓励、引导小微型企业开展短期合伙、许可协议等众包模式,进而从资源整合中获益。通过鼓励金融机构科技融资担保、知识产权质押等产品和服务等举措,对众包参与主体的财政、金融政策扶持力度,提高参与积极性。

### 5.3.3 引入众包模式为文化创意产业园区营造可持续发展的市场环境

文化产业发展规划应不仅限于空间布局,需要借助众包模式的开放优势资源互突破创意园区地理空间上的局限性,鼓励发展虚拟创意园区,与众包平台形成良性互动,将创意要素从原来的封闭园区中释放出来。"互联网+文化创意产业",加的是虚拟集聚效应。文化创意产业需要集聚,一直以来文化创意产业园是最普遍的形式,但是成本高、运行方式单一、利润率低是其不足。截至2013年底,上海市由市经信委和市委宣传部挂牌的市级文化及创意园区,累计达到96个,涉及新闻出版发行、文化艺术服务、休闲娱乐、创意设计等十大类的文化企业。目前政府在推动文化创意产业的发展的过程中往往更多的是注重园区、研发场地等硬件资源的建设,在商业模式、业态创新之类的"软资源"建设方面的外部性补偿较少。文化产业领域的创新、创业活动更多的是"轻资产"的非实体制造业要素资源整合。文化创意产业园区的功能定位不应只拘泥于园区地理空间的实体格局,需要充分发挥众包平台集聚智力资源的功能,扶持互联网服务交易平台等新型大众创意载体的发展,拓宽文化产业社会化商业运作的渠道。随着"社会化制造""社会化内容生产"等新理念、新模式引入文化创意产业发展中,创新创意的主动权被释放到广域的网络空间中的大众群体,创意园区需要吸引更多的创意人才参与创意资源的供给,形成中介组织与供需双方的有效对接机制,营造良好的行业发展环境。众包模式的发展应与众创空间建设相结合,通过两者线上与线下的优势互补,为小微创新企业成长和个人创业提供便利化、低成本、全要素的开放式服务平台。

### 5.3.4 扶持垂直领域众包服务中介组织助力服务交易模式转型

基于互联网的众包平台并不仅仅是文化创意产品(服务)展示、交易的平台,更有可能渗入创意及内容生产过程中,从根本上改变文化创意产品及服务的产业链,形成高附加值的平台效益。目前已有的国内外知名威客平台凭借在文化创意产业综合性众包服务领域多年来积累的高影响力已经形成了先发优势,上海应当结合文化创意产业领域的优势发展方向,重点培育数字出版、服装与时尚、品牌营销策划、专业视频制作等垂直领域的众包服务平台,着力培育一批具有发展潜力的小微文化企业和孵化效果显著的小微文化企业创业发展载体,吸引社会资金和力量来共同参与众包平台的建设和运营活动,在垂直领域形成专业化程度较高的第三方众包平台,并通过政策扶持鼓励发展创新众包交易、服务平台等新兴创新创业载体发展,以点带面拓宽文化创意产业社会化商业活动的运作渠道,助力商业模式及业态转型。

## 5.4　结　　语

在"互联网+"向国民经济各个行业渗透的今天,利用互联网改造传统文化行业、促进文化创意产业转型升级已成为业内共识。以众包模式为代表的社会化商业活动催生了极其活跃的文化创意产业要素资源的交易市场,文化创意内容生产主体更加多元化,创意要素资源更加碎片化,发展文化创意产业借助互联网充分释放来自"众"与"微"异彩纷呈的创造力,这将进一步汇聚各类创新要素,提升我国文化生产力的能级和规模。未来上海市在引导文化创意产业发展过程中,通过引入众包模式及其开放式创新理念,努力营造良好的创新生态,将进一步形成行业的新价值增长点,推动上海文化创意产业蓬勃发展。

# 栏目四:扩大对外开放　增强国际竞争力

## 6
## 中国上海国际艺术节:
## 平台创新与社会影响力

中国上海国际艺术节中心①

内容提要:　中国上海国际艺术节创办于 1999 年,是迄今为止中国唯一的综合性国际艺术节。上海国际艺术节成功举办十六年来,秉持"艺术的盛会,人民大众的节日"的办节宗旨,追求四个目标,建设四个平台。中国上海国际艺术节通过战略定位和技术改进等层面的创新工作,在上海、全国和国际上都发挥了重要的文化影响力。放眼"十三五",中国上海国际艺术节将进一步融入上海城市文化建设,为建设国际化文化大都市做出更多的贡献。

关 键 词:　上海国际艺术节,平台创新,全球影响力

---

① 中国上海国际艺术节中心,是中国上海国际艺术节的常设举办机构,于 2000 年在国家文化部的提议下,由上海市人民政府批准成立。中心在中国上海国际艺术节组委会的领导下开展工作,负责每年艺术节的策划、组织和运营工作。

# 6.1 一个著名国际艺术节对于国际化大都市的意义

中国上海国际艺术节(以下简称"上海国际艺术节")是由中华人民共和国文化部主办、上海市人民政府承办的重大国际文化活动,是中国唯一的国家级综合性国际艺术节。自 1999 年至 2015 年 10 月 10 日,中国上海国际艺术节已成功举办十六届①。

十六年来,上海国际艺术节组织各类国内外一流的节目、展览活动,在上海和长三角地区的一流演出场馆或公共文化场所面向公众表演、展出;举办国内外专业机构和人士参与的节目交易会、论坛;邀请五大洲嘉宾国、全国各地嘉宾省进行演出展览的文化周;以全市之力办节,不断为锻造上海城市文化精神助力,追寻海纳百川、追求卓越、开明睿智、大气谦和的风格。

一个成熟的国际艺术节对上海这座志在建设国际文化大都市的城市来说,是城市文化精神提升的标杆,是多元文化发展的守护者,是艺术产业链中的重要酵素,更是城市文化创新精神的摇篮。自成立之初,上海国际艺术节陆续探索和创新了将艺术观光、艺术交流、艺术品交易等活动综合于一段时期密集举行的城市文化节庆模式。在办节的过程中,上海国际艺术节不断自我升级,成为每年城市文化的重大事件,也是上海展示文化精神的重要平台。如今,它已成为国内外文化艺术交流不可缺少的桥梁,给城市的文化影响力、文化聚合力以及文化创造力带来了巨大的提升作用。

在上海国际艺术节的平台上,各种艺术元素借助多样化的载体和形式得到了尽可能广泛的展示和尽可能深入的发掘,更得到了不拘一格的创新和世界范围的推广。这是对文化多样性的尊重和保护,而上海国际艺术节本身的发展,也与这份文化多样性相生相伴,互促互进。上海国际艺术节在不断累积经验的过程中,逐渐形成了自身专注舞台表演,聚焦经典品位,扶持艺术原创,促进公共文化,服务艺术教育的多种文化诉求和文化担当,为上海的文化事业

---

① 本文所调查和整理的数据截至为 2015 年 10 月 10 日。

做出了有目共睹的贡献。

上海国际艺术节以内容为核心，现已初步形成了一个具有战略高度定位，产业全面展示，节目剧目交易、常年国际合作、优良配套服务的会展和交易平台，是文化演艺产业集聚的一个重要起点，是一个文化演艺产业链条的关键环节，把战略投资、创意研发、规模生产、交易市场、营销推介、多重媒体、衍生产品、娱乐旅游、品牌开发等环节，组合成一个上下联通、前后联动的产业链。与此同时，上海国际艺术节还带动了餐饮、宾馆、交通、通信、购物等相关周边产业，对树立城市整体形象，促进经济综合发展具有积极意义。

对上海城市发展来说，文化创新是一个重要的标志，也是灵魂。上海要建设创新城市，文化创新是其中非常重要的组成部分。上海国际艺术节逐年加大对原创新作的支持和推广力度，扶持青年艺术家的发展和成长，这正是上海国际艺术节自觉担当城市文化名片的表现，体现了国际艺术节的文化责任和追求。

# 6.2  上海国际艺术节：与时俱进的历程

上海国际艺术节自 1999 年创办以来，不断在摸索中发展自身的定位和特色，结合时代特点与各种有利条件，先后创设嘉宾国文化周、嘉宾省文化周、节中节、艺术天空、艺术教育等活动板块，以引领为目标，以惠民为追求，不断丰富自身内涵，跻身亚洲乃至世界知名艺术节行列，得到国内外专业人士和艺术爱好者广泛的瞩目和赞誉。

## 6.2.1  上海国际艺术节历届发展情况

作为中国唯一的高水平综合性艺术节，上海国际艺术节自举办以来一直保持较大的规模和影响力，延续高水平和高水准。已举办的十六届上海国际艺术节期间，有来自全球 60 余个国家和地区、全国各省市地区的艺术表演团体参演，演出剧目总数逾 1 000 台，吸引 390 余万人进剧场观看节目；共举办展览博览会了约 175 个，吸引观众超 500 万人次。秉持"好节目集中，好节目惠民"的理念，上海国际艺术节的另一项重要组成部分是公共文化活动，平均每届上海国际艺术节举行约400项左右的公共文化活动。上海国际艺术节每年辐射公共文化的能力不断增强,服务覆盖面不断扩大,参与者群体人数呈总体上升趋势(见图6.1)。

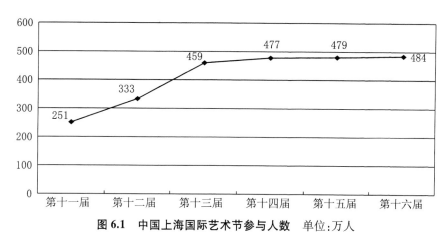

**图6.1 中国上海国际艺术节参与人数** 单位:万人

资料来源:作者绘制。

在上海国际艺术节期间举办的节目交易会,十六届来共吸引60多个国家和地区的近2 200家中外演出经纪机构参加,参会机构数逐年稳定上升(见图6.2),达成演出交易意向近2 200项。

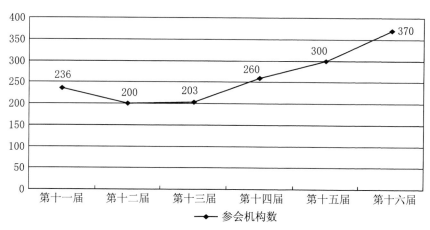

**图6.2 中国上海国际艺术节节目交易会参会机构数量**

资料来源:作者绘制。

近年来,上海国际艺术节还创设了"扶持青年艺术家计划"、艺术教育等多项内容,提升了论坛、公共文化和分会场等板块的品质,不断推陈出新,立足上海,辐射全国乃至世界,为丰富人民精神文明生活做了非常多扎实有效的工作。

### 6.2.2 2013~2015年上海国际艺术节运作情况

2013年的第十五届和2014年的第十六届上海国际艺术节,按照演出展览、"艺术天空"(公共文化)、节目交易会和论坛、"扶持青年艺术家计划暨青年艺术创想周"和艺术校园行等板块展开。在演出展览方面,两年分别举办47台、134场和45台、113场演出,举办了阿根廷、加拿大、宁夏、陕西的文化周活动,举办了上海国际魔术节、宝山国际民间艺术节、上海朱家角水乡音乐节等"节中节"活动,同时开创了"1+17"模式的"艺术天空"系列惠民演出,创设了"扶持青年艺术家计划"板块演出及交易会节目创投活动,针对社会群众和学校校园两个不同群体的艺术教育活动也在逐年经验的积累中放大规模和影响力。

在这两届的上海国际艺术节中,每年都有约15万名左右的观众走入剧场欣赏演出,艺术校园行活动每年惠及25万名左右师生,公共文化活动可覆盖逾450万社会公众。平均出票率保持在90%以上,部分剧目出票率、上座率达到了100%。同时,不断加大优惠票的推出力度,两年分别向公众发售18 000张和20 000张优惠票,得到了广大群众的欢迎。

于2015年10月16日到11月16日举办的第十七届上海国际艺术节,有46台演出,10项展览,"艺术天空"有49台、91场演出。这一届上海国际艺术节"扶青计划"暨青年艺术创想周进一步拓展参与面,艺术教育活动覆盖全年,各版块活动得到进一步的扩容升级。

### 6.2.3 2013~2015年上海国际艺术节的社会反响

上海国际艺术节在历年的举办过程中,积累了相当丰富的经验和成效。2014年第十五届上海国际艺术节新创"扶持青年艺术家计划暨青年创想周",

2015 年第十六届上海国际艺术节在公共文化领域创设"艺术天空"板块,新颖的形式、明确的指向受到特定观众人群极大的追捧,得到了广大群众的关心和喜爱。

包括这两个新内容在内,上海国际艺术节得到了全社会、各路媒体的充分关注和持续报道。近两届上海国际艺术节期间,每年有超过 100 家的媒体参与上海国际艺术节的各项活动,发布超过 1 000 篇专题报道。《人民日报》以多个整版篇幅报道上海国际艺术节相关演出情况,《东方早报》《新闻晨报》等地方媒体更是几乎每天都有相关整版报道见报。同时,上海国际艺术节在新媒体建设上也取得了长足进步。上海国际艺术节官方微博平台2013 年发布 700 多条微博,2014 年发布 368 条微博,粉丝数保持稳定增长,目前有超 11 万名粉丝关注,浏览量超 300 万;2013 年上海国际艺术节微信公众账号发送近 150 条微信推送,2014 年发布 300 余条推送,目前粉丝数已增长至近 8 000 人。

上海国际艺术节的节目交易会在国际专业界的影响力逐年提升,2013 年和 2014 年,分别有总数超过 500 人的代表、接近 400 家的专业机构参会,共达成近 600 项剧目的合作意向。

上海国际艺术节的不断发展,为中国文化事业的形象建设做出了贡献,也为自己在国内外获得了越来越高的知名度和影响力。联合国教科文组织战略规划助理总干事汉斯·道维勒评价上海国际艺术节是一项"里程碑式的盛会",国际节庆协会主席及首席执行官史蒂文·施马德则称之为"重大而激动人心",英国国家话剧院执行总监尼克·斯塔尔将与上海艺术节的合作描述为"令人期待",比利时弗兰德斯音乐节总监托马斯·毕晓普把自己在艺术节的经历形容为"一次非常难忘的体验",美国芝加哥市文化局局长米歇尔·布恩认为上海国际艺术节在国际上"富有盛名",两度参加上海国际艺术节的格林尼斯·亨德森制作公司董事长格林尼斯·豪尔则对艺术节的飞速发展评价为"翻天覆地",英国伦敦市政厅音乐戏剧学院校长巴里·伊费用"激发灵感的"来形容上海国际艺术节的活动效果。

## 6.3 建设四大平台，突出创新举措

### 6.3.1 上海国际艺术节的理念

上海国际艺术节创立之初，就确定了"艺术的盛会、人民大众的节日"这一办节宗旨。而近年来，上海国际艺术节更是不断以建构社会主义核心价值观，建设上海国际化文化大都市为己任，无论在节（剧）目的挑选上，还是办节本身的工作上，都遵循了艺术"从人民中来，到人民中去"的要义。

经过多年办节的积累和升华，在宏观层面，上海国际艺术节在2014年前后进一步清晰了自身定位和发展思路："四个目标"的发展战略和"四个平台"的重要功能。

四个平台分别是：上海国际艺术节应成为优秀作品的展示平台、文化贸易的推进平台、青年人才的孵化平台、艺术素养的培育平台。

四个目标分别是：使上海国际艺术节成为亚太地区最具影响力的艺术节，亚太地区专业性最强的演艺节目交易市场，国内最具吸引力的艺术人才与艺术创意的聚集地，国内最多元、丰富的公共文化服务与展示地。

### 6.3.2 上海国际艺术节核心板块的运作模式

在综合性上，上海国际艺术节与世界各大艺术节比较，最大的特点就是包罗万象。经过多年的发展，上海国际艺术节逐渐形成了以演出展览、艺术天空（公共文化）、艺术教育、"扶青计划"、交易会论坛为核心板块的格局，其内容之丰富、体量之巨大，也让上海国际艺术节形成了一套独特的运作方式。

#### 6.3.2.1 演出展览

上海国际艺术节的演出和展览，在贯彻"一流经典、名家名团、原创新作、风格多样"的原则下，注重"思想精神、艺术精湛、制作精良"，逐渐加强自主遴选的比例，夯实"国际、经典、创新"的办节理念。根据"总量控制，注重品质"的要求，坚持"少而精"原则。

上海国际艺术节通过多种渠道获取节目,会根据当年的主题策划,通过与全球各地的艺术团体、艺术家、演艺机构和剧场的合作,邀请相应的剧目参与;也会通过本地剧场推荐的渠道,遴选与艺术节水平匹配、内容合拍的节目,与剧场进行合作呈现;同时,上海国际艺术节也为全球各个艺术团体和艺术家提供了自主报名的机会,通过这一渠道遴选有创意、独树一帜的节目进入演展名单。

主板演出展览在遍布上海的各个专业剧场、展馆举行,如上海大剧院、上海音乐厅、东方艺术中心、文化广场、中华艺术宫等。邀请具备国际知名度的经典演出团队、具备国际水准的本土艺术家,在上海的高水平演出展览场地进行公演、展览,树立了上海国际艺术节艺术经典性的形象。2013年的第十五届上海国际艺术节共有境外演出26台,境内演出21台,分布在16个场馆,演出场次达到134场,有3 000多名艺术家参与其中;11项展博览在11个场馆举办。2014年第十六届上海国际艺术节共有境外演出25台,境内演出20台,在15个场馆演出了113场,共有5 000多名艺术家参与;13项展览在9个场馆举办,同样大获成功(见表6.1)。

表6.1　第十五届、十六届中国上海国际艺术节演出展览情况

| 年　份 | 演　出 | | 场馆数 | 演出场次 | 参与艺术家 | 展览项目 | 展览场馆 |
| --- | --- | --- | --- | --- | --- | --- | --- |
| | 境内 | 境外 | | | | | |
| 2013 | 26 | 21 | 16 | 134 | 3 000 | 11 | 11 |
| 2014 | 25 | 20 | 15 | 113 | 5 000 | 13 | 9 |

资料来源:作者编制。

邀请一个国家、一个国内其他省份在上海国际艺术节开展文化周活动是一项传统。在上海国际艺术节的开展期间中,由嘉宾国、嘉宾省主导,策划和设计一系列的演出和展览活动,充分展示当地文化特征,是历年来上海国际艺术节的亮点所在。在第十五届和第十六届艺术节中,分别邀请宁夏、陕西、阿根廷、加拿大举办了文化周活动。

上海国际魔术节、宝山国际民间艺术节、上海朱家角水乡音乐节等"节中节"活动,则由专门的组委会策划执行,自成一体的同时又成为上海国际艺术

节的有效组成,充分显示了上海国际艺术节容纳性的广度,以及内在的复合张力。

### 6.3.2.2 艺术天空（公共文化）

"艺术天空"板块的演出是上海国际艺术节体现将专业精品演出向公共文化"溢出"的重要手段,自2014年创办以来,格局上保证"1+17",覆盖上海所有区县。旨在让更多的市民参与艺术节、喜爱艺术节,把文化惠民落到实处,使上海国际艺术节真正成为人民大众的节日。结合各个区县的特点,在一些市民广场、社会文化活动场所进行演出,如黄浦区的城市音乐广场,徐汇区的襄阳公园、虹口区的国际客运码头,浦东新区的陆家嘴中心绿地,滨江国际会议中心以及静安区的嘉里中心等。同时,邀请在上海国际艺术节主板演出中表演的名家名团在"艺术天空"板块演出,横跨音乐、舞蹈、戏剧等多个领域。以平均50元左右的低廉票价吸引观众前来观演,让以往只能在剧场观看的高品质高质量演出,通过"艺术天空"来到了百姓身边。在"艺术天空"的筹办过程中,上海国际艺术节中心充分发挥第三方的功能,由社会演出公司承办运作,其中不乏民营单位,充分激发了社会文化事业的活力。

### 6.3.2.3 艺术教育

艺术教育是对上海国际艺术节专业性的深度拓展,也是对社会美育教育的有效补充,更是对大众文化艺术素质的广度培育。在原有群众文化工作的基础上,艺术教育将亲子活动、"天天演"活动、校园行活动、艺术节主板演出导流进社区等工作方式充分整合,扩大上海国际艺术节对全市市民的影响覆盖面、进一步提升市民参与面。

上海国际艺术节的艺术教育活动逐渐走向时间全年覆盖,年龄全部覆盖的水平,针对校园和其他年龄阶段的受众,有不同的策划,通过形式多样的活动,寓教于乐,提升艺术体验,吸引更多公众亲近艺术、喜爱艺术、欣赏艺术。

### 6.3.2.4 "扶青计划"

"扶持青年艺术家计划"自2012年创立,已委约31位华人青年艺术家原创了27部舞台作品,涵盖戏剧、戏曲、音乐、舞蹈、多媒体艺术等多个领域。同时与上海戏剧学院合作，同期开展"青年艺术家创想周"活动，构建了一个融节目表演、论坛讲座、创投平台等于一体的青年艺术系列活动。一批优秀的青年艺术家和原创艺术作品进入培养计划，并从这个平台上前往国内外各剧场、艺术节参演参赛。"扶青计划"筛选有潜力的青年艺术家和原创作品，借用艺术节的高端平台，通过上海国际艺术节受邀顾问大师的帮扶，青年艺术家群体之间的交流，帮助艺术家个人和节目本身获得提升。

### 6.3.2.5 交易会、论坛

上海国际艺术节每年在开幕阶段安排节目交易会和论坛活动。节目交易会邀请国内外专业机构到场进行买卖洽谈，影响力逐年上升。参会机构数以每年10%左右的速度持续上升，国内外机构数对当。每年达成合作意向的作品在300项以上。

论坛板块每年针对社会文化的重要主题，一般安排一场主旨论坛，若干分论坛，一场中英论坛，若干工作坊。2013年论坛主题为"包容、开放与创新——尊重文化多样性，促进文化间对话"，2014年论坛主题为"艺术与创造力"。论坛邀请艺术界和其他领域的专家、名人就主旨进行充分讨论、互动，邀请全球各国各地艺术节掌门人交流艺术节筹办的经验与思考，并最终将论坛中代表的发言集结成册，成为上海国际艺术节思想交流的重要收藏。近几年参与上海国际艺术节论坛的知名人士有余秋雨、杜维明、谭盾、田沁鑫等，美国肯尼迪艺术中心、爱丁堡国际艺术节、新加坡滨海艺术节等业内知名艺术节机构、演艺机构的负责人也受邀参与了论坛交流。

### 6.3.3 上海国际艺术节若干富有特色的创新做法

随着经济和社会的飞速发展，上海国际艺术节的办节环境已经发生了巨大变化，舞台上的演出群体和舞台下的观众群体也经历着深刻的变动。本着将工作做通做透做好、落细落小落实的精神，上海国际艺术节在办节的过程中从小处入手，在专业层面不断创新，与时俱进，自我升级。

#### 6.3.3.1 走向不断专业的第三方评估

上海国际艺术节自2011年起，委托第三方（学术机构或市场研究机构）就上海国际艺术节举办过程中的得失利弊开展调查研究,形成调研报告,用以支撑长久办节的先进性和专业性,保证上海国际艺术节能够不断自我完善。历届上海国际艺术节的第三方评估,延续了"社会接触调查"的基本方向,从两个维度开展调查:一是核心内容(包括演出展览、公共文化活动、扶持青年艺术家计划、艺术教育、节目交易会、论坛),二是参与上海国际艺术节的人和专业机构。其中主要分三层:各年龄层的观众、演艺专业机构和商业机构(赞助商)。评估通过问卷调查、深度访谈、文献研究、比较研究、关联研究和定量、定性分析等方法,开展全面评估。以 2020 年上海建成国际化文化大都市为目标,这是上海国际艺术节进行自我升级和进化的重要举措。

### 6.3.3.2 进发无限创意的"扶青"计划

"扶持青年艺术家计划"是 2012 年新创的项目,与上海国际艺术节的创新内核高度契合,在历年的发展过程中不断自我变革,目前已发展为包含演出、讲座、路演、展览、集市等多个板块、多维内涵的系列活动。自 2014 年的第十六届上海国际艺术节起,"扶青计划"依托专业资源,为青年艺术家提供艺术顾问委员会对接指导的资源。一些知名艺术家如荣念曾、林怀民等为在"青年艺术创想周"上表演的节目和青年艺术家提供无私的艺术指导,帮助培育和提升艺术家本身及节目的水平。这样,"扶青"计划就不单单是一个青年艺术家作品的展示平台、观众反应的检验平台,更成为了文化作品的提升平台、增值平台。

### 6.3.3.3 交易会、创投会的线上演进

节目交易会是上海国际艺术节在专业层面的重要支柱,也是上海国际艺术节参与构建上海文化产业链条的重要平台。2015 年起,第十七届上海国际艺术节对交易会和创投会进行了"互联网+"改造,改变以往通过书面材料和人工筛选、统筹的工作方式,建立了交易会线上系统。该系统以参展机构为中心,围绕其展示、预约、洽谈进行功能的建设,既大大降低了交易会在筹办过程中的人力支出,也为更好地服务参展方打下了基础,进一步明确了艺术节中心作为第三方的定位,强化了上海国际艺术节作为一个高端多元服务平台的作用和价值。

#### 6.3.3.4 以观众为中心的信息流建设

上海国际艺术节始终以观众为中心，不断升级在宣传、推广、票务和服务等机制上的信息流建设，以融合、便利、互动为目标，推出了让观众群体省心、暖心的工作举措。对于关注上海国际艺术节的观众来说，相关的信息可以从官方网站、官方微博、官方微信号等信息源头获取；上海国际艺术节搭建了自身专门的票务网站平台，同时与格瓦拉、大麦、乐卡等网站深入合作，为观众从信息终端跳转至功能终端提供了充分的便利。举例来说，在上海国际艺术节官方网站上获取了节目信息的观众，可以"一站式"地注册成为上海国际艺术节的会员，购买演出剧目门票，并获得套票优惠，直接配送到家。又比方说，自2014年起，在微信、支付宝等主流手机应用中，都能够找到上海国际艺术节的购票通道，观众通过第三方移动支付，甚至无需再使用纸质票，可以直接在剧场入口通过手机扫码进场，大大提升了购票、观演的便利性。

## 6.4 促进文化事业，创新产业平台

上海国际艺术节作为国家级的综合性国际艺术节，是国家在文化事业推进上的重要举措；同时，以上海为窗口，上海国际艺术节的举办也是率先推进文化产业实践，对接国际潮流的重要抓手。举办十六年来，上海国际艺术节成为上海文化界响亮的品牌，也是世界关注中国文化进程的重要渠道。

### 6.4.1 以观演为核心的文化事业推动力

作为每年下半年上海最高级别的文化节庆活动，上海国际艺术节对上海文化事业的推动力毋庸置疑，每年10月到11月的金秋时节，在上海欣赏到国际一流水准的艺术演出，已经是许多上海市民、甚至外地游客的一项重要期盼。

据不完全统计，第一到十四届上海国际艺术节平均出票率约87.3%，总

体出票情况良好,走势平稳,个别剧目出票率达 100%。2013 年的第十五届平均出票率为 92%,2014 年的第十六届平均出票率为 91%,始终保持在较高水平。

近年来,艺术节观众门票来源情况大致呈现较为稳定的格局,即"6 成付费购买+2 成各类赠票+2 成其他途径"(见图 6.3)。

图 6.3　中国上海国际艺术节观众观演票来源构成

资料来源:作者绘制。

与往年相比,2014 年观看艺术节演出展览的观众中,参加过以往艺术节的观众比例明显增大。2014 年,参加过艺术节的观众占到了绝大多数,达到81.7%(见表 6.2),而往年仅有不到六成。可见,艺术节通过长时间的积累,对观众有着持续的吸引力,已积累了一批稳定的观众。

表 6.2　中国上海国际艺术节观众参与情况

单位:%

| 年　　份 | 2012 | 2013 | 2014 |
|---|---|---|---|
| 未参加过 | 41.50 | 43.90 | 18.30 |
| 曾参加过 | 58.50 | 56.20 | 81.70 |
| 参加过 1 届 | 27.10 | 28.70 | 30.70 |
| 参加过 2 届 | 14.30 | 11.70 | 26.90 |
| 参加 3 届以上 | 17.10 | 15.80 | 24.10 |

资料来源:作者编制。

上海国际艺术节培育了一批热爱舞台艺术,努力提高自身文化艺术修养的忠实观众群体。与往年相比,2014 年每年观看艺术演出 5—10 次和超过 10次的比例增大,分别上升 7.1%和 4.0%。可见,随着国内艺术演出活动的频繁和居民生活品质的提升,居民更多的参与到了艺术演出活动中来,艺术演出已成为居民重要的休闲活动之一(见表 6.3、图 6.4)。

表 6.3　中国上海国际艺术节观众每年观看演出次数

单位:%

| 年　　份 | 2012 | 2013 | 2014 |
|---|---|---|---|
| 超过 10 次 | 15.90 | 16.30 | 23.40 |
| 5—10 次 | 22.10 | 20.20 | 24.20 |
| 2—5 次 | 48.10 | 48.30 | 32.10 |
| 1 次 | 8.30 | 9.50 | 12.70 |
| 几乎不看 | 5.70 | 5.80 | 7.50 |

资料来源:作者编制、绘制。

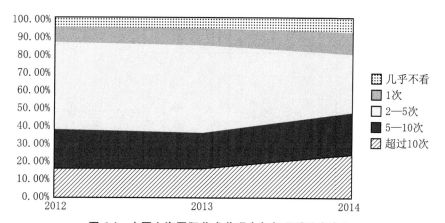

图 6.4　中国上海国际艺术节观众每年观看演出次数

资料来源:作者绘制。

## 6.4.2　以交易会为载体的文化产业生产力

对文化产业来说,生产、流通、分配和消费的各个环节与市场密切相关。在不断成长的中国文化市场中,生产者和消费者迫切地需要高素质、高水平、高效率的流转平台,在完成文化产品交易的同时,以此为窗口,推动文化的交流互通。节目交易会是上海国际艺术节着力打造的高质素平台,也是将艺术节打造为文化产业链条前端的重要载体和核心手段。

近三年来,上海国际艺术节节目交易会的参会方以每年 10% 左右的速度增长,参会者遍布五大洲、六十多个国家,其中固定参会方超 100 家。来自中国大陆、港澳台地区、欧洲、北美洲的参会者在参会总人群中排名前四。其中，节目提供方占五成左右，节目采购方占四成左右，经纪、中介机构等占一成。

从参会者参加交易会的目的来说，以得到演出市场信息、与演出方或中介机构交流、考察高品质节目、结识实力买家、提升业界美誉度等若干项为最为重要，而在近两年的交易会中，分别有78%、76.3%表示满意，达到了预期目的。

就交易量而言，至今上海国际艺术节节目交易会已达成逾2 000项交易意向，年交易量（包括正式签约和口头协议）整体趋势呈平稳上升。其中，2013年第十五届达成意向255项，2014年第十六届达成意向341项（见图6.4）。

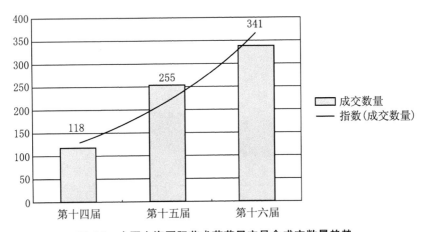

图6.5　中国上海国际艺术节节目交易会成交数量趋势

正是通过上海国际艺术节交易会的平台，上海京剧院《王子复仇记》、上海杂技团《十二生肖》，谭盾交响乐史诗音乐会《女书》等一系列作品，获得了走向世界舞台的机会，融入了世界文化市场的交易平台。

以青年艺术家为焦点的"扶持青年艺术家计划"，则同样以推介演出、顾问指导等形式，与节目交易会充分互动，历年的委约作品通过孵化和打磨，成为了拥有中国知识产权、上海制造的文化产品。如2012年作曲蒙柯卓兰的室内乐作品《死亡与少女》，将于2015年10月在德国波恩贝多芬音乐节演出，而在2015年1月，《死亡与少女》就已经与其他几部委约作品，包括音乐新媒体剧《意镜》、室内乐《白鬐豚歌》应美国亚洲协会和线圈艺术节的邀请，赴纽约演出两场。这不仅彰显了上海这片热土对文化艺术作品的包容性,也象征着上海国际艺术节所赋予艺术家、艺术作品的成长性,是文化产业建设中的关键环节,更是文化软实力的一个重要指标。

## 6.5　做精文化名片,推动城市文化

在上海全年的各大文艺节庆活动中,上海国际艺术节以舞台艺术为聚焦,坚持演出展览项目的"国际、经典、创新、引领",经过多年的积累,深受上海市民的欢迎和好评。自1999年来,每年金秋十月,上海国际艺术节都是上海最热的话题之一,广受观众、市民和媒体的好评,彰显了上海城市文化的魅力和品质。

### 6.5.1　观众满意度的情况

演出和展览是上海国际艺术节提供的核心产品和价值,也是观众对上海国际艺术节认知的主要指标。从调查数据来看,以2014年第十六届上海国际艺术节为例,58.9%的观众对艺术节演出/展览节目表示非常满意,34.3%的观众表示满意,非常满意和满意的比例之和为93.2%,仅有5.7%的观众表示一般(见图6.6)。可见,观众满意度较高,对演出和展览的给予了很高的评价。未来可继续保持演出和展览节目的质量,编排更符合观众口味的节目,持续提高观众对节目的满意度。

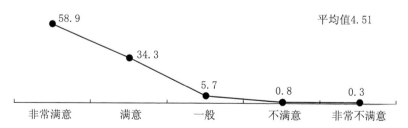

**图6.6　第十六届中国上海国际艺术节演出展览节目观众满意度情况**

资料来源:央视市场研究股份有限公司(CTR),《第十六届中国上海国际艺术节影响力及满意度评估报告》,2014年12月。

通过观众对本届上海国际艺术节总体印象的评价,考察观众对参与各项活

动、观赏节目表演、观看展览展出的总体感受,体现公众对艺术节的各种服务、活动的总体感受和直观体验,也是上海国际艺术节社会美誉度的具体表现。

仍然以第十六届上海国际艺术节为例,45.7%的观众表示非常满意,43.3%的观众表示满意,两者合计达到89.0%。此外,9.2%的观众表示一般。总体来看,观众上海国际艺术节的总体印象较好(见图6.7)。

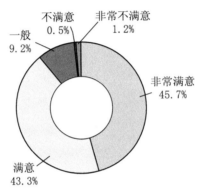

**图6.7　第十六届中国上海国际艺术节演出展览节目观众满意度情况**

资料来源:央视市场研究股份有限公司(CTR),《第十六届中国上海国际艺术节影响力及满意度评估报告》,2014年12月。

可见,上海国际艺术节在节目、服务、票务等诸多方面表现良好,给观众留下了深刻的印象,有较高的社会美誉度。

同时,上海国际艺术节的社会影响力也在逐渐扩大范围,正吸引着越来越多非上海本地居民的参与(见表6.4)。

**表6.4　中国上海国际艺术节观众来源构成**

单位:%

| 地　区 \ 年　份 | | 2012 | 2013 | 2014 |
|---|---|---|---|---|
| 上　　海 | | 90.30 | 89.00 | 86.50 |
| 国内其他省市 | 合　　计 | 8.10 | 9.70 | 11.60 |
| | 江浙地区 | 3.00 | 3.30 | 4.00 |
| | 其他省市 | 5.10 | 6.40 | 7.60 |

| 地　区 | 年　份 | 2012 | 2013 | 2014 |
|---|---|---|---|---|
| 境　外 | 合　计 | 1.70 | 1.50 | 2.00 |
| | 港澳台 | 0.20 | 0.50 | 1.10 |
| | 国　外 | 1.50 | 1.00 | 0.90 |

资料来源:作者编制。

从 2012～2014 年三年的数据来看,上海本地的观众比例逐年下降,2014 年为 86.5%,比 2013 年下降了 2.5%,比 2012 年下降了 3.8%。江浙地区、其他省市,港澳台地区的观众有着不同程度的上升。

### 6.5.2　媒体宣传与评价的变化趋势分析

在近两年艺术节后,社会公众对于上海国际艺术节在宣传推广方面的满意度在逐渐上升。2013 年第十五届上海国际艺术节和 2014 年的第十六届上海国际艺术节,社会公众对艺术节宣传推广的满意度分值(满分为 5 分)分别为 3.61 和 4.33。

随着时代的变化、媒体格局的变革,社会公众对上海国际艺术节认识和了解的媒体渠道也发生着变化。从调查结果来看,电视媒体和报纸(纸质媒体)依然是最可靠的宣传渠道。但自 2013 年开始,社会公众对于网络信息的获取方式和信息获取量提出了迫切的需求,到 2014 年,通过上海国际艺术节官方网站或其他网站上获取相关信息的公众已经占到总数的 47%。而且微博、微信等的兴起,也将相关信息需求充分引流至自媒体平台。尤其是在 19～25 岁的社会公众群体内,包括自媒体平台在内的网络渠道,是他们获得相关宣传信息的头号手段。

在第十六届上海国际艺术节期间,新闻站点为最大的内容产出媒体,共发布 1 231 条内容,占所有内容的 40.91%,共计有 130 个新闻站点有内容产出。微博以 1 141 条内容位居其二,占 37.92%,与新闻站点不同,微博内容的产出者不仅只有媒体机构、地方政府,更多的是普通网友,或是艺术节的参演人员。视频、艺术节官网与论坛排名三至五位,内容产出数量上与新闻站点和微博有一定距离(见表 6.5)。

表6.5　第十六届中国上海国际艺术节网络发布情况

| 媒　　介 | 新闻 | 微博 | 视频 | 论坛 | 官网 |
|---|---|---|---|---|---|
| 内容发布量 | 1 231 | 1 141 | 308 | 195 | 134 |
| 占比(%) | 40.91 | 37.92 | 10.24 | 6.48 | 4.45 |

资料来源:作者编制。

自十五届上海国际艺术节开始,观众微博使用的主动性加强,原创微博比例大幅增加,图片类发帖比例仍居最高(见表6.6)。从微博发帖类型的占比图表可见,原创微博占比35.61%,仅次于图片类微博,相比往年比例大幅增加,反而链接类的微博发帖比例迅速下降,说明受众的主动参与度大大增强,并主动地交流或表达评价,说明公众对微博媒体的使用更为积极主动,官方微博的话题引导也发挥了积极的效果。

表6.6　第十五届中国上海国际艺术节微博发布情况

| 微博分类 | 图片 | 链接 | 原创 | 视频 | 音乐 |
|---|---|---|---|---|---|
| 数量 | 7 623 | 1 040 | 4 950 | 281 | 5 |
| 所占比例(%) | 54.85 | 7.48 | 35.61 | 2.02 | 0.04 |

资料来源:作者编制。

十六届期间,共有与上海国际艺术节相关的1 141条原创微博发布,共收到3 987条转发,2 365条评论,平均3.5条转发,2.1条评论,成为观众分享参与活动的收获与评价的平台之一。这1 141条原创微博共来自755个账号,其中普通用户419个,占55.50%,企业认证与个人账户分别占33.91%与10.60%。普通用户与企业、媒体官方账号是这一届上海国际艺术节的核心内容产出者。

表6.7　第十六届中国上海国际艺术节网络热词

| 关键词 | 数　　量 | 关键词 | 数　　量 |
|---|---|---|---|
| 艺术节 | 2 472 | 演　　出 | 560 |
| 上　　海 | 2 380 | 文　　化 | 473 |
| 国　　际 | 2 057 | 开　　幕 | 368 |
| 中　　国 | 935 | 亮　　相 | 286 |
| 第十六届 | 641 | 闭　　幕 | 279 |

资料来源:央视市场研究股份有限公司(CTR),《第十六届中国上海国际艺术节影响力及满意度评估报告》,2014年12月。

### 6.5.3　公共文化活动成果及参与者反馈

除了主板演出展览活动之外，上海国际艺术节同时也为扩大艺术节受惠面，提升群众参与度、融入度，培育上海城市文化氛围，设计和策划开展了大量公共文化活动。

上海国际艺术节的公共文化活动大致分为三个层面，一是由主板演出输送到各个区县的"艺术天空"模块，二是与"市民文化节"牵手，由群众自创自导自演的优秀节目模块，三是旨在全年龄覆盖、全年度覆盖的艺术教育等模块。以上三个层面的活动，每年在艺术节的平台上开展将近3 000场，充分实现了上海国际艺术节的宗旨"人民大众的节日"。

2013年和2014年的两届艺术节里，分别有61场和60场的演出在全市17个区县开展，参与演出的国内专业团队分别达到20支和25支，更为重要的是，参与其中的业余队伍达到180支和100支。专业和业余、艺术家和民众在同一个平台上充分交流，不仅给广大市民带来了艺术的享受，更让上海国际艺术节期间的文化氛围深入社区、深入民心。

针对各学龄段学生的校园行活动，针对学龄前儿童的亲子教育活动，以艺术教育为己任，带动班级、家庭等社会基层结构提升艺术素养、提高艺术水平。

历年来上海国际艺术节的公共文化活动得到了广大市民的热情参与，参与人数不断增长，2013年第十五届、2014年第十六届的参与人数均逾450万人。更为可贵的是，在这个平台上，长宁区虹桥文化之秋艺术节、普陀区"长风杯"新上海人歌手大赛、青浦区淀山湖文化艺术系列活动、松江区上海朗诵艺术节、浦东新区"缤纷长三角"文化主题活动等一批公共文化活动历久弥新，不断释放正能量，给市民带来艺术享受，为市民带来参与艺术节的主体感受。

## 6.6　迈向"十三五"，展示新蓝图

今后上海国际艺术节的发展方向，将在做好主板演出的同时，继续在提携青年艺术家的道路上坚定投入，在艺术教育普及提升的广阔天地中开拓，注重

拓展"溢出"价值,为提升上海的整体文化量级做出贡献。

上海要建设国际化文化大都市,文化事业的推陈出新,文化产业的整合升级,文化软实力的综合提升是重中之重。上海国际艺术节在不断发展的过程中,参与城市公共文化建设,参与城市文化业态升级发展是越发重要的责任和态度。

根据"十二五"规划的要求,上海在"塑造时尚魅力的国际文化大都市"的道路上迈出了坚实的脚步,面向"十三五",在 2020 年基本建成国际文化大都市的目标催人奋进,文化事业内部的集聚发展,文化事业与商业、旅游、体育、教育等范畴间的联动交叉发展成为了重要的方向。而上海国际艺术节作为一个高级别、高水平、高聚合度的平台,给这一蓝图的实现增添了动力,更让这些发展成为了可能。

### 6.6.1 营造与演艺相关的区域化生活型态

每年 10 月,上海国际艺术节的演出遍布上海各个区县。在考虑演出的全市布局时,往往是主板演出分布在上海大剧院、上海音乐厅、文化广场、东方艺术中心等市级专业剧场,"艺术天空"、艺术教育板块的演出则会安排在各区县级剧场、文化广场或社区文化中心,"扶青计划"等实验性演出则会落户上海戏剧学院、上海音乐学院等专业院校区域。

历经十七年,围绕这些不同层级、不同类型的演出,演出落地区域及其周边也有了区域性文化集聚的基础。比如,环人民广场沿线区域,由于上海大剧院、上海音乐厅、上海博物馆等综合性演出展览场馆在演出水平、演出频次始终保持在较高水平,再加上南京路商业街、云南路美食街、来福士广场、K11 购物中心等的综合作用,形成了一种综合性、高端化的城市文化生活型态。安福路沿线,则依托上海话剧艺术中心的高水平戏剧戏曲演出,辅以武康路"历史文化名街"、丁香花园"优秀近代建筑保护单位"等,形成了以戏剧拥趸为主要型态的生活区域。2015 年 7 月,静安区政府与上海文化广播电视台、上海文化广播影视集团有限公司签约,将依托美琪大戏院、艺海剧场等老牌剧院,建设江宁路文化街,力图媲美英国西区、美国百老汇。徐汇滨江、虹桥周边、东方艺术中心周边,汾阳路区域等也都有依靠各自区域内演展场馆、院团建设各自不同特点的生活区域的趋势。

这样一种多组团式发展的城市文化生活型态,不同于国外城市文化建设的已有范例,将文化的增值效应在整个城市的平面上进行区位化分布、错位化竞争。上海国际艺术节在安排各种演出展览活动时,有意识地根据各个区域的特点和特色引入符合其生活模态的项目,将对这类生活模态的稳定、成长、发展带来重要的价值。相对固定的城市区域化生活型态,不仅对文化事业的发展带来有利因素,也为与之配套的旅游、商业等提供了有利的连带效应。

### 6.6.2　营造与艺术相关的内涵化教育型态

上海国际艺术节通过种种举措提升艺术教育在工作中的重要位置,将之作为自身工作"溢出"效应的集中体现。通过覆盖全年、全年龄阶段的艺术教育活动,将上海国际艺术节的优秀文化演艺资源,通过形式多样的增值活动,寓教于乐,提升艺术体验,吸引更多公众亲近艺术、喜爱艺术、欣赏艺术。

上海国际艺术节的艺术教育活动针对学龄前、少年、青年和特殊人群等四个群体定位,通过演前导赏、演后谈、交流互动、大师班、工作坊、艺术课堂、亲子活动、专题导览、公众讲座、主题展览等活动形式,让艺术节中的高水平演出更好地为社会大众所了解、所接受,同时通过营造全社会欣赏艺术、了解艺术、实践艺术的氛围,让城市生活的文化深度得到了充分的拓展。

### 6.6.3　营造与文艺相关的聚合化产业型态

上海国际艺术节是一个文化艺术精品节目的展示平台、交流平台,也是一个亚洲一流的节目交易平台。利用艺术节期间一个月左右的时间,与文艺作品相关的研发、投资、供应、服务、经销、消费等各个环节在相同的空间内高度集中、高度聚合,上海国际艺术节也就因此具备了能够引导整个产业链条的资本。

作为一个年覆盖观众总人数将近 500 万人次的艺术节,上海国际艺术节对作品的选择,对交易会与会代表的选择,对演出场馆的选择,对演出场次的安排等等,都会成为左右文化演出市场的重要风向标。而因此带动进入市场的资本流动、人员流动、资源流动,则更难以计量。目前,在国内,上海国际艺术节是拥有最高水平和最大体量的综合性艺术平台,也相对更为成熟,经验更为丰富。

上海国际艺术节可以是艺术作品增值的链条。一台剧目在这个平台上可以通过设计、生产、销售、发送、辅助的各个环节,成为市场中的标的,成为一个更为成熟全面的文化产品。

上海国际艺术节可以是艺术家和艺术作品的评价标准。一台剧目或一个艺术家在这个平台中可以与同行切磋,进行展示,收获反馈,而上海国际艺术节对节目和艺术家的考量与选择,则反映了一种对艺术性和当代性的整合评价体系。

上海国际艺术节可以是一个未来艺术作品、未来艺术家的蓄水池。艺术家,无论涉及何种领域,无论成就高低,可以在这个平台上寻找彼此合作的契机,通过不断的跨界创新,将新的剧目创造出来。再一次投放到市场中去。

上海作为曾经的"东方巴黎",作为国家改革开放最前沿的城市,在过去的发展过程中积累了大量的文化资源,培养和吸引了众多文化人才,同时孕育了巨大的文化市场,这都将成为将上海打造成为国际文化大都市的有利条件。上海国际艺术节作为这座城市的文化名片,定当伴随着国家和城市的发展,在文化事业和文化产业的蓝图上引领创新、不断进步。

# 上海自贸区提高文化对外开放水平的实施路径与策略建议

徐 怡①

**内容提要：** 上海自贸区是我国提高开放型经济水平、完善开放型经济体系的重要试点,文化对外开放是自贸区服务业开放的重要组成部分。本文从自贸区文化对外开放的三项政策、促进文化开放的实施细则、扩大文化开放的实践效果等方面,进行了深入的分析,指出上海自贸区提高文化对外开放水平,对于全国具有战略导向、促进机制创新、推动产业发展等作用;也分析了上海自贸区文化开放的难点问题,并从推进步骤、路径策略、文化安全等方面提出了上海自贸区进一步扩大文化开放的对策建议。

**关 键 词：** 上海自贸区,文化对外开放,提高水平

## 7.1 上海自贸区是提高对外文化开放水平的最佳实验场

坚持对外开放是中国通过历史比较和国际观察,根据社会主义市场经济发展和改革开放需要所制订的重要国策。党的十七大报告提出要"坚持对外开放的基本国策"。党的十八大报告提出"全面提高开放型经济水平",习近平总书记在关于文化发展繁荣的重要论述里也提到要"不断提高文化开放水平"。

随着全球范围内贸易自由化的进一步深入,美国推动有关国家和经济体进

---

① 徐怡,中级经济师,主要从事文化贸易与自贸区文化相关领域内容和政策研究,曾在自贸区文化贸易等课题中担任组织和执笔工作。

行区域性自由贸易谈判,推动跨太平洋伙伴关系协议(TPP)和跨大西洋贸易与投资伙伴协议(TTIP),给中国作为全球进出口额第一的贸易大国带来新的挑战。中国(上海)自由贸易试验区(以下简称"上海自贸区")正是中国为了应对新的国际经济形势,提高开放型经济水平、完善开放型经济体系的重要试点,是新一轮高水平对外开放和更大范围的改革举措。它标志着中国进入了对外开放的新阶段。

上海自贸区是中国与国际接轨的对外开放大平台,重点打造国际化、法制化的营商环境。与以往许多地区建设经济开发区、保税区有所不同,上海自贸区不再是特殊政策和税收优惠的洼地,而更注重政府管理体制机制的创新,以此来创造可复制、可推广的宝贵经验,这使得中国对外开放的水平在原来的基础跨上一个大台阶。在这样的基础上,进一步探索文化对外开放,将更好地统筹国内和国外两个大局,形成兼顾国际贸易规则和我国基本国情,扩大文化对外开放的最佳方法和有效途径。

## 7.2 上海自贸区提高文化开放水平的举措和政策效果

### 7.2.1 文化领域扩大开放的三个方面

2013 年 9 月 29 日,中国(上海)自由贸易试验区正式成立,面积共 28.78 平方公里,包括了上海市外高桥保税区、外高桥保税物流园区、洋山保税港区和上海浦东机场综合保税区 4 个海关特殊监管区域。

《中国(上海)自由贸易试验区总体方案》(以下简称"《总体方案》")明确提出扩大服务业开放,并选择了金融服务、航运服务、商贸服务、专业服务、文化服务以及社会服务等 6 个领域进行试验。根据《中国(上海)自由贸易试验区总体方案》、《中国(上海)自由贸易试验区外商投资准入特别管理措施(负面清单)(2013 年)》(以下简称"《负面清单(2013)》")及《文化部关于实施中国(上海)自由贸易试验区文化市场管理政策的通知》(以下简称"《文化部文化市场管理政策》")内容,涉及文化扩大开放的内容分别属于《国民经济行业分类及代码》的商贸服务和文化服务分类,主要集中在游戏游艺机生产及销售、演出经纪、娱乐场所三个方面,如表 7.1 所示:

表 7.1　上海自贸区服务业扩大开放措施（涉及文化部分）

| 三、商贸服务领域 |
| --- |

7. 游戏机、游艺机销售及服务
（国民经济行业分类:F 批发和零售业——5179 其他机械及电子商品批发）

| 开放措施 | 允许外资企业从事游戏游艺设备的生产和销售,通过文化主管部门内容审查的游戏游艺设备可面向国内市场销售。 |
| --- | --- |

| 五、文化服务领域 |
| --- |

15. 演出经纪
（国民经济行业分类:R 文化、体育和娱乐业——8941 文化娱乐经纪人）

| 开放措施 | 取消外资演出经纪机构的股比限制,允许设立外商独资演出经纪机构,为上海市提供服务。 |
| --- | --- |

16. 娱乐场所
（国民经济行业分类:R 文化、体育和娱乐业——8911 歌舞厅娱乐活动）

| 开放措施 | 允许设立外商独资的娱乐场所,在试验区内提供服务。 |
| --- | --- |

资料来源:《中国(上海)自由贸易试验区总体方案》附件。

在上述开放措施出台之前,三项政策中"游戏机、游艺机销售及服务"是从禁止到有条件开放,"演出经纪"和"娱乐场所"则是从股比等准入限制措施上进行调整。同时,《负面清单(2013)》也对部分内容进行了明确,如禁止投资高尔夫球场的建设、经营,禁止投资互联网上网服务营业场所(网吧活动),限制投资大型主题公园的建设、经营,禁止投资博彩业(含赌博类跑马场),禁止投资色情业,投资文化艺术业须符合相关规定等。由此,上海自贸区文化扩大开放试验的第一步基本确定,为后续的发展奠定了基础。

表 7.2　文化扩大开放措施之实施前后比较

| | 措施实施前 | 措施实施后 |
| --- | --- | --- |
| 游戏机、游艺机销售及服务 | 禁止面向国内的电子游戏设备及其零、附件生产、销售活动。 | 允许外资企业从事游戏游艺设备的生产和销售,通过文化主管部门内容审查的游戏游艺设备可面向国内市场销售。 |
| 演出经纪 | 不得设立外资经营的演出经纪机构。中外合资、合作须中方控股。 | 取消外资演出经纪机构的股比限制,允许设立外商独资演出经纪机构,为上海市提供服务。 |
| 娱乐场所 | 合资、合作经营娱乐场所,须中方控股。 | 允许设立外商独资的娱乐场所,在试验区内提供服务。 |

资料来源:作者根据相关文件内容编制。

### 7.2.2　细化政策纷纷出台推进文化扩大开放

随着上述国家层面《总体方案》、《文化部文化市场管理政策》等国家层面的政策出台之后，上海自贸区的对外文化开放引起了广泛的关注，国内外不少文化企业通过各种渠道进行咨询和沟通，表达了要求参照和合作的强烈愿望。上海将获得的大量信息进行汇总，对自贸区的开放操作流程进行梳理，与国家文化主管部门进行充分的磨合和沟通，于2014年4月发布了由市文广影视局、市工商局、市质量技监局、上海海关、中国（上海）自由贸易试验区管委会制订的《中国（上海）自由贸易试验区文化市场开放项目实施细则》（以下简称《开放项目实施细则》）。

《开放项目实施细则》包含了文化扩大开放涉及的游戏机、游艺机销售及服务，演出经纪和娱乐场所三大领域，共9大款、8小款。《开放项目实施细则》规定，文化部为主管单位，具体内容审查为上海市文广影视局，审批期限为20天。同时，上海文广局还在国家对外文化贸易基地（上海）（以下简称"上海文贸基地"）内设立了文化审批受理延伸服务窗口，就近受理自贸区文化企业的文化审批服务并提供政策解答咨询。

随后，为进一步完善出版境外著作权人授权互联网游戏作品和电子游戏出版物的审批工作，国家新闻出版广电总局下发《关于进一步规范出版境外著作权人授权互联网游戏作品和电子游戏出版物申报材料的通知》，于2014年6月1日起执行。这为外资企业从事游戏游艺机生产和销售实质操作提供了保障，成为内容监管一个重要抓手。

2014年7月1日，上海市政府公布了《中国（上海）自由贸易试验区外商投资准入特别管理措施（负面清单）（2014年修订）》。2015年3月，随着中央审议通过了广东、天津、福建自由贸易试验区总体方案、进一步深化上海自由贸易试验区改革开放方案，4月，国务院办公厅印发了《自由贸易试验区外商投资准入特别管理措施（负面清单）》（以下简称《负面清单》），负面清单列明了不符合国民待遇等原则的外商投资准入特别管理措施，适用于上海、广东、天津、福建四个自由贸易试验区，三项文化扩大开放的政策试点在地理区域上得到了进一步扩大。在文化娱乐方面,《负面清单》通过修订明确了禁止设立文艺表演团体;演出经纪机构属于限制类,须由中方控股(为本省市提供服务的除外);大型主题公园的建设、经营属于限制类等相关内容。

2015年6月24日,文化部签署了《关于允许内外资企业从事游戏游艺设备生产和销售的通知》,不仅进一步明确全面开放游戏机生产销售市场,同时也将游戏审核下放给省级文化行政部门负责。内外资企业从事游戏游艺设备生产和销售,经文化部内容审核后面向国内市场销售的试点经验,于6月30日前在全国范围内推广。这意味着,未来游戏机的生产销售不再局限于自贸区内。"游戏机、游艺机销售及服务"的文化扩大开放措施得到了更大范围的复制和推广。10月,《国务院关于在北京市暂时调整有关行政审批和准入特别管理措施的决定》(以下简称《特管措施的决定》)下发,《特管措施的决定》表示将选择文化娱乐业聚集的特定区域,允许设立外商独资演出经纪机构,在北京市市域范围内提供服务,这是"游戏机、游艺机销售及服务"向非自贸区省市以外地区推广后,第二项文化政策得以继续推广。

随着上海自贸区各项政策的不断探索和颁布,文化扩大开放政策也得到了逐步地细化和完善。对海内外的文化企业来说,上海自贸区对外文化开放政策的实操性越来越强,这为真正地发挥市场作用、实现政策效果、促进文化产业发展,创造了有利条件、奠定了重要的基础。

### 7.2.3 上海自贸区文化扩大开放政策的实践成果

通过近两年的实践,上海自贸区通过不断改革,形成了一批可复制、可推广的改革试点经验。根据2015年年初国务院《关于推广中国(上海)自由贸易试验区可复制改革试点经验的通知》(以下简称《自贸区试点经验通知》),上海自贸区在全国范围内复制推广的改革事项达到28项。《自贸区试点经验通知》指出,原则上,除涉及法律修订、上海国际金融中心建设事项外,能在其他地区推广的要尽快推广,能在全国推广的要推广到全国。部分省市根据实际情况整理出符合自身发展的其他政策,采用"28+N"的方式学习复制上海自贸区经验。

2015 年 7 月,天津自由贸易试验区正式发布《中国(天津)自由贸易试验区文化市场开放项目实施细则》(以下简称《天津自贸区实施细则》),三项文化扩大开放政策在上海以外正式复制推广。《天津自贸区实施细则》主要包括三项内容:一是允许在天津自贸试验区内设立外资经营的演出经纪机构,为天津市提供服务;二是允许在天津自贸试验区内设立外资经营的演出场所经营单位;三是允许在天津自贸试验区内设立外资经营的娱乐场所。

单就扩大开放而言,这些政策更适用于在相关文化领域引入外资。在政策出台后,通过一段时间的市场反应,我们发现相对娱乐场所而言,游戏机和演艺经纪两项政策对外资更具吸引力,娱乐场所设立在自贸区的政策由于地域限制等局限因素,外资对进入自贸区表现得比较谨慎。在上述政策颁布的最初半年到一年里,由于政策还不够明朗,尚缺乏细则,而且部分政策仍有相当的限制和不便(如演艺公司的服务半径尚局限在上海范围),操作时甚至比原来还要复杂,一些国内外的文化机构、投资者、企业和个人进行意向性咨询较多,实质性启动相对较少。然而,随着上海文化市场开放项目实施细则的出台,政府就近设立文化审批受理延伸服务窗口,外资陆续尝试进入这些领域,并逐步开始形成集聚规模。

### 7.2.3.1　游戏机、游艺机销售及服务

从全球范围来看,家用游戏机产业的国际巨头为索尼、微软、任天堂等几家,前两家企业已通过上海自贸区逐步进入中国市场。

2013 年 9 月 23 日,百视通宣布与微软达成合作,双方约定共同出资 7 900 万美元组建合资公司“上海百家合信息技术发展有限公司”,负责游戏内容方面的业务,该公司也成为在上海自贸区备案成立的“001 号”企业。8 个月后,微软于 2014 年 5 月 23 日获得了在上海自贸区注册的全资子公司“微软游戏游艺设备(上海)有限公司”的营业执照,负责游戏设备的生产和销售。2014 年 8 月 29 日,该公司 Xbox One 游戏机从机场综保区二线进口,成为中国大陆首款正规渠道售卖的游戏机产品,这标志着《中国(上海)自由贸易试验区总体方案》中“允许外资企业从事游戏游艺设备的生产和销售,通过文化主管部门内容审查的游戏游艺设备可面向国内市场销售”政策的正式落地。9 月 29

日,Xbox One 游戏机正式发售。截至 2014 年底,上海自贸区(浦东机场综保区)海关共监管微软游戏游艺设备(上海)有限公司一般贸易进口货物 5.3 亿元。

2014 年 5 月,索尼和东方明珠子公司在上海自贸区设立两家合资公司上海东方明珠索乐文化发展有限公司和索尼电脑娱乐(上海)有限公司,分别负责生产、营销索尼集团旗下索尼电脑娱乐公司的 PlayStation 硬件、软件及提供相关服务等在华业务,其中索尼电脑娱乐(上海)有限公司主要负责硬件生产和销售。2015 年 3 月 20 日,PlayStation 4 和 PlaySation Vita 正式在华上市。

随着游戏机、游艺机销售及服务的全面放开,面对中国的巨大消费市场,除了吸引微软、索尼等行业领头公司,可以预见未来将有更多外资企业陆续进入中国市场,该项政策在吸引外资方面将取得更加丰硕的成果。

### 7.2.3.2　演艺经纪

在演艺经纪扩大开放方面,部分海外中小演艺经纪公司已在准备进入,但多以合资或外籍华人为主,国外著名经纪公司前来咨询的较多。

美国百老汇知名演艺经纪机构倪德伦环球娱乐公司成为在自贸区注册的中国首家外商独资演出经纪机构。借力上海自贸区的制度创新,倪德伦预计首期将在华投入数十亿美元,运营管理四五家 2 000 至 2 500 座的剧院,目前已初步有意选择北外滩和世博园的两个新建剧场等作为其在国内业务的常驻剧场。同时,倪德伦公司还计划与国内外知名大学、演艺机构等一起合作培养文化管理人才和演艺人才。

而中国台湾导演赖声川设立了上海表坊文化发展有限公司,其在大陆的演出主场选择在上海徐家汇的美罗城 5 楼,并将其改造成为拥有 699 个座位的"上剧场"。

除了上面的两家,韩国主要的文化产业集团希杰(CJ)公司在 2015 年 3 月在上海自贸区设立了外资演出经纪公司——上海艺和雅文化发展有限公司,作为推动韩中文化产业合作的主要平台。韩国著名企业——乱打秀公司也在上海自贸区落地,其演出时间最长的《乱打神厨》(原名《乱打秀》)已经连演17 年。

从政策规定看，此项开放政策限定了外资机构的经营空间，已进入和拟进入的外资演艺机构或许感到全国市场会是更大的吸引力，但是面对市场化程度高、海派文化接受程度高、文化消费能力强的上海演艺市场，这应该是它们率先选择的最好市场。实际上，这些外资演艺机构完全可以通过与国内演艺机构合作拓展其他省市市场、服务全国，这种做法在中国早已非常成熟，十分方便。然而，不仅如此，在文化管理层面，因华东省市之间已存在审批互认的协议，上海审批通过的演艺项目也可被华东其他省市认可，因此，上海自贸区的外资演艺机构还可以借此协议简化进入华东省市开展业务的手续，使得政策适用区域得到相应的扩大，随着自贸区在广东、天津、福建等地的新设，这一政策将发挥更好的作用。除此之外，上海自贸区"先照后证"等工商制度的改革创新，也为这一政策的实践带来了更好的效果。

### 7.2.3.3　娱乐场所

在娱乐场所方面，由于开放政策仅限于在自贸区范围内提供服务，而可选址经营的上海自贸区（四个海关特殊监管区域）或因土地和场地资源紧缺，或因离市区偏远，或因商贸生活环境的特殊等等因素，要让国际演出娱乐运营商下决心投资建设并经营尚有较大困难。若在演出节目上没有更多创新和突破，则难以吸引观众持续、大量地前往距离市区较远的自贸区观看演出或娱乐，从投资经营的角度来分析，若演出娱乐项目无利可图，难以落地，它们所期待的观众人气就无法聚集，娱乐场所经营难以改善。

尽管如此，仍有个别外资娱乐项目已初步落地上海自贸区进行尝试，外商投资者的主要策略仅仅是从保税展示和娱乐体验，要成为真正的能为大众消费者所接受的文化娱乐活动的经营性娱乐场所尚有待时日，现有的环境和条件会逐步成熟。

## 7.3　上海自贸区提高文化对外开放水平对全国的示范效应

上海自贸区文化领域的发展，一方面依托自贸区对外文化开放政策，一方面依托于自贸区贸易便利化、金融、投资等政策在文化上的运用，其发展模式在上海和全国起到了一定的引领示范作用,为全国其他自贸区进一步扩大文化开放,提供了宝贵的经验,打开了实践的思路。

### 7.3.1 战略导向作用

上海自贸区各项文化开放政策的创新和完善,与国家对外文化贸易基地(上海)密切相关。通过在特定区域建立的文化对外贸易平台,形成便利化的文化进出口口岸,集聚并引导文化企业服务文化产业,实施提升中国文化软实力的国家战略,能更好地放大政策效应,更佳地发挥出政策的战略导向作用。

国家对外文化贸易基地(上海)是由文化部于 2011 年 10 月命名的第一个国家级对外文化贸易基地,前身为上海建设的市级文化服务贸易平台。基地借鉴我国成熟的货物贸易实践经验与案例,通过借助上海浦东综合配套改革试点和"先试先行"政策,积极探索与实践突破制约文化贸易发展的瓶颈,寻找文化贸易快速健康发展的新模式、新方法和新途径,在全国文化贸易发展中起到了引领示范作用。之后,文化部根据各地实际情况,在上海基地的基础上,分别于 2012 年 3 月、2014 年 1 月在北京、深圳相继设立了国家对外文化贸易基地(北京)、国家对外文化贸易基地(深圳),构建环渤海、长三角、珠三角三大外向型文化产业集聚区,初步实现我国对外文化贸易总体布局,成为推动文化产业成为国民经济支柱产业、大力提高我国文化软实力及国际竞争力的重要战略部署。

目前,上海文化贸易基地已入驻了 300 多家文化及相关企业,包括因自贸区文化扩大开放政策而落地的微软、索尼、倪德伦、赖声川、艺和雅、乱打秀等的著名文化公司。国内国际文化企业在此集聚,有效地推动了文化贸易发展,并促进了国内其他省市、各地文化企业加快推进文化"走出去"国家战略的步伐。上海自贸区挂牌后,基地更成为了自贸区文化政策落地的重要载体,成为了中国文化产品、项目、企业、服务直至资本"走出去"的自贸区样本。

从各地自贸区建设上看,除上海自贸区已拥有国家对外文化贸易基地(上海)外,广东、天津、福建自贸区均以上海贸易基地为蓝本来发展文化贸易、提高文化开放水平、实施国家战略。如广东自贸区涵盖广州南沙新区、深圳前海蛇口、珠海横琴新区等三大片区,国家对外文化贸易基地(深圳)的主体园区和配套园区就选址在深圳前海。天津把"建设文化服务贸易基地"写进了《中国(天津)自由贸易试验区总体方案》。福建在2014年10月的《福建省人民政府关于加快发展对外文化贸易的实施意见》里已提出依托自贸区开展对外文化贸易;支持申报"国家对外文化贸易基地",在2015年4月发布的《中国(福建)自由贸易试验区总体方案》里也提到了"扩大对外文化贸易和版权贸易"。

### 7.3.2 政策制度创新

上海自贸区文化政策和制度的创新带来的是政府部门既要通过开放,推动文化领域的投资和贸易便利化,又要经受住考验,通过设立新型的制度管理模式,应对文化市场监管前所未有的挑战。为让自贸区文化贸易更加便利化,上海积极转变政府服务方式,有关部门根据文化贸易特点,在自贸区政策许可的范围里,有针对性的提出各种便利措施,不断改善和优化业务流程,在更高水平上推动文化扩大开放。

在自贸区筹备初期,上海文化主管部门就开始研究全球各地自贸区的文化开放动态,结合中国国情,提出了在试验区开放产业的建议,并在第一批扩大开放清单及时推出了三项文化政策,并制定了细则。同时,上海市文广局在自贸区文化贸易基地内设有文化审批受理延伸服务窗口,在保证文化安全的情况下提高文化产品进出境审批效率,并不断加强知识产权保护方面的建设,逐步构建起"一站式、全天候、零时差"的服务体系;上海市新闻出版局设立"印刷对外加工贸易综合服务平台",推出按需印刷,个性订制和审读服务等一系列功能服务,探寻图书库存过剩、盲目进出口与印刷等问题解决途径;上海海关、市文广局联合发布《关于在中国(上海)自由贸易试验区简化美术品审批及监管手续的公告》,简化美术品进入上海四个海关特殊监管区域的审批及监管程序,包括保税仓储的美术品在区内外展示、展览的,凭上海市文广影视局核发的展示、展览用批准文件办理海关监管手续;发生美术品进出口经营活动的,凭上海市文广影视局核发的准予进出口批准文件办理海关验放手续。

上海出入境检验检疫局推出上海自贸区内进口文化艺术品整体或部分属于CCC目录产品的,给予无须办理CCC认证的特殊监管贸易化便利措施。

这些有效的措施都是上海根据文化企业的实际业务需求,不断总结经验,进行创新探索而总结形成的,为全国其他各兄弟省市区进行文化对外开放,推动体制和机制创新提供了有益的经验。

### 7.3.3 推动产业发展

首先,文化领域三项开放内容中已落地的游戏游艺设备生产与销售、演艺经纪等,将有效地推动我国文化产业的发展,壮大我国文化产业的国际竞争力。

比如,上海自贸区推动游戏游艺设备的合资合作生产和销售,将通过引进国外先进技术和理念,发展体现民族文化的优秀产品,带动国内游戏游艺设备产业的能级提升,形成游戏游艺设备相关产业链,"以进带出"促进中国文化走出去。又比如:借力上海自贸区的制度创新,倪德伦与国内演艺制作企业携手合作,在上海共同打造未来的"东方百老汇",让国内广大的观众有更多机会"零时差"地欣赏美国百老汇的精彩剧目,推动国内演艺制作产业跨上新台阶。

其次,上海自贸区有关金融、投资、贸易等的便利化服务,体现在文化领域也将有力地推动文化产业发展。比如,上海文化贸易基地借助自贸区海关特殊监管区域政策和便利,大力拓展艺术品保税仓储服务,建立上海国际艺术品交易中心,交易中心二期项目——上海国际艺术品保税服务中心已完成前期设计工作,定于2015年底开工建设,并将于2017年上半年建成,成为全球面积最大、设施最先进、服务最专业的艺术品综合保税服务中心,可为价值千亿级别的艺术品提供交易拍卖、评估鉴定、金融保险等全产业链服务。

在国家对外文化贸易基地(上海)艺术品保税仓库的实践基础上,海关的出仓储企业联网监管,批次进出、集中申报和保税展示交易等3项政策已应用在自贸区外的上海徐汇区西岸艺术品保税仓库的建设上。其中,仓储企业联网监管和批次进出、集中申报两项制度可以提高物流运作效率,降低企业运营成本。保税展示交易制度可让处于保税状态下的艺术品，在自贸区外的徐汇滨江地区展示和交易，且这一系列政策已经被复制和推广到北京、成都等地区，各地借鉴了上海经验开始以艺术品保税仓库为核心发展艺术贸易，产业推动作用十分明显。同时，该基地正在借助积极延伸拓展高科技文化装备产业服务，搭建专业平台、举办国际专业展会，这也将在文化领域推动上海科创中心建设、推动文化装备产业发展的发挥积极作用。

在上海自贸区境外投资项目核准制向备案制转变的便利化政策推出后，截至 2015 年 6 月底，上海自贸区累计办结外商投资备案项目 6 922 个，境外投资备案项目 411 个，上半年保税区办结境外投资备案项目超过去年全年，达到 208 个，中方投资同比增长 10 倍达总额 71.7 亿美元，其中有多个项目涉及文化。如，弘毅投资借助上海自贸区跨境投资平台向外投资收购视频 PPTV，投资美国 STX 娱乐公司等。我国文化资本借助自贸区的通道，在"走出去"方面正在变得越来越便捷和有效。

第三，全国各兄弟省市文化单位到上海自贸区取经，并借道自贸区向外积极拓展，推动各省市文化产业快速发展。上海自贸区"以点带面"辐射长三角、服务全国文化的作用日益增强。在上海自贸区前后挂牌，广东、陕西、云南、福建等省市均先后组织前来国家对外文化贸易基地（上海）学习相关政策和情况，进一步推动各省市的文化对外贸易。

其中，云南省文化产业发展办公室随后启动了与国家对外文化贸易基地（上海）在文化贸易方面的进一步合作，签署了《云南省文产办与国家对外文化贸易基地战略合作框架协议》，并于 2015 年 3 月启动了云南国家对外文化贸易基地的争建工作。2015 年 4 月，利用长三角一体化的便利条件，国家对外文化贸易基地（上海）与义乌签署了"加强对外文化贸易及会展推广合作"战略框架协议并举行了推介会，据双方签订的战略合作协议，基地与义乌将正式开启战略合作新引擎，更好地利用各自优势资源，实现强强联合、优势互补，共同推动浙江和长三角文化企业、产品和服务走出去。该基地的中国文化产品国际营销年会（文化艺术授权展）与义乌的中国（义乌）文化产品交易会也实现了互动互通。

## 7.4　上海自贸区在更高水平上推动文化开放的策略建议

### 7.4.1　上海自贸试验区文化开放的难点问题

从总体上看,上海自贸区文化对外开放正处在探索阶段,面对的难点问题在于如何在上海自贸区这个特殊区域寻找到既能符合国际贸易准则、国际法律要求、国际发展趋势,又能兼顾我国文化产业发展和有效保护的开放途径。

在 WTO 框架下,贸易自由化和文化保护政策之间的矛盾一直未得到解决,因为文化产品兼具文化和经济双重属性,推进贸易自由化与实施文化例外政策,保护文化艺术的特性本身就存在矛盾。WTO 新一轮谈判涵盖了所有部门,当然也包括文化领域。因此就文化贸易而言,问题不在于开放与否,而在于开放哪些部门以及开放到何种程度。长期以来,在我国的制度框架内,文化的意识形态属性被认为大于商业属性,对文化内容的有效监管成为社会和谐发展的稳定要素。

2010 年中共十七届五中全会明确提出了"加快发展文化产业,推动文化产业成为国民经济支柱性产业"的宏伟目标;当年的中央经济工作会议,把推动文化产业成为国民经济支柱性产业作为促进国民经济发展的一项重大举措。2011 年 3 月出台的《国民经济和社会发展"十二五"规划纲要》中提出"繁荣发展文化事业和文化产业";2011 年十七届六中全会审议通过的《中共中央关于深化文化体制改革,推动社会主义文化大发展大繁荣若干重大问题的决定》指出,要加快发展文化产业、推动文化产业成为国民经济支柱性产业。直到十八大,十八届三中全会,都明确了文化产业发展的重要性及战略地位。中国发展文化产业,不仅是作为经济转型发展的一个强大助推器,更是作为实现中华民族伟大复兴"中国梦"的重要方面。因此,上海自贸区文化对外开放必须要进一步攻坚克难,破解难题:

第一,要探索自贸区规则与国际贸易自由化的趋势的关系。《中国(上海)自由贸易试验区总体方案》的指导思想明确指出:要率先建立符合国际化和法治化要求的跨境投资和贸易规则体系。从这一个框架来考虑,即便是文

155

化领域,也不能通过行政干预手段来管理企业的投资和贸易业务,必须按照国际贸易规则进行处理,包括引入国际仲裁。目前 TTP、TTIP、ISA 等规则正在推动跨境投资和贸易向更高的自由化水平发展,包括在数字技术背景下的投资贸易、服务贸易等。上海自贸区必须要考虑这一重大趋势,为我国参与国际文化竞争,进行更加长远的谋划。

第二,要适应上海自贸试验区可复制、可推广的要求。在上海自贸区内进行开放试验,是为了在更大范围内进行可复制、可推广,从而对我国经济和社会发展提供经验参考。上海自贸区制订政策必须具有普遍意义,必须具有区域拓展性,若制定出来的文化开放领域只限定在固定区,而无法向外进行推广和复制,则失去了制定该项政策的意义,其作用只能对一个区域产生影响。因此,可复制、可推广是文化对外开放需要考虑的因素之一。

第三,要把握好开放领域与程度问题。由于文化的特殊性,开放领域的选择和开放的程度都很难把握。开放领域逐步扩大,带来问题就多,推出过快则收拢有困难。2013 年上海自由贸易试验区文化领域开放主要集中在游戏游艺机生产与销售、外资演艺经纪、外资演出场所等三个方面,其都是有条件的开放,如游戏游艺机生产和销售方面,要求必须在自贸区内生产的设备,经过内容审批后才可向全国销售,如外资演艺经纪机构,只能为上海服务,而外资演出场所,只能为自贸试验区提供服务。近期根据实际情况,游戏游艺机生产与销售逐步向全国开放,但仍然对内容进行监管。

第四,要把握监管的有效性。这是上海自贸区政策制定核心的要求。党的十八届四中提出了推进央行法治体系建设,依法解决包括文化贸易在内的贸易法律问题将成为常态。这就要求文化开放政策制定时避免与自贸区规则和法律冲突,也即意味着未来要避免与国际贸易规则和国际法律出现冲突。同时又要能进行适度、合理、有效的进行监管,事前事后不同阶段的监管重点不同,对企业行为、产品内容都要全方位监管。因此,如何保证自贸区规则与国际规则的一致性,如何对进来或出去的境内外文化内容实行“一视同仁”的监管,并且在出现问题后能及时做出符合规则而非“随意”的调整,这都需要在政策制定时就考虑周到。

### 7.4.2 上海自贸区在更高水平上文化扩大开放的策略建议

#### 7.4.2.1 上海自贸区在更高水平上文化扩大开放的推进步骤

上海自贸区要实现文化扩大开放,要结合我国实际国情和特点分步实施,在开发步骤上谨慎对待、缓步推进,以"文化安全"为前提,按照"一看、二慢、三通过"原则进行有效探索。

一看,是关注国际贸易规则的发展,关注中国加入相关贸易协定的进程和内容。根据我国文化发展的实际,切实制定并争取我国文化贸易的有利条件,实现我国文化开放的利益最大化,切实支持我国文化建设,保障我国文化安全①。

二慢,是要小步走、紧步走,开放领域可从小到大、开放节奏要紧凑,在小范围小领域试验成功的基础上,再拓展到更大范围和领域,在已试验的开放领域,根据试验效果的评估,加快对成功领域的支持力度,对效果不佳的可及时调整。

三通过,是对效果佳的开放领域,加速贸易便利和产业推进的指导,简化优化流程、创新制度,使"通过"顺畅度进一步提升,真正实现自由贸易。对成功的经验进行复制、推广,使得这一经验在全国得以顺利"通过",推动全国整体产业发展。

以游戏游艺机生产与销售为例,无论是索尼的 PS4 还是微软的 Xbox,在进入中国一年之后的销售业绩并没有达到当初预定的目标。尽管微软、索尼没有官方公布数据,但根据亚洲游戏市场研究公司 Niko Partner 的报告,Xbox One 和 PlayStation 4 在 2015 年中国的合计销量约为 55 万台,而《2015 年 1—6

---

① "文化安全"一词在国内学术文献中的出现目前可追溯到 1999 年。当年,一系列学术文章开始提到"文化安全"一词,并且有两篇文章在标题中使用了"文化安全"一词,其中一篇是林宏宇 1999 年 8 月发表在《国家安全通讯》当年第 8 期上的《文化安全:国家安全的深层主题》,另一篇是朱传荣 1999 年 12 月发表于《江南社会学院学报》当年第 1 期(该刊创刊号)上的《试论面向 21 世纪的中国文化安全战略》。2004 年由中国政法大学出版社出版的《国家安全学》一书,第 11 章即为"文化安全"。这是对"文化安全"特别是"国家文化安全"最早的比较集中的论述。

月中国游戏产业报告》①公布的最新数据显示则显示,主机游戏开售 9 个月,两台主机的游戏共计销售 30 万套,以国行主机游戏均价 250 元计算,整体销售收入还不足 1 亿元。

究其销售不佳的原因,除了缺少符合中国审核制度的游戏内容之外,中国市场的游戏文化已经与十几年前有所不同,以 PC 端、移动终端游戏为主流,而 PS4 或 Xbox 则是以电视屏幕为主的家庭游戏设备。因而,在文化开放政策出台后,在对内容有效监管、安全审查的条件下,尽管只试验了两年,但游戏游艺机的生产与销售的政策实行了全国开放,我国游戏游戏机产业将因此获得良好动力。

### 7.4.2.2　上海自贸区在更高水平上文化扩大开放的路径策略

上海自贸区在文化开放路径方面,应采取"坚持国家文化安全的原则,以创作、制作有序放开,传输、传播合理管控"为路径,稳步推进。

首先,坚持国家文化安全为首要原则。

十八届三中全会审议通过了《中共中央关于全面深化改革若干重大问题的决定》,提出一系列全面深化改革的举措,提出一方面要推动中华文化走向世界,一方面在引进国外文化资源时要切实维护国家文化安全。

从全球范围看,军事威胁、经济壁垒等,是显性的,可以进行防御和控制的,而文化的竞争是隐形的、能潜移默化地影响人的心灵,也涉及经济、政治、社会、生态文明等方面,文化对国家安全和民族利益的具有深远的影响。有鉴于此,上海自贸区在文化开放政策和路径方面,要把国家的文化安全放在重要地位。

其次,有序放开创作、制作,合理管控传输、传播。

文化产业本质上是文化生产及再生产过程。从这个角度看,文化产业包括三个类别:一是文化内容生产;二是文化传播渠道;三是文化生产服务。文化内容生产包括新闻服务、出版服务、影视制作、广播节目制作、演艺、工艺美术品生产、文化内容保护服务等;文化传播渠道包括出版物发行、广电传输系

---

① 资料来源:中国音数协游戏工委。

统、电影院线、演出院线、拍卖服务等；文化生产服务贯穿于文化生产及再生产各环节，辅助文化生产，包括印刷复制、软件开发，评估鉴定、金融担保等各类中介服务①。文化，需要通过传播、宣传才能被民众所接受，所以在开放的路径中，我们可以尝试根据三个类别的特点进行区别管控，做到有的放矢、松紧适度。

文化内容生产和服务类似于传统产业的"制作生产"环节，监管相对简单，通过事前内容审批，能把握好生产成品，事中也可以抽查和复查；而文化传播渠道类似"销售批发"环节，是实现文化消费的重要"推手"，也像管网一样，如果有漏洞则容易辐射而产生负面影响，因此，对文化传播渠道应当重点加强监管，确立"创作、制作有序放开，传输、传播合理管控"的举措。

### 7.4.2.3　上海自贸区在扩大对外开放中维护文化安全的策略

国内外有关学者提出，国家文化安全根源于不同国家之间的文化差异，是随着不同国家之间的文化冲突而出现的，不同国家之间的文化差异与冲突是国家文化安全形成的前提条件②。所谓保障国家文化安全，就是让国家的整体文化发展处于不受威胁的状态。

从全球范围看，主要国家对于保障国家文化安全都采取了诸多举措。以美国为例。美国一方面要求谈判对手消除文化领域任何形式的贸易保护主义措施，对进入美国的外来文化产品也制定政策来限制进入，而另一方面，美国通过国土安全审查、行业协会要求、质量标准等隐形的方式对外来文化设置层层"贸易壁垒"，保障其文化安全。我国一旦加入相关国际贸易准则，承诺部分文化领域的开放，则也应当建立完善的多方位措施，来预防和保障我国文化安全。上海自贸区要进行文化开放政策的探索，必须制定强有力的安全策略，提高文化安全的预防和保护水平。

第一，建立文化安全的沟通机制。从文化主管部门、到自贸区主管部门，从自贸区执法局到国家安全局，都需要保持密切沟通和信息汇报，以便遇到问

---

① 中央文化企业国有资产监督管理领导小组办公室：《十年见证文化产业腾飞——我国文化产业 10 年发展对比分析报告》。

② 刘跃进：《国家安全学》，中国政法大学出版社 2004 年版。

题后做出快速应对,防范于未然,同时,也起到联合执法、增强实效的作用。

第二,建立有法可依、有章可循的保障网络。从立法、行业规则等角度,进一步梳理,以法律为准绳,以行业规则为辅助,对产业发展进行约束、监督、管理。通过国家法律法规、自贸区法律法规和负面清单、政府主管部门行政审批、行业协会行业规范以及企业自我约束等多方面建立起事前、事中、事后的管理保障网络。文化安全必须像"食品安全"一样配套制定有力的监管办法、迅速的应急措施,必须要加强文化安全的法律体系支撑。

第三,建立完善的社会公共监督机制。一方面,通过自贸区企业公示等进行信息披露,让企业主动接受公众的监督;另一方面,邀请第三方机构、设立社会公众举报渠道来监督企业行为,让企业被动接受公众监督。监督的内容不仅要求文化企业的经营和服务内容符合我国法律法规,还要求企业不违背社会的公共道德,通过阳光透明的社会监督机制,切实保障国家的文化安全。

# 全球城市：上海文化产业的
# 国际比较与战略对策

邱　羚　秦迎林　曹如中①

**内容提要：** 文化产业作为一种新的经济形态，摆脱了自然资源和客体资源带来的资源约束性，充分依托了城市文化底蕴、人的创意、高科技推动等无形资源。在全球化背景下，文化是体现城市与众不同个性的关键基因。文化产业的不断升级，实现了都会城市建设从客体资源驱动模式向主体资源驱动模式的转变，有助于带动城市文化竞争力和大都市经济水平的提高。本文通过借鉴伦敦、纽约、东京等全球城市在文化产业建设方面的成功经验，研究上海在推进全球城市建设过程中的文化产业发展战略，提出了上海进一步发展文化产业的对策和建议。

**关 键 词：** 全球城市，文化产业，战略与对策

## 8.1　上海迈向全球城市的文化产业战略和愿景

上海迈向全球城市，是在中国迈向社会主义世界强国，全面实现小康社会的背景下，是在中国积极参与全球治理，推动形成新的全球发展动力和全球治理秩序的过程中的重要举措。有鉴于此，上海发展文化产业的远景和举措，既

---

① 邱羚，上海工程技术大学副教授，东华大学博士研究生，主要从事文化创意研究；秦迎林，上海工程技术大学讲师，东北财经大学博士研究生，主要从事文化产业研究；曹如中，上海工程技术大学副教授，东华大学博士后，主要从事文化创意研究。

与纽约等城市有共性,也应有自己的独特路径。制定上海迈向全球城市的文化产业战略,明晰上海文化产业未来发展愿景,有助于上海进一步强化文化产业发展,最终建成全球文化产业之都。

### 8.1.1 上海迈向全球城市的文化产业战略

#### 8.1.1.1 战略思考

随着城市化进程对环境与资源的过度损耗,以及全球经济逐步迈入移动互联网时代,各个发达国家以及一些发展中国家的经济发展由工业经济形态转变为信息文明和知识经济形态,同时,物质层面的享受远远不能满足人们对于精神文化的追求,以文化产业为代表的新型都市经济方式蕴藏的巨大商机与带来的实际利润,使越来越多的城市开始重视其文化资源的保护、开发与利用。

本文认为,上海进一步推动文化产业,是上海打造全球城市"软实力"的重要体现。它既是上海迈向全球城市的独特要求,又是全球城市文化发展的内在规律,是上海城市文化发展对全球城市建设总目标的积极呼应。上海建设全球城市与文化产业的发展具有耦合性:文化产业是上海建设全球城市的载体和方法,是全球城市实现文化生产的核心与本体。上海推动文化发展和迈向全球城市以文化产业作为耦合点,形成了内在的协调关系,如图 8.1 所示。

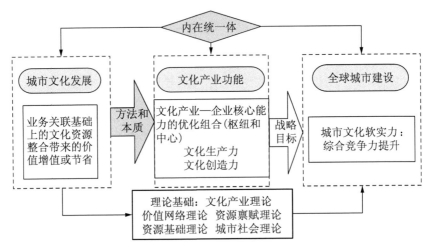

图8.1 文化产业发展与全球城市建设的关系

"不同类型的文化产业在城市区域中集聚,形成了不同的文化氛围,使得城市的功能划分更加细致,同时,文化产业所承载的文化内涵不断的向外渗透、拓展,增强了对集聚区周边的带动作用。都市文化正是以其产业功能调节城市运转机制,从而调整城市内部结构,提高城市竞争力。"[①]上海文化产业对城市产业升级的影响,表现在文化产业与国民经济体系中各产业部门之间的互动,通过发挥文化产业对相关产业部门的影响力,有效提升全球城市资源转化效率,同时促进经济增长的质量。上海文化产业对打造城市品牌的影响,体现在文化产业的健康发展将能促进城市功能的不断发展和完善,促进城市的个性发展和整体形象的提升,增强全球城市对各类资源的吸引力和综合竞争力。

#### 8.1.1.2 战略定位

全球城市不仅是世界范围内经济、金融、商贸、信息的中心,也是精神文化生产、传播和消费方面的中心。其文化产业发展战略定位要满足以下两个条件:第一,上海作为全球城市的精神生产与文化消费,要成为当今世界文化发展和文化市场消费的主流;第二,上海作为全球城市的文化产业,要对世界文化产业生产和消费、文化创新发展产生重要的影响,成为世界文化创意产业的中心。

在上海全球城市建设中的文化产业发展战略定位,既要注重历史传承,也要注重城市个性,更注重科技与创新。上海迈向全球城市的文化产业发展的战略定位应立足于此基础之上,以社会主义核心价值体系为引领,以构建和谐社会、丰富人民文化生活为原则,以上海自身的文化资源和当代世界文化为底蕴,结合上海文化特色,塑造产业功能齐、产业服务全、产业形象优、世界影响广、国际竞争力强的文化产业,实现中华民族伟大复兴所赋予上海文化产业的伟大使命,最终将上海建成具有非凡的文化生产力和文化创造力的世界文化产业之都。

### 8.1.2 上海迈向全球城市的文化产业愿景

上海建设全球城市的文化产业愿景是:以文化产业建设作为上海走向创

---

[①] 丛海彬、高长春:《创意产业影响城市竞争力的机制分析》,《经济问题探索》2010 年第 4 期。

新型世界都会城市的内在动力和强大支撑,以文化价值创新作为上海全球城市文化建设的重心,推动上海文化、创意与科技产业协同发展,提高都市人民文化生活品质和文化消费满意度,塑造良好的上海全球城市文化品牌形象,最终实现文化创造力引领和带动上海全球城市建设的目标,使上海成为全球文化产业的翘楚。

## 8.2 全球城市文化产业的主要发展趋势

### 8.2.1 全球城市的基本定义

全球城市(Global City),又称世界城市,一般被认为是国际化城市的高级阶段。这种高端的城市形态特点是具有很高的国际化水平和较强的世界影响力,聚集着大批高端企业总部和大量城市人员,是召开国际活动、国际会议的重要地方,也是国际旅游重要目的地。

全球城市的概念最初由弗里德曼(Friedmann)在其世界城市的理论假说①中提出后,引起了广泛的关注。他将判断世界城市的主要标准聚焦于全球影响力和全球经济中的地位。他认为,城市是世界全球经济体系的中心,是国际资本集合的主要场所,是大量的国际和国内迁徙的目的地。他提出了一个国际化的大都市的 8 个指标,被广泛引用,并成为所有研究国际大都市理论家的共识。这八项指标:全球的金融中心,跨国公司和国际机构的总部聚集地,第三产业的高增长,世界交通运输的主要枢纽,城市人口达到一定的规模,人口迁移的主要目的地。

世界城市是全球战略性资源、战略性产业和战略性通道的控制中心,是世界文明融合与多元交流的文化中心,也是城市硬实力与软实力的统一体。纽约、巴黎、伦敦、东京四大城市在全世界范围内较早被认为是全球城市,其发展代表着全球城市的发展方向。随着城市的不断演进,城市文化的地位与作用越来越引人注目,越来越成为一个城市自信力、凝聚力和创造力的重要源泉,

---

① FRIEDMANN, The world city hypothecs, Development and change, 1986(1).

文化产业已成为区域和城市经济持续增长的重要驱动力。

### 8.2.2 全球城市文化产业的特征

#### 8.2.2.1 纽约文化产业发展特征

纽约作为国际文化、金融和媒体中心,融合了来自世界各地的文化及风俗习惯,纽约文化代表了多元化文化的潮流,造就了纽约发达的文化产业。

纽约是美国主要的金融中心、经济中心、媒体中心。其高度密集的多元文化要素是 100 多年来生生不息的城市文化创意活力的结晶。百老汇歌剧、麦迪逊大道时装、林肯中心以及格林威治村等,已经成为纽约文化产业的代名词。时代广场联盟公布的一项报告显示,位于纽约市中心的时代广场及周边区域,2011 年创造的经济价值高达 1 100 亿美元①。

纽约市汇聚了来自世界各地的艺术精华,文化地标比比皆是。众多文化艺术的有识之士汇聚于此,对这里的文化场馆、街区、广场等产生了深刻的影响。在纽约中心区曼哈顿约为 60 平方公里的土地上,汇聚了 40 多家演艺剧场、以大都会博物馆为代表的 10 多家著名博物馆,在哥伦布广场周边形成了世界最大的艺术表演建筑群,纽约交响乐团、大都会歌剧院、纽约市芭蕾舞团等也安家于此。

纽约市将高雅艺术和通俗文化共生融合。美国大众文化以好莱坞电影、迪士尼动画、麦当劳快餐为代表,高雅文化包括各类交响乐团和大都会歌剧院表演等为代表。而百老汇则是以高雅的歌舞剧结合了通俗的表现手法。纽约高雅文化没有自我封闭在殿堂之内,而是打开大门走向普通公众,并以人们喜爱的方式表现出来。

纽约市高度重视版权的保护。纽约把文化创意产业称之为"版权产业",体现了对文化产业核心资源—版权的高度重视。版权作为知识产权的重要部分,已渗透到出版发行行业、新闻业、广播电视业、广告业等各行各业中。也正是因为其对版权保护得比较严格,各种类型的文化创作得以在此生根发芽,形

---

① 鲍宗豪:《国际大都市文化导论》,学林出版社 2010 年版。

成良性循环,促进文化创意产业的发展。

#### 8.2.2.2　巴黎文化产业发展特征

巴黎的文化产业覆盖面比较广,且涉及行业颇多。巴黎的文化产业可以将其划分成三个同心圆,从而形成一个文化产业链:最外面一圈是相关产业,这一圈里有文化遗产、画廊、博物馆、旅游业和通讯信息产业;中间一圈则是创意产业,有建筑、广告、创意设计、摄影、表演艺术、服装等行业组成;最里面圈是文化产业,主要有广播电视、音乐和出版印刷等内容的生产部门。

"时尚"是巴黎文化的核心与灵魂。法国拥有众多国际知名的时尚名牌。巴黎时装发布会的信息就是国际流行趋势的风向[1]。巴黎时装周,是全球各大时装周的翘楚,推动巴黎成为"世界时装之都"。完善的时装人才培养体系也是巴黎时尚名声的支柱。这里云集的法国高级时装公会学校、巴黎时装学院、法国 ESMOD 学院等,成为培养全球优秀设计师的摇篮。

巴黎也是文化产业与旅游业融合的典范。作为世界著名的旅游目的地,巴黎除了大量的古典文化项目外,也拥有诸多新型的文化和娱乐设施,如蓬皮杜艺术中心、新国家图书馆、大卢浮宫工程等,成为吸引海内外游客的主要地标。

#### 8.2.2.3　伦敦文化产业发展特征

伦敦不仅是老牌的金融中心,还是世界公认的文化之都、创意产业之都,是世界级的综合性文化艺术中心。伦敦文化产业所具有的活力与这座城市在全球经济、金融、教育领域所具有的中枢地位密切关联。伦敦文化产业对经济的贡献显著。伦敦的创业产业总值占英国创业产业总值的比重十分大,在2000 年的时候就达到了 24.68%。从产值来看,伦敦创意产业凭借平均每年200 亿英镑的产值,超出了制造业的总值,仅次于支柱产业金融服务业,早已成为第二大产业部门。

伦敦率先在全世界推进文化产业的数字技术应用。伦敦东区科技城于2010 年启动,到 2014 年从最初的几十家增加至两千多家,力图打造欧洲的

---

① 牛继舜:《世界城市,文化力量》,经济日报出版社 2012 年版。

"小硅谷",推动着伦敦创意经济向高科技化转型。伦敦推进文化领域的数字化服务,线上线下多媒体的运用,从 2012 年伦敦打造的"数字奥运",到博物馆、时尚界、演出界的数字服务,依托数字技术形成了文化消费者与文化场所、时装零售商、演出场地等的互动关系。

#### 8.2.2.4 东京文化产业发展特征

日本首都东京是著名的动漫之都,也是日本出版、电视、演艺、娱乐等产业的中心。东京不断调整城市空间格局,使其与文化发展相协调,作为东京新地标的 Midtown 就是其代表之作。动漫行业作为东京最重要的文化产业之一,在促进经济增长和城市国际化中,起到了举足轻重的作用,2013 年日本动漫产业市场规模达到 1.67 万亿日元。东京通过调整城市空间格局,形成六本木新城等文化地标,进行了对现有土地所有者结构体系的重新划分,运用"高层低密度"的策略,形成更加人性化的城市空间结构①。

### 8.2.3 世界城市文化产业发展趋势

纽约、巴黎、伦敦及东京等四座世界城市的文化产业发展,呈现出全球城市文化的一些共同特点和前瞻趋势:

首先,"绿色城市"成为城市未来发展的主题。由于文化产业本身所具有的绿色环保的品质,其低消耗、低污染、高附加值等特点使它备受全球城市欢迎。文化产业有利于推动"绿色城市"的发展,是绿色城市建设的灵魂。

其次,新科技与文化产业的融合将在广度和深度上继续拓展。随着科技越来越发达,各种网络媒体、线上交际工具、网络游戏等丰富了人们的生活,新科技与文化产业的结合也是未来城市发展的方向。

再次,文化产业中的媒体、影视、旅游、会展、休闲等领域相互融合,成为展示城市形象、获得国际认可、促进国际沟通的重要杠杆,可以更好地传递城市的正面形象,争取城市在国际上的话语权,对城市营销产生积极作用,将成为全球城市塑造文化软实力的整合重点。

---

① 陈伟等:《日本东京六本木新城建设对上海城市规划的启示》,《上海城市规划》2006 年第3 期。

## 8.3　全球城市推进文化产业的相关举措

### 8.3.1　纽约推动文化产业发展的举措

#### 8.3.1.1　政府重视推动文化产业

虽然纽约市政府不设文化部，为了发展文化产业，也经常邀请金融、媒体，娱乐与文化行业的代表共同协商，汇聚了大量有助于文化产业发展的资源要素。政府在法律框架下提供支持，企业进行市场化运作，文化产业又与其他行业相互促进，发挥相互的优势。

#### 8.3.1.2　依托慈善机构和社会的支持

纽约文化产业得益于发达的各种慈善机构资助，并且获得了大量企业和民间的资金支持。例如，纽约是福特基金会、洛克菲勒基金会、德意志银行和摩根大通等公司总部所在地，为纽约文化产业的投融资提供了诸多的便利条件。

#### 8.3.1.3　构建比较完整的产业价值链

纽约市汇聚了大批文化产业的供应商、服务商和中间商，这有助于形成辐射国内外广阔市场的产业链和营销网络。例如，纽约百老汇多年来形成的规模优势，与一大批票务经纪公司、投资公司、市场咨询公司的服务密切相关。

### 8.3.2　巴黎推动文化产业发展的举措

#### 8.3.2.1　重视文化遗产和民族文化特色的保护

巴黎政府先后出台了保护文化和历史遗产的多项制度，成立了"老巴黎保护委员会"。为了保护古迹集中的市中心，巴黎市内仅安排一些与文化相关的产业；在城市规划中，将保护城市自然人文环境、城市与景观之间的和谐列为优先考虑的问题。

#### 8.3.2.2　发挥文化产业惠及市民的公共服务职能

巴黎政府自2002年起提出"巴黎不眠之夜"计划，迄今已举办十余届，将巴黎市的艺术创作、城市化、文化遗产等展示给普通的巴黎民众，引导市民走进博物馆、画廊、图书馆，提供免费参观各类常态展出和特展的机会，并且把许多先锋艺术作品作为城市景观。

#### 8.3.2.3 包容非主流文化，引入新的文化元素

巴黎对于影视、造型艺术、时尚等产业的标新立异非常宽容，让各种先锋派的实验艺术等集聚，吸引各类国际赛事和时尚庆典，使得巴黎可以聚焦世界目光，凝聚城市精神，散发城市魅力。

### 8.3.3 伦敦推动文化产业发展的举措

#### 8.3.3.1 推动经济转型，形成金融服务+文化创意的竞争力

受到工业化带来的城市环境污染等挑战，1970 年代以来，伦敦率先进行金融创新，并大力发展服务经济。1980 年代，伦敦成功实现后工业化时期的经济结构调整，推动金融服务等成为伦敦的经济支柱。而自 1990 年代以来，伦敦政府率先倡导创意产业，构建起完整的创意经济政策[①]，金融服务业和文化创意产业等构成了 21 世纪伦敦的核心竞争力。

#### 8.3.3.2 注重顶层设计，系统发布文化产业政策

伦敦为实现世界创意文化之都的发展目标，先后颁布了多份纲领性的文件：一是 1998 年英国的创意工作小组首次发布《英国文化创意产业路径文件》，将创意产业作为英国的基本国策；二是 2003 年 2 月伦敦发布第一份文化发展草案《伦敦：文化资本——市长文化战略草案》；三是 2008 年 11 月伦敦第二份发展草案《文化大都市——伦敦市长 2009—2012 年的文化重点》对未来 3 年的伦敦文化重点进行了 12 个方面的规划；[②]四是 2010 年 6 月时任市长鲍里斯公布了第三份文化战略草案，为未来城市文化的发展指明了方向。

#### 8.3.3.3 加强融资支持，形成文化创意产业资金保障

伦敦的政府、银行、创意经济机构等在融资方面相互协调，为创意产业的

① 田莉、桑劲、邓文静：《转型视角下的伦敦城市发展与城市规划》，《国际城市规划》2013 年第 6 期。
② 王林生：《伦敦城市创意文化发展"三步走"战略的内涵分析》，《福建论坛（人文社会科学版）》2013 年第 6 期。

发展创造了良好条件。伦敦政府一方面协同金融界和民间投资者推动成立众多资金项目，对文化创意产业予以资金支持，一方面宣传创意产业的发展前景，鼓励私人资本包括海外资本投资文化产业。在多方努力下，虽然英国总体经济增长乏力，但创意产业基金却有显著增长，创意产业在伦敦经济中的比重稳步增加。

#### 8.3.3.4 产业界与科研机构合作，促进科技成果转化

伦敦充分利用自身丰富的文化资源、科技资源，加强跨界合作，促进科技成果在文化创意领域的转化。对产业界采取多种扶持手段，如实施"创新券"及补充政策、小额贷款、研发税收抵免等，为中小企业创新提供资金支持；加速知识产权纠纷案件的法律程序处理效率，促进中小企业知识产权保护。

### 8.3.4 东京推动文化产业发展的举措

#### 8.3.4.1 突出文化主题，政府主导发展动漫产业

1995 年，日本政府发布了《新文化立国：关于振兴文化的几个重要策略》报告，确立了"文化立国"的战略发展方针，将动漫等特殊产业作为发展重点。作为日本动漫产业集聚地的东京，大力发展以动漫为核心的文化产业。2002年东京政府推动设立了东京国际动漫节，包括展览展示、颁奖等一系列活动，已经成为当今具有国际影响力的动漫商品博览交易会。2006 年在东京政府出台《十年后的东京——东京在变化》，明确提出要将动漫产业作为东京的文化优势，以便提升东京的城市魅力和国际影响力。

#### 8.3.4.2 注重城市空间结构规划，形成具有特色的 Midtown

东京从 1970 年代开始，就推行了多中心的城市空间结构规划。每个副都心既是所在地区的公共活动中心，同时也承担东京作为全球城市的重要文化职能。①森稔先生提出的"城市复兴"被认为是日本后工业化时期的另一种城市理想，森株式会社牵头耗资 4 000 亿日币，创造一个兼具金融、商务、商业等功能，也能满足娱乐生活休闲和艺术产业的全新城区：六本木新城 Tokyo Mid-

---

① 袁海琴：《全球化时代国际大都市城市中心的发展——国际经验与借鉴》，《国际城市规划》2007 年第 5 期。

town。它于 2007 年 3 月 27 日开始落成开放，集聚了诸多优秀的艺术馆，成为东京的新地标，为东京文化的传播与发展提供了便利。

### 8.3.4.3 明确发展目标，建设"世界文化都市"

2000 年，东京开始实施"目前东京都的文化政策手段的转换与着手"的方案，把建设一个"充满创造性和文化活力的世界文化都市"作为东京的未来发展目标。2007 东京政府出台的面向 2015 年的《东京都文化振兴方针》，明确了要将文化魅力感受型、文化富裕型以及具有丰厚文化创造底蕴的都市建设，作为东京成为世界城市的主要文化特色。这一建设"世界文化都市"的基本定位，为东京文化产业的发展提供了长期的指引方向。

## 8.4　上海与其他全球城市文化产业的比较

跨入 21 世纪以来，上海把发展文化产业作为提升城市文化软实力的重要内容。2010 年，上海获准加入联合国教科文组织"创意城市"网络，获得了全球"设计之都"的荣誉，而上海市文化创意产业推进领导小组的成立，则对统筹全市的文化创意产业力量，起到了顶层设计和统筹兼顾的良好作用。根据国家统计局"文化及相关产业"统计数据显示，2013 年，上海的对外文化贸易进出口总额高达 159.6 亿美元，出口额 95.39 亿美元，顺差 31.19 亿美元，集中于文化创意、设计服务、文化用品等。2004—2013 年上海文化产业增加值如图 8.2 所示[①]。文化产业已经成为上海的支柱性产业之一，成为整个城市"创新驱动发展、经济转型升级"的重要力量之一。

上海文化产业的不断壮大，推动了上海文化产品和文化服务的出口，《2014 年上海对外文化贸易发展报告》统计结果显示：美国、日本、德国、新加坡、韩国等成为上海对外文化贸易业务往来的主要国家，占进出口总额 64.68%。其中，美国和日本占 29.24%，成为上海对外文化贸易的主要目标市场。

---

① 中共上海市委宣传部事业产业处等：《2014 年上海文化产业发展报告》，2015 年 1 月 28 日。

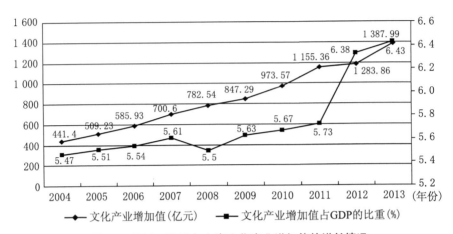

图 8.2  **2004—2013 年上海文化产业增加值的增长情况**

资料来源:《2014 年上海文化产业发展报告》。

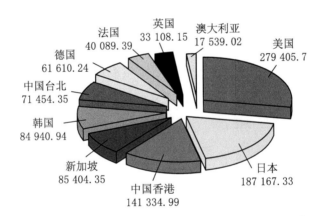

图 8.3  **2013 年上海对外文化贸易进出口份额分布(单位:万美元)**①

资料来源:《2014 年上海对外文化贸易发展报告》。

## 8.4.1  上海与其他全球城市文化产业代表性指标比较

全球城市的文化产业各有特点,发展的背景和历史也各不相同,但在某些基本方面仍然有可比性。我们以下将上海与其他四座全球城市——纽约、巴

①  中共上海市委宣传部事业产业处、上海市商务委员会国际服务贸易处和上海市发展改革研究院:《2014 年上海对外文化贸易发展报告》,2015 年 1 月 28 日。

黎、伦敦、东京,在重点文化产业领域即"电影和游戏、表演艺术、创意和人才、
文化活力和多样性"的四大指标进行综合比较①。

### 8.4.1.1 电影和游戏

电影院是工业革命的重要产物和长盛不衰的全球性产业。电影成为表现
文化、历史和艺术的重要记录,也是一个具有广泛影响力的城市文化生活
方式。

**表 8.1　五大全球城市电影和游戏情况**

| 指　　标 | 纽约 | 巴黎 | 伦敦 | 东京 | 上海 |
| --- | --- | --- | --- | --- | --- |
| 电影院数量 | 117 | 302 | 108 | 82 | 230 |
| 电影银幕数量 | 501 | 1 003 | 566 | 334 | 670 |
| 每百万人拥有的电影银幕数量 | 61 | 85 | 73 | 25 | 28 |
| 电影院入场人次（百万人次） | 无 | 58.2 | 41.6 | 29.3 | 22.9 |
| 人均电影院入场次数 | 无 | 4.9 | 5.3 | 2.2 | 1.0 |
| 本国电影上映数量 | 610 | 575 | 557 | 799 | 252 |
| 外国电影上映数量 | 无 | 305 | 438 | 358 | 60 |
| 电影节数量 | 57 | 190 | 61 | 35 | 2 |
| 最受欢迎电影节参加人次 | 410 000 | 151 800 | 132 000 | 121 010 | 260 000 |
| 电子游戏厅数量 | 17 | 14 | 44 | 997 | 587 |

资料来源:BOP 文化创意产业咨询公司 2012。

有关统计数据显示,上海在拥有的电影院数量和电影屏幕在五大城市中
居第二,分别拥有 230 个和 670 个。巴黎有比其他城市有更多的电影院(302
个)和电影银幕(1 003 个),此外,巴黎还有着各城市中最高的电影场次
数——5 800 万次。上海在本国和外国电影上映数量及电影节的数量方面,可
圈可点,既有明显的优势,也存在一定的不足。有关数据显示上海和东京的电
子游戏厅十分发达,东京有大约 1 000 个电子游戏厅,而上海有将近 600 个,成
为市民文化生活的常年载体之一;而纽约、伦敦、巴黎只有少于 50 个的电子游

---

①　罗伯特、保罗、欧文斯:《世界城市文化报告 2012》,同济大学出版社 2013 年版。

戏厅。

### 8.4.1.2 表演艺术

表演艺术区别于其他艺术门类,演员本身既是创造者,又是创作材料和工具,他所表演的角色就是艺术品本身。体现全球城市表演艺术指标的内容,既包括剧院演出和现场音乐表演和舞蹈表演、戏剧演出,也包括舞蹈学校的数量。

表 8.2　五大全球城市表演和艺术情况

| 指　　标 | 纽约 | 巴黎 | 伦敦 | 东京 | 上海 |
|---|---|---|---|---|---|
| 剧院数量 | 420 | 353 | 214 | 230 | 97 |
| 剧院演出场次 | 43 004 | 26 676 | 32 448 | 24 575 | 15 618 |
| 所有剧场年均入场人次（百万次） | 28.1 | 5.7 | 14.2 | 12.0 | 0.6 |
| 每十万人剧院入场次数 | 3.5 | 0.5 | 1.8 | 0.9 | 0.3 |
| 现场音乐表演场地数量 | 277 | 423 | 349 | 385 | 44 |
| 主要音乐厅数量 | 15 | 15 | 10 | 15 | 4 |
| 音乐演出场次 | 22 204 | 33 020 | 17 108 | 15 617 | 3 356 |
| 喜剧演出场次 | 11 076 | 10 348 | 11 388 | 8 452 | 无 |
| 舞蹈演出场次 | 6 292 | 3 172 | 2 756 | 1 598 | 1 686 |
| 业余舞蹈学校数量 | 682 | 715 | 618 | 748 | 438 |

资料来源:BOP 文化创意产业咨询公司 2012。

在表演艺术方面,上海跟其他全球城市相比较有一定的差距。如纽约有 420 个剧院,巴黎有 353 个,东京有 230 个,伦敦排在第四,有 214 个,上海只有 97 个。上海有 44 个现场音乐场所,而巴黎、东京和伦敦各自有接近或者超过 350 个的现场音乐场所,纽约也超过了 200 个。在舞蹈演出场次方面,上海以略小的优势超过东京,排名第四,这与上海正在建设国际舞蹈中心密切相关。

### 8.4.1.3 创意和人才

创意和人才是全球城市文化产业竞争力的核心,创意带给文化产业持续发展的源泉,优秀的人力资本决定着城市文化产业的活力。

**表 8.3 五大全球城市创意和人才情况**

| 指 标 | 纽约 | 巴黎 | 伦敦 | 东京 | 上海 |
|---|---|---|---|---|---|
| 公立专业文化艺术高等教育机构数量 | 无 | 30 | 11 | 1 | 5 |
| 私立专业文化艺术高等教育机构数量 | 12 | 73 | 46 | 16 | 18 |
| 公立专业文化与设计院校学生人数 | 无 | 14 024 | 34 920 | 24 120 | 13 324 |
| 综合性大学艺术与设计课程学生人数 | 无 | 无 | 15 745 | 25 444 | 43 501 |
| 创意产业就业人口百分比 | 8% | 8.8% | 12% | 11.2% | 7.4% |

资料来源:BOP 文化创意产业咨询公司,2012 年。

如上所述,以专业文化艺术高等教育机构的数量、学生人数以及创意产业就业人口百分比等指标,可以依托定性和定量的分析,比较五大全球城市文化人才情况。其中,上海的综合性艺术与设计课程学生人数最多,超过 4 万人,但公立专业文化艺术高等教育机构数量只有 5 个,排名相对靠后,且创意产业就业人口百分比最低,反映出上海文化创意产业的人力资源培育能力还较落后,该产业对优秀人才的吸引力不够强。

#### 8.4.1.4 文化活力和多样性

一个城市的文化产业活力和多样性,需要通过诸多的指标来衡量。这里用非正式表演场所数量的指标,如舞厅、酒吧等,用节庆活动数量和参与人数,国际学生和游客数量等指标,以反映各个城市文化产业活力和文化的多样性。

**表 8.4 五大全球城市文化产业活力和多样性情况**

| 指 标 | 纽约 | 巴黎 | 伦敦 | 东京 | 上海 |
|---|---|---|---|---|---|
| 夜总会/迪斯科舞厅和舞厅数量 | 584 | 190 | 337 | 73 | 1 865 |
| 酒吧数量 | 7 224 | 3 350 | 2 143 | 14 184 | 1 320 |
| 每十万人酒吧数量 | 88 | 30 | 27 | 108 | 6 |
| 餐馆数量 | 24 149 | 22 327 | 37 450 | 150 510 | 55 614 |
| 每十万人餐馆数量 | 295 | 189 | 478 | 1 144 | 237 |
| 节庆活动数量 | 309 | 360 | 254 | 485 | 33 |

续表

| 指　　标 | 纽约 | 巴黎 | 伦敦 | 东京 | 上海 |
|---|---|---|---|---|---|
| 最受欢迎节庆参加人数 | 2 500 000 | 1 500 000 | 1 500 000 | 1 270 000 | 306 000 |
| 国际学生数量 | 60 791 | 96 782 | 99 360 | 43 188 | 43 016 |
| 国际游客数量 | 8 380 000 | 13 300 000 | 15 216 000 | 5 940 000 | 8 511 200 |
| 国际游客数<br>占城市人口百分比 | 102.5% | 112.7% | 194.5% | 45.1% | 36.3% |
| 国外出生人口<br>占城市人口百分比 | 36.8% | 12.4% | 30.8% | 2.4% | 0.9% |

资料来源:BOP 文化创意产业咨询公司 2012。

　　有关数据显示,上海在夜总会、迪斯科和舞厅方面的数量占有明显的优势,高达近 2 000 家,显示了上海娱乐服务业的繁荣程度;此外,纽约的数量也达到了 584 家,明显超过了巴黎、伦敦、东京。从文化产业载体的角度看,酒吧也是推动休闲文化的一大特色。其中东京拥有了较多的数量,达 1.4 万家,远远超过其他城市。街头节庆是城市活力的另一个例子。东京在这方面特别强,比纽约和伦敦有更多的节日。而美食常常被认为是城市文化的一个核心标志,因为市民和游客对美食文化的参与度最为广泛。有关数据显示,五大城市都拥有十分庞大的餐厅数量。东京有 15 万个用餐场所,上海有 5.5 万个,伦敦有 3.7 万个,纽约和巴黎各有超过 2 万个。国际游客成为全球城市的许多文化名胜的观众的重要组成部分。伦敦接待了全球城市中最多的国际游客——超过 1 500 万人次;巴黎其次,有 1 330 万人次。相比之下,上海对国际游客的吸引力较低,只有 851 万人次。

### 8.4.2　全球城市与上海的文化产业发展指数综合比较

　　我们综合以上上海与其他四大全球城市的文化产业现状比较,经过赋分和统计①,得出每个城市在四个体现城市文化发展方面的分值以及其文化发

---

　　①　每个子指标的第一名赋分 5 分,第二名赋分 4 分,以此类推;求出子分值的平均数得到五大城市文化产业发展四个指标的分值;最后求出各指标分值平均数,小数部分取整,得出每个城市的文化发展综合指数。为公平起见,五大全球城市数据不全的子指标不计算在"五大全球城市文化发展指数得分"中。

展综合分值(如表8.5所示)。

表8.5 五大全球城市文化产业发展指数得分

| 分　　值 | 纽约 | 巴黎 | 伦敦 | 东京 | 上海 |
|---|---|---|---|---|---|
| 电影和游戏 | 5 | 4 | 3 | 2 | 3 |
| 表演和艺术 | 5 | 4 | 4 | 3 | 1 |
| 创意和人才 | 3 | 4 | 5 | 3 | 2 |
| 文化活力和多样性 | 4 | 3 | 4 | 3 | 2 |
| 文化发展综合指数 | 5 | 4 | 4 | 3 | 2 |

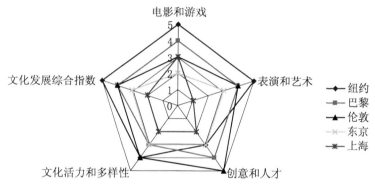

图8.4 五大全球城市文化产业发展指数

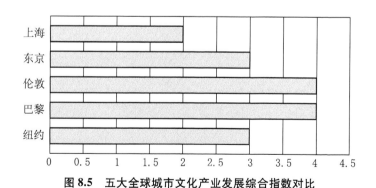

图8.5 五大全球城市文化产业发展综合指数对比

从五大全球城市文化产业发展指数雷达图和文化发展综合指数对比图(图8.4和8.5)中可以看出,纽约的文化产业发展水平最高,综合发展指数为5,其在电影和游戏、表演和艺术两大指标上具有突出优势,在创意和人才方面优势不太明显；巴黎和伦敦则拥有相同的文化产业发展综合指数，均为4，共同排名第二，伦敦在创意和人才以及文化活力和多样性方面比巴黎稍胜一筹，而巴黎则拥有更高的电影和游戏发展指数。尽管东京文化产业综合指数得分排名靠后，为3分，但它与其纽约、巴黎、伦敦的差距不是很大，甚至在创意和人才方面与纽约的得分相当，足以证明其在吸引文化产业人才方面做出了很大的努力。不仅如此，东京在文化活力和多样性方面，与巴黎相仿，在文化产业方面具有较大吸引力。

上海文化发展综合指数排名于五大全球城市的末位，各项指标分值与其他四大城市相比较低，尤其是表演艺术与纽约相差了4分，体现出上海文化产业发展良好，成就可圈可点，但在某些方面与其他全球城市仍有一定的差距。在电影和游戏方面，上海得分与伦敦相同，超过了东京。这得益于上海的电影院、屏幕数量和参加电影节的人数在全球城市中排名靠前，而其与纽约的差距则是本国与国外电影上映数量以及电影节数量造成的。由此，上海应该更加注重内容开发，加强电影创作水平和扩大上海电影产业的国际影响力。上海在表演和艺术方面的不足，主要是因为上海剧场、剧院和各种演出的次数与其他全球城市相比有一定差距，因而上海在表演和艺术方面的硬件和软件的建设都应该加强，才能够形成与全球城市抗衡的竞争力。上海在创意和人才、文化活力和多样性方面优势不明显，反映上海文化产业在环境氛围的营造、吸引力、包容性方面的不足，影响到上海文化产业未来的长远发展。在建设全球城市的过程中，上海要打造适宜文化产业发展的环境，吸引更多优秀的文化和创意人才聚集，形成更加多样、更加多元、更具活力和创意的城市。

## 8.5　上海建设全球城市的文化产业对策建议

### 8.5.1　积极谋划上海全球城市文化产业发展战略

#### 8.5.1.1　提升政府对文化产业资源配置的作用

上海要借鉴国际经验，通过宏观战略设计和政策引导，结合上海建设具有全球影响力的科创中心等新一轮城市战略布局，以顶层设计为基础，提升上海市政府对文化产业引导资源配置的作用。建议政府通过优化网络和文化设施,提升文化资源供应水平,扩大文化服务,加强文化阵地建设,完善文化服务体系,为上海大力发展文化产业注入更大活力。

#### 8.5.1.2 积极推动上海文化产业走向世界

上海要以中国(上海)自由贸易试验区建设为契机,推进改革创新试点,实施重大项目带动,推动中华文化走向世界。在外向型文化项目的运营方面,以龙头项目为引领,带动文化企业参与国际市场竞争;在文化市场拓展方面。促进传统产业的转型发展,推进重点领域和重大项目建设,优化文化市场环境,加快文化"走出去"的步伐;在文化传播方面,更广泛和深入地推进上海文化产业对外交流,营造国际文化产业跨国交流的环境和平台,利用重大外交活动和国际活动,以及艺术节庆、文化展览等契机,开展国际文化贸易活动;对接"一带一路"国家战略,建立具有全球影响力的文化产业贸易网络。

#### 8.5.1.3 发挥各种文化主体的创造积极性

离开了人民的生活,离开了人民的社会实践,文化创造便会成为无源之水、无本之木。上海要推动社会大众共同参与的模式,构建鼓励创意和创作的氛围,形成学术民主、艺术民主的风气,充分尊重文化工作者和广大群众的文化创造成果,发挥各种文化主体的积极性,促进多元文化建设主体共同发展。

### 8.5.2 全面创新文化产业发展的管理体制和运营机制

#### 8.5.2.1 深化文化体制改革,发挥市场配置文化资源的积极作用

上海要加快推进文化体制改革,发挥市场配置资源在文化领域的积极作用,以确保社会效益的前提下,实现社会效益和经济效益的统一。健全上海现代文化市场体系,重点发展图书报刊、电子音像制品、演出娱乐、影视剧、动漫游戏等产品市场,创新文化产业流通组织和流通形式,加速市场要素的培育,建设好文化产权交易所。政府要积极优化文化产业投融资环境,促进社会资本、金融资本与文化产业的对接。

#### 8.5.2.2 创新文化管理体制,推进上海文化产业跨界融合

上海要深度推进文化产业跨界融合,创新文化领域的合作模式。要创新

与金融业合作模式,提高文化和金融合作机制,扩大文化和金融合作渠道,优化文化和金融合作的环境;要加大文化和科技的融合,探索制造业和文化融合的创新方法,形成制造技术与文化内涵高度融合,实现投资与展示,标准和应用相契合,形成文化装备产业高地;要推动文化与旅游的融合,大力推进艺术旅游、节庆旅游、博物馆参观等品牌活动,形成具有文化影响力的旅游胜地;要推动文化和商业融合,形成文化产业与商业融合的各类模式。

### 8.5.2.3 打造全球城市的文化产业人才高地

上海要针对全球城市的文化产业人才需求状况,做好三方面的工作:一是在文化人才培养方面,充分利用各类教育资源,加大对文化人才的培养,造就文化水平高、文化特长突出、创作热情饱满、管理知识丰富的高素质人才队伍;加大对文化产业从业人员的教育;支持创意设计劳动技能培训机构发展,建立创意设计社会培训网络。二是在文化专业人才引入方面,拓宽人才引进机制,建立上海市文化产业人才需求信息平台和交流平台,加强文化人才进入上海的"绿色通道"建设,强化文化产业人才扶持政策的执行力度,给予文化产业人才在生活、研究、创业等方面的更大的配套优惠政策,突出重点,加强聚焦,采取多种形式如聘用制、服务采购、劳务派遣、合作加盟等,吸引国内外优秀文化人才。三是在探索文化人才的激励机制方面,确立以业绩为取向、以创新能力和创作成果及经营实绩为衡量标准的人才价值观,发挥好文化产业人才的积极性和创造性。

# 栏目五:发展优势产业 拓展新兴领域

**9**

# 上海大文创时代的特展产业

——历程、机遇与前瞻

贾 布①

内容提要: 特展是以普通公众为目标客群的文创展览,在社会效益和经济效益两方面都具有广阔前景。最近几年,许多民营资本进入特展行业,以全面市场化的思路来运营特展,更积极地带动各种周边产业的发展,成为特展朝产业化发展的重要标志。目前,上海的特展产业正处于起步阶段,但已经拥有可观的消费群体,并有望成为继电影、演出、游戏等领域之后又一个文化消费的热点。

关 键 词: 特展,文创,产业

---

① 贾布,策展人,特展产业研究者,上海喜布文化传播有限公司总经理。

## 9.1 大文创时代的特展产业——特展的现代范畴和意义

### 9.1.1 特展的一般范畴

特展是展览(Exhibition)中的一种分类,与展览相对应的概念是博览会(Fair)。博览会的运营模式是向参展商收取展位租金,有的还同时向参观者收取门票。参展商在展会上出售其展示的产品,或者进行以销售为目的的市场推广,比较典型的如汽车博览会、艺术博览会等。

特展是个从国外引进到中国的专用词语,英语中通常称为 Special Exhibition 或 Feature Exhibition。在日本、中国台湾等地,又被称为"临展""策划展""企划展""主题展""特别展",这些名称从不同侧面勾画出了特展的特征。

在中国大陆,"特展"是这几年出现的新词,已经约定俗成地成了此类展览的通用称谓。文创展览的从业者对什么是"特展"逐渐形成了一些简单共识:在文化创意相关的领域中,以普通公众为目标观众,在事先策划的特定主题下,由主办方组织展览内容与各类产业资源,以门票、衍生品和赞助为主要运营模式,以巡展和异业合作为辅助运营模式,在一定场所内举办的有时间期限的展览。

对特展概念进行界定,其核心目的是为了在一个相对明晰的范围内对这个新兴产业进行讨论。同时,特展在国内正处在初期发展阶段,这个产业无疑将会不断变化,特展的概念也会随之调整。

### 9.1.2 发展特展产业的意义

特展是以普通公众为目标客群的文创展览,在社会效益和经济效益两方面都具有广阔前景。特展已经成为一种值得关注的文化与经济现象,有望继电影、演出之后,成为又一文创热点。特展产业整体健康良性发展,对提升公众文化艺术欣赏水平、丰富文创产业中的产品供给都有着重要意义。

（1）特展观众已经初具规模,并且在未来存在很大的市场增量。

虽然特展在上海还属于起步阶段,但已经拥了相当可观的观众规模。2014 年有约 30% 的上海人口曾经看过文创展览,这之中又有近六成的人看过特展,特展观众规模约占上海总人口的 18%,约为 430 万人。

在这些进入上海特展的观众中,超过 53% 的人最高拥有大学本科学历,45% 的特展观众是 20～30 岁之间的青年人,近 46% 是公司职员,观众的人均可支配收入大多在 3 001～5 000 元/月之间。超过 70% 的人年均看过 1～2 次特展;20% 的观众大约一年中看展 3 次,不到 10% 的人看过 4 次以上。

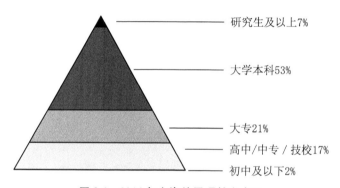

**图 9.1　2014 年上海特展观教育水平**

资料来源:作者绘制。

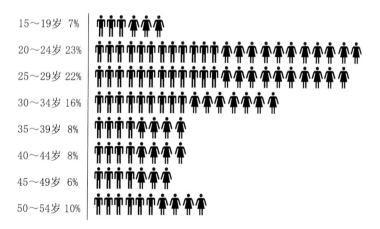

**图 9.2　2014 年上海特展观众年龄与性别分布**

资料来源:作者绘制。

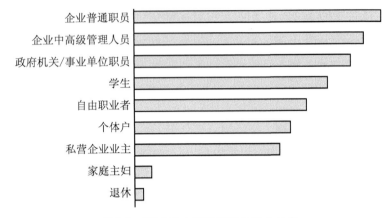

**图9.3 2014年上海特展观众职业分布**

资料来源:作者绘制。

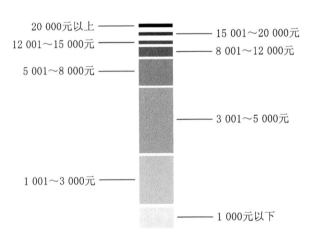

**图9.4 2014年上海特展观众人均可支配收入**

资料来源:作者绘制。

过去几年间,特展数量和票房收入等方面呈现稳步上扬,但因为上海特展产业总体上尚不成熟,2014年之前均无针对特展观众规模及其人口学特征的调查数据,因而无法通过历年数据对比来观察特展自身的市场规模变化,如果以台北特展市场作为城际对比、以电影市场作为行业对比,也会有助于对未来上海特展市场的规模与增量形成判断。

在亚太地区,中国台湾是特展发展最为成熟的地区之一。台湾特展的市场化运作始于 1993 年的"莫内及印象派画作展",两个月的展期中共吸引了31 万人次参观。这个展览在台湾开启了公立展览场馆与民营资本合作、以借展费从国外引进特展的运营模式。之后的 20 年间,台湾的特展产业持续发展,培养了公众看特展的消费习惯。以台北市为例,台北市人口约 260 万(约为上海的 10%),一个展期为 3 个月的特展平均参观量为 20 万~30 万人次,优质展览能达到 50 万~70 万人次。

在行业间,特展与电影市场具有一定相似性:他们都是文化娱乐产品,以普通公众为目标消费者,平均 1~2 小时的观看时长,特展和电影的票价范围也较为接近,因此两类消费者有很大几率互相转换。同时,特展也具有一些明显与电影不同的特征,如:展览的可复制性极弱、展览资源的稀缺性与唯一性更高、一般展期比电影的上映期更长等。

从 2003 年至 2013 年的 10 年间,中国电影市场规模保持了年均 30%以上的增长率。根据新闻出版广电总局电影局公布的数据,2014 年全国电影总票房为 296.39 亿元人民币,同比增长 36.15%。

特展的场地数量、特展数量、观众规模和票房规模等各项指标,不仅是目前比电影的市场规模小很多,在未来也很难达到今天中国电影市场的规模。在特展市场与电影市场的比较中,有参考价值的是其市场增长率而非市场规模。

(2)特展可以满足公众对文娱生活多样化的需求。

随着上海城市人口数量和人均可支配收入的不断增加,公众对文化娱乐的需求也呈现多元化趋势。在电影和演出之外,提供更多样的文娱消费产品,可以提高公众的艺术欣赏水平,满足公众对文娱生活多样化的需求。

在"2014 年上海特展观众文娱活动参与频次与经济投入"的调研中显示,上海的特展观众中有 2/3 每月有 1~3 次不等的文娱活动,其中相对较多的人保持每月 1 次,每月少于 1 次的人口约占 24%。频繁参加文娱活动的人(每周至少 1 次)不足 10%,其年龄集中在 20~30 岁之间。

在文娱活动的支出上,个人月均消费在 101~200 元的观众占比最高,约为 29%;其次是消费额在 201~300 元之间的,占 23%。以这两个区间为中心,其他不足 50%的观众随着消费额度的变化向两极递减。

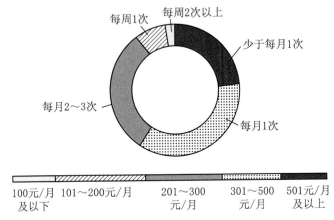

图 9.5　2014 年上海特展观众的文娱活动参与频次与经济投入

资料来源：作者绘制。

相较于电影，特展具有更高的知识性和更强的社交功能。

在进行电影消费时，观众较为看重的是其娱乐功能。而在特展消费中——尤其是艺术类特展，观众抱有较为明确的"学习"动机。在"观展动机与决策"的调查中，观众较为看重展览内容的"含金量"，展览中所涉及的艺术家如果"大有来头"将会是个很重要的吸引点。

观众对文娱活动所附载的社交需求有着较为明显的需求，30 岁以下的观众在这方面表达得更为强烈。相对电影、演出等纯观看式的消费体验，特展的整个消费过程是动态的，更能满足年轻人在文娱消费中的社交需求。

## 9.2　国际文化大都市的亮点——上海特展的产业化历程

作为展览中的一种类型，特展在上海的博物馆、美术馆系统中早已存在。在过去的几年间，伴随着各类民营美术馆、民间资本介入特展，特展的数量逐年增多，业内人士对特展在未来的市场规模普遍抱持乐观态度，特展开始进入了 2.0 时代。

相较于特展的 1.0 时代,特展 2.0 时代的最大特征是朝向产业化发展,主办方将特展视为一个文化产品,以全面的市场化运作方式使特展带动更多社会资源,提高市场容量。同时,作为一个与终端消费者密切相关的行业,特展的票务、推广、营销等各个运营环节也都与各自正在快速升级的 2.0 时代紧密相联。

需要特别强调的是,特展从 1.0 发展到 2.0,不是进化论意义上的产业升级,不是用 2.0 替代 1.0,不是用"文化产业"取代"文化事业"。由民间资本投资的市场化特展与由国家财政拨款或民间基金会的组织的公益性特展,两者将会形成互补格局,共同满足公众新的文化消费需求。

### 9.2.1 非营利展示馆中的特展

在现在国内的美术馆、博物馆的系统中,展览一般分为常设展、申请展和特展。常设展是美术馆、博物馆最主要的展览类型,指长期展示的馆藏作品,比如上海博物馆中国古代青铜馆、中国古代雕塑馆里的展览。

美术馆、博物馆里通常都设有一定面积的临时展览区域,用来举办不同的短期展览。短期展览分为申请展和特展,申请展是一种颇具中国特色的展览,由办展者(通常是艺术家个人或品牌方)向美术馆支付一笔以服务费、场租费或赞助费为名义的费用,从而获得进入美术馆展示的资格。

特展是由美术馆或博物馆结合自身定位主动组织的,因为公立美术馆、博物馆的官方背景,会有大量或是基于国际文化交流需求,或是为提升城市整体文化形象、提升公众文艺欣赏水平而举办的特展。

在上海,符合今天特展定义,并在公众中产生广泛反响的展览,可以追溯到 20 世纪七八十年代。1978 年,"法国 19 世纪农村风景画展览"①在北京和上海先后举办,展览中包括了柯罗、高更、库尔贝、莫奈、米勒以及雷诺阿等大师的作品。1982 年的"法国 250 年(1620~1870)绘画展览"、1983 年的"法国毕加索绘画展"均在上海美术馆举办,在当时都引起了公众广泛的关注。

---

① 中国美术馆,1978 年 3 月 10 日~4 月 10 日。上海美术馆,1978 年 4 月 25 日~5 月 25 日。

在引进海外版权的同时,自主版权的特展也随着国门打开而渐成气候,其中影响最为深远的是上海双年展。自1996年开始举办,第一届只有三十余名艺术家参与,到2000年第三届时就已经成为真正符合国际双年展运营规范的展览。上海双年展绵延至今,是中国当代艺术界最具影响力的展览之一。

世纪之交以后,以上海博物馆、上海美术馆为代表的公立美术馆在特展的策划组织上积累了越来越多的经验,在过去的十几年中,举办过多个非常有社会影响力的特展。在举办大型特展方面,公立美术馆有着无法取代的优势:它本身承担着向公众普及艺术的社会职责,有设施过硬的固定场馆,有政府的资金支持(虽然在过去几十年中,政府对公立美术馆的财政政策屡次变化),有从学术研究到场馆管理的全线专业工作人员。

2012年,上海美术馆变身为中华艺术宫,与上海博物馆、新成立的上海当代艺术博物馆成为上海三个最大的公立展示馆,它们的定位也非常清晰:上海博物馆以古代文明、古代艺术为主,中华艺术宫以近现代艺术为主;上海当代艺术博物馆以带有实验性的当代艺术为主。与此同时,在过去十年间,上海陆续建成了上海当代艺术馆、上海民生现代美术馆、上海喜马拉雅美术馆、龙美术馆、余德耀美术馆等多个民营美术馆。由于场馆数量和展览面积的大幅增加,上海举办的特展数量与质量有了很大的提升。

从由国家财资出资建设与运营的公立美术馆、博物馆,到由民间的基金会支持的民营美术馆,在过去都举办过多个特展。无论是国立还是民营场馆,这些主办方自身的非营利性质决定了他们追求社会效益大于经济效益,追求学术性大于娱乐性,其工作重点与目标更多的是为促进当代艺术的实验性与学术性的发展、加强公众艺术教育和欣赏水平,以及提升城市文化形象或企业社会责任等。

这些展览也会积极寻求社会资金的支持与赞助,会强调展览的宣传推广与运营以获得更高的参观量,一些特展也会有票房和衍生品收入,但在总体上,展览在各方面获得的营收一般无法支付其运营成本,这类特展的运营对来自国家财政或基金会的稳定资金支持的依赖度非常高。

### 9.2.2 民营资本投资的特展

上海的民营资本投资特展,能追溯到的最早案例是 2002 年在上海城市规划展示馆举办的"狂想的旅程——大师达利互动展"①,投资方中润广告是一家上海本土的民营企业。这个展览全面按市场化运作,投资 300 万元,50 元的票价在当时属于高价(上海美术馆、上海博物馆当时的标准票价是 20 元)。展览依靠票房、赞助和衍生品获得盈利。

"狂想的旅程——大师达利互动展"之后,上海民营资本投资特展的现象一度停滞,并没有形成持续、稳定的特展产业化发展。在这个极其缓慢的发展历程中,民营美术馆和民营特展公司是其中起到重要作用的两股力量。

民营美术馆一般是由企业或个人出资建立基金会,由基金会运营的非营利性质的美术馆。企业或个人建立民营美术馆的原因,一般基于企业社会责任而回报社会,同时也有提升企业形象的功能。

位于人民公园内的上海当代艺术馆成立于 2005 年,是上海最早的民营美术馆之一。成立十年来,先后举办过包括"皮克斯动画 25 周年展"②"草间弥生——我的一个梦"③等多个极具社会影响力的特展。2005 年之后,民营美术馆的数量逐年增多,现在上海有超过十个具有一定规模与影响力的民营美术馆。

民营美术馆大多也专注于学术性和探索性较强的当代艺术领域,但民营美术馆会面临比国立场馆更为严峻的资金压力,同时也拥有更为灵活的运营理念、更为多元的价值观,这使得民营美术馆在展览内容选择、展览营销手段上都与国立场馆有着明显的不同。此外,展览场地的增多本身就是为特展的整体繁荣起到重要的作用。

上海特展产业在最近几年间发生快速变化,在很大程度上要归因于涌现出的一批民营特展公司。与民营美术馆不同,特展公司一般没有自有的展览

---

① 上海城市规划展示馆,2002 年 11 月 25 日~2003 年 1 月 24 日。
② 上海当代艺术馆,2011 年 8 月 1 日~10 月 30 日。
③ 上海当代艺术馆,2013 年 12 月 15 日~2014 年 3 月 30 日。

场地,也很难得到国家财政或是基金会的资金支持,因此,特展是否能够营利,对于特展公司来说是一种生死攸关的考核指标。

在上海,最具代表性的特展公司是上海天协文化发展有限公司,2011年成立以来,天协文化投资主办过"2011毕加索中国大展"①"印象派大师·莫奈特展"②等多场高端艺术特展。而随着2014年"印象派大师·莫奈特展"与"草间弥生——我的一个梦"的大热,2014~2015年间又涌现出了数个中小型特展公司。如举办了"不朽的梵高——感映艺术大展"③的上海高庭文化艺术有限公司,举办"你就是艺术——波普艺术领袖安迪·沃霍尔作品展"④的上海源谷文化传媒有限公司等。

民营资本投资特展,符合国家鼓励文化产业企业主体、市场运作的大政策,是对非营利场馆的特展的有效补充,对于文化市场的多样化发展、提升公众文化艺术欣赏水平都具有重要意义。以特展为核心业务的民营公司的出现,以全面市场化的思路来运营特展,能更积极地带动各种周边产业的发展,是特展朝产业化发展的重要标志。

## 9.3 艰辛探索中跃动的活力——
## 上海特展产业的现状和问题

与由国家财政出资,由国立博物馆、美术馆举办的特展相比,民营资本主办的特展,在内容和展览场地上呈现出明显的多样化特征,展览在票务、宣传推广等运营手段上也呈现出与之前大不相同的面貌。

### 9.3.1 特展内容的多样化

虽然艺术目前是特展的主体内容,但需要强调的是,特展绝不是一个纯艺

---

① 世博中国馆,2011年10月18日~2012年1月10日。
② 上海K11购物艺术中心,2014年3月8日~6月15日。
③ 新天地太平湖,2015年4月28日~8月30日。
④ 南京东路353号4楼,2015年7月18日~10月15日。

术领域的概念,事实上,特展内容的多样化已经呈现出越来越清晰的趋势。上海的特展按内容可分为5类:艺术类、设计类、时尚生活类、动漫卡通类和品牌文化输出类。

### 9.3.1.1 艺术类展览

艺术类展览是特展的主体构成,可以再细分为中国传统艺术、外国传统艺术和中外现当代艺术,不同艺术类展览具有截然不同的特征。大量有价值的传统艺术品——无论中国还是外国,已经保存在博物馆与美术馆之中并作为其常设展览展示,少数作品通过拍卖在市场上流通,作品本身的不可再生性使其流动性极低。这一现实一方面导致中外传统艺术展览的数量极少,如果出现,基本都是大型特展。另一方面,过去多年里,上海有能力、有资格举办这类展览的只有上海博物馆和上海美术馆这类国立场馆。

民营资本的介入正在改变这一格局。2014年的外国传统艺术特展中,"印象派大师·莫奈特展"的参观数量达到近40万人次。这个展览由民营公司上海天协文化发展有限公司投资,在上海K11购物艺术中心举办,无论运营模式还是展览场地,在多个维度上都打破了高端艺术特展几十年来所维持的行业格局。

中国传统艺术方面,随着龙美术馆在2012年建成,收藏家刘益谦与王薇夫妇数量与质量都极其惊人的艺术品收藏有了一个向公众公开展示的场所。"朱见深的世界:一位中国皇帝的一生及其时代——成化斗彩鸡缸杯特展"①便是围绕着刘益谦2014年以2.8亿港元拍下的明成化斗彩鸡缸杯而组织的一场展览。某种程度上说,龙美术馆已经成为公立美术馆之外,展示与推广中国传统艺术的重要阵地。

2014年的当代艺术特展中,上海当代艺术博物馆举办的"蔡国强:九级浪"②和"社会工厂:第十届上海双年展"③等都获得较大关注,但从社会反响

---

① 龙美术馆(西岸馆),2014年12月19日~2015年2月8日。
② 上海当代艺术博物馆,2014年8月9日~10月26日。
③ 上海当代艺术博物馆,2014年11月23日~2015年3月31日。此外还包括以"城市车间"为主题的双年展城市馆项目,分别在上海新天地、上海K11购物艺术中心、上海民生现代美术馆和静安嘉里中心举办。

的热烈程度来说,上海当代艺术馆举办的"草间弥生——我的一个梦"则明显更受欢迎,其兼顾了学术性、趣味性和参与性,共有超过 33 万参观人次。

### 9.3.1.2 设计类展览

设计类展览的数量虽然不多,但内容却颇为复杂,涉及的门类很广,主要包括建筑设计、工业设计、时尚设计及平面设计等,不同门类设计的展示方式存在较大差异。

建筑本身是不可作为展览物品被展示的,建筑类展览大多表现为建筑图片、建筑模型或是建筑模型与装置艺术的结合。另一种是建筑师根据其对城市与空间的理解进行装置艺术跨界创作,这类展览通常被划归当代艺术的范畴。

工业设计、时尚设计等门类,其特征是商品属性非常强,在这个高度商品化的领域里,商业销售的展示系统也极为发达,因而这类展览的数量非常少。

### 9.3.1.3 动漫卡通类展览

动漫卡通类展览的数量在 2014 中增幅很大。此类特展多是以公众认知度很高的经典动漫形象为主角,在其原有的故事线索与形象基础上衍生出来的,如在大悦城举办的"几米世界的角落"[①]、月星环球港举办的"跨越时空的爱——Hello Kitty 40 周年特展"[②]等。动漫卡通类展览因其世俗化与娱乐化程度太高,通常很难进入美术馆展示体系。也同样因其高度娱乐化的特征而与主推零售业的商业综合体形成天然的结合。

### 9.3.1.4 时尚生活类特展

时尚生活类特展在这几年中堪称异军突起。此类展览大多针对 80 后、90 后的年轻群体,内容以娱乐、时尚、生活为主,相对来说,这类展览选题更新换代非常快。2014 年底举办的"失恋展"[③]是此类特展中一个比较有代表性的案例,展览以从公众中收集到的 111 个失恋者信物为核心展品,虽然同类展览在国外早有先例,"失恋展"的内容挖掘和展陈方式也广受诟病,但其对于展

---

① 上海大悦城,2013 年 12 月 5 日~2014 年 2 月 28 日。
② 月星环球港,2014 年 4 月 30 日~6 月 15 日。
③ 月星环球港,2014 年 11 月 11 日~12 月 25 日。

览内容多样性的探索仍具有一定价值。

### 9.3.1.5 品牌文化输出

特展内容分类中有一个较为特别的类型是品牌文化输出,是指品牌方展示自己的经典产品或以产品与艺术相结合的方式来展现其品牌文化。事实上,通常都是那些历史非常悠久的、品牌文化积淀与公众认知度非常高的品牌才会举办展览,而且基本集中在国际一线的奢侈品品牌。这些品牌的产品是完全消费性的,但他们选择的展览场地基本以美术馆为主,很少有在商场内举办。如上海当代艺术博物馆举办的"瞬息·永恒——卡地亚时间艺术展"①。

### 9.3.2 特展场地的多样化

伴随着特展内容多样化,同时发生的是特展场地的多样化,他们都标志着特展已经开始真正成为公众日常文化娱乐生活的一部分,对于活化城市公共文化生活具有重要的意义。特展产业的成熟与规模的扩大,最终在观众生活理念中的体现可能是将"观展"纳为日常文化娱乐生活中常规的、内嵌的组成部分;而在综合业态上的体现,将是展览场地周边的其他娱乐条件耦合成一个完整的生态。

以交通便捷度和娱乐餐饮设施为主要指标的场地周边配套,对观众的观展决策具有重要影响。其中观众更为看重的是交通便捷度的问题,场地周边的娱乐场所与餐饮场所相比较,观众大多更看重前者。

2014年全年在上海举办的文创展览(包括特展与非特展),总共涉及的展览场地是233个。场地的分布情况基本上从高到低由城市中心向周边区县辐射,这也基本符合城市在各区县中的交通、商业、文化等多方面的战略资源分配。

将这些展览场地数量按性质分类后发现,接近半数的展览场地是以艺术品交易为主要营运模式的画廊,这类空间中举办的展览通常都不是特展。聚焦到特展的范围,特展举办场地明显集中在公立展示馆、民营美术馆和商业综合体等几类中。

---

① 上海当代艺术博物馆,2014年7月19日~10月12日。

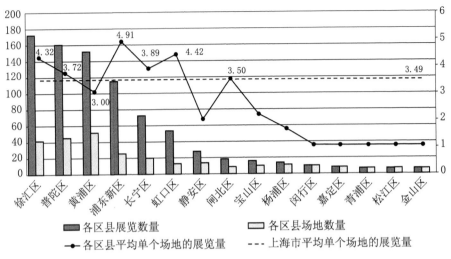

**图9.6　2014年上海市各区县文创展览场地活跃度**

资料来源:作者绘制。

（1）公立展示馆、民营美术馆是最主要的特展举办场地。

因为对资金、场地的硬件设施与管理水平甚至是主办方资格的要求较高，艺术类特展——无论是高价值的东西方传统艺术，还是那些已经具有公众影响力的当代艺术，基本集中在专业的国立或民营的美术馆、博物馆等专业展览场所中。这中间，上海当代艺术博物馆虽然展览数量不多，但基本都是规模大、策划性强的特展。其次是中华艺术宫和上海博物馆。民营美术馆中，龙美术馆、上海当代艺术馆也都是活跃的特展举办场地。

（2）商业综合体中的特展以动漫卡通和当代艺术为主。

近几年，特展明显地拓展到商业综合体、城市公共空间以及其他各类商业空间中。商业综合体里举办的特展，提升商业空间的文化附加值是其主要目的之一，带动与活化人流，在内容选择上，会更看重普通观众的认可，以动漫卡通和艺术类为多。

动漫卡通类的展览因与商业综合体之间具有某种天然的互补性而成为了一种典型合作方式，这种合作又对主办方与场地方共同展开多种综合营销、异业合作提供了可能性。在上海，大悦城、月星环球港、静安嘉里中心、高岛屋等地都举办过动漫卡通类的展览。

商业综合体中的艺术类特展可以分为两大类,一类是由场地方出资举办的展览,这种展览一般不太会追求经济效益,因此,这类展览会倾向于选择互动性、娱乐性强,以年轻艺术家为主体的低成本展览。另一类是商业综合体将场地出租给特展主办方,以场租或票房分成等方式营利。

"印象派大师·莫奈特展"在商业综合体 K11 购物艺术中心举办并取得票房成功,但无论是从数量还是场地硬件与展览内容的匹配度上看,这类特展案在短时期内很难成为主流。

### 9.3.3 票价上升趋势明显和售票模式线上化

在过去的很多年里,上海博物馆和上海美术馆的标准票价一直都是 20元,这个稳定的价格在 2011 年被打破。先是当年 3 月出台的新政策要求上海博物馆、上海美术馆等场馆的常设展览对公众免费开放。之后,两个民营资本投资的特展出现了高票价:上海当代艺术馆举办的"皮克斯动画 25 周年展"的票价是 70 元,观众总量约为 10 万人次;上海天协文化发展有限公司举办的"2011 毕加索中国大展"的票价是 80 元,观众总量约为 20 万人次。两个展览的观众量均未达到主办方预期。

到 2014 年,"印象派大师·莫奈特展"的票价为 100 元,最终观众量为近40 万人次;2015 年在上海新天地太平湖举办的"不朽的凡·高——感映艺术大展"全额票价为 160 元,主办方公布的观众总量为近 36 万人。

从这些数据的变化可以看出,观众对展览票价有一个心理调适期,人们对百元级文化消费的整体判断在过去几年间产生了明显的转变。

按全额票价对 2014 年上海收费的文创展览进行统计,20 元以内的展览占收费展览的 18%。主要集中在中华艺术宫、上海当代艺术博物馆等公立展示馆中。21~60 元的梯度是主流票价,约占收费展览的 68%。在此票价范围的场馆以民营美术馆、公立展示馆和商业综合体为主。61~100 元的展览共计15 个,占收费展览的 13%,除了上海 K11 购物艺术中心的"印象派大师·莫奈特展"属于艺术展之外,其他基本都集中在动漫卡通、时尚生活两个领域。

2015 年,大型特展的票价上涨趋势非常明显,与之相伴随的是预售期明显加长,预售期的折扣率很大。比如"不朽的凡·高——感映艺术大展"通票 160 元,提前 5 个多月预售,预售票价 80 元。2015 年下半年的"乾隆号,下一个江南①"双人票 240 元,提前 3 个月预售的双人票 88 元,相当于 3.6 折。"疯狂达利艺术大展②"票价 160 元,也是提前 3 个月预售,预售票 80 元。

对于明显上升的票价,观众似乎也做好了一定的心理准备,调查显示,在确保高品质展览的前提下,27%的观众愿意购买 101~150 元的门票,14%的观众可以接受 151~200 元之间的票价,9%的观众可以接受 200 元以上票价。

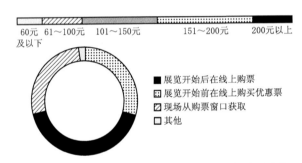

**图 9.7　2014 年上海特展观众可接受票价与购票途径**

资料来源:作者绘制。

从以上几个票价案例还可以看出,在特展票价大幅提高的同时,在线上平台进行长预售期、低预售价的售票模式几乎已经成为新近特展的标准动作。从观众的角度来说,线上票务平台除了价格优惠外,还能提供和电影院一样便捷的现场机器取票服务,大量节约了观众排队购票的时间,导致观众的购票习惯明显地从线下转移到线上。

以格瓦拉生活网为代表的线上票务平台介入特展门票销售是从 2014 年的"草间弥生——我的一个梦"开始,格瓦拉上售出的门票在总票房中约占 5%。这个比例在 2014 年 3 月举办的"印象派大师·莫奈特展"中已经上升到 45%左右。在 2015 年举办的"不朽的凡·高——感映艺术大展"中达到 60%。

---

①　上海大悦城,2015 年 9 月 7 日~11 月 29 日。
②　上海外滩 18 号,2015 年 9 月 26 日~2016 年 1 月 10 日。

对观众购票方式的行为与意愿的调查也印证了这一数据,近 3/4 的观众表示会选择在线上购票。其中,展览开始之后才购票的观众约占 42%,其中不能排除有些观众是处于观望状态,等待展览口碑的发酵;而在展前就会在线上购买优惠票的占 29%。另有 27% 的观众在现场从购票窗口处买票。

预售票的优势在于,主办方在展览开幕之前就开始有资金回笼,并且根据预售票情况提前掌握市场反应,对于展览现场管理、衍生品的生产都有重要的指导作用。

### 9.3.4　特展资讯的传播渠道碎片化

几年前,一些大型展览还会直接购买媒体广告,这种做法在这几年里已经越来越少。如一直举办高端特展的上海天协文化发展有限公司,在"2011 毕加索中国大展"中曾投放过大量的电视广告,但在 2014 年的"印象派大师·莫奈特展"中则不再投放。

过去两年间,传统媒体的断崖式衰落和微信的井喷式增长,不仅改变了人们获取信息的习惯,也几乎影响了以公众为目标客群的每一个行业。各个特展主办方都已明确意识到传播渠道的碎片化趋势,在不放弃传统媒体的同时,积极采用更为灵活的社交媒体平台进行互动式营销。特展主办方普遍采用前期在线上利用社交媒体进行预热推广,在新闻发布会上邀请传统媒体进行现场报道相结合的方式。各类主办方也基本都有专门团队在运营自己的微博和微信平台,公众号一般都会以相对稳定的频率推送信息。

作为信息发布通道,传统媒体仍然起着重要的作用。在展览例行的新闻发布会、开幕式等重要场合,媒体记者仍会被邀请到场。在某种程度上,传统媒体仍然代表着来自官方的、正统的认可,对主办方而言,也可能形成一些直观可视的资料沉淀。更重要的是,现在几乎每一个传统媒体都同时拥有自己的公众号,有的还开发了移动端 APP。传统媒体上的报道内容都有机会在这些公众号和 APP 中同时出现并被更广泛的读者阅读。在上海,如澎湃新闻、界面等都是脱胎于传统媒体,其装机量、粉丝数均不可小觑。

　　优质内容的特展比较容易得到数量庞大的社交媒体的关注。2014年上半年是微信快速发展的阶段,各种刚刚开始起步的公众号都在努力寻找可以传播的热点话题。"草间弥生——我的一个梦"和"印象派大师·莫奈特展"的大量信息是由这些主办方素未谋面的民间"小编"制作并进行传播的。

　　此外,充分利用社交媒体的机动灵活与互动性强的特征,主办方根据展览主题,与不同类型的社交媒体展开活动合作,以"转发送门票"或是"征稿比赛"等形式进行传播营销,往往会起到事倍功半的效果。如"印象派大师·莫奈特展"期间,主办方与"iStyle 爱搭配"合作推出的"我有一个秘密花园:文艺自然风"搭配比赛,与网易 LOFTER 合作推出的"莫奈特展·我拍过的桥"摄影比赛和"莫奈特展·启蒙我的画"等活动,鼓励公众晒照片,提升展览与公众的互动体验。

　　从观众方面的调研数据来看,大部分观众是通过好友推荐获知展讯,其形式包括但不限于朋友之间的口头推荐、好友在微博或微信朋友圈发布的内容等。与之相对应的,观展结束后,90%以上的观众都会考虑与别人分享自己的感受。当前,最重要的一个分享渠道是个人的微信朋友圈。新浪微博的使用率低于"与亲友口头交流"。此外,网上购票平台如格瓦拉生活网、大众点评网等,尽管目前他们作为信息传播渠道的使用频率并不高,但这些平台出于其战略发展的考虑,如强化社交平台功能、增强用户黏度等,大多积极鼓励用户在平台上发表反馈。这方面的比重是否能够有效增长,有待后期观察。

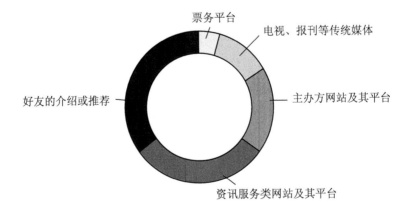

**图9.8　2014年上海特展观众展讯获取渠道**

资料来源:作者绘制。

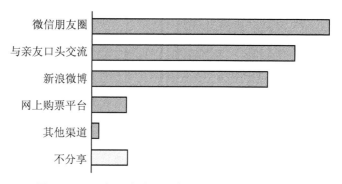

**图9.9　2014年上海特展观众观展后的信息分享方式**

资料来源:作者绘制。

### 9.3.5　营收方式有待开拓

一般来说,特展的收入是以票房、衍生品和赞助为主,以巡展和异业合作为辅。从目前上海特展的总体情况来看,票房和衍生品是展览最重要的收入来源,赞助获取的不确定性非常高,每个展览的赞助情况落差很大,巡展模式开始出现较为正面的案例,异业合作的前景非常广阔,但目前明显开发不足。

衍生品一般包括纪念画册和明信片等印刷品、办公用品、家居用品、服装配饰、儿童用品、限量版或签名版复制品等。特展衍生品与博物馆、美术馆里常设展的衍生品开发有很大不同:受到展期的限制,存在产品开发周期短、销售周期短的特征。在很短的时间内,围绕着单个展览开发出能摆满一间商店的产品,品类要够多,价格覆盖面要广,还要能够适应不同消费者的需求。特展衍生品开发的另一个难点在于前期预估生产数量。看完展览后购买衍生品,这是一种典型的冲动式消费,商品如果没有在展期中售罄,则很难产生后续销售。总之,对于特展衍生品的运营者来说,控制生产成本和生产数量,要远比提升设计质量重要得多。受限于这些因素,特展衍生品多会采用将授权画面在各种产品上直接印刷的简单模式。

为了降低衍生品的风险,有些主办方也会采用外包给专业礼品公司的方式,这样可以转嫁研发生产的成本,也没有库存压力,但利润率低。不同的特展主办方会根据自己的实际运营能力和经验来决定营运模式。

市场数据方面,衍生品的人均消费通常在 15～35 元之间。观众的消费欲望会受到展览场地、商店面积与环境、衍生品的品质与定价系统等一系列因素的影响,所以这只是一个非常粗略的数据。例如,以少年儿童为目标客群的亲子类特展,其衍生品的人均消费会偏低,因为这种展览所吸引的观众多是以家庭为单位,而衍生品消费却只针对少年儿童的需求。

在巡展的方面,巡展可以节约运费、增加衍生品的销售周期(从而可以提升衍生品的品质,降低开发成本和生产成本),增强展览的知名度与影响力。如果是事先与版权方谈定的打包巡展,还能向版权方争取到更为低廉的借展费。总之,巡展能有效降低单个展览的平均成本,分摊风险,是特展运营的上佳之选。

之所以说它在目前是辅助性的,是因为巡展所牵涉到组织工作更为复杂,而目前国内的特展市发展又极不均衡,各地特展运营方、场地方之间的信息平台不通畅等因素有关。到目前为止,只有少量的展览可以做到在国内的异业合作,如"不朽的凡·高——感映艺术大展"在上海新天地太平湖的上海站结束后就已经巡展到北京。

## 9.4 迈向"十三五"的前瞻——发展上海特展产业的对策建议

作为文创领域中一个具有极大发展前景的新兴产业,特展的数量在最近几年间稳步提高,高投资、高票价、高人流量的特展数量也在增加,市场竞争趋于激烈。但另一方面,在大文创时代的格局中,特展的市场爆发力没有完全体现,还没有得到充分重视。

上海的特展产业总体上仍然处于起步阶段,展览运营上属于粗放式经营的探索期,特展运营者在成本控制、品牌行销、营收绩效等多方面无矩可循,在内容研发、观众体验、衍生品开发、宣传推广等诸多环节上都有待提高。

### 9.4.1 加强展览内容的研发水平

在产业化发展的过程中,与特展内容多样化同时发生的是特展观众群体明显扩大,因为特展的内容已经远远超出了艺术范畴,特展观众也不再是传统意义上的"文艺爱好者",其年龄、职业等人口学特征的分布更为广泛,价值观等也更为多元。特展主办方加强展览内容的研发水平,是为了能更好地照顾到不同类型观众的观展需求以达到扩大观众规模的目的,这需要展览的内容能够协调观众需求与内容供给之间的关系,协调特展的教育功能与娱乐功能之间的关系。

### 9.4.1.1　协调观众需求与内容供给的关系

对主题进行多维度的挖掘,是为了能应对更多不同观众的需求。主办方需要对展览目标观众群体进一步细分并充分考虑各类观众的内容偏好,行为习惯与价值观,使展览内容与目标观众在不同维度上产生理解与认同,在两者之间构建起稳固的关系。

对特展内容的多维度挖掘还包括提升展陈形式的多样化。在不破坏展品本身意义与价值的前提下,具有互动性、趣味性的展陈形式明显更有利于观众深入理解展览内容,加深印象,并形成进一步传播。

互动性、趣味性对观众的吸引力在 2014 年的"草间弥生——我的一个梦"有着突出体现,引起公众关注和传播最多的作品是《洁净之屋》,这个空间装置作品邀请观众将彩色波点贴纸贴在一个纯白仿家居空间中。

即使是以经典艺术作品为卖点的特展,其表现形式也越来越多,在某些情况下,是否能拿到原作已经不再是艺术类特展成功与否的唯一标准。2015 年在新天地太平湖上举办的"不朽的凡·高——感映艺术大展",整场没有一幅真迹,虽然被批评为"PPT 展览",但其对拓展展览形式的价值仍然值得被充分重视。

### 9.4.1.2　平衡教育功能与娱乐功能的关系

对特展在内容和形式上的深入挖掘,都是为了带给观众更好的观展体验,让他们留下更深刻的印象,并吸引更多观众参观。而良好的观展体验也将有助于平衡特展的教育功能与娱乐功能。

虽然特展在今天已经整体上具有明确的娱乐化、世俗化倾向,但要注意到,以艺术类为主的特展具有明显的教育功能,这是特展与电影、演出等文娱消费的重要区别之一。

以最为典型的艺术类特展为例,一方面,观众对展品所携带的知识量、信息量都有着较高期待,希望通过看展览来提升自己的文化艺术欣赏水平;另一方面,看特展不再是一个单向的"接受教育"过程,而是一项包括了休闲、社交的功能的综合文娱消费。总的来说,观众对于无论是内容还是形式上的"新奇"的展览都会更感兴趣,对展览的"知识性"和"互动性"持有期待。因此,艺术类特展中,主办方必须更多考虑到普通观众的接受度与理解力,避免传统艺术类展览中的学术腔和高冷姿态,以多种展陈方式让观众更有效地理解作品和展览。使看展不再是一个高高在上艺术朝拜,而真正成为公众文娱生活的一部分。

### 9.4.2 加强展览现场管理水平

上海的特展整体上处于起步期,竞争尚不激烈,主办方的注意力集中在内容研发与市场推广上,现场管理水平是一个在当下市场环境中经常被忽视的问题。现场管理的精细度不足会直接影响用户体验,对特展行业的长期良性发展非常重要。

展览的现场管理包括现场软硬件设施的专业度,现场工作人员的专业度和工作状态以及对展览期间口碑监测和反应。

#### 9.4.2.1 对现场软硬件设施与服务的管理

现场管理的硬件主要指展览场地的专业度,如运送作品的货运通道、安保设施、恒温恒湿等场馆硬件设施,以及与售票、排队、寄存等观众服务相关的空间需求。

如果说硬件问题因受限于多种因素而在短时期内无法有效解决,那么展览现场的软件设施则更体现出了主办方的专业化程度。软件方面主要是指观众的服务设施,包括动线设计和标识系统是否清晰,现场是否有无线网络覆盖,导览内容的准确性、趣味性和信息量,导览形式是否足够多样化以满足不同类型观众的要求。现场安保、志愿者以及其他工作人员的工作方式、精神状态、仪表形象,对观众的亲和力,对展览内容的理解水平,都会对观众的观展体验及后续的口碑传播形成重要的影响。

2014年中,"印象派大师·莫奈特展"在应对持续的大人流量时的解决方案是很好的正面案例,证明硬件设施上的短板可以通过良好的组织来解决。在这个展览中,一般会引起人流排队聚集的两个环节,购票与进入,都通过不同方式予以化解。在购票环节,因为主办方与线上票务平台,提前线上购票的观众可以在现场通过机器取票,大量节约了观众现场购票取票的时间。在入场等待环节,观众买票的同时会拿到排队号,叫号电子屏显示当前入场号码和等待人数,并告知观众一个大概的等待时间,鼓励观众分散到其他区域。这种方式极大地缓解了现场的人流压力,让观众可以更自由地利用等待时间,同时又为展览场地 K11 商场及周边商圈带来了大量客流。

#### 9.4.2.2 对现场观众不当行为的管理

在展览的现场观众管理中,当下比较普遍存在的问题是如何对观众在现场拍照、与作品过度互动等不当观展行为进行引导与规范,在大人流量的展览中,这些问题会因为管理人员人手不足而显得尤为严重。

拍照并在社交媒体上进行分享已经成为现在观众观展的一个重要动作,同时也是展览本身传播与宣传的有效途径。有的艺术展览现场不允许拍照,一般是出于以下几个原因:一是作品因年代久远等原因,其物理性质非常脆弱,闪光灯会对作品的寿命和品质造成影响;二是版权方想要保护作品的图像版权而不许拍照;三是出于展场管理的原因,现场拍照会造成人流拥堵,闪光灯的闪烁会影响他人的观展体验。

从观众方面来看,大部分在现场拍照的观众的目的只是想要留个纪念,或是"看到别人拍,所以我也拍"的从众心理,其行为本身并无主观恶意。对于此类行业,一方面是要进行正向引导,明确告知拍照规定。另一方面,可以设立专门的拍照区域,在不侵犯版权方要求的前提下,设置背景板、小道具等拍照"景点",在灯光、服务上提供比展览现场更优的拍照环境。

观众与作品过度互动的行为通常发生在拥有互动作品的展览中,观众的不当互动行为有时会导致作品损坏,严重的甚至会产生经济或法律纠纷。观众过度互动与拍照有类似之处,即:观众在与作品互动时通常并没有要破坏作品的主观恶意,他们或是想和展品近距离接触,或是并不清楚知道每个作品的互动方法,不知道哪些作品可以互动而哪些不可以。

针对观众的这两种不当行为,除了加强工作人员现场引导与监督外,还可以充分利用观众排队时的垃圾时间在观众进场前就进行展前培训。当观众处在无所事事的状态中时,对各种互动活动的配合度都要比平时更高。利用这个时段进行展前培训,展开会员招募、观众调研、互动游戏,甚至一些商业合作伙伴的市场营销活动,都会起到不错的效果。

### 9.4.3 拓展异业合作的类型

异业合作是目前各种不同行业普遍采用的营销方法,当不同行业的目标消费者部分或者全部重合时,异业合作的双方捆绑其产品资源或渠道资源,这不仅能降低合作双方的运营成本,还有助于各自的产品销售和品牌推广获得提升。

特展是针对普通公众的文化娱乐消费,与旅游、教育、餐饮、交通、快消品等多个行业都有极大的客群重合,可以展开异业合作的可能性非常多。就目前上海特展的发展现状而言,更具可行性的异业合作集中在旅游、商业综合体和教育等几个方面

#### 9.4.3.1 与旅游业的结合

引入都市旅游和文化旅游的思路,将特展与其他文娱消费、餐饮消费结合在一起,辅助以交通和导览服务,以多展览、多场馆联动的方式,开发以特展为核心的旅游产品线。

目前情况下,上海本地游客仍是特展旅游的主要目标客群,但同时也需关注长三角地区的观众。与演出市场的情况类似,异地看展是一种已经存在的观展行为模式,挖掘上海周边地区的看展观众群仍有很大的市场潜力。

从传播和销售渠道来说,充分利用发达的线上旅游平台,文化旅游产品在数量和品质上的提升,不仅是促进特展本身的运营,同时也能提升旅游产品的丰富度。

#### 9.4.3.2 与商业地产的结合

在电商的持续冲击下,实体物业型的传统商业地产面临转型,文娱消费是

可以带动人流与消费的行之有效的方法。电影院线与商业地产的结合已经发展得较为成熟。在上海,将演出场馆引入商业地产是这一两年间出现一个值得注意的现象。

当前,有大量商业运营的特展是在商业地产中举办,但大多数时候,两者之间只是简单的场地租赁关系。从商业地产的物业运营方来说,用票房分成来取代或结合传统的场地租金可以调动场地方更多的积极性,也有可能获得更高的收益。此外,如果商业地产能够更紧密地利用特展的内容,将展览与商场的餐饮、娱乐业进行打包式、联动式的合作营销,让观众把看特展和其他休闲消费打包进一个半天消费周期里,即能提升观众的消费体验,也形成特展与商场的双赢。

### 9.4.3.3　与教育产业的合作

在上海特展已有的异业合作模式中,教育活动发展得较为成熟。在展览中植入教育活动,即能帮助主办方吸引人流,增强观众粘附力和传播效率,又能成为展览获得营收的手段。基于特展内容与形式的特点,围绕特展而产生的教育以兴趣教育为主,通常以讲座、深度讲解、工作坊、训练营、互动游戏等方式展开。

在上海,特展与教育产业的异业合作主要存在两方面的问题可以改进:一是特展主办方现在普遍将教育视为展览推广中的一个环节展开,其主要目的是媒体曝光而非商业营收。这导致教育产品普遍存在研发不足、商业化程度不高的现象。而事实上,如果对教育投入更多的关注,这项业务有很大机会能产业营收。二是在已有案例中,针对儿童的教育活动更为常见,而针对成人的教育项目则相对较少,且多是免费讲座的形式。主办方一方面可以增加成人教育的种类,另一方面,还可以考虑将成人教育和儿童教进行更多形式的结合,除了家长和儿童同时参与的亲子教育,还可以在儿童教育的周边配套成人教育项目,有效果利用家长等待的垃圾时间。

## 9.4.4　建立可持续发展的特展产业研究体系

传统国立博物馆、美术馆的学术研究大多集中在对展览内容的发掘,展览运营一直没有得到充分重视,而民营资本由于其经营性质和人员配置的问题,一般也无法对特展的产业发展进行系统的学术研究。

上海特展产业在未来要获得良性发展,必然需要建立一个持续、全面的学术研究体系,为产业发展提供必不可少的市场数据、趋势分析等。这在一方面可以帮助上海特展运营者更全面地了解市场,进行更加理性的项目决策。另一方面也为政府对特展产业进行管理时提供参考依据。

**10**
# 上海网络游戏产业的集聚创新
### ——发展趋势与突破重点①

解学芳②

内容提要： "互联网+"时代的到来与上海建设"全球科技创新中心"的契机
　　　　　为上海网络游戏产业发展提供了全新动力。上海网络游戏产业
　　　　　呈现地理集聚与内容集聚的双重特点,但面临低水平集聚的困
　　　　　境——地理空间集聚效益不佳、技术集聚水平不高且企业协同创
　　　　　新意识不强、内容创意与 IP 资源开发不足,面临产业链短等困
　　　　　局。鉴于此,上海网络游戏产业需在"十三五"期间,通过集聚创
　　　　　新形成新的发展动力,在产业能级和规模效益上达到更高水平,
　　　　　推动整个上海形成具有更大创新性、包容性、跨界性的大文化生
　　　　　产系统。

关 键 词： 网络游戏产业,集聚创新,"互联网+"

## 10.1　"互联网+"时代对上海网络游戏产业的推动力

### 10.1.1　"互联网+"为网络游戏产业发展提供新动力

　　"互联网+"时代的到来,意味着互联网不再是技术的代名词,也不单指互

①　本文为国家自然科学基金项目"基于技术与制度协同创新的文化产业跃迁机制与国家治理能
　　力研究"(项目编号:71473176);上海市哲学社会科学规划课题一般项目"文化产业科技创新
　　能力研究:基于北京、上海与深圳的比较"(项目编号:2014BGL001)的研究成果。
②　解学芳,管理学博士,同济大学人文学院文化产业系副教授、硕士生导师、媒体产业研究所副
　　所长,主要从事文化产业制度创新、技术创新与文化产业研究。

联网思维的介入,而是像水电煤等基础设施一样,开始全方位的融合与嵌入各个行业的创新发展过程中。2015 年的《政府工作报告》首次提出制定"互联网+"行动计划,强调"推动移动互联网、云计算、大数据、物联网等与现代制造业结合,引导互联网企业拓展国际市场,并设立 400 亿元新兴产业创业投资引导基金,为产业创新加油助力"。可见,"互联网+"已成为 2015 年的发展战略,其无所不在的创新也将拓展网络游戏产业创新的空间,塑造着全新的发展格局。

与此同时,"互联网+"与"大、云、平、移"的叠加,成为网络游戏产业竞争力不断提升的内生驱动力,推动着大数据、云计算、平台化、移动互联网开始全方位介入网络游戏产业,带来游戏产业的重大变革:一方面,大数据时代开启了新的信息应用规则,大数据的应用介入网络游戏源头创意与精准营销,为网络游戏产业链优化提供了重要工具与载体,创新了网络游戏的生产模式与营销模式;另一方面,云计算作为"互联网+"战略的中坚,进入网络游戏产业可以随时随地提供安全稳定的按需服务,有效降低了游戏开发成本,让企业专注于游戏内容创新,从而提升核心竞争优势;而建构与做大游戏平台类似于搭建一个良性的网络游戏大生态系统,是网络游戏企业参与产业链,整合运营与营销环节的关键。此外,移动互联网迎合了大众的娱乐消费时间越来越碎片化的需求,伴随着移动游戏品质的提升、WiFi 的普及与 3G/4G 用户数量的快速攀升,移动互联网与网络游戏的完美联姻将推动移动游戏市场的高速增长。例如《福布斯》中文版发布的"2015 中国移动互联网 30 强"榜单的大部分企业的移动收入或多或少都与游戏直接相关,其中排名首位的腾讯近半的收入(2014 手游营收约 120 亿)来自移动游戏①。

### 10.1.2　全球科技创新中心建设带来新契机

2014 年 5 月以来,上海在积极推进国际经济中心、金融中心、贸易中心、航运中心等四个中心建设的同时,正把建设"全球科技创新中心"作为新的战略定位

---

① 马燕:《2015 福布斯中国移动互联网 30 强出炉　腾讯居首》,《扬子晚报》2015 年 4 月 23 日。

和重要目标。"科技创新中心"建设将和上海作为"国际经济、金融、贸易、航运中心"一样被赋予同等地位,意味着上海科技创新环境将面临一次全新的布局与重塑。上海应推动全球科技创新中心与国际经济中心、国际金融中心、国际航运中心、国际贸易中心的协同,将科技创新中心的建设融入开放的经济中心、金融中心、贸易中心的建设之中,致力于创造一个适宜网络游戏产业创新的生态环境。

上海应积极围绕"无线城市"与"智慧城市"战略不断提升城市数字化、网络化、智能化水平,加快构建创新活跃的新一代网络游戏产业体。2015 年 4 月,上海市政府与腾讯签署了战略合作框架协议"共同营造创新创业良好环境,加快建设具有全球影响力的科技创新中心步伐,推动上海'互联网+'产业发展、提升智慧城市服务水平"①,腾讯作为网络游戏行业老大的领航与示范效应将为上海网络游戏产业的发展带来新契机;而"无线城市"与"智慧城市"战略的实施,前者为整个城市提供随时随地随需的无线网络接入有助于改善网络游戏产业发展的基础环境,为移动游戏产业发展获取更多的游戏用户;后者则可助推政府优化管理方式与公共服务模式,提高政府响应网络游戏产业发展的政策与决策的速度。下一阶段,上海应抓住利好政策时机,增加高新科技研发投入,提升整个上海各行业的科技创新能力,营造良好的创新生态,不断优化网络游戏产业发展的外在大环境;同时,发挥上海全球科技创新中心的科技集聚优势与创新优势,学会利用国内外最新科技创新资源构建网络游戏产业创新中心,不断提升上海网络游戏产业的研发能力,这是上海网络游戏产业未来发展的重要任务。

根据《全国科技进步统计监测报告》,上海综合科技进步水平指数多年位列全国第一位,说明上海在全国科技创新方面已达到较高水准,具备了推动科技创新与网络游戏产业深度融合的条件。

## 10.2 上海网络游戏产业的双重集聚特征

伴随近年技术创新对网络游戏产业牵引力的增强,以及网络游戏企业竞

---

① 洪霞:《上海市政府与腾讯共建"互联网+"智慧城市》,《大众日报》2015 年 4 月 16 日。

争的激烈,全国网络游戏市场日新月异,上海网络游戏产业的空间集聚与内容集聚也处于不断的变化中。

### 10.2.1　地理集聚①

上海网络游戏产业的地理空间布局呈现基于不同区域资源禀赋的集聚分布风格,即网络游戏企业以文化产业园区和文化创意产业园区为载体分布。

从地理分布的格局来看(参见表 10.1),形成了三大梯队,第一梯队是以盛大、巨人网络为代表的龙头企业,控制着网络游戏产业链的上端;主要聚集在徐汇区与浦东新区,高度集聚特征明显;第二梯队以久游网、世纪天成等为代表,企业实力正在不断增强,随时准备进入第一梯队中,在地理空间上主要集聚在徐汇区与黄浦区,而嘉定、长宁、虹口、静安,闵行等区域也都有分布;第三梯队的游戏企业主要是中小型企业,处于产业链的中下端,需要和第一、第二梯队的企业进行合作获取更大发展空间与机遇,在空间分布上呈现市区集聚、郊区分散的特点。总的来看,浦东新区、黄浦区、徐汇区三大区域的网络游戏企业集聚度最高,而且主营业务大多聚焦在游戏研发与制作方面。究其原因,一方面,园区区位优势与政策资源的优势,吸引了若干从事游戏创意、制作、游戏投资、游戏运营等不同企业的入驻。按照 Grandadam 的观点,网络游戏产业的外部效应并不仅取决于企业、组织机构或是技术人员、创作个体等基础单位的集聚,而是来自城市区位与空间要素的结合②,即区位优势与空间条件的聚集将能够赋予文化创新生机与新动力。另一方面,这三大区域拥有较多的创新资源,聚集了大批高层次的游戏开发与技术人才。特别是张江国家级文化与科技融合示范基地的 22 个园区集聚了大批游戏开发与科技人才,形成了网络动漫游戏、网络视听、数字出版、移动互联网产业的地理集聚,为网络游戏产业链的拓展提供了广阔空间。

---

① 解学芳:《基于网络游戏的文化软生产集聚与文化空间重塑——以上海为例》,《同济大学学报(社会科学版)》2015 年第 3 期。

② Grandadam D, Cohendet P and Simon L., Spaces and the Dynamics of Creativity: The Video Game Industry in Montreal, Regional Studies, 2012, 46(7), pp:1—14.

#### 表 10.1　上海网络游戏企业规模格局与地理分布

| 所处梯队 | 网络游戏企业名称 | 区域分布 |
|---|---|---|
| 第一梯队 | 腾讯(上海分公司) | 徐汇区 |
| | 巨人网络(原名征途) | 徐汇区 |
| | 淘米网 | 徐汇区 |
| | 游族网络 | 徐汇区 |
| | 网宿科技 | 徐汇区 |
| | 盛大网络 | 浦东新区 |
| | 第九城市 | 浦东新区 |
| | 完美时空(上海分公司) | 浦东新区 |
| 第二梯队 | 久游网络 | 黄浦区 |
| | 掌上灵通 | 黄浦区 |
| | 暴雨信息科技 | 黄浦区 |
| | 37 游戏* | 嘉定区 |
| | 骏梦游戏 | 嘉定区 |
| | 大成网络 | 长宁区 |
| | 摩力游数字娱乐 | 静安区 |
| | 世纪天成(上海邮通科技有限公司) | 徐汇区 |
| | 恺英网络 | 徐汇区 |
| | 上海天游软件有限公司 | 徐汇区 |
| | 游戏蜗牛(上海分公司) | 徐汇区 |
| | 艾麒信息科技 | 闵行区 |
| | 联游网络 | 虹口区 |
| 第三梯队 | 游唐网络、乐游信息科技、艾趣信息科技、上海冰动娱乐、元游网络、悠乐网络、麦格特尔网络、北之辰、麦石信息技术、久之游信息、腾仁信息技术、网禅(上海)软件、联竣信息、智艺网络、易当网络、百海信息、冰动信息、尚游网络、蓝田信息科技、派讯信息科技、唯晶信息科技、地纬数码、冠网数码、海奥盛软件科技、非岚信息科技、锐速电脑科技、戏谷软件、凡多软件、优奈利斯软件、风与月软件、天实软件、吉标软件、预言软件、巨丰网络、浮点网络、轴固科贸游戏、华游网络、超澜数码、鸿利数码、同风数码、兆志数码、康庄游戏、育碧电脑软件、龙游天下、烛龙信息科技、博思游戏、鸿利数码科技、禹硕游戏、网三信息科技、智川(上海)信息科技等、都玩网络科技、游戏风云文化传媒、游奇网络、晨之科信息技术、起凡游戏、游戏米果网络(上海)、影速游戏、波克城市、金酷游戏、致玩网络、V创游戏传媒、有乐游戏、英佩数码科技、红箭游戏、酷橙网络科技、麦博文化传播、三艺游戏(上海)、海天循软件科技、莉莉丝科技、火溶信息、游唐网络、酷宝信息、宝酷网络等。 | |

　*  37 游戏于 2014 年底被上市公司顺荣股份以 19.2 亿元价格收购 60% 股权,更名为芜湖顺荣三七互娱网络科技股份有限公司(顺荣三七),实现借壳上市成功登陆资本市场。

以张江国家级文化与科技融合示范基地(形成了一区二十二园的格局)为例,如果把基地的网游企业营收前 10 名企业作为参考系(如表 10.2 所示),在空间布局上仍然反映出上述区域高度集聚的特点,其中漕河泾园有 4 家,张江核心园、嘉定园分别有 2 家企业,闵行园、静安园则各有一家企业,再次表明,徐汇区、浦东新区是强势网络游戏企业的集聚地。

表 10.2　张江国家级文化与科技融合示范基地网游企业营收前十名单

| 排序 | 园区名称 | 企业名称 | 营收增长率(%) |
|---|---|---|---|
| 1 | 漕河泾园 | 上海邮通科技有限公司 | −16.89* |
| 2 | 漕河泾园 | 上海恺英网络科技有限公司 | 60.22 |
| 3 | 嘉定园 | 上海三七玩网络科技有限公司 | −68.70* |
| 4 | 张江核心园 | 上海玄霆娱乐信息科技有限公司 | 8.68 |
| 5 | 漕河泾园 | 上海久游网络科技有限公司 | −8.35* |
| 6 | 静安园 | 上海东方网股份有限公司 | 16.52 |
| 7 | 漕河泾园 | 上海淘米网络科技有限公司 | −17.23* |
| 8 | 嘉定园 | 上海骏梦网络科技有限公司 | 63.50 |
| 9 | 闵行园 | 上海艾麒信息科技有限公司 | 24.27 |
| 10 | 张江核心园 | 上海盛大网络发展有限公司 | −56.54* |

注:营收增长率标记为"＊"的为负增长
资料来源:《上海张江国家级文化和科技融合示范基地 2014 年发展报告》,2015 年 7 月 15 日。

此外,在移动游戏行业,2014 年仅围绕上海地铁 1、3、7 号沿线布局的移动互联网产业园区就高达二十余个,占地面积达 150 万平方米;高成长创新型的移动游戏成为上海游戏产业的重点,出现了一批以中国手游娱乐集团上海分公司为代表的新兴手游企业[1]。

### 10.2.2　内容集聚

从历史发展脉络来看,1999 年 11 月,盛大网络发展有限公司成立,并于 2004 年登陆美国纳斯达克上市成为上海首家在美国上市的文化产业企业。它引发网络游戏的传奇,并引领带动着上下游的产业链——电信业、IT 设备业、数字出版等以及 PC、移动终端、数字电视等多种平台经济效益快速提升,推动着整个上海网络游戏产业的崛起,实现了以网络游戏为核心的内容产业的集聚:一是将网络游戏(包括大型多人在线角色扮演游戏、休闲游戏、棋牌游戏、对战游戏)、网络文学、影视剧制作、网络视频、出版、动漫与音乐等多元化

---

[1]　上海市新闻出版局:《2014 上海游戏产业报告》,http://www.chinadaily.com.cn/hqcj/xfly/2015-07-09/content_13952340.html, 2015 年 7 月 9 日。

的互动娱乐内容融合在了一起;二是实现了网络游戏内容研发人才的集聚,在网络游戏行业人员流失率居高不下的情况下,上海网游企业保持着同行业较低水平的流失率,推动了整个上海网络游戏内容资源、内容要素的集聚,塑造了上海在全国网络游戏市场中的重要地位。

近些年,随着技术创新的日新月异与"互联网+"时代的到来,上海网络游戏产业新业态风生水起,与新媒体、移动互联网的杂交不断拓展着网络游戏产业链与文化内容创新的空间。从内容集聚的原生力量来看,截至 2014 年底,上海游戏行业从业人员高达七万多人,比 2013 年增加一万余人,且游戏产品创新活跃,根据《2014 年上海游戏出版产业报告》的统计数据,2014 年上海自主研发的游戏营业额高达 299.6 亿,占全国自主研发游戏销售规模的 41.2%①。网络游戏的示范效应成为上海文化内容生产要素集聚的关键。例如,游族网络围绕 IP(知识产权)助推影视和网络游戏联动,成立游族影业,用互联网思维整合文化资源,并立足内容创意来源的创新人才,签约上海交通大学建立数字娱乐创新人才联合培养研究院(硕士)基地,探索产学研合作模式,致力于内容原始创新、技术创新与产业创新,开启了跨界发展的新阶段②。

文化内容生产是经济系统的内生变量,网络游戏产品的生发与集聚演化过程是相互依存,相互影响的,直接对上海文化内容生产体系的延伸与活跃产生关键作用。网络游戏产业将文化元素、历史题材、文化遗产甚至自然资源融合一起,创建了上海文化内容生产体系的文化品牌,不仅开发了多元化的网络文化产品——通过游戏平台进行跨行业、跨媒体发展,延伸到影视制作、网络音乐、移动娱乐、动漫、网络文学等宽泛意义上的大文化内容生产体系,还拓展了产业链,带动了周边衍生产品的发展,推动着网络文化与传统文化、网络文化运营模式与传统文化产业运营模式的融合与创新,对上海文化内容创新的

① 邹瑞玥:《2014 上海出版产业报告:移动游戏销售收入增 154%》,中国新闻网,http://finance.chinanews.com/cul/2015/06-29/7373148.shtml,2015 年 6 月 29 日。
② 《上海文化产业发展报告出炉 游族网络成案例》,腾讯游戏,http://games.qq.com/a/20150202/025717.htm,2015 年 2 月 2 日。

集聚具有重要而现实的意义。

从内容集聚的差序格局来看（参见表10.1），以盛大、淘米、九城、巨人网络、游族、腾讯（上海分公司）、完美世界（上海分公司）为代表的网络游戏领军企业属于第一梯队，他们把主要精力放在前端内容原创与开发环节，发挥着网络游戏产业标杆的作用；以久游网①为代表的第二梯队的网络游戏企业利用已有规模与优势进行着内容与科技资源的整合与创新，影响着第一梯队的竞争格局；第三梯队的网络游戏企业则主要通过承接外包的模式进行资本原始积累，壮大企业规模，但内容研发活动规模较小。处于内容创新不同层面的这三大梯队的网络游戏企业形成了互补式生态集聚圈，推动了上海网络游戏产业的内容与发展模式的梯队创新。但是，这一格局的发展也存在瓶颈，特别是在游戏内容创新规模上，巨头企业与中小型网络游戏企业形成鲜明对比，未能在三大梯队间形成良好的衔接，严重减弱了上海网络游戏产业持续创新的竞争力。特别是随着网络游戏产业在"互联网+"时代的全面布局，以盛大网络为代表的上海网络游戏创新优势下滑②，中国网络游戏产业发展正演变成深圳、广州、上海、北京四大城市的竞争格局，反映出上海网络游戏产业占全国网游市场比重的衰退曲线，上海内容集聚创新不足的现状也凸显出来——上海网游企业与位居全国网络游戏市场第一、二宝座的腾讯与网易作为"自主研发先驱"的状况形成鲜明的落差，映射出整个上海文化内容生产的最大软肋——过多的模仿与复制，缺乏创新与原创。事实证明，原有凭借代理起家、发家、模仿的粗放模式时代已经一去不复返。例如，"失魔兽而失天下"的九城、盛大网络被迫战略转型都是典型的案例，而致力于集约型、自主研发的前端产业链、寻求适合本土特色的文化内容生产体系的时代已经到来。

总之，上海应通过文化地缘连接、内容创意集聚，有效联合各个园区的网络游戏企业，形成以技术创新与内容创意为纽带的集聚化区位布局；通过释放

---

① 2015年6月11日，上市公司电广传媒以6.6亿并购久游网70%股权，意味着久游网成功"借壳上市"，重回国内一线网游企业的条件成熟。
② 盛大网络的网络游戏地位逐年下降，退市布局开启私有化进程；2015年初网络文学被腾讯文学并购成立阅文集团，从原来的网络迪士尼的定位被迫转向资本运作。

领军企业的引导力不断扩大上海网络游戏产业的地理版图,加快网络游戏产业与其他相关产业的深度融合,强化网络游戏产业的扩散效应,勾勒出上海网络游戏产业未来发展的"谱系地图"。

## 10.3 上海网络游戏产业发展现状与低水平集聚

### 10.3.1 上海网络游戏产业发展状况

根据《2014 年上海游戏产业报告》,2014 年,上海网络游戏产业营业收入为 377 亿元(包括客户端游戏、网页游戏、移动游戏与电视游戏),占全国网络游戏市场 1 144.8 亿元的 1/3,比 2013 年的 255.2 亿元增长了 47.7%;自主研发网络游戏销售收入 299.6 亿元,同比增长率 78.2%;网络游戏海外销售规模达 5.278 亿美元,同比增长率 54.7%[1]。上海网络游戏产品审核申报 430 款,占全国的 53%,移动游戏发展快速,销售收入达 55.8 亿元,同比增长为 154.7%[2]。对比全国 2014 年的统计数据,包括网络游戏、移动游戏、单机游戏在内的整个游戏市场规模为 1 144.8 亿元人民币,比 2013 年增长了 37.7%,其中客户端网络游戏市场销售收入 608.9 亿元,网页游戏市场销售收入为 202.7 亿元,移动游戏市场的销售收入为 274.9 亿元(比 2013 年增长 144.6%,市场占有率高达 24.0%),社交游戏市场销售收入 57.8 亿元,单机游戏市场销售收入仅为 0.5 亿元[3]。可见,上海网络游戏产业的发展态势与增长速度明星高于全国水平。

与此同时,上海网络游戏市场吸引了越来越多的领军型游戏企业进驻。一方面,国内游戏领军企业腾讯、完美世界、游戏蜗牛等纷纷在上海设立分公司,其中仅腾讯上海公司在 2014 年的营业收入就高达 18 亿元[4];另一方面,国

---

① 上海市新闻出版局:《2014 上海游戏产业报告》,http://www.chinadaily.com.cn/hqcj/xfly/2015-07-09/content_13952340.html,2015 年 7 月 9 日。

② 邹瑞玥:《2014 上海出版产业报告:移动游戏销售收入增 154%》,中国新闻网,http://finance.chinanews.com/cul/2015/06-29/7373148.shtml,2015 年 6 月 29 日。

③ 中国音数协游戏工委:《2014 年中国游戏产业报告:实际收入达 1 144.8 亿元人民币》,《2014 年中国游戏产业报告》,2014 年 12 月 28 日。

④ 奚亮:《上海网络游戏营收占全国 1/3》,东方网,http://sh.eastday.com/m/20150314/u1ai8621318.html,2015 年 3 月 14 日。

际游戏企业纷纷借上海自贸区文化市场开放政策进驻上海——2014年，微软和百视通组建了"上海百家合信息技术发展有限公司"开展家庭娱乐游戏业务，微软 Xbox One 汉化游戏机进入国内市场；2014年5月，索尼和东方明珠成立合资企业推广 PS 系列游戏机，于2015年3月面向中国市场发售 PS4 与 PS Vita 游戏机①，推动着上海成为中国电视游戏产业的新高地。

此外，从目前上海网游企业上市名单来看（见表10.3），10家企业中6家在境外上市，4家在国内证券交易所上市。从境内上市企业来看，虽然中国联通与百视通不直接属于游戏企业，但中国联通通过"沃游戏"进入游戏领域；百视通则于2015年1月设立主机游戏事业群进军网络游戏产业，发展势头迅猛；而游族网络则于2014年借壳梅花伞上市，市值达百亿，旗下页游、手游、发行、平台、海外业务同时发展，2014年实现营业收入8.43亿元，净利高达4.15亿，其自主研发的产品《女神联盟》2014年在近七十个国家和地区发行二十余个语言版本，单款产品海外地区月流水高达1 500万美金②，成为网游企业的代表。从境外上市企业来看，海外上市融资对上海网游企业的吸引力由于美国资本市场估值的长期低估而退减，6家境外上市的游戏企业或是已经退市或是正在筹划退市，特别是2014年巨人网络开始了私有化进程并宣布从纳斯达克退市，盛大网络也紧跟其后③，意味着早期纷纷在海外上市的网络游戏公司开启了退市并计划国内 A 股上市的新阶段。

表10.3　上海网络游戏企业上市名单

| 上市代码 | 企业名称 | 企业性质 | 企业总部 | 上市时间 | 上市地点 |
|---|---|---|---|---|---|
| 002174 | 游族网络 | 民营企业 | 上海市 | 2014年 | 深圳证券交易所 |
| 300017 | 网宿科技 | 民营企业 | 上海市 | 2009年 | 深交所创业板 |
| 600050 | 中国联通 | 国有企业 | 上海市 | 2002年 | 上海证券交易所 |
| 600637 | 百视通 | 国有企业 | 上海市 | 1993年 | 上海证券交易所 |

---

① 中共上海市委宣传部事业产业处、上海市文化事业管理处和上海市发展改革研究院：《2014年上海文化产业发展报告》，http://www.ccitimes.com，2015年1月30日。

② 杨虞波罗：《游族网络2014营业总收入8.43亿元　净利润4.14亿元》，人民网，http://game.people.com.cn/n/2015/0401/c48662-26782297.html，2015年4月1日。

③ 李潮文：《美国资本市场不待见　中概股游戏公司忙退市》，http://www.jiemian.com/article/349966.html，2015年8月11日。

| 上市代码 | 企业名称 | 企业性质 | 企业总部 | 上市时间 | 上市地点 |
|---|---|---|---|---|---|
| NCTY | 第九城市* | 外资企业 | 上海市 | 2004 年 | 美国纳斯达克 |
| GA | 巨人网络* | 民营企业 | 上海市 | 2007 年 | 纽约证券交易所 |
| CCGM | 联游网络* | 民营企业 | 上海市 | 2007 年 | 美国纳斯达克 |
| GAME | 盛大游戏* | 民营企业 | 上海市 | 2009 年 | 美国纳斯达克 |
| TAOM | 淘　米* | 合资企业 | 上海市 | 2011 年 | 纽约证券交易所 |
| LTONY | 掌上灵通* | 外资企业 | 上海市 | 2004 年 | 美国纳斯达克 |

注:标记为"＊"的为已经从美国退市或筹划退市的企业;另久游网、37 游戏、恺英网络、天游软件、游唐网络等公司属于借壳上市,未统计在内。

资料来源:作者收集国内外上市资料整理所得。

### 10.3.2　上海网络游戏产业低水平集聚问题

上海网络游戏产业发展势头良好,但仍然面临着地理集聚效益不明显、技术集聚水平不高、IP 资源开发不足、产业链短与整合度不高等问题。

#### 10.3.2.1　地理空间集聚效益不佳

虽然园区集聚了一批规模大与创新力强的网络游戏企业,但主要还是集中在少数核心市区,郊区分散;而且处于形式集聚多内容集聚少、外在集聚多内在关联少的简单集聚状态,地理集聚效益未能释放出来。究其原因,主要是上海促进网络游戏产业发展的体制机制与创新生态还有待改善,在推动网络游戏企业间协作、推动网络游戏产业与文化、技术融合方面还缺乏切实可行的组织体系和政策支撑,为网络游戏企业提供共性技术服务与创新创业服务的能力还不高。

地缘空间是网络游戏产业生产集聚的重要支撑。上海网络游戏产业的集聚需以开放、包容的生态环境,以梯队转移和跨界扩散的方式打破目前集聚效益不强的现状,推动网络游戏生产主体与高科技、创意、金融、贸易的融合,推动其与相关产业的跨行业、跨媒体的融合,形成圈层式区域联动效应,并配套充足的文化空间、文化市场要素资源支撑以及外围区域支撑,形成具有强影响力的网络游戏研发生产集聚中心。

#### 10.3.2.2　技术集聚水平不高且网游企业协同创新意识缺乏

据《2014 全球创新指数报告》(GII, Global Innovation Index)显示,瑞士、英

国、瑞典、芬兰、荷兰、美国是"最具创新力经济体"的前6位,中国创新能力排名第29位[①],说明我国的创新能力正在稳健提升;从城市排名来看,澳大利亚发布的2014全球创新城市指数,上海列35位,与国际大都市的定位还存在较大差距[②]。特别是从网络游戏产业发展的创新环境来看,上海总体上缺乏技术创新的生态系统,缺乏高端技术创新人才的集聚,而且,在科技创新与成果转化环节上存在脱节。

从现实情况来看,上海的网络游戏企业在技术创新环节的合作不足,在高端技术研发上缺少实质性协作;在公共孵化平台建设、科技创新网络(由企业技术创新中心、技术创新联盟、大学科技园/研究中心等构成)建设方面,缺乏协同创新的意识与协同机制,很多游戏企业还处于外包加工、产值大而利润低的发展阶段。实际上,网络游戏企业在技术层面的协同关系可以分为三个层次,第一层次是在企业内开展技术创新,缺乏与其他企业的协同创新活动;第二层次是网络游戏企业与文化(创意)产业园区内的关联企业之间进行资源共享、技术协作,是简单的协同创新机制发挥作用的阶段;第三个层次是网络游戏企业在其整个产业层面与相关企业展开技术创新以及其他要素创新的协作,是科技要素、组织要素、制度要素等的整合、重组与优化,是促使产业升级的保障[③]。按照这个层次来看,上海网络游戏企业之间的协同创新现状还停留在第一、二阶段,特别是在共性关键技术与核心技术研发方面,在自主创新能力与模式创新方面,协同创新效益未能释放出来。

### 10.3.2.3 原创内容与IP资源开发不足

近些年,上海本土的网络游戏品牌的数量及质量无法与深圳、北京相媲

---

① 2014年7月18日,《2014全球创新指数报告》由美国康奈尔大学、欧洲工商管理学院与世界知识产权组织联合发布,主要采用机构、人力、研究、基础设施、市场、企业成熟度、知识、技术和创新等81个指标得出最后排名。数据来源:www.wipo.int/econ_stat/en/economics/gii/。

② 谢群慧:《浦东筹谋:目标、定位、环境和布局——浦东新区专题研讨推动科技创新中心建设》,《浦东发展》2014年第10期。

③ 李超:《基于组织域视角对创业企业集群创新机制的研究》,《中大管理研究》2007年第3期。

美。虽然 2014 年盛大文学组织的首场网络文学游戏版权拍卖会的 6 部作品的手游版权累积拍卖价格达 2 800 万元，且单部最高拍出 810 万元①，但毕竟是个例，内容原创资源不足与具有本土特色的 IP 资源开发不足是上海网络游戏产业发展的关键制约因素。

内容创意的匮乏反映了高端游戏创作人才的缺乏。网络游戏产业目前不缺资金，不缺市场，但严重缺乏高端游戏创作与开发人才，尤其是具有强专业素质与高科技实力的游戏策划与制作人才。目前高校及相关培训机构培养出的游戏人才数量虽然不少，但大部分并不具备高端游戏技术开发技能，制约了网络游戏产业的发展。此外，网络游戏产业在高风险与高收益的驱使下进入一个发展迷局，在虚拟网络空间的"私服与外挂"、非法使用游戏版权等变得容易、快捷与低廉，在无边界的网络环境里推动着网络侵权的恶意扩散，侵犯了版权人的合法权益，也严重打击了原创者的积极性，提高网络游戏作品的版权保护意识已刻不容缓。

### 10.3.2.4　面临产业链短与整合度低的困局

目前，网络游戏企业的商业模式还比较单一，由于受到投入高、风险高的影响，网络游戏企业生命周期短、产业链不长的问题比较突出。一方面，大量行业外资金进入，科技化和专业化水平较低，导致游戏制作运营规模不大、技术水平与品质不高，未建立起产业化、专业化的游戏研发、制作、运营体系。另一方面，网络游戏增值收入是目前的主要盈利模式，衍生品收入近乎可忽略不计——网络游戏市场的版权保护尚处于起步阶段，缺乏具有一定规模和实力的衍生产业运营与生产部门，所以很多游戏作品上线就在产业链上终结了，进入线下出版、音乐、电影、舞台剧等相关行业以及在玩具、文具、服装、主题公园等衍生行业的很少，且不会像"魔兽世界""暗黑"等游戏作品的盈利周期长达十几年甚至几十年。此外，龙头游戏企业同其他相关企业的互动意识与协作能力较弱，导致整个网络游戏产业链的整合度、协作度、产业链闭合度都不高。

---

① 王志彦：《网络文学游戏版权沪上首拍　单部最高拍 810 万元》，《解放日报》2014 年 8 月 4 日。

网络游戏产业链短的困局与现有的管理体制改革相对滞后息息相关。目前,对网络游戏产业的管理还未形成大文化管理体制。特别是随着产业融合度越来越高,已经超越了一般意义上的"条块经济",对网络游戏管理体制提出更高要求——要求管理组织对颠覆性变革反应的时间越来越短,政府如果不是应急团队已无法赶上技术驱动网络游戏产业发展的革命性变革,于是,在管理方式上,技术的不断革新客观上要求管理方式多元化与掌握高新技术手段的管理主体的出现,但现实情况是管理主体多头交叉与跨行业、跨部门、跨地区产业融合的网络游戏产业发展现状不匹配,一定程度上影响了网络游戏产业链的拓展与延伸。

## 10.4　推动上海网络游戏产业的集聚创新

面对上述问题,上海网络游戏产业要在"十三五"期间,通过集聚创新形成强劲发展动力,紧紧抓住"互联网+"时代技术创新集聚带来的变革,提升上海网络游戏产业的内涵,整合 IP 资源、释放文化要素集聚的优势,创造更多的新发展契机与新空间。

### 10.4.1　集聚优质的创新资源

上海应利用构建全球科技创新中心的契机,以"开放""创新""人才"为关键词,积极为网络游戏产业发展打造一个鼓励、尊重、包容制度创新与产业创新的生态氛围,推动网络游戏人才在上海的集聚。

首先,上海应积极打造一个开放、高效、多元的创新环境,全面释放网络游戏产业发展的潜力——良好的创新生态系统能够高效聚集创新要素,发挥协同创新的裂变效应,推动网络游戏企业发展模式转向集约型依赖信息、技术、文化、创新、人才要素循环发展的新模式。从硅谷成功的经验来看,硅谷科技闻名世界,依靠的是长期的创新生态培育出来的创新氛围。因此,上海网络游戏产业发展的创新环境的培育至关重要,除了技术硬件的改善,类似于股权激励的配套政策也同等重要,例如面向高校、研究机构与文创企业的科技成果入股、科技成果收益分成激励的实施①。

其次,上海网络游戏产业要通过集聚方式获得更多的创新资源,包括吸引前沿技术、新创企业、优秀人才等的源源投入。一方面,要以张江国家级文化与科技融合示范基地为载体建设上海网络游戏产业集聚中心与高端技术研发与创新中心,紧跟全球网络游戏产业最新科技发展趋势,布局网络游戏产业发展的重大项目——从技术长波曲线来看,技术创新加速度和增长周期愈来愈短趋向构成产业业态间此消彼长的过程。特别是伴随新技术在网络游戏产业领域应用的成熟化,即外生技术创新引发整个产业技术的进步以及产业内部的技术创新,其技术创新的多维发展与应用空间如同指数式的增长累加,网络游戏产业与相关产业业态演化齐头并进,更容易造就出网游产品新形态的应运而生。另一方面,上海应建设全球网络游戏研发总部,集聚全球一流网络游戏科技人才、构建有影响力的产学研协同创新中心。特别是重点放在网游人才的引进与培养上——积极培养网络游戏技术人才、数字软件与创意设计人才以及游戏运营人才,鼓励网络游戏企业联合开发高端共性技术与关键技术,掌握自主知识产权,提高创新带来的协同效应,加快推动网络游戏企业的技术升级与竞争力的增强。

最后,上海网络游戏企业要积极利用科技创新的"创造性破坏"带来的新创意、新文化、新产品、新服务、新模式,深层挖掘网络游戏产品内涵与提升品质,带动网络游戏产业科技创新能力的提升与企业竞争力的提高。例如,3D技术具有精确性、真实性、无限可操作性,相比于原先的2D技术能带来更具真实性的虚拟体验,增强了视觉感受、娱乐感受,随着3D技术日趋成熟,要提高3D技术在网络游戏领域的深度与精度。

## 10.4.2 构建网络游戏全产业链

上海网络游戏产业的发展要通过集聚效应,完善以版权为核心,以投资、开发、运营、广告等多个环节组成的全产业链。目前,上海网络游戏产业正面

---

① 定军、胡欣欣:《自贸区到大战略:上海离科技创新中心多远》,《21世纪经济报道》2014年8月16日。

临移动游戏发展的契机,政府与文化(创意)产业园区要引导从事移动游戏的企业主体之间建立合作与互动,积极发挥龙头企业在产业链和文化衍生链之间的带头与桥梁作用,创新产业链条内部承接性、产业链与创新链之间衔接性,真正建立一个适合网络游戏产业主体持续创新、迎合移动网游快速发展的生态系统,带动上海网络游戏产业以更高质量、更快速度的姿态实现大发展。

上海网络游戏企业应全方位运用"互联网+"的思维,寻找培育优质 IP 资源。在全球化的网络文化与数字文化建构体系中,应将文化创新寓以网络技术创新与网络游戏产品创新中,形成以 IP(知识版权)为核心的网络游戏产业创新空间。例如,美国版权产业 57% 的增加值来源于以版权保护为核心的内容产业①。因此,对于上海网络游戏产业而言,要挖掘优质的 IP 资源,IP 等同于好的故事和角色,是作品成功的基础;IP 的来源不单单是传统意义上的剧本、传统文学,而是延伸至网络小说、动漫、影视、网络自制剧、衍生品、游戏等多个领域,优质 IP 的演绎提供了多元化的内容形态无缝转换,成为网络游戏创新的源泉。例如,《十万个冷笑话》从漫画改编成动画,再变成手游作品,并搬上荧幕——上海炫动出品的《十万个冷笑话》成为 2015 年元旦票房黑马,14 天累计 1.1 亿,成为上海电影新政后第一部上海立项、上海出品的亿元票房影片;而致力于儿童游戏开发的淘米网,利用游戏制作的品牌与技术,打造出国内顶尖的卡通影视品牌《赛尔号》系列电影,连续四年成为暑期原创动画电影的票房冠军,特别是《赛尔号 5:雷神崛起》采用和迪士尼、梦工厂等顶尖卡通公司同量级的特效技术,全片有近 300 个特效镜头②,动画技术与视觉特效全面升级,不仅取得高票房,还延展了 IP 资源的内涵与价值。

上海网络游戏产业链的拓展与完善离不开对大数据的深度应用。大数据(Big data)从原来意义上的巨量资料与处理大量数据的技术,伴随应用范围的不断扩大成为人们对海量数据进行分析获取巨大价值的行业。网络游戏企业应积极利用大数据对游戏玩家的需求数据进行深度分析与预测,一方面,有针

---

① 田蕾:《价值链视角下的文化产业与科技创新融合分析》,《新闻界》2013 年第 13 期。
② 数据来自《〈赛尔号 5:雷神崛起〉光线,淘米,爱奇艺联手　制霸暑期档》,淘米官网"淘米动态"。

对性地为不同性别、不同年龄、不同学历、不同收入水平、不同行业、不同偏好的玩家提供其所需的游戏产品,降低成本、提高营销效率——利用大数据分析可建立玩家的游玩喜好评价体系,以便进行新游戏产品的精准定向营销、投放;另一方面,实现网络游戏产业从源头阶段的创意、创作与现实的玩家需求有机衔接,开发出更适合玩家需求的游戏产品;同时,以受众为中心进行衍生品定制、服务订制,拓展网络游戏产业的市场盈利空间、提升盈利能力与产品影响力。

此外,上海网络游戏产业链的打造还需要多元主体的良性互动与制度创新配套。一方面,政府应深谙并遵循网络游戏产业创新与集聚演化的机理,积极出台具有前瞻性的文化政策,构建公共技术平台与文化科技融合平台,建立起"产学研"相结合的产业科技创新体系,优化网络游戏产业发展的外部环境,形成支撑网络游戏产业链创新发展的保障体系,推动网络游戏产业与产业链上的其他相关产业的深度融合。另一方面,上海需要加快建立一个鼓励创新、尊重与保护创新主体权益的版权保护环境,加快制度创新;网络游戏企业应提高版权保护水平,从创意初始阶段介入版权保护,提高版权增值运营水平;游戏玩家需合理分享与使用网络游戏产品、建立消费正版文化产品的版权意识,这对整个网络游戏产业可持续健康发展至关重要。此外,上海应借鉴国际有益做法,加快网络游戏产业的制度创新。例如,法国实施视频游戏税收减免政策,对在法国纳税、从事游戏生产的符合条件企业的支出发生在欧盟、冰岛或挪威范围内的可享受 20% 减税,上限为每财政年度不超过 300 万欧元;并于 2013 年扩大范畴,允许"被泛欧洲游戏信息组织(PEGI)评级为 18+的游戏,以及研发预算不低于 10 万欧元的游戏"提出税收减免申请,制度优惠范畴既覆盖从事 3A 游戏开发的大企业,也惠及面向新游戏开发项目与游戏工作室[1]。由此,上海可以借鉴法国的做法,出台一系列操作性强的鼓励本土网络游戏原创、扶持小微网络游戏企业研发的财税优惠政策。

---

① T. Perrin and JC. Delvainquiere, Compendium Cultural Policies and Trends in Europe: France, http://www.culturalpolicies.net/web/france.php.

### 10.4.3 拓展和优化发展空间

上海网络游戏产业要通过集聚,拓展和联通地理空间和网络空间,形成具有更大包容性的文化生态系统——构建上有文学网站、中有游戏,下有音乐、影视及衍生品生产的完整产业链,其中文学网站为网络游戏提供内容源泉,在输送网络游戏作品研发血液的同时,发展影视、音乐等数字娱乐衍生链与文具、玩具、出版、主题公园等线下产业链,实现整个产业链资源、要素的集聚。与此同时,网络游戏产业发展空间的拓展要重视海外传播平台建设,例如,中华游戏海外输出平台建立了网页游戏与移动游戏的海外推广平台,上海动漫游戏服务外包与出口服务平台和 17 家海外运营商建立实质性合作运营关系,为近三十款出口到欧美、亚洲等地的游戏企业提供专业化服务①,为迅速进入海外市场提供了可能。

上海要促进网络游戏产业跨领域、跨行业、跨地域整合资源,实现网络游戏产业与其他产业在技术层面的交叉渗透与合作,不断拓展网络游戏产业的发展空间。要鼓励上海各个园区内的游戏企业间在产业链的诸个环节进行合作,做到资源共享、降低成本;并从政策上引导网络游戏企业积极与国内外优秀网游企业进行资本与制作环节的合作。此外,上海市主管部门要有意识有规划地优化目前不同园区的网络游戏产业发展的差序格局,基于资源特色与优势,不同园区定位可立足差异化,即有的园区应主攻网络游戏产业某一环节的专业服务,有的园区追求一站式服务,有的园区可以在游戏研发技术上集聚技术资源与企业,有的园区则需汇聚游戏内容制作的企业,做到各有千秋。

上海应积极构建网络游戏产业大文化生态系统,将上海网络游戏产业看作整体一盘棋,改变当前的"碎片化"窘状——不同区域重复建设,特色缺乏,而且各个园区之间缺乏有效的战略协同,甚至存在恶性竞争问题。鉴于此,上海必须从整个上海网络游戏产业一盘棋发展的角度,全面统筹与整合各个园

---

① 《2014 年上海文化产业发展报告》,http://www.ccitimes.com,2015 年 1 月 30 日。

区网络游戏企业的优势,并与文化和科技融合发展规划以及制度创新动向协同,根据发展的极化效应、扩展效应、回程效应,构建一体化的、体现网络游戏产业链整合效应、符合上海区域经济极化效应的空间布局规划。此外,提高政府对网络游戏产业管理的响应速度。实际上,网络游戏审批管理体制正在变革——2014年开始,上海实施国产网络游戏属地管理,大大缩短了网游审批时限,最快的游戏审批时限缩减至一个月内,相比原来提速50%[①],为网络游戏产业适应瞬息变化的市场提供了保障。

此外,上海市政府在制度设计层面应采取积极举措,对网络游戏企业的创新项目、创新产品(服务)、创新品牌、游戏开发人才等给予奖励,营造一个鼓励创新、激励创意的生态环境与文化氛围;同时,以文化产权交易为核心,通过扶持、孵化、登记、展示、推介、交易、经纪、信息、技术、投资及其他服务要素整合,发挥上海文化产权交易所的功能,完善以文化产权和版权交易为核心的服务体系建设,积极培育出一大批以文化创新为核心竞争力和主要生产形态的企业、以及具有高附加值与原创能力强的文化创新主体,并推动其在异质化竞争环境里具有类似于盛大集团在网络游戏第一个十年给中国网络游戏产业所带来的领头雁的标杆引导作用,实现文化软生产核心主体——文化企业的发展、壮大。

### 10.4.4　跨界融合以扩大效益

上海应考量当前网络游戏产业与其他相关产业融合发展的优势,构建网络游戏产业跨越式发展的体系。布迪厄认为:"每个场域都有某种准入规则,对任何试图参与游戏的人都会征收一笔类似入场费的东西,确定了谁更适于参加这一场域,从而对行动者优胜劣汰的遴选。"[②]对于网络游戏而言,其生产场域的扩散价值更多地依赖于其深刻的创新、创意与精神内涵,而不是简单的技能与模仿,要真正利用"互联网+"时代的资源跨界与高新技术,从"高投入、高复制、低创意、低含量"的生产体系向"高创意、高科技、高效益、优生态"四

---

①　曹玲娟、余智水:《上海试点国产网游属地管理》,《人民日报》2014年8月4日。

②　皮埃尔·布迪厄:《实践与反思》,李猛、李康译,中央编译出版社2004年版,第147页。

位一体的现代化的网络游戏内容生产体系跨越①,创新网络游戏产品表达形式、打造具有国际影响力的网络游戏品牌,提升上海网络游戏产业的品牌性与全球性。

上海应积极鼓励网络游戏企业进行核心技术与关键技术的研发与应用,开发具有自主知识产权的网络游戏、网络动漫、数字出版服务等产品,推动网络游戏产业从规模扩张向追求丰富内涵转变。一方面,基于移动互联网有望成为上海网络游戏产业未来最强劲的技术驱动推力,进一步确定推动移动游戏产业链发展作为下一个阶段的战略重点。另一方面,上海网络游戏产业要通过文化资本、版权、技术、人才等要素的梯度转移与集聚,构建若干个以网络游戏产业为扩散点的文化内容生产的端产业、端业态,加强不同行业之间的叠加式的强强联合与跨界扩散,特别要力推网络游戏与网络音乐、网络动漫、数字出版、网络视频、移动互联网文化等在关键技术支撑下的跨行业、跨媒体发展,提高上海网络文化生产体系的整体实力。

上海应该面对"十三五",进一步鼓励跨界发展思维,以包容的心态充分发挥不同创意个体/主体的创新性思想,打造网络游戏产业的"创客(Maker)群体空间"。其一,抓住整个网络游戏产业对创新创意的诉求,加速"创客"理念的传播,让越来越多的"创客"进入网络游戏行业。在美国99%的"创客"是作为业余爱好形式存在的,即为自己内心的满足而创造②,其兴趣驱动的开源精神恰好更迎合网络游戏玩家的特点,确保了"创作"的独特性。其二,推进创客(Maker)群体"创作"与网络游戏企业创新的协同,形成线上线下结合的"创客空间",让"创客"在此释放无限想象与创意,不仅能降低"创客"创作成本,还可以增强"创客"之间的交流,不断拓展创作、创意的应用范域。其三,为"创客空间"的良性发展提供夯实的政策保障。"创客"是创新、创意的不竭源泉,提供一个适宜不同创新、创意生成、存在、并转化为现实产品的生态土壤

---

① 解学芳:《基于技术和制度协同的文化产业制度创新与国家文化产业治理体系》,《社会科学研究》2015年第1期。
② 张浩:《理解创客》,《程序员》2014年第4期。

与制度环境至关重要,这就需要对具有奇思妙想的"创客(Maker)"群体①给予包括政府补助、税收优惠、公共服务与资源平台、人才奖励等积极的政策扶持,在智慧交融、物理空间和网络空间等多重意义上,推动各类创意的释放以及资源的集聚和共享,真正将"创客们"的多元创意转化成现实,激发全社会的创新能力致力于网络游戏产业的大发展。

---

① 龚丹韵:《建设全球科技创新中心·关注草根力量,上海创客》,《解放日报》2014 年 11 月 24 日。

# 11

# 全产业链视域下的上海动漫产业发展

蒋莉莉①

**内容提要：** 动漫产业是上海文化产业中最具活力的朝阳产业之一。近年来，上海动漫产业出现了产业增长突出规模化效益、产业园区集聚效果显著、网络动漫等新兴业态融合发展势头强劲及投融资渠道逐步拓展的趋势。这说明了上海动漫产业化程度比较高，获得了良好的政策环境和丰厚的产业基础。但是，上海还需在提升动漫原创水平上努力，比如吸引动漫原创人才等，努力在"十三五"期间成为完全意义上的国际动漫之都。

**关 键 词：** 十三五，上海动漫产业，发展趋势

## 11.1　上海动漫产业发展趋势

　　广义的动漫产业包括动画、漫画以及相关的游戏等形态，它是在数字化技术的支持下，以动漫画作品的内容开发、传播、应用、服务，与网络游戏的开发和服务，共同构成的综合性产业形态。各级政府对发展动漫产业高度重视，出台扶持政策，各地动漫产业基地如雨后春笋般涌现。在上海的"文化创意产业十三五规划中"，动漫产业作为艺术业的组成部分，作为一个独立的产业门类被单独列出来，显示了其在上海文化创意产业中的重要性。近年来，上海动漫产业发展取得长足进展，并呈现出了以下四大趋势。

---

① 蒋莉莉，上海社会科学院部门经济研究所助理研究员，产业经济学博士研究生。

### 11.1.1 产业增长突出规模化效益

上海动漫产业近年来的规模化效益比较突出。如 2013 年,上海参与出品动画电影 5 部,总票房 2.288 7 亿元,占全国总票房的 40%。《喜羊羊与灰太狼之喜气羊羊过蛇年》《赛尔号大电影之战神联盟》《81 号农场》分列全国票房前十强的第一、第二和第九位①。"十二五"期间,上海的动画电影生产总体上领跑于全国。到 2012 年为止,上海炫动传播股份有限公司连续五年制作推出的动画电影《喜洋洋与灰太狼》,票房分别达到 8 000 万元、1.1 亿元、1.85 亿元、1.66 亿元和 1.25 亿元,成为中国有史以来最卖座的国产动画片之一。上海河马动画设计股份有限公司主打 3D 科幻电影,陆续推出了《超蛙战士》系列电影两部和一部《绿林大冒险》,成为国内 3D 原创动画电影的领先者。上海美术电影制片厂也推出了《大闹天宫 3D 版》《邋遢大王奇遇记》等多部怀旧风格作品,上海淘米动画有限公司推出根据其网络游戏改编的大电影《赛尔号》《摩尔庄园》,均引起了市场的强烈反响。

上海的动画电影生产的规模化效益,和上海动画电影制作的历史、生产动画电影庞大而优质的企业主体及和电影产业政策都息息相关。从历史上看,自从 1926 年,中国第一部电影动画片《大闹画室》在上海诞生以来,上海就逐渐成为了中国动画电影的摇篮。后来票房赢家《铁扇公主》,水墨风格的《小蝌蚪找妈妈》、风靡全球的《大闹天宫》、简洁幽默的《三个和尚》以及与市场接轨的《宝莲灯》,都诞生在上海。

截至 2013 年底,上海拥有动漫企业 170 家,其中有像上海美术电影制片厂这样全国最大规模的动画电影制作基地,还有上海炫动传播股份有限公司、东方梦工厂影视技术有限公司、今日动画影视文化有限公司、幻维数码创意科技有限公司、河马动画设计股份有限公司、大模王动漫科技有限公司、玖峰数码科技有限公司、动酷数码科技有限公司、水木动画股份有限公司等优秀企业②。

---

①② 数据来源:上海市文化广播电视管理局市场处提供。

近年来,政府对动画电影产业给予了新的政策支持。2014 年 10 月,上海出台了《关于促进上海电影发展的若干政策》,在战略层面布局上的各个环节给予扶持。比如,规定整合现有相关政策和资源,每年安排不少于 2 亿元资金,支持上海电影产业的发展。再如,对按国家规定认定为国家重点扶持高新技术企业的上海电影企业,减按 15%税率征收企业所得税。对按国家规定认定为新办符合条件的软件企业的上海电影企业,在 2017 年 12 月 31 日前,自获利年度起计算优惠期,第一年和第二年免征企业所得税,第三年至第五年减半征收企业所得税。通过国家重点扶持高新技术企业的税收优惠政策,加速高科技电影企业的发展,推进高新技术在电影领域的应用发展①。

### 11.1.2 产业基地和产业园区的集聚效应初步显现

从产业的业态来看,集聚化是文化产业的发展趋势之一。所谓集聚化,指的是某个特定产业中相互关联并且在地理位置上相对集中的若干企业和机构的集合。一般来看,集聚化能够形成群体竞争优势和规模效应。动漫产业具有垂直分工明显,各种工艺、工序比较多的特点,从动漫形象的构思到后期衍生品的发行,其产业链很长。为了能有效地控制成本、降低商业风险,近年来,上海动漫产业具有地理上集中、靠近的趋势。

上海已建成上海炫动传播股份有限公司、上海美术电影制片厂、国家动漫游戏产业振兴基地、张江动漫谷等动漫产业基地,及宝山动漫衍生产业园、普陀天地软件园、徐汇数字媒体娱乐中心、长宁多媒体产业园等动漫产业园区,初步形成了产业发展的集聚效应。其中,张江动漫谷涵盖了动漫创作传播、衍生品开发、动漫人才培训、主题场馆运营及公共平台服务等五大领域,不仅汇集了炫动传播、河马动画、城市动漫等领军企业,还建立了国内第一家动漫博物馆,已成为上海动漫产业发展的核心地带;宝山动漫衍生产业园是国内首个以发展动漫衍生产业为主题的专业园区,园区总面积近 5 万平方米,入驻企业总数突破 100 家,年税收近 6 000 万元。这些园区而且形

---

① 《关于促进上海电影发展的若干政策》,http://wenku.baidu.com/view/88dfd1580912a21615792924.
html, 2014 年 10 月 27 日。

成了多种集聚的模式①:

11.1.2.1　张江动漫及相关行业的"孵化式集聚"

动漫产业集聚张江主要得益于两大优势,一是显著的政策优势,二是园区本身的高科技支撑优势。"政策高地"被认为是张江最大的发展优势之一。早在2008年,张江就成立了孵化器管理中心,针对园区中小企业面临的共性和个性问题,提供针对性和阶梯式服务。它的孵化服务分为三个阶段:预孵化、标准孵化和加速器,分别针对小企业或项目组、初创企业、已具备赢利能力并进入快速发展通道的企业。"动漫谷"作为张江文化科技创意产业基地的重要支撑,充分享受了张江孵化器"预孵化—孵化—加速"的全程标杆服务模式。

此外,由于张江动漫产业和网络游戏行业在人才队伍、技术研发等多个环节具有相似性,依托盛大集团为首的网络游戏行业龙头企业的专业孵化器,也成为动漫谷孵化集聚的又一特别优势。目前,张江已逐步形成了以东方惠金、华人文化产业投资基金为核心的国资基金和以"盛大18基金"等园区企业为主导的民间产业基金共同驱动产业发展的格局。张江通过龙头企业的高端切入,以大扶小,带动上下游中小企业的发展,迅速产生人才、资金和技术的集聚效应,并由企业需求出发积极推进产学研联盟模式的创新。正是这种软件与信息服务业、动漫、网络游戏、新媒体等各个行业在动漫谷不断的渗透、融合,各类型创意企业与支持它们发展的高科技企业形成互利共生的产业生态环境,实现了各产业的协同发展。

11.1.2.2　动漫大场集中于衍生环节的"链式集聚"

宝山区的动漫产业衍生园围绕动漫衍生品产业链,打造出国内第一家专业的动漫衍生产业集群,并开创了"动漫大场"的品牌。它的最大特点是产业链上的集聚,尤其聚焦于下游的衍生产品开发,形成了一条涵盖衍生品设计开发、生产、专卖销售、动漫形象授权的下游产业链。

动漫产业衍生环节不是简单的"链式集聚",而是分为三个层面:直接衍

---

① 数据来源:上海市文化广播电视管理局市场处提供。

生环节包括动漫图书、报刊、音像制品、玩偶、模型等动漫产品类型；间接衍生
环节包括玩具、食品、服装、办公用品、日用品等融合渗透到制造业的产品类
型，以及主题乐园、动漫城、动漫展会、COSPLAY 等体验型产品类型；新兴衍生
环节，包括手机动漫、动漫音乐、动漫艺术、动漫门户网站、网络游戏、数字娱
乐、数字内容等数字化和移动互联网背景下兴起的特别类型。各衍生环节交
织在一起，形成"动漫树"，促进了产业链上的共融共生格局①。

### 11.1.3　网络及手机动漫等新兴业态融合势头良好

在动漫产业快速发展的大背景下，上海的网络动漫、手机动漫、动漫舞台
剧等新兴业态发展势头良好，特别是网络及手机动漫领域，在较短时间内就形
成了小破孩、绿豆蛙、蘑菇点点等全国知名的动漫形象。其中，上海拾荒动画
设计有限公司创作的网络及手机动漫形象——小破孩，已推出动画、游戏、应
用等作品 30 多部，多次荣获文化部"原创动漫扶持计划"奖、最具人气网络动
画奖等奖励，在新浪、腾讯等知名网站上被持续连载，是上海网络及手机动漫
形象的典型代表。新兴业态的日渐成熟将改变传统的动漫生产和传播方式，
推进动漫产业升级，将成为上海动漫产业领先全国的新的突破口和增长点。

2013 年国内最大互联网企业腾讯公司收购多个优秀动漫作品版权，知名
网游企业盛大网络主动与秦时明月等优秀动漫作品合作，淘米网络则连年将
网络游戏成功改编成为影视作品，这充分表明动漫与网络游戏、网络文学、影
视作品等融合发展已成为行业新一轮发展的趋势。

上海动漫产业的新业态趋势是顺应产业融合的表现形式。从理论上来
说，动漫产业是无边界的产业，它强调用一种新的理念，激发一种新的发展模
式和其他产业融合发展。动漫产业的融合发展注重产业经济整体价值的提
升，属于"新木桶"思维，即区别于"旧木桶"理论——"短板决定容量"的模式，
将自身的长板与他人（或他区）的长板进行组合，形成更大的"新木桶"空间。
从产业的业态来看，融合化是动漫产业的一个发展趋势之一。比如，2015 年 8

---

① 孙洁:《集群租金视野下动漫产业集聚研究》,《学术论坛》2013 年第 10 期。

月,上海美术电影制片厂与移动票务平台微影时代实现了战略合作,双方将共同开发包括黑猫警长、阿凡提、葫芦兄弟和大耳朵图图等观众耳熟能详的300个优秀动画IP(知识产权),希望通过多样化的内容载体重塑中国经典动画形象。这次"联姻"也意味着,上海美影厂这家老牌电影厂由此注入了互联网基因,开启"互联网动漫"的新模式。作为双方合作的开端,动画电影《黑猫警长之翡翠之星》已于当年8月在全国公映。黑猫警长这个众所周知的动漫英雄,重新在互联网思维下被进行全方位的开发①。

互联网为动漫创意提供了更广阔的空间。在"互联网+"的时代,互联网作为新兴力量进入动漫产业。上海美术电影制片厂作为我国主要的动画电影制作基地之一,拥有中国最多的经典动画IP形象。有关互联网企业将与美影厂合作,联合开发一批IP动画和衍生产品,并在上海设立产品研发中心。

随着互联网经济的发展,动漫产业和互联网的深度融合逐渐扩大。2015年8月,阿里巴巴联合上海美术电影制片厂合作推出了国漫淘公仔。在淘宝网站上,黑猫警长、白猫班长单个公仔售价37元,两个公仔60元②。除了销售黑猫警长、白猫班长的淘公仔外,还有会唱葫芦娃的葫芦娃、舒克贝塔纪念马克杯等经典国产老动画周边产品,以及十万个冷笑话Q版动漫手办、罗小黑创意陶瓷杯、秦时明月水木芳华笔记本等新锐的漫画周边产品。

### 11.1.4 投融资渠道逐步拓展

上海动漫投资的资金主要来自以下方面:一是企业本身通过市场运作获得的资金。上海今动画影视制作有限公司就是中国民营企业中首家拥有拍摄、制作、发行资质的动画影视公司,公司投资4 000万元独立制作了动画片《中华小子》,获得国内外多个奖项。二是政府渠道的资金支持。上海文化发展基金会自1986年成立以来,一直致力于对优秀文化项目的扶持,其中也包括对动漫产业的扶持。

①② 《阿里巴巴与上海美影厂合推动漫衍生品》,http://news.ctoy.com.cn/show-24175.html,2013年8月12日。

近年来,上海利用建设国际金融之都的优势,积极推动动漫产业与金融对接发展方面开花结果。从迪士尼、梦工厂等一批重量级跨国文化企业到沪投资,到上海温哥华电影学院参与科幻大片《2054》的合拍制作,从美国金融担保公司落户自贸区,到中国网络剧微电影双创中心落地,随着国家"一带一路"战略效应的凸显,上海在动漫产业和金融方面的拉动、示范效应将表现更加突出。

近年来,通过资本市场的融资,成为上海动漫产业获得资金的重要来源。出品漫画作品《话说中国》的上海京鼎动漫公司2013年得到外地民营公司6000万元投资,拟向电视动画与动画电影领域拓展。投资《犹太女孩在上海》的上海肯米特唐华文化传媒股份有限公司于2013年11月18日在上海股权托管交易中心挂牌,拓宽了融资渠道。2015年河马动画顺利地在新三板上市,获得了后续发展所需要的资金支持,也被诸多投资者看好①。

在整个动漫产业链中,动漫衍生品市场是利润最大的一环,拥有良好的价值增长空间,而成立不久的上海浦东动漫衍生品企业联合会已有50多家龙头企业。该会正与IBM合作,搭建动漫衍生品电子商务服务平台,为成员单位提供综合性服务。动漫衍生品的开发需要大量的资金,从购买授权,到产品研发、模具研制,都需要先行投入资金。企业经常会在短期内需要大量流动资金运转,但是作为轻资产的文化创意企业,没有抵押物,无法从银行贷款,这便影响了整个动漫衍生品行业的发展。为此,上海浦东动漫衍生品企业联合会联手中国银行等,创新金融工具,积极向动漫衍生品企业提供各类金融服务。工商银行、兴业银行、民生银行等金融机构也在这方面做了积极的探索。

## 11.2 上海动漫产业发展的有利条件

上海动漫产业的发展,与近年来产业基础条件的改善密切相关:

---

① 数据来源:上海市文化广播电视管理局市场处提供。

### 11.2.1 丰富的人文资源和产业资源

上海是中国动画的发源地。20 世纪 60 年代,上海水墨动画、剪纸动画等样式的创作繁荣确立了中国美术电影的民族风格体系,被称为"中国动画学派"。"中国动画学派"是以上海美术电影制片厂为中心,以万籁鸣、特伟、钱家骏、钱运达为代表的一批美术电影艺术家创作出《大闹天宫》《小蝌蚪找妈妈》《牧笛》《骄傲的将军》等"走民族风格"的作品。上海不但是中国动画的发祥地,同时也是中国现代漫画的起点。第一本漫画杂志《画书大王》,第一部漫画作品以及第一个漫画社团都诞生在上海。

上海吸引了国内外有影响力的动漫机构入驻,包括全球著名的动漫内容和衍生产品授权公司迪士尼等,拥有大量动漫形象版权的美国八大电影公司之一的华纳兄弟电影公司和日本国际影业,日本著名玩具公司万代、SUNRIO、TOMMY,全球最大的玩具及婴幼儿用品专门零售商玩具反斗城,韩国漫画家协会等。众多的国外著名动漫企业的入驻,不仅可以使上海动漫产业吸收学习到国外先进的动画制作方式和产业运营模式,还可以吸引海外资金投入我国的动漫产业发展。

### 11.2.2 政策环境不断优化

动漫产业是以技术为基础的视觉艺术型产业,它与城市的软硬件技术研发水平直接相关。大量的动漫企业都是中小型企业,在企业成长过程中对于资金的偏好十分显著。然而,由于动漫产业投入大、见效慢、投资回报周期长等特点,对于追求超额回报率的社会资本而言,初创型动漫企业缺乏吸引力,因此需要相应的政策倾斜与扶持。比如,财政收入领域的税收让利和财政支出领域的专项基金援助等。有鉴于此,上海形成了促进动漫产业发展的机构,即上海动漫产业促进会等。它的作用在于整合动漫产业各专业领域具有明显优势的企业资源,在动漫产业链中的各个环节实行专业分工,取长补短,形成具有较强竞争力的产业集群,进而推进具有一定数量、较高质量的动漫产品,培育一批动漫产业的充满活力、专业性强的"小巨人"。上海市实施优先发展战略,把动漫产业作为文化产业优先发展的门类,并将从扶持原创、培育市场主体、完善公共服务平台及加大人才培养等方面加大对动漫产业的扶持。比如,在培育合格市场主体方面,上海加大金融对民营动漫企业的扶持力度,鼓励有实力的大型企业通过参股、控股、兼并等方式介入动漫产业领域,推动社会资本包括境外资本投资或参与动漫产业的研发和创新,支持有实力的动漫企业上市融资。

### 11.2.3 动漫城市的氛围

近年来,上海以实施重大产业项目、搭建公共服务平台为抓手,在加快动漫产业发展上取得了明显成效,部分项目在全国产生了示范引领作用。其中,由文化部与上海市政府共同主办的中国国际动漫游戏博览会至 2015 年 7 月已成功举办十一届,观展人数、现场交易额、项目合作意向签约额逐年增长;每届展会在成功掀起动漫游戏嘉年华热潮的同时,对产业的推动孵化平台作用陆续得到加强。比如,第九届展会组委会与工商银行、民生银行,上海市动漫行业协会与上海市电影发行放映行业协会等分别签订了发展动漫游戏行业的合作协议。动漫游戏内容商洽会项目数从 2012 年的 50 余个增加到 2013 年的 65 个,重量级买家数量较 2012 年翻了一番,意向交易金额近 10 亿元。首次举办的西澳大利亚—中国动画电影商务合作洽谈会意向交易金额近 5 亿元。由炫动卡通与金鹰卡通牵头成立的优质动漫项目创投联盟,将成为面向动漫中小企业、高等院校及个人开放的服务平台,打造动漫创意孵化器[①]。

位于张江的国内首家动漫博物馆——上海动漫博物馆,珍藏了《孙悟空大闹天宫》《宝莲灯》等作品原稿原画及特伟、方成等名家作品 800 余件,年均接待观众超过十万人次,其中专业观众占 50% 以上;上海动漫公共服务平台建成以来来始终坚持为动漫、影视制作及广告企业提供公共技术服务;上海市动漫行业协会也发挥了良好的行业组织引领与服务作用[②]。

---

①② 数据来源:上海市文化广播电视管理局市场处提供。

### 11.2.4　发达的科技力量和较高的消费水平

科技创新是动漫产业发展的推动力。近几年来,上海的专利申请量稳步增长。根据国家知识产权局提供的数据显示,2014 年 1 月至 6 月,上海市专利申请量为 37 903 件,其中发明专利申请量为 18 108 件,与上年同期相比增长 4.5%,上海发明专利申请量占申请总量的比例高出全国 14 个百分点。上海拥有 0 余所高等院校,为大量人才特别是动漫人才的聚集提供了重要基础①。动漫产业是文化和产品的结合,需要消费者具有一定的鉴赏能力才能领悟潜藏在产品中的文化。动漫产业是针对具有相当文化和知识程度消费者的文化产业,而上海是我国人口最多的城市,又是我国教育、科技、文化最发达的城市之一,众多受过良好教育的市民成为动漫产业壮大必需的受众基础。

## 11.3　上海动漫产业存在的主要问题

### 11.3.1　动画片产量逐年上升,缺乏有国际影响力的精品

随着上海动漫产业近年来的发展,原创动漫产品的三大门类——漫画、电视动画、动画电影的产量均呈逐年上升态势,但没有出现具有国际影响力的精品。

从漫画方面来看,近年来上海无论是低幼漫画、成人漫画还是连环画领域,作品数量均呈上升趋势,也涌现出一批获得国家动漫精品工程的作品,但上海与国际上的漫画强国如日本、法国等相比还有较大的差距,漫画内容低幼化、同质化现象严重,漫画向动画的转化率较低,还没有出现世界知名的漫画家和漫画作品。漫画作为整个动漫产业的基础,并没有对产业的发展起到支撑作用。

在电视动画方面,2008 年至 2012 年,我国的国产电视动画片产量潮起潮落,从 131 042 分钟、171 816 分钟、220 530 分钟、261 224 分钟,逐渐回落

---

① 张京成:《中国创意产业发展报告(2015)》,中国经济出版社 2015 年版。

到 222 938 分钟和 204 732 分钟,在 2014 年则下降为 138 496 分钟。中国成为全球动画片产量第一大国。在这一大背景下,上海的电视动画产量逐渐上升,2008 年至 2012 年分别达到 6 576 分钟、3 787 分钟、1 269 分钟、4 303 分钟、3 824 分钟。2013 年上海生产电视动画片达 7 558 分钟,虽然产量提高了,但是电视动画作品的精品不多,还没有出现系列化、品牌化、国际化的优秀动画作品①。

动画电影方面,目前上海主要生产和出品动画电影的企业主要为上海美术电影制片厂、上海炫动传播股份有限公司、上海河马动画股份设计有限公司、上海淘米动画有限公司四家。这四家分别都有独具特色的动画电影制作模式,如美影厂强调"老片新拍、精品翻拍",炫动传播则着力打造"喜羊羊系列",河马动画主打 3D 科幻系列电影,淘米动画努力将其旗下的网络游戏产品改编为动画电影。上述公司保持着每年至少两部动画电影的产量。

近年来,上海动漫涌现出多部优秀动漫作品,获得文化部、国家广电总局的重点扶持和奖励。其中,由文化部给予的扶持和奖励包括:22 家动漫企业通过国家动漫企业认定,7 家企业通过国家重点动漫企业认定,7 款产品通过国家重点动漫企业认定;20 个项目获得总计 266 万元的原创动漫扶持资金支持,获扶持资金数占全国的 13%②;但是从总体上看,上海动漫的内容还是制作水平,离开国际先进水平仍然有一段距离。

### 11.3.2 商业盈利模式尚未建立、成熟的产业链尚未真正形成

从盈利模式来看,政府补贴政策下多数企业尚未建立商业盈利模式。以电视动画为例,目前电视动画在国内有两种交易模式:一种是动画片无偿供电视台播出,换取一定时间的贴片广告;另一种是买片,即电视台以远低于动画片生产成本的价格购买动画片的播映权。因此,动画制作企业的播出收入是远低于其生产成本的。而另一方面,动画片只要制作完成并在电视台播出后就能获得不菲的分钟数补贴。在这种情况下,政府对动画制作企业的支持起

---

① ② 数据来源:上海市文化广播电视管理局市场处提供。

了至关重要的作用。有的片子为了能够在电视台播出,甚至可以只求一张"播出证"。因此有了政府的资助作为后盾,电视动画企业对此产生了较大的依赖性自然不会寻求建立自身的盈利模式,而是靠补贴资金得过且过。相比之下,漫画产业、动画电影产业对于政府补贴的依赖度稍低些,但仍处于利润低、盈利能力弱的现状。

除了各个产业门类的盈利能力不强以外,上海整个动漫产业没有形成成熟的产业链,也影响了产业形成良好的盈利模式。漫画—电视动画—动画电影—动漫衍生品的产业链条还没有真正建立起来,漫画、电视动画、动画电影培育出的动漫形象难以转换成可以盈利的动漫衍生品,有待于进一步深入探索。

### 11.3.3 从人才建设来看,本土动漫人才与国际水平脱轨,动漫原创人才紧缺

目前上海动漫教育的弊端主要表现在以下两个方面:一方面,目前传统的教育理念将动漫教育等同于动画教育甚至是美术教育,教学中只重视单纯的绘画和制作技巧,却忽略了动画片的核心本质是讲故事,学生的想象力和创意水平较差。另一方面,动漫教育课程设计和市场需求脱节。目前上海的动漫教育主要仍是学历教育,课程设计较老套、与目前国际动漫发展潮流不符,学生学成后也只能制作一些落后、过时的作品,和国际动漫创作先进水平差距很大。

上海动漫产业比较缺乏富有原创力的人才,特别是处于产业上游的具有良好故事创作能力的优秀编导力量。一方面是相关的教育跟不上,另一方面是业内人才在向外流。新开的许多动漫学院对学生缺少关于中国传统美学专业的教育,这样也必定会使得原创力的生长处于缺氧的状态。

优秀的人才是原创的母体,而上海的动漫创意人才还正在不断流失。比如,在上海动画生产的各环节中,前期创作与后期合成的力量比较弱,中期绘制加工的力量较强,从而形成了两头小、中间大的不合理产业结构。大量动画企业在承接境外动画片的简单加工上,缺乏自行研发与综合开发自主产品。

这些都有待于上海动漫产业在"十三五"进行更深入的探索。

## 11.4 对"十三五"上海动漫产业发展的建议

在"十三五"期间，上海要积极推动具有示范和引领作用的优秀动漫电影、电视剧的创作生产。积极支持三维动画电影技术的研发和运用。加强对基于移动通信平台的手机动漫游戏产品的研发。积极推动动漫衍生产品的开发、生产，完善和拓展动漫产业链。继续发挥动漫行业社会组织的服务作用，发挥动漫博物馆在社会上的传播作用。加快动漫与互联网游戏产业的融合，加快金融支持动漫产业的发展。积极支持动漫企业争取文化部"原创动漫扶持计划"的认定和资金扶持。

### 11.4.1 面对市场需求，提升上海动漫产业原创力

上海动漫产业要大力提升原创力，创作出具有优秀中国文化元素的一流产品。对于整个动漫产业来说，原创能力也有广义和狭义之分，狭义仅指动漫作品的原创能力。广义指的是内容创造和产业运作上及科技运用上的原创能力，包括在动漫内容、动漫表现形式、科技手段、动漫产业组织结构等方面的整体原创力。本文论述的是广义上的原创力。广义的原创力是动漫产业所有资源中最稀缺的，动漫产业的原创力是想象力、创造力、表现力和组合力的高度统一。想象力与创造力主要表现在对故事的构架、情节的编排、人物造型设计、影视片的背景刻画等创作上。动漫产业的原创能力，在运作过程上表现为创新或创造，在成果形式上表现为原生价值，两者是动与静，过程与结果的辩证统一。

提升上海动漫产业原创力需要普及信息知识，提升市民素质、面对世界市场，挖掘民族题材、创新题材模式，提高原创质量、适应市场需求，更新创作理念、放宽受众市场，加强制作针对性、创新产业体制，培育原创能力、制定扶持政策，鼓励动漫出口、开发新型业态，延伸后期市场。

增强上海动漫产业原创力，必须适应市场需求，更新创作理念。近年来，

上海动漫作品出现了全年龄段发展趋势。比如,动画电影《喜羊羊与灰太狼6》未能保持五年来独占鳌头的地位,明显不敌深圳华强公司首次推出的动漫大电影《熊出没》。"狼羊"不敌"熊出没"的主要原因之一,是"狼羊"的创作者主要关注低幼观众市场,再加上故事重复、制作简单,无法满足更大的观众需求,特别是难以吸引青年和成年人观众。因此,上海动漫产业要适应受众的需求市场,树立动漫全年龄段的理念。

## 11.4.2 加强动漫产业体制创新,掌握品牌授权的做法以加快产业化进程

要改善上海动漫产业体制必须先做到两点:首先,改善上海动漫创作的体制,从源头上改变动漫创制投资主体的单一性。丰富上海动漫产业的投资渠道,国家与政府投融资、民营投资、国有和民营联合投资、外资投资、风险投融资和基金会投资共同参与;其次,要加强动漫人才的培育。目前上海拥有动漫专业高等院校的培养方式多数和实际操作具有脱节的现象,具体表现在:优秀的剧本写作者和改编者很稀少,形象设计者非常缺乏良好的创意,一专多能的人才非常稀缺,懂动漫创作又懂产业化的人才非常稀缺。培育动漫人才就要营造良好动漫创作和经营的环境,打造多元宽松的氛围;各大设立动漫制作的大专院校要着重加强中国传统美学的教育,培养出高素质要求的、具备艺术和技术有机结合的复合型人才;鼓励动漫人才流动。

在品牌授权方面,上海要借鉴发达国家的做法,通过有效的产业链开发,最大程度地降低成本,转化成为商品市场上源源不断的产出,包括大力开发基于知识产权的品牌授权。品牌授权是国际流行的商业经营方式,它的基本原理在于:一个强大的品牌能够唤起消费者的联想,也可以让消费者对后续产品,形成巨大的需求。为了利用这种市场效应,品牌的拥有者授权品牌的名称、标识或者其他关于品牌的特征给被授权人,用在其产品或服务上。

随着科学技术和网络技术的发展,从版权角度分析,在动漫领域有几个变化,一是动漫作品的外延不断扩大,从过去的美术作品、影视作品到更具新技

术特征的数码动画、网络游戏、手机彩信、掌上游戏等；二是随着"作品"形态变化，其传播途径也从有形市场销售到无形的网络传播以及软硬件结合；三是作品出版、播出后迅速延伸到文化用品以及生活用品领域，就是衍生品市场，具体指从期刊图书出版到相关音像制品、电子游戏、教育软件的开发与传播，再到玩具、文具、包装、服装等产品的开发、经营与销售。上海可以深入借鉴美国迪士尼公司的模式，把动漫作品授权扩大到三个方面，一是全方位的节目授权，包括电影、音像、光盘和网络游戏等；二是授权商品的生产（及专卖）；三是建立相关的主题公园等，促进作品的传播和使用空间，让动漫品牌在消费者心中产生好的印象。

### 11.4.3 依托区域优势和海派特点，打造动漫产业的四个高地

#### 11.4.3.1 国际动漫产业高地

上海要依托迪士尼、梦工厂等重大合作项目，打造国际巨头汇聚背景下的"国际动漫产业高地"。迪士尼、梦工厂两大项目都具有产业链条长、关联产业广、产业创新强的特点，且都具有强大的产业集聚力、整合力和辐射力。作为国内国际化程度最高的城市，上海拥有多年文化"走出去"的成功经验和人才储备，在迪士尼、梦工厂等重大项目落地的带动下，上海有望通过资源整合，打造国际巨头汇聚的动漫产业高地，在学习国外先进经验的同时，通过国际合作、运用国际能力来打通国内外市场，获得产业链上的国际竞争力，进而实现"国际动漫产业中枢"的发展目标。

#### 11.4.3.2 全动漫产品首发首播首映首选之地

上海要凭借在动漫领域的主要竞争优势，打造"全动漫产品首发首播首映首选之地"。上海不仅在动画电影上领跑全国，包括新媒体平台在内动漫传播体系也走在全国前列，在政府扶持下动漫会展也蓬勃发展。动漫传播渠道的全方位优势，以及经济中心与时尚中心的地位，大量的国际性展会节庆活动，使得上海成为全媒体范围内动画电影首映、电视动画首播、漫画作品、动漫衍生品首发的首选。未来上海可通过打造"全动漫产品的首发首播首映之地"，在传播影响力的制高点上，巩固上海"国际动漫产业中枢"的地位。

### 11.4.3.3　动漫品牌消费之都

上海要立足巨大动漫消费市场潜力与产业融合集聚优势,打造衍生品风向标作用的"动漫品牌消费之都"。大量的动漫爱好者以及相对高端的动漫消费人群,造就了上海巨大的动漫消费潜力;频繁的授权交易,也让上海逐步成为我国动漫衍生产业最大的授权交易中心。未来上海可一方面应鼓励授权交易,促进动漫产业通过产业融合延伸衍生品产业链,一方面应推出针对性举措吸引动漫衍生领域巨头在沪布局,尤其是知名动漫品牌入驻商业中心打造实体体验空间,营造城市整体动漫消费氛围,通过打造"动漫品牌消费之都"为上海"国际动漫产业中枢"奠定消费基础。

### 11.4.3.4　动漫产业生态示范城市

上海要借助平台、园区、展会等配套优势,打造文化与科技融合为特点、多种要素集聚的"动漫产业生态示范城市"。未来上海应以动漫产业平台、园区、展会等配套体系为载体,建立动漫产业的平台支撑体。从多个维度进行矩阵式的产业生态系统设计,形成具有示范带动作用和国际影响力的产业集群和新兴业态,打造融合文化、创意、科技、金融、制造、不动产等要素的开放式产业生态系统。在多种要素集聚中,尤其要注重文化与科技融合,提升动漫企业的装备与技术水平。通过建设"动漫产业生态示范城市",进一步吸引动漫企业与人才,为上海建设"国际动漫产业中枢"提供不竭动力。

# 12
## 上海艺术品产业现状调研报告

荣跃明　陈凌云①

内容提要：　曾经占据全国收藏"半壁江山"的文化重镇上海，在改革开放后的三十多年间逐步丧失了其艺术市场旧有的优势和地位。为了揭示产生这一现象的原因，本文全面调查和分析了上海以画廊、艺博会和古玩市场为主的一级市场，以拍卖行为主的二级市场和文化产权交易、艺术品保税仓储、艺术授权等新型业态的发展现状，归纳总结了上海各类艺术品业态的特征和问题，以期为振兴上海艺术品产业提供借鉴的思路。

关 键 词：　艺术品产业，艺术品市场，画廊，艺博会，拍卖行

---

①　荣跃明，上海文化产业发展报告主编，上海社会科学院文学研究所副所长、研究员；陈凌云，上海社会科学院文学研究所研究助理。

# 12.1 上海艺术品产业基本现状

根据欧洲艺术基金会发布的《TEFAF2015 全球艺术品市场报告》，2014 年度，中国艺术品交易额增至 75.6 亿欧元，占全球艺术品市场总份额的 22%，已经连续两年在全球艺术品市场中排名第二，仅次于美国①。艺术品产业在当前中国经济发展、社会建设，特别是精神文化产品消费领域占据着举足轻重的地位。

上海的艺术品市场有着辉煌的历史，曾经占据全中国收藏界的"半壁江山"，新中国艺术品拍卖"第一槌"亦落拍于上海。在改革开放后中国艺术品市场蓬勃发展的 30 年中，上海仍然保持着中国大陆拍卖重镇的地位，是长三角区域市场的中坚力量，但是受多种因素的影响，就艺术品交易的成交额度和活跃程度而言，上海却逐渐失去了"半壁江山"的地位。据雅昌艺术市场监测中心统计，2014 年，上海纯艺术品拍卖总成交额 7.37 亿美元，排在全国拍卖重镇第三位，占全国市场份额的 13.01%，落后于北京和香港②。

近年来，上海市政府已经逐步认识到提升艺术品产业的重要性，出台了扶持文化金融合作、推动文化产业深入发展的重要政策和举措，促使上海艺术品市场呈现出许多新现象、新亮点和新趋势。2014 年度，艺术博览会"群雄并起"，沪上画廊纷纷调整转型以增强自身实力，文物古玩市场多层次经营格局初步形成，长期以来艺术品一级和二级市场"倒挂"的态势有所缓解。自贸实验区建设艺术品保税交易中心，国际拍卖业巨头佳士得拍卖行进驻上海，徐汇滨江打造艺术走廊，私人美术馆掀起建馆热潮，一系列项目的策划实施吸引了国内外文化艺术评论家和产业界人士关注的目光。

据上海文化广播影视管理局统计，2014 年，上海艺术品市场交易总体规模达到 95.47 亿元，其中一级市场画廊业成交额 10 亿元，艺术博览会现场成交额 5 亿元，二级市场拍卖行 66.56 亿元，艺术品进出口贸易总额 13.91 亿元。

---

① 《TEFAF 2015 全球艺术品市场报告》的主要研究数据，《新民晚报》2015 年 3 月 14 日 B4 版。
② 雅昌艺术市场监测中心：《2014 年度艺术市场报告》，第 47 页。

上海有经营资质的文物艺术品拍卖机构共计 68 家。上海有田子坊、M50、红坊、上海 800 等 4 家规模较大的以艺术品经营为主要业态的文化创意产业园区,共计占地 11.6 万平方米,入驻的画廊类艺术机构总数达 400 多家。在艺术品进出口贸易方面,全年艺术品进出口总量高达 10 300 余件①。值得注意的是,2014 年全国其他艺术品市场如北京、香港和广州出现明显下挫,而长三角尤以上海地区逆势上扬,总成交额和市场份额均有上升。据苏富比香港中国当代艺术部主管林家如说:"上海地区市场今年(2014 年)比较活跃,主要是因为有很多新兴的博览会举办,加之新型藏家的加入,因此收藏族群成交额上扬。"②

在"十三五"规划全面实施的新时期,上海发展艺术品产业有很多优势条件,面临着很多机遇。第一,上海有丰富的文化资源和完备的要素市场、成熟的产业体系,有利于形成完整的艺术品产业链,从而拉动金融服务业、制造业和会展业的发展。第二,上海国际化程度很高,自贸区的改革创新将提升上海集聚全球艺术品产业资源的能力,发展潜力巨大的艺术品外向产业。第三,上海作为国际金融中心与中国经济中心,拥有大量资本和人才精英,有待于进一步挖掘其资本化和高端化的文物艺术品消费需求,形成资本化平台与大众化取向良性互动的需求结构。艺术品产业的发展将成为上海在"十三五"期间建设"国际文化大都市"的重要引擎之一。本文全面调查和分析了上海以画廊、艺博会和古玩市场为主的一级市场,以拍卖行为主的二级市场和文化产权交易、艺术品保税仓储、艺术授权等新型业态的发展现状,归纳总结了上海各类艺术品业态的特征和问题,以期为振兴上海艺术品产业提供借鉴的思路。

## 12.2 艺术品产业一级市场

### 12.2.1 画廊市场

画廊业起源于欧洲,自诞生伊始就承担着艺术品走向市场的作用,是艺术

---

① 相关数据参见《上海:本土藏家或将成为未来艺术收藏的主力军》,中国经济网上海 5 月 25 日讯,http://www.ce.cn/culture/gd/201505/25/。

② 雅昌艺术市场监测中心:《2014 年度艺术市场报告》,第 47 页。

品创作、展示、流通的重要媒介和途径。在当代艺术市场持续波动的态势下，以艺博会举办热潮为标志，上海的艺术品产业呈现出重心开始向一级市场偏移的趋势，在相当程度上拓宽了画廊业的成长空间。近年来，上海的画廊市场经过持续的自身调整，在2014年迈入了相对成熟的阶段，规模进一步扩大，活跃度进一步提高。2014年，上海新增80多家画廊，画廊总量占全国画廊总数的10%[①]。从当前上海画廊业的分布情况、经营模式和发展定位等方面来看，有以下特点：

画廊分布集聚性较强。上海拥有较多以艺术生产和展示为主题的文化创意产业园区，集聚了一大批画廊和画家工作室，例如M50、田子坊、红坊、五角场800、宝山区半岛1919、南汇大东方、金山农民画村等。在目前上海市已命名的文化产业园区中，入驻的画廊和画家工作室已达300余家。

画廊业发展不均衡。据雅昌艺术网调查统计，截至2013年底，沪上画廊等艺术品经营机构共计488家，以"年轻化"的画廊为主：创立未满3年的占64%，创立5年以上的占20%，经营10年以上的仅占6%。从销售规模来看，52%的画廊收支平衡；18%的画廊尚未盈利，其中，创办3年以内的新画廊约占66.7%。仅有4%的画廊年盈利超过100万元，多数较早进入上海市场[②]。

民间画廊行会兴起。为了整合行业力量，推动各大画廊共同发展，沪上画廊业分布相对集中的文化产业园区开始探索各种画廊业整合路径，进一步加强园区对画廊的扶持力度。2013年，红坊艺术园区首先组织多家画廊，自发成立了民间团体性质的"画廊联盟"。这类画廊行会的出现，打破了以往画廊业主"独自经营"的思维定式，使画廊业主能够以更为全面的视野来协调画廊与艺术家、收藏家和媒体等的关系，从而为自身发展营造宽松有利的外部环境。"画廊联盟"的成立，也为整合画廊资源提供了便利条件，使多家画廊能够在同一时间，根据同一个文化艺术主题联合组织展览。

从调研的结果来看，上海画廊市场当前存在的主要问题集中在以下方面：

---

① 相关数据参见《上海：本土藏家或将成为未来艺术收藏的主力军》，中国经济网上海5月25日讯，http://www.ce.cn/culture/gd/201505/25/。

② 上海美术家协会：上海画廊行业调研报告。

政府相关扶持政策力度不足。与上海当前艺术品市场快速发展的局面不相适应的是,政府对上海画廊市场的相关扶持政策力度尚显不足。据雅昌艺术网 2013 年统计结果,政府支持力度不够、画廊租金过高,是上海画廊从业者关注的两大问题,分别占比 54.5% 和 50%。另有 9% 的画廊从业者指出了艺术品关税过高的问题,呼吁政府出台针对艺术品行业的特殊税收制度。上海在财税政策引导、文化产业与金融机构对接等环节上,对包括画廊业在内的艺术品产业支持力度尚显不足,这与建设国际文化大都市的目标定位还有一定差距。

画廊业市场格局及产业链尚未完善。不论经营年限与销售规模如何,画廊业的发展均与整个艺术品市场的格局息息相关。与艺术品二级市场(拍卖行)的蓬勃发展相比,处于艺术品产业一级市场中的画廊业,长久以来处于被"边缘化"的状态。问卷调查显示,目前画廊业主最关注的问题,主要集中在一级市场空间狭小方面。有 86.3% 的画廊从业者认为,在二级市场的井喷式发展下,画廊所处的一级市场缺乏发展空间,一、二级市场难以平衡发展,导致艺术市场混乱无序。另外,有 68.2% 的画廊业主认为目前尚未形成成熟、健康的产业链,这将阻碍画廊的经营和发展。

画廊从业人员专业程度不高。随着画廊经营模式的逐渐成熟,其在艺术品市场的角色定位也进入了转型阶段。与此不相适应的是,画廊从业者专业化程度低、画廊定位不明确的问题也越来越多地暴露出来。相关调查显示,在所有盈利的画廊中,有 61% 的画廊业主认为画廊缺少专业人才。在达到盈利目标后,培养合适的艺术家以及更专业的从业人员,是这些画廊关注的核心问题。很多画廊在发展过程中缺乏明确定位,缺少挖掘、包装和推介艺术家的眼光和胆识,画廊在艺术家成长过程中的参与度明显不足。

随着上海个人资产在 6 000 万元以上的高收入人群增加,艺术收藏和消费将稳步增长。随着市民个人文化素养的提高和精神文化需求的增长,年收入 10 万元以上的家庭也有望逐渐成为艺术品一级市场的消费群体。可以预见,画廊将在今后几年中专注于自身转型,调整其在艺术市场的角色定位,从而进一步提高上海艺术品一级市场的活跃度。

### 12.2.2　艺术博览会市场

艺术博览会是博览会诸多门类中的一种,是大规模、高品位、综合性的艺术商品集中展示交流与交易的形式。它将艺术审美与商品经济有机地结合在一起,是艺术市场的重要组成部分。上海地区大型的艺术博览会主要有 3 家:上海艺术博览会、上海春季艺术沙龙和上海艺术博览会国际当代艺术展。近年来,随着市场的细分发展,涌现了上海艺术影像展、亚洲画廊博览会、上海城市艺博会、西岸艺术与设计博览会、Art021、酒店型博览会等一系列各具特色的专业艺术博览会。

上海艺术博览会创办于 1997 年,已成功举办了 18 届,是亚洲地区规模最大、国际化程度最高的艺术博览会之一。每年展会上,来自 20 多个国家的画廊和艺术机构展示和交易数千件油画、国画、版画、雕塑、摄影、装置艺术品等,观众年均在 6 万人左右,2013 年展会的成交额突破了 1.4 亿元人民币。上海艺术博览会在长期的运营过程中建设了一支具有较高专业素养的策展和组织团队,将该展会成功打造为市场化、国际化、精品化的艺术盛事,在世界与上海、大众和艺术之间搭建了桥梁,形成了艺博会的"上海模式"①。

上海春季艺术沙龙是具有上海本土特色的艺术博览会,已连续成功举办 11 届。每年有累计约 1 400 家的中外艺术机构参展,观众人数超过 50 万。该展会是具有半官方性质的艺术博览会,参展商以上海本土的画廊为主,正从传统的展会逐步向规范的国际化艺术博览会方向转型,在长三角地区树立了自身的品牌。

上海艺术博览会国际当代艺术展是上海艺术博览会的一个延伸品牌,自 2007 年创办以来,已成为上海地区乃至全国最具影响力的艺术博览会,其专业定位、组织策划和操作方式都已领先于国内同类艺术博览会。该展会由上海艺术博览会组委会、东上海国际文化影视集团和意大利博洛尼亚展览集团共同主办,其宗旨和目的是在保持上海艺术博览会主体活动所具有的多元化

---

① 上海艺术博览会网站,http://www.sartfair.com/2015/cweb/。

和包容性的特点外，更强有力地突出专业化、国际化的品质，打造"上海艺博会的当代版"。

上海地区的艺博会市场在不断规范化和成熟化的同时，也暴露出如下问题：

参展主体不够规范。虽然上海艺术博览会自创办之初就明确提出了"杜绝个人参展"的口号，但由于市场不健全，实际情况是参展艺术家经常以工作室名义或挂靠某个代理机构的方式参展。上海春季艺术沙龙的官方网站上说明："上海春季艺术沙龙是一个全方位提供画廊、艺术家与艺术经纪人、收藏家、企业面对面交易的平台，以学术为导向、市场为基础，是一个以学术带动市场的大型艺术品交易活动项目。"①在官方网站上明确写"提供艺术家与收藏家面对面交易的平台"，说明了主办方忽视了行业规范。让艺术家直接进行商业交易，对经济利益的追求很可能导致其作品质量的下降。根据艺术社会学观点，以画廊为主体的艺术博览会和艺术经纪机构应该是连接艺术生产者（艺术家）和消费者的纽带。为了确保艺术生产者的作品质量，由画廊、艺术博览会所扮演的中介者必须充分发挥桥梁作用，尽量避免艺术家和消费者面对面交易。

高质量作品成交量偏低。每年的艺博会都会出现如此现象：观者如云，但真正的购买者并不多；展位出租火爆，但真正高水平的艺术家作品成交额不高。与巴塞尔艺术博览会等国际知名博览会相比，上海地区艺博会上高质量作品的成交率差距依旧明显，说明在蓬勃发展的国际艺术博览会市场中，上海本地的博览会仍然处于相对较低的位置。艺术市场的繁荣与否很大程度上与艺术教育紧密相关，接受过全面艺术教育、具有专业素养的收藏家群体是市场消费的主体。现在的上海乃至全中国，优秀的收藏家普遍缺失，一方面是购买力不足，一方面是艺术鉴赏能力欠缺，导致面对一些高质量的艺术作品时，由于"不识货"而与之擦肩而过。据统计，参加巴塞尔艺术博览会的人中，平均每6人当中就有一位高品位的收藏鉴赏家，国内博览会远不能及。同时，收藏

---

① 上海春季艺术沙龙网站，http://www.artshanghai.com.cn/。

家市场的庞大与否也与博览会的运作模式紧密相关。巴塞尔艺术博览会获得市场成功的一项重要策略,便是对全球重要的收藏家及业内人士提供针对性服务,每届展会上都吸引了来自世界各地的高质量收藏家,从而形成一种获得稳定收益的经营模式。弗瑞兹艺术博览会也是如此,其针对顶级收藏家的VIP 项目所获得的收益占整个展会收入的一半以上,可见收藏家培养与服务的重要性。对于上海地区的艺博会而言,要想跻身国际顶级博览会之列,需要出台更多针对收藏家培养和服务的举措。

高额关税影响海外画廊参展。2013 年 9 月,上海收藏家刘益谦以 822.9 万美元(约合 5 037 万元人民币)的高价从纽约苏富比拍卖行购得苏轼的《功甫帖》。根据现行的中国艺术品关税政策,《功甫帖》的回归需交纳 1 200 多万元关税,接近艺术品总价的四分之一[①]。高额的关税将许多原本打算进入中国市场的国外画廊和艺术机构拒之门外。缺少国际知名画廊的参与,导致参展艺术品整体质量不高,从而限制了上海艺术博览会的水平,形成恶性循环。高额的关税对上海地区艺术博览会的国际化发展造成很大的阻力。与此形成对比的是,在 2008 年才开始举办的香港国际艺术博览会,得益于香港的艺术品交易免税制以及自由进出港的税收优势,举办伊始就参展者云集、交易火爆。香港当地画廊水平并不高,但凭借其贸易优势,正呈现出逐渐取代北京、上海等内地城市成为中国艺博会市场中心的态势。

### 12.2.3　文物古玩市场

民国时期的上海,作为新文化运动的中心,云集了全国各地的文化精英,"十里洋场"的商业繁华也培育了一批附庸风雅的商贾。沪上古玩业在这两类人群的推波助澜下迅速发展起来,一跃占据了"中国收藏的半壁江山",形成了以书画、青铜、陶瓷、钱币和杂件为主要经营对象的古玩市场传统格局。

目前,上海各区县具有一定规模的古玩市场共计 28 处,并拥有收藏品爱好者与投资者、专业收藏家和民间鉴赏家总数接近几十万人[②]。其中规模较

---

①　《苏轼〈功甫帖〉真伪之争一波三折》,《文汇报》2014 年 1 月 6 日。
②　上海文化产权交易所:《2015 上海古玩市场现状分析及产业数据报告》。

大的古玩市场以老城隍庙地区古玩市场、东台路古玩市场、多伦路古玩市场、中福古玩城为代表。老城隍庙地区古玩市场的总营业面积约为 1 500 平方米，拥有经营商户约 110 家，其中最典型的古玩交易场所是"二楼一馆"：华宝楼、藏宝楼和珍宝馆。城隍庙地区古玩市场的最大特色就是综合性与全面性，涵盖了青铜陶瓷、名人字画、文房四宝、红木家具、翡翠玉器、钟表杂件等各类器物。东台路古玩市场是经上海市文物管理委员会批准设立的第一家属其监管的旧工艺品市场，在海内外名声颇大，被誉为"上海的琉璃厂"。东台路古玩市场经营的项目以"奇、特、怪、稀"为特点，除了传统的古玩艺术品外，还经营交易上海开埠以来的各式手工艺品。位于多伦路文化名人街的多伦路古玩市场，既有"上海文物商店分店"等国有老字号店铺，也有"寒博堂""三百砚斋"等展馆式的古玩店，同时开设了全国规模最大的金泉古钱币博物馆。中福古玩城位于上海文化名街福州路上，经营的古玩档次较高，形成了集文物交易、艺术展览、书刊出版、文化沙龙、餐饮服务为一体的综合型文化产业链条。

沪上古玩市场形成至今已经历了一个半世纪的风雨，虽然规模上早已成熟，但在发展中也表现出一些明显的缺陷。首先，上海的古玩年代大部分集中在清朝、民国以来的近代时期，明清以前的古董不多。在 20 世纪八九十年代，由于地方市场普遍缺乏消费能力，甘肃、陕西、河南、山西等文物大省的古玩交易商云集上海以求善价，保证了当时货源的充裕。但如今形势不同，各地古玩市场如雨后春笋般涌现，全国质量最优的古董往往在北京交易，在货源上就动摇了上海文物古玩市场的根基。其次，沪上古玩市场的生存空间受到了本地以拍卖行为主的二级市场的冲击。古玩市场充斥着各种赝品、仿品，而拍卖会则可以通过多种手段尽可能地保证艺术品的真实性。因此，许多具有一定财力的投资者首选拍卖行为交易场所，而非风险性较高的古玩市场，这也是影响上海古玩市场良性发展的重要因素。

根据对城隍庙藏宝楼、东台路古玩市场、中福古玩城等代表性古玩市场商家的实地调研，多数商家反映近年来市场环境不好，古玩业生意惨淡。部分商家将行业不景气的原因归之于股票市场涨跌的间接影响，以及近期反腐措施的出台导致古玩等奢侈品消费的下降。对经营者背景的调查显示，以藏宝楼为代表的低端古玩市场经营者来源以农民、国有企业下岗员工等转业者为主，普遍文化程度不高，将古玩仅当作一般商品买卖，对古玩相关的历史文化知识不了解，鉴定水平也很一般。以中福古玩城为代表的中高端古玩市场中经营者的来源背景主要有古玩世家继承、自发经营、因爱好转业等，店主的文化程度相对较高，在估价、鉴定方面是行家，但因为普遍缺少专业学术训练，在艺术价值判断、艺术史分析方面比较薄弱。古玩经营者专业知识的欠缺很大程度上制约了上海古玩市场的进一步发展。

随着艺术市场结构的调整，文物古玩市场这一传统一级市场的作用依旧是不可替代的。特别是在艺术品市场亟待全面发展的今天，作为有传承、有规模的上海古玩市场，其所承担的角色意义更为重大。上海古玩市场将朝着分类更为精细、文物档次更高的方向发展，从而形成对二级市场的有益补充，进而在整体上提升上海地区艺术市场的地位，也许"半壁江山"的时代去而不返，但是"百花齐放"的局面依然可以期待。

## 12.3 艺术品产业二级市场

早在1992年，上海就率先成立了全国第一家艺术品拍卖行，在1993年6月首次成功地举办了艺术品拍卖，被业界誉为"敲响了中国艺术品拍卖第一槌"，引发了全国艺术品拍卖的高潮迭起。然而，进入新世纪以后，上海的艺术品拍卖受到了来自北京、香港、浙江三地的激烈竞争和挤压，目前在市场中暂时处于不利的地位。根据《2010年中国艺术品市场年度报告》，2010年度全国艺术品拍卖成交589亿元，同年上海成交为34.0亿元，仅占总量的6%。2012年1月，雅昌艺术网公布2011年度全国艺术品拍卖成交额为934亿元，上海成交总额达61.3亿元，占全国的7%。2012年，全国成交总额为533亿元，上海地区艺术品拍卖成交额为44.0亿元，占全国拍卖市场的8.6%。2013年，上海文物艺术品拍卖成交额为40.5亿元，占全国11.54%的市场份额，与北京高达69.4%相比，仍然不可同日而语。2014年，上海艺术品拍卖总成交额为46.4亿元，占全国市场份额的13.0%，比前几年有所回暖，但"京强沪弱"的态势依然十分明显①。

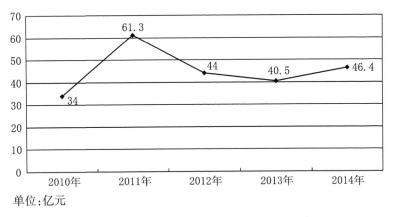

单位:亿元

**图 12.1　2010~2014 年上海艺术品拍卖成交额**

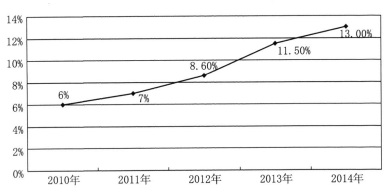

**图 12.2　2010~2014 年上海艺术品拍卖额占全国份额情况**

从近年来的统计数据来看,上海的拍卖行业经营状况具有以下特征:

拍卖成交额"两极分化"现象突出。2013 年度统计数据显示,上海当年度成交额过亿元的拍卖行共有 11 家,排名前 5 名的成交额合计 24.34 亿元,占整个市场 54.52%的份额。其中,排名首位的拍卖行成交额约占 26%的市场份额;排名 2~5 位的拍卖行占市场份额为 32%;排名 6~20 位的拍卖行所占市场份额为 34%;另有约 40 家拍卖行所占市场份额仅为 7.5%。

---

① 数据源自雅昌艺术市场监测中心,http://amma.artron.net/report.php。

2014 年,成交额过亿元的拍卖行减至 9 家,其成交额合计 31.4 亿元,所占市场份额的比例扩大为 74.32%,充分显示了这些拍卖行作为行业骨干的作用。然而,其余拍卖行的经营状况则不尽人意,其中有 21 家拍卖行的市场占有率甚至不足 1%。

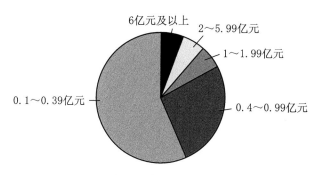

**图 12.3　2014 年度上海地区 53 家拍卖行成交额**

单件作品平均成交价差异较大。2013 年度统计数据显示,大多数拍卖行定位走大众路线,少数走精品路线。当年度单件平均成交价低于 1 万元的拍卖行多达 9 家,高于 10 万元的仅 13 家。在单件平均成交价高于 10 万元的 13 家拍卖行中,成交数高于 1 000 件的仅有朵云轩、嘉禾、天衡、荣宝斋上海、工美、佳士得上海 6 家拍卖行。

不同拍卖行成交率差距悬殊。拍卖行之间拍卖成交率差距悬殊。个别拍卖行因拍品门类选择适当,可以接近 100%,稍好的在 50%~60% 之间,但是,大部分的拍卖成交率仅为 30%~40%,这类拍卖行没有根据自身条件制定有针对性的经营策略,基本上重复了大企业的经营模式,但由于自身实力不足,并不能取得与大企业相提并论的成效①。

上海的艺术品拍卖骨干企业总体实力较弱,尽管市场投放量大,但高价位精品少。如今的上海艺术品拍卖市场,无论是成交业绩、市场占有份额还是规模效应,均已失去艺术品拍卖"半壁江山"的地位和话语权。造成上海艺拍市场目前的不利局面有多种因素,主要如下:

---

①　数据源自雅昌艺术市场监测中心,http://amma.artron.net/report.php。

北京和香港两地拍卖业对上海市场的打击。由于地域文化的影响,上海拍卖行业偏于谨慎保守,体制机制创新活力不足。尽管有利于企业自身稳健经营,但小富即安的心态制约了开拓、创新的意识、魄力和实际行动。北京的嘉德拍卖行完全是按照现代企业制度来组建的,采取股份制、董事会制度和全员聘用等灵活的管理机制。上海一些大的艺术品拍卖公司均属于从事业单位转制为企业的国有单位,有些虽已采用了股份制,但内部仍保留着国有体制的一些弊病,市场观念不强,企业内部管理条块过多,运营机制不畅。在全国艺术品拍卖市场高速发展时期,上海的艺术品拍卖没能预见到行业的发展速度,没有及时创新经营手段,拍卖门类偏窄,拍卖场次偏少,高价位拍品征集不足,不敢给自己加压,渐渐地舆论便偏向北京市场。

上海艺术品拍卖业出现了人才断层。20世纪六七十年代通过师傅"传帮带"的方式培养的文物鉴定人才,近几年逐步退休,上海拍卖行业面临人才青黄不接的局面。沪上开设专门的文物鉴定专业的高校为数较少,社会培训机构也不多,资格考试和职业认证制度未能有效建立,导致文物鉴定和拍卖人才严重匮乏。多数拍卖行人事管理的体制机制存在问题,绩效考核与激励制度不到位,人员留存率低,流失严重。艺术品拍卖行业存在高度竞争,人才是首要的资源。拍卖行讲求的诚信、质量、专业能力、服务等品质要素,都要通过人才的素质才能得以反映。拍卖行亟须组建以高级管理人员、文物鉴定师和拍卖师构成的高效运作的专业团队。不解决上海艺术品拍卖行业的人才短缺瓶颈,就无法从根本上提升上海艺术品拍卖业的核心竞争力。

上海艺术品拍卖业缺乏良性的政策环境。上海是个发达的商业城市,现在,人们已经将艺术品市场与房地产市场和股市相提并论,成熟的商业氛围使资本的流向具有更多的选择性。然而,较之上海的房地产市场和股市,艺术品市场规模一直偏小。即使在艺术品拍卖最为兴盛的2011年,当年度上海的财政收入突破了4 000亿元,而上海的艺术品拍卖总成交额虽然也达到了历年来的最高位,但总额仅为65.84亿元。多年来,上海一直致力于金融中心的建设,但时至今日,仍没有出台专门针对艺术品产业发展的扶持政策和可行性方案。相比之下,香港有文物进出港自由和低税收的有利条件,北京市文物局等机构对文物艺术品拍卖给予高度关注和政策支持。浙江对拍卖行的支持力度也很大,西泠印社成立仅 7 年,已成功跻身国内拍卖行前十位,取得如此成绩的原因之一是政府重视,措施有力。因此,上海各政府部门、行业主管机构、各拍卖行的主办机构,应进一步分析情况,研究对策,营造环境,提供艺术品产业做大做强的条件。上海需利用佳士得入驻和自贸区打造艺术品保税交易平台的良好契机,进一步营造有利于拍卖业发展的良好政策环境,着力推动上海地区拍卖行业国际化发展。

虽然上海的艺术品拍卖行业暂时落后,随着国内艺术品行业新一轮洗牌的开始,上海拍卖行业的发展仍然具备诸多有利的优势条件。首先,上海建设"国际文化大都市"的定位以及上海的经济基础、地理位置、会展设施都很适合发展艺术品拍卖业。其次,曾经占据收藏"半壁江山"的上海有丰富的文物古玩存量,加上长三角地区艺术品资源雄厚实力的支撑,上海发展艺术品拍卖具有极为有利的资源条件。再次,上海拥有与艺术品拍卖业相配套的完整的、具一定规模的艺术品经纪机构。上海的画廊数量比香港多了近一倍,上海的艺术博览会在亚洲地区具有重要的地位和影响,这些对上海发展艺术品拍卖业都是有力的支持因素。

2013 年佳士得落户上海,首轮拍卖成绩斐然;敬华拍卖转制改革,引入金融资本,打造全产业链,给行业带来示范效应;政府部门提出"振兴和繁荣上海艺术品拍卖市场"目标;自贸区保税仓库的设立、徐汇滨江艺术岛的打造都将对上海艺术品拍卖行业起到助推作用。上海的艺术品拍卖完全可以在新一轮艺术品买卖市场洗牌中迎头赶上。

## 12.4 艺术品产业新型业态

### 12.4.1 文化产权交易

上海文化产权交易所(以下简称"上海文交所")成立于 2009 年 6 月,是全国首家文化产权交易所。它的成立,是全国及上海深化文化体制改革的重要成果,也是上海建设国际金融中心和国际文化大都市目标的重要举措。

上海文交所搭建了以文化版权、物权、股权、知识产权等各类文化产权为交易对象的专业化投融资综合服务平台。由于注册在上海自贸区，上海文交所可以充分利用自贸区的政策红利，在国资交易、投资交易、权益交易、产权评估、法律保护、融资担保、创新产品等方面提供专业配套服务。除了进行国有文化资产交易外，上海文交所还经营文化版权、物权、知识产权等各类文化产权交易，集聚了国内外各类文化要素，交易规模位居全国首位。与此同时，上海文交所还探索开展品牌、商标、版权、艺人经纪、冠名权等多种文化产权品种交易类型。上海文交所对接并利用上海地区各大博览会等各类文化资源，为各类文化要素搭建交易平台的同时，积极拓展海内外市场。上海文交所逐渐形成了集文化交易、展示、保管、融资、鉴定、评估、交流、培训等为一体的文化产权交易服务平台，拥有包括机构和个人在内的近 3 000 名会员。目前，上海文交所已成为文化与资本对接的重要通道，越来越多的文化要素通过上海文交所平台流转交易。

上海文交所通过两大策略阶段性推进文化金融化的进程。一是调整市场布局，从聚焦高层次小众市场转变为覆盖普惠性大众市场，在全国搭建了书画、陶瓷、邮币卡、宝玉石等近 20 个专业平台，推动形成分布全国的规模化交易网络。二是推动文化金融创新从低标迈向全标。要实现文化金融化，首先要实现文化交易标准化、数据化。上海文交所先后启动了组合产权、艺术品保险等近 15 个品种的研发与交易工作，形成了比较齐全的文化产权交易体系①。

### 12.4.2 艺术品保税仓储

长期以来，高昂的关税费用是横亘在外资拍卖行进驻中国艺术市场面前的一道关卡。目前，我国对油画、雕塑等艺术品征收 6% 的关税和 17% 的增值税，且两者须叠加计算。以购买一幅价值 1 万元的油画为例，需要缴纳高达 2 400 多元的税款。而同样在亚洲，新加坡对艺术品交易征收的关税仅为 5%②。提供

---

① 上海文化产权交易所网站，http://www.ybika.com/。
② 阙政：《揭开"艺术品保税仓库"的面纱》，《新民周刊》2015 年第 12 期，第 29 页。

艺术品保税仓储服务,可以为海外艺术品进入中国内地市场减免关税额度,并促成佳士得、苏富比等国际大型拍卖行入驻中国市场。近年来,上海先行先试,进行了有益的探索。

2013年9月,作为上海国际艺术品交易中心一期工程的艺术品保税仓库在浦东外高桥保税区正式运营。截至2015年8月底,该保税仓库的艺术品仓储总额已超过30亿元,进出仓库的货值已超过100亿元,油画、雕塑等多个艺术品门类在此均享受到了保税的政策优惠①。保税仓库最基本的功能是“保税”,海外进口的艺术品只要存放在这个仓库里,就不需要缴纳任何税款。任何在仓库内部进行的欣赏、品鉴、交易行为,均无需缴纳税款。仓库内每个仓储室面积大约为30~40平方米,年租金约为20万元,低于许多高端艺术品一次转手交易需要缴纳的税额。

作为上海国际艺术品交易中心的二期项目,上海国际艺术品保税服务中心已将于2017年上半年建成,届时将提供艺术品交易拍卖、评估鉴定等全产业链的服务,入库的艺术品有望达到千亿元级。中心已与中国银行上海分行、上海银行总行分别达成艺术品质押相关协议。中心开始运营后,金融机构与第三方评估鉴定机构都将入驻,共同打造全国首创的艺术品全产业链。中心将集艺术品展览、拍卖交易、评估鉴定、金融保险等多种功能于一身,并将成为全国首个获得全球权威第三方检测认证机构UL(美国安全检测实验室)体系认证的艺术品保税服务中心。中心将是国内首家真正开展艺术品保税展览服务的机构,通过该中心进出海关的境内外艺术品都免缴艺术品暂时进出口保证金,从而大大减轻艺术品机构的资金压力。艺术品展商通过该中心引进海外艺术品展览或参加海外艺术展,可以免缴高额的艺术品押金,在海外展览期间还可以进行直接销售,仅需事后向海关补报出口费用。

2014年3月,由上海西岸艺术品保税发展有限公司投资建造,并与新加坡自由港管理有限公司共同运营的西岸保税仓库落成挂牌。2014年7月,“明成化斗彩鸡缸杯”入库,标志着仓库正式启动运营②。运营以来,西岸保税

---

① 上海文化产权交易所网站,http://www.ybika.com/。
② 天一:《艺术品保税仓库的“自由”与“隐忧”》,《东方早报》2015年4月1日第13版。

仓库先后为龙美术馆、余德耀美术馆、苏富比拍卖行、西岸艺术与设计博览会、设计上海等近 30 家国际机构的 200 多件艺术品提供了入关保税展示及仓储服务。

据悉,2016 年,徐汇滨江核心区域将建成"西岸自由港"。"西岸自由港"将在保税仓储的服务功能基础上,探索应用于大型国际性艺术品展览的专业展示功能以及与之相应的艺术品金融配套服务。"西岸自由港"将被纳入自由港全球服务体系,不仅可以为国内的收藏家和艺术机构提供安全、便捷、高效的艺术品存储环境及物流服务,还可以让艺术品在世界各大重要的城市进行便捷的保税展示及流通。西岸自由港将以成为国际艺术品在中国的首选"登陆地"为目标,推动徐汇滨江地区成为国际艺术品交易流通的枢纽之一,促进国内艺术品交易产业的全球化发展。

### 12.4.3 艺术授权

艺术授权是指通过对艺术作品知识产权的创造性应用,开展与艺术品相关联的产业化开发和商业化运作,属于新型艺术品产业业态。与欧美国家相比,我国的艺术授权产业尚处于起步阶段。2010 年,由国家文化部发布的《2010 中国艺术品市场年度报告》中正式出现了"艺术品授权"一词,之后,艺术授权开始进入大众视野,步入了快速发展时期。

从上海城市发展战略和文化建设的定位上来看,上海发展艺术授权产业具有突出的环境优势。首先,发展艺术授权产业是上海建设"国际文化大都市"和"设计之都"两大城市文化战略共同的着力点。长期以来,上海市的文化产业主管部门主要关注画廊、拍卖行和艺博会的发展形势,对艺术授权等新型业态的了解不足。上海市的创意产业主管部门主要关注文化创意产业中的设计和技术类因素,对其中的文化资源认识不够。艺术授权产业的价值开发,既需要丰富多样的文化艺术创意资源,也需要制造业领域的设计和技术研发支撑。因而,发展艺术授权产业,可以充分发挥两方面主管部门的行业引导和管理协调优势,从而带动一批传统文化企业、新兴文化创意企业共同构建完整的艺术授权产业链,在文化和创意的融合发展中实现文化创意产业的规模增量。

其次,发展新型文化业态是上海集聚下一步发展所需关键文化战略资源的重要途径。上海拥有多元集中的要素市场和规模庞大的需求市场,是国内技术创新和商业创新的"最佳试验场"。发展艺术授权产业,除了有助于实现文化创意产业的总量增长以外,还可以加强上海工业设计、轻工制造、市场营销、品牌推广等传统行业领域在国内的既有优势。艺术授权产业搭建了开放式平台,可以通过全新的产业链运作模式,发挥集聚艺术创作资源的功能。发展艺术授权,还可以按照国外时尚集团、奢侈品集团的运作规律,起到对手工制作、个性定制等高端制造资源的集聚作用,通过对关键文化资源的整合创新,进而沉淀和培育出文化特色鲜明的"上海制作"品牌。

再次,完善的多层次消费市场决定了上海具备发展艺术授权产业的充分条件。艺术授权产业的本质,是在"产品过剩"时代背景下对人们深层次精神文化需求的挖掘,并最终将这种需求转化为生产力和购买力。从国际经验来看,发达国家艺术授权产业的充分发展,对其他的相关产业部门都起到了带动作用和示范效应。如美国大都会博物馆通过艺术授权商品的开发和销售,其主馆及所属艺术商店年总营业额达 3 亿美元,大大提升了旅游经济的附加值。又如,荷兰银行通过开发运用梵高艺术作品的版权,将"梵高艺术元素"融入了建筑装饰和工艺品设计之中,成功树立了企业的差异化品牌形象。

目前,上海的艺术授权产业尚未充分发展起来,但是已经进行了一些探索性的尝试。2012 年,上海浦东文化传媒有限公司启动建设了"上海艺术版权开发中心"项目,通过公开的市场化运作,以"服务撬动"和"资源联合"为主要着力点,构建了比较完整的艺术授权产业链组织协调系统,打造了版权交易、法律维权、创意设计、技术研发、展示推广、市场营销六类专业服务平台。其中,版权交易平台的作用是在艺术家的作品版权和生产商、服务商之间构建起一套高效的、信息对称的交易促进机制。法律维权平台的作用是为与中心签约的艺术家提供个人艺术作品版权保护相关的法律咨询、取证公证、诉讼维权等专业法律服务。创意设计平台和技术研发平台在工业设计和工艺材料等非艺术家擅长的领域,为其提供专业周全的服务。展示推广平台在线上、线下同步建设,目标是要为艺术授权商品开辟更多的推广渠道。市场营销平台是项目的建设重点,主要作用是通过组建专门的市场销售团队和研究分析团队,确保开发的各种品类的艺术授权商品符合市场需求,激发潜在消费①。

除了以上的艺术品新型业态以外,近年来上海还在艺术品保险、艺术品物流、艺术品电商等方面做了诸多探索,并涌现出丰泰保险上海分公司、特锐艺术品物流服务公司、泓盛·赵涌在线网上拍卖公司等行业新秀,为上海艺术品产业新型业态发展注入活力。另外,艺术银行、艺术品质押融资、艺术品租赁服务等其他艺术品资产管理服务业态也瞄准了上海的消费市场,在未来几年内将在上海初步发展起来。

随着上海进一步出台推动艺术品产业发展的金融支持政策,营造良好的艺术品交易环境,打造国际化的保税交易中心和拍卖市场,上海的艺术品产业将在提升传统一级、二级艺术品市场的基础上,形成多种艺术品新型业态并行发展,规模不断扩大,效益不断提高的开放式局面。"十三五"期间,上海建设"国际文化大都市"需要以振兴和发展艺术品产业作为重要抓手,充分利用上海作为长三角中心城市的优势,传承和集聚江南地区丰富的文化艺术资源,成为与北京、香港"三足鼎立"的中国艺术品交易中心;充分利用上海作为国际金融中心的优势,在艺术品金融化发展中先行先试,探索出可推广和复制的"上海模式";充分利用上海作为国际贸易中心的优势,发展保税贸易,吸纳优质海外艺术品、画廊和拍卖行,促进中西方文化艺术的交流与融合。

---

① 华凌磊:《上海发展艺术版权产业的思考》,《上海文化发展报告(2013)》。

# 13

# 上海郊区民俗文化产业的开发路径

王海冬①

内容提要： 建设上海国际文化大都市重要举措之一是要合理科学地开发上海郊区民俗文化产业。本文从上海应合理布局郊区文化产业园区入手，结合对上海郊区有关民俗项目的实地调查，提出上海郊区发展民俗文化产业的方法和相关路径，包括要及时树立整体互动协调发展的理念；要具备长远的国际战略视野；采用的民俗内容和形式要不断创新等。

关 键 词： 上海郊区，民俗文化产业，开发路径

21 世纪全球化背景下，大力发展文化产业已成为世界各国重要发展战略之一。上海作为中国的经济、交通、科技、工业、金融、会展和航运中心之一，2014 年 GDP 总量居中国城市第一，亚洲第二。与此同时，上海也正在努力成为全球文化产业的核心城市。上海具有丰厚的文化资源，民俗文化活动和样式丰富多彩，深入挖掘各种民俗文化内涵，是传承和开发的前提。发展郊区民俗文化产业，必须要树立整体互动协调发展的理念、具备长远的国际战略视野，不断创新开拓科学的路径。

## 13.1　上海郊区民俗文化产业发展的基础和机遇

民俗是指一个地域或一个社会群体在长期的生产实践和社会生活中逐渐

---

① 王海冬：上海社会科学院文学所副研究员。研究方向为民俗学与文化产业，2015 年被评为上海社科院创新基地成员与青年人才。

形成并世代相传、较为稳定的文化事项,可以简单概括为民间流行的风尚、习俗,包括生产劳动民俗、日常生活民俗、社会组织民俗、岁时节日民俗等等。民俗是一种来自于民众,传承于民众,规范民众,又深藏在民众的行为、语言和心理力量。民俗文化是一个地方最宝贵的文化资源,往往能转化为该地域最具地方特点最有魅力的文化产业。文化产业是以创意为核心、科技为载体、工业化生产为标准而满足人类精神需要的产业。民俗文化产业应该成为发展该地域文化产业最重要的内容之一。

上海民俗文化有着悠久的历史,她蕴含着上海先民的文化创造,有着江浙毗邻地区的民俗特点,但在上海开埠以后更加独具一格,别有特色,反映着一代又一代上海人日常生活的社会情景和风俗习惯。上海郊区民俗文化是上海民俗文化的重要组成部分。闵行、宝山、嘉定、青浦、松江、金山、奉贤、浦东新区以及崇明等都有着丰富的郊区民俗文化,"庄行土布""松江顾绣""奉贤滚灯""嘉定竹刻""金山农民画""马桥手狮舞""奉贤山歌剧""七宝皮影""廊下打莲湘""枫泾敛痔散制作技艺"等都是上海郊区较典型的民俗文化。

上海发展郊区民俗文化产业有一定的基础。上海郊区土地面积为 5 900 平方公里,占全市总面积的93%。许多名胜古迹在郊区:松江区天马山的护珠塔是世界最早的斜塔;嘉定区南翔镇香花桥北堍的两座古砖塔是全国唯一的千年双塔;马桥古文化遗址有 4 000 年前的村落遗址;菘泽古文化遗址前承 6 000 年前的马家浜文化,后接 4 000 多年前的良渚文化;还有嘉定的孔庙、青浦的朱家角古镇和松江的方塔、醉白池等都名闻遐迩。很多旅游休闲景点在郊区:鲜花港、滴水湖、美兰湖、泰晤士小镇、前卫村农家乐、东平国家森林公园、长兴岛农家乐、崇明岛国家地质公园、佘山国家森林公园、月湖雕塑公园、马陆葡萄主题公园、碧海金沙水上乐园、奉贤生态园、东方假日田园、海湾旅游区渔人码头等不断涌现。嘉定安亭的 F1 汽车赛、青浦淀山湖国际水上龙舟赛、金山国际沙滩排球赛等赛事,提高了郊区的知名度。这些已经建成的郊区文化旅游业,是上海国际文化软实力不可或缺的重要组成部分。

但是,随着城乡一体化建设和郊区农民生活水平的提高,大多数农宅和村落已经拆除重建,传统的郊区民俗风貌遭到一定的破坏,随之乡风民俗、民间传统文化遗产面临诸多问题,如相关生产劳动民俗工艺失传,日常生活民俗渐趋城市化,岁时节日民俗风情渐淡。如果上海郊区多建设一些民俗文化园区,可能弥补民俗文化日益消失的局面。2012年笔者在《上海应当积极发展郊区文化园区》文章中提出,上海文化由郊区的江南传统文化与市区的海派文化组成,这是上海建设国际文化大都市最重要的本土资源。相当一部分非物质文化遗产保护项目的传承地在郊区,但多数还没有与郊区文化园区的发展紧密相连。因此笔者进而提出在上海郊区应进一步建立文化园区的相关建议①。但是这种基本格局并没有获得改善。

2014年9月上海市文创领导小组研究制定的《上海市文化创意产业园区管理办法(试行)》②提出,上海对原50家市级文化产业园区和87家创意产业集聚区进行整合,在原有园区评定基础上提出最新标准,规范园区建设和管理,全年分两批次,评定授牌106家"上海市文化创意产业园"。目前,全市文化创意产业园区出现了产业门类集聚、功能定位明晰、部市合作共建的产业基地式园区,也出现了注重与科技、创意、贸易、金融、旅游等跨界融合的园区,全市各类文化创意产业园区朝着规模化和主题化方向发展,呈现出专业化、特色化、品牌化特征。这个报告总结了上海文化产业园区发展的现状与特征。

《2014年上海文化产业发展报告》③指出:传统文化产业占比相对较小,正处于转型调整期。"上海文化产业发展的基本情况"包括:第一,总体规模持续扩大;第二,产业结构不断优化;第三,文化贸易保持顺差。在"上海文化产业发展的主要特点"包括:第一,自贸区文化市场开放政策落地实施,试点任务有序推进;第二,文化产业跨界融合深度推进,合作模式不断创新;第三,以改革为动力,促进传统文化产业转型发展;第四,以重点地区和重大项目为引领,完善产业空间布局;第五,深化落实文化产业发展政策,逐步优化市场发展

---

① 王海冬:《上海应当积极发展郊区文化园区》,《上海市社会主义学院学报》2012年第1期。
② 上海市文创领导小组:《上海市文化创意产业园区管理办法(试行)》,东方文创网,2015年2月16日。
③ 中共上海市委宣传部事业产业处、上海市文化事业管理处、上海市发展改革研究院:《2014年上海文化产业发展报告》,东方文创网,2015年2月19日。

环境;第六,加快文化"走出去"步伐,提升国际文化软实力。该报告中"上海文化产业发展的展望"部分强调了九大任务:一是要立足建设国际文化大都市的目标,提升文化产业发展能级,夯实全市支柱性产业地位。二是充分把握自贸区建设机遇,深化制度创新和服务创新,积极争取文化市场开放政策进一步突破。三是继续深化文化体制改革,加快国有文化企业转型升级,引入社会资本,发展混合所有制经济。四是注重在新兴领域培育具有核心技术和自主知识产权的文化创意科技企业、中小文化创意企业,重视培育民间文化创新机构、文化创意工作室和个体文化创意创业人才。五是推动更深层次的文化跨界融合,利用上海建设具有全球影响力的科技创新中心的契机,加深文化与科技的融合,促进文化企业和金融机构有效对接。六是加快国家级文化产业基地建设,争取更多国家级项目落户上海。七是整合上海文化创意产业园区资源,推动园区专业化、特色化、功能化发展。八是积极推进市级重大文化项目建设,完善文化产业空间布局。九是继续推进文化人才建设,引进更多国际文化人才、高端文化人才和原创文化人才①。

从《上海市文化创意产业园区管理办法(试行)》和《2014 年上海文化产业发展报告》看,上海对文化产业采取了强有力的措施,这是发展文化产业的良好机遇。但遗憾的是,报告中没有专门提及郊区的民俗文化产业。这说明上海制定文化政策的党政部门,还没有充分认识到郊区民俗文化项目本身就包含全国性、国际性的元素,没有充分认识到科学合理的发展郊区民俗文化产业对上海建设国际文化大都市的重要意义。

一些学者对此有很好的论述,如上海社会科学院文化产业研究中心主任花建先生提出:上海要顺应全球化、数字化时代国际化大都市区域的规律,不仅要开发市中心的文化产业,也要把拓展的重点移到边缘区,包括近郊区和远郊区,走向大分散、强集聚、多组团、网络化的文化产业格局。上海文化产业的主要布局,将从内环线以内,进一步向中环线和外环线周边拓展,包括一大批报刊、设计、娱乐、多媒体等机构将移向市郊,编织更加开阔的大"花环",利用

---

① 中共上海市委宣传部事业产业处、上海市文化事业管理处、上海市发展改革研究院:《2014 年上海文化产业发展报告》,东方文创网,2015 年 2 月 19 日。

边缘区、近郊区和远郊区广阔的空间,形成一批新的文化产业的战略节点①。

花建先生进一步分析了要这样做的两个原因:一是从 2000 到 2010 年,上海人口总体上是从市中心向边缘区、近郊区和远郊区流动。上海如同其他国际大都市一样,已经进入到人口郊区化的发展阶段,郊区将是上海面向 2020 年的主要人口导入区域,这带来郊区文化消费能力的急剧增加,也为上海文化产业向多中心、多组团布局,创造了条件。二是为了更好地实现长三角地区的经济一体化。他指出:跨入 21 世纪以来,全球城市的区域性发展,正从过去城市等级的配置管控转向网络化的协调发展。在过去的城市等级体系中,一个大区域中的大中小城市组成了一种金字塔结构,塔尖是核心城市,中间是区域性中心城市,塔基是各类中小城镇,它们之间是一种控制与被控制,支配与被支配的关系,但在新的国际分工和城市区域条件下,在普遍进入到中等以上的发达水平以后,不同城市之间的关系更多的是城市网络间的关系,差异带来互补,合作带来机遇,这一历史性发展潮流为上海在长三角接壤地区开发新的文化热点,创造了良好的条件。

上海社会科学院人口所所长周海旺先生指出:按照国际惯例,一个国际化大都市,外国人的比重应该在 5% 以上。目前上海只有 20 多万左右的外籍人士,占到上海总人口的比重较低。2030 年,上海预期人口近 3 000 万,那么按照 5% 的公式换算,外籍人士将达到 150 万。有关部门可以考虑在上海近郊、交通便利的地方规划外国人社区,集中管理,集中提供特色服务。根据笔者在日本、韩国、新加坡、泰国、俄罗斯的考察,外国人愿意常住在大都市的郊区,可以预测:以后更多的外籍专业人士包括文化创意人士,也会乐意居住在上海的郊区。所以按照周海旺先生的想法,在郊区多建文化园区更有必要。

上海郊区有近 6 000 平方公里的广大区域,是中心城区的拓展区,在这个广阔空间里,应该科学规划设计郊区的民俗文化产业园区,抓住新形式下文化产业做大做强的历史机遇。

---

① 花建:《上海文化产业的空间布局》,《解放日报》2012 年 11 月 17 日。

## 13.2 上海郊区民俗文化产业开发要协调联动

上海郊区有众多的民俗文化，要发展好文化产业就应该整合各种社会力量，包括本市的、全国的甚至是世界的，协调联动，密切配合，形成合力，才能可持续地发展。上海郊区民俗文化产业开发要协调联动，涉及的面很广，可以从若干重点领域入手。笔者曾多次实地考察过奉贤区庄行镇，那里的土布民俗工艺是我国第一批非遗保护项目——乌泥泾黄道婆手工棉纺织技艺的重要发展。这个郊区的重要民俗手工艺，并没有形成文化产业，所以本文就以庄行土布为例，说明协调联动发展民俗文化产业的必要性。

庄行，在上海市南端美丽的滨海新城奉贤的西部，方圆 70 平方公里，有 5.5 万亩耕地面积，河道纵横交错，是个典型的江南水乡。自元代至元年间起，随着黄道婆棉纺织工艺在上海地区的广为流传，庄行也深受影响，民间涌现出众多的能工巧手，以家家植棉、户户做布、工艺精湛而成为上海土布的发祥地之一，享有"衣被天下"之美誉。明洪武初，有庄姓人家来该地开设庄家花米行，日渐发达，名声遐迩，"庄行"由此而得名。明末清初，当地是浦南地区的棉花交易中心。据清乾隆《奉贤县志》记载："今世布之佳者，首推松江，而松江之布尤推奉贤庄行云。"光绪《重修奉贤县志》载：织布者"吾邑以百里所产，常供数省之用"。庄行土布之所以在江南地区名列前茅，是因为其传承了黄道婆的棉纺织技术。黄道婆去世后被人们奉为上海的地方神——中国历史上著名的"棉神"。黄道婆是我国棉纺业的先驱，13 世纪杰出的纺织技术革新家。她的纺织革新影响了中国棉纺业七百多年的历史，在世界科技史中有着极其重要的一份意义，所以 2006 年，曾经是黄道婆的家乡——今徐汇区的乌泥泾（黄道婆）手工棉纺织技艺，被列入首批国家级非物质文化遗产名录。

直到 20 世纪 80 年代前，庄行几乎家家种植棉花，户户都有织布机、纺车等工具。女性则从十五六岁的少女到 60 开外的老妪都会植棉、染色、经布、织布等工艺。那时讨娘子（婆媳妇）的要求之一，首先要看她是否有一手纺纱织布的好手艺；看新娘嫁妆是否丰富要看她有多少匹土布。如今庄行仍是奉贤收藏土布最多的地区。庄行土布传承了元代黄道婆的棉纺织技术,尤其在染色、经布工艺上有很好的发展,使土布的品种、花色丰富多彩。2009 年被列入上海市"非遗"项目。

2007 年庄行群艺馆设立了土布馆,接待中外游客 8 万余人;成立了庄行土布时装表演队,经常到各地举行"乡村恋"土布时装巡回展示。近年来在上海奉贤菜花节上,一些农民阿婆表演了纺纱、经布、织布等技艺。姑娘们穿着土布服饰进行展示表演。用土布做成的拖鞋、手套、头巾、杯垫、围兜、旗袍、上衣、裤子等生活用品和土布画工艺品等,受到当地群众与游客的欢迎。庄行和日本鹿儿岛的姐妹乡的文化交流中,土布旗袍是重要的展示内容。土布礼品还曾到台湾展览。2012 年,庄行土布馆已搬到该地的旅游中心新屋内,名为"民俗地",成为该镇农业旅游的门面。2013 年 6 月庄行镇开展了非物质文化遗产传习活动。活动中特邀了土布贴画传习老师,对社区居民和阳光家园的学员们传授土布贴画技艺,2013 年 6 月在评比中,《万年历》、巧夺天工的《织女》荣获了一等奖。这些说明保护与传承这项传统工艺,对当地的农业旅游事业与新农村建设都有一定的积极意义。但我们在调查中也看到,菜花节上一些土布产品因为量小成本高价格偏贵,大部分旅客只是好奇地看一看而已,并不购买。现在已经设计出来的土布礼品,大部分只是供人参观或用于评奖,所以土布工艺的民俗文化产业没有形成规模,没有可持续发展的保障,更不知道未来的市场在哪里。笔者认为这一症结真正的"瓶颈",就是民俗开发没有树立起整体互动协调发展的理念,没有充分认识到这种民俗工艺的全国影响与世界影响。这种认识上的局限性造成了该项目发展上的不力。

早在 16 世纪,中国便开始了棉布外销的生意。美国学者摩尔斯根据英国东印度公司的档案记载研究发现,18 世纪、19 世纪的欧洲,穿着中国紫花棉布是一种时髦。英国伦敦博物馆展出的 19 世纪 30 年代的英国绅士时装便是杭绸衬衫和紫花布裤子,土布成为东西方商品贸易和文化交流的珍品,但这肯定不是庄行一地就能产生的国际影响。上海和我国许多地方曾经都生产过土布,甚至直到今天还有发展。崇明土布起始于元末明初,至明朝中叶时已十分兴盛,每年都有数十万匹土布外运。到清光绪年间时,崇明土布的生产数量急剧增加,每年运至外地销售的布匹达二百五十万匹之多,成为继松江、江阴后的土布生产第三大县,单经过海上丝绸之路到国外的土布数量就可以围绕地球3圈半。如今,崇明正在设法用高档土布产品来打开国际奢侈品市场。江苏南通的棉纺织技术源自松江府,是上海土布的嫡传子孙。上世纪初,南通土布便以其精湛的手工织造、独特的工艺印染以及粗厚坚牢、经洗耐着的特性享誉海内外,成为南通历史上的出口大宗。土布有冬暖夏凉的优势,是纯绿色产品,今天仍然有广阔的国际市场。如山东商河县生产出大件土布产品的10多个品种,都受到外国人的欢迎。

笔者认为:像庄行土布这样历史上非常有影响的民俗特色文化产品,只有全国整体互动协调发展,才能形成可持续发展的产业效应。因此庄行要主动与上海市内的崇明、廊下等郊区联合,和国内的山东、陕西、江苏等省市联合,从生产技术、生产规模、销售渠道等方面互相学习、互相合作,才能使黄道婆棉纺织工艺传承下来形成的这项海派工艺获得新生,恢复土布"首推庄行"的历史荣光。

笔者建议上海党政有关领导部门要支持庄行土布这样的郊区民俗文化产业项目的国际宣传,让世界上更多的人看到上海土布在世界纺织历史中做出的杰出贡献,引导庄行土布产品在大型国际文化交流平台进行展销,在上海迪士尼乐园等设立相关的专卖店,培养一批高品格的文化设计人才进行相关的创作与创新。

庄行土布工艺只是上海市郊民俗文化开发的一个案例,实际上上海市郊可以区域联动的民俗项目很多,如海派绒绣、三林刺绣、青浦石雕、金山灶画、浦东琵琶、奉贤滚灯、江南丝竹等,关键是上海市、区政府要制订出台组织文化产业机构、建设基础设施、培育文化人才的良好政策,才能促成各地各方面的协调联动。文化产业能否振兴,是否能够互相采长补短,形成同一文化资源基础的有效合作,首要条件是当地有关政策指向的正确性。其中的关键是文化人才的培育,不仅仅是文化管理人才,也包括文化设计人才。深圳生产的无人机现在在全世界都很有影响,前提是深圳制定和实施了优于其他地方的人才政策。我们要发展上海郊区的民俗文化产业也要借鉴外地已经成熟的有关产业经验。

## 13.3 上海郊区民俗文化产业开发要突出国际合作

上海郊区民俗文化产业开发要突出国际合作,在这方面也有大量的项目要开拓。笔者曾多次对闵行区七宝镇进行过实地考察,七宝皮影的传承困境给笔者留下了深刻的印象:一方面是七宝皮影具有重要历史价值与艺术价值,一方面是它陷入后继无人的窘境。它是上海郊区开发民俗文化产业项目的又一个缩影。

皮影戏在中国兴于唐,盛于宋,约在南宋时自北方传到江南。当时,南宋首府临安(杭州)城内皮影戏盛行,上海地区时有外来皮影戏班演出。皮影戏真正扎根开花于上海地区,是在清光绪年间的七宝镇。皮影戏在上海地区俗称"皮团头戏"。"七宝皮影"既具有鲜明的个性,又体现了江南地区皮影艺术的特色。其传人众多,体系清晰,传承完整,遗存丰富。首创者是毛耕渔①。"七宝皮影"涉及当地当时民间戏剧、民间美术、民间工艺、民间音乐、民间文学和方言特点,是浓缩了的古镇七宝传统民俗文化,它以声带画,声画统一,具有浓郁的地方色彩和独特的艺术风格。其中《赋札》一书,是毛派传人必读课本。剧目内容主要是历史演义故事。长篇演义有《封神》《隋唐》《水浒》等22部,短篇有10多部。

随着时代的变迁,皮影戏逐渐式微。2006年,七宝皮影被收入上海市第

---

① 毛耕渔(1850—1907年),七宝毛家塘(今七宝镇联明村)人。26岁那年赴杭州湾拜访当年同考者,看到浙东某皮影戏班的演出,拜戏班主殷茂功为师,随戏班学艺。两年后,拜别恩师时,带恩师赠其《赋札》《图本》《脚本》三册书和一些皮人、道具回家后,张罗组班。光绪六年(1880年)春,毛氏戏班在七宝镇明代解无吕克孝的故居解元厅作首场演出。当时的七宝镇,地跨上(海)、青(浦)、娄三县,因此这场成功的演出,一下子惊动了三县乡人,各地即纷纷前来邀请。毛氏戏班从此辗转献艺于上海、青浦、娄塘、华亭各县乡镇,名传八方,并推动了上海地区皮影戏班的兴盛。光绪三十三年(1907年)6月29日晚,毛氏戏班在九里亭庄家桥(今松江区九亭镇)演出时,恰逢瘟疫流行,毛耕渔染疫暴亡在戏台上。他弥留之际嘱赵少亭继承师业,广招传人,使皮影戏日益兴盛。

一批全国非物质文化遗产名录,为了"抢救性"保护这个民俗文化,七宝镇成立了皮影文化艺术馆①。该馆位于七宝镇北西街 93 号,周围茶馆、古玩店和特色小吃店林立,游客来往众多。但皮影馆却冷冷清清。馆长朱墨钧说:"偶尔会有游客进来看一看,现在爱好这个的人几乎没有了。"原因是传承后继无人,皮影馆没有年轻人表演了。朱馆长说:"如果有人想学皮影表演,皮影馆没办法自主聘用他,没有固定工资就没有生活保障,也就没有人肯学了。"这种困境和七宝皮影历史上曾经有过的辉煌一比较就更加明显。

朱馆长告诉笔者,七宝皮影最繁荣的时候有 54 个表演班遍布上海各个郊区。在 20 世纪二三十年代,曾登上过大世界的舞台,亚洲之声电台也曾连续播出过皮影戏。七宝皮影之所以在上海周边如此受欢迎,除了有引人入胜的历史故事外,还有海派皮影的地方特色,如皮影人偶是用半透明的小羊皮做的,适于镂刻和彩绘,这是海派皮影不同于北方皮影②的特点。七宝皮影已经成为海派民俗的一部分。七宝镇党政部门为了保护这个国家级非遗项目采取了三项措施:一是 2006 年至今花费了不少财力和人力维持艺术馆,二是近几年来配合廉政建设创编出几部新皮影戏,三是皮影戏进学校。可是这些措施还没有从根本上让七宝皮影走出传承无人的困境。

如何改变七宝皮影即将成为"活化石"的历史命运? 出路在于要具有更广阔的国际视野。我们可以学习世界五大动漫节③的成功经验,每隔 1—2 年举办一次七宝国际皮影节,作为七宝皮影走向世界的必要步履。举办国际皮影节要常态化,可以借鉴国内外的成功经验,如 2007 年 4 月 28 日至 2007 年 5 月 4 日在杭州举行的国际皮影周已是第三届中国国际动漫节。该节展出中外皮影数百件,包括中国的陕西、山西、甘肃、宁夏、河北、北京、辽宁、吉林、黑龙江、四川、湖北、湖南、浙江、安徽等地的皮影和土耳其、印度、印度尼西亚、泰国、马来西亚、柬埔寨等国的皮影。他们根据皮影的地域特色来布置展览,推

---

① 该馆展示有关七宝皮影历史资料的展示厅,还有一个表演厅,只需 5 块钱就可以看一场皮影戏。
② 北方皮影多用驴皮和牛皮材质。
③ 世界五大动漫节为加拿大渥太华动画节、韩国首尔动画节、法国昂西动画节、美国红树枝动画节、希腊雅典动画节。

动了国际动漫产业的发展①。这是国际视野下的一个成功案例。

要使国际皮影节常态化,可以联系国内有关的国际皮影文化公司一起来举办,如陕西省渭南市的华州公司,建了个国际皮影文化生态园,该园展现中国的皮影发展史,设有全国各地皮影展演、陕西古旧皮影精品陈列区、国家级皮影雕刻大师作品展览区、传统现代皮影工艺制作区等 10 个功能区。自 2006 年以来,在西安、北京、上海、深圳等地设立了分公司和生产基地②,并在世界范围征集皮影剧本等。七宝要充分发挥上海的区位优势,与类似于华州公司这样的国内外志同道合的文化团体、文化公司共同办好国际皮影节。

要推动皮影文化产业的开发,可以探索设立七宝皮影艺术在海外的分馆。皮影戏在它的形成和发展过程中,汲取了其他艺术的精华,也不断影响着其他剧种,如评剧、唐剧、龙江剧、陇剧、华剧、京剧等。从 13 世纪起,随着陆上与海上丝绸之路的畅通,中国皮影艺术相继传入了波斯(伊朗)、阿拉伯、土耳其、暹罗(泰国)、缅甸、马来群岛、日本以及英、法、德、意、俄等亚欧各国,所以在国外设立七宝皮影艺术分馆有一定的历史基础。

北京郊区通州马驹桥皮影博物馆,是当地第一家皮影博物馆。2010 年底,该馆便打算到美国去开分馆了。原来,两位当家人崔永平夫妇的儿子在美国。由于《纽约时报》北京站的首席记者米歇尔·韦恩斯曾报道过崔永平的皮影博物馆,引起了纽约的关注。崔永平夫妇去美国看望儿子,一到美国,纽约市政府就派人找上门来,并许诺当年 6 月让他们的皮影戏进入纽约小学演出。此外,安排他们到多个美国大学义演,所以他们要把自己的博物馆开到美国去③。像崔永平这样一个私人皮影博物馆尚且能走出国门,何况七宝镇要鼎力打造的皮影艺术馆?应该能成为极具上海地方特色的民俗文化产业。

---

① 杭州市人民政府主办的第三届中国国际动漫节综合报导,中国新闻网,2007 年 5 月 5 日。
② 华县皮影是陕西皮影出类拔萃的代表。2006 年,华县皮影已被列入国家首批非物质文化遗产。华县皮影人制作有四大特点:一是造型精巧别致、人物眉目清秀、体型夸张大胆变形巧妙。二是雕刻精细、人物的服饰图形花纹,在轮廓中以梅、兰、竹、菊装饰,配以"万"字、"雪花""鱼鳞""松针"等图案。三是染色厚重古朴,接近自然,经过手工发汗后,皮影永不褪色、永不起皱。每个影人既有极高的观赏价值,又可作为收藏品和馈赠品。四是演唱的碗碗腔源于宫廷音乐,委婉动听,百听不厌。
③ 刘璐:《首家皮影馆将在美国开分号》,《北京青年报》2011 年 2 月 21 日。

印度尼西亚的皮影戏,俗称爪哇影戏,又叫"瓦扬皮卫",是印度尼西亚剧种中最古老的艺术。11 世纪时,皮影戏已很盛行。最初它是拜佛祭祖仪式的一部分,至今仍在演出前焚香祈祷。皮影戏的表演者被称为"铃吉特",与僧侣一样受人尊敬。剧目内容多取材于印度史诗《摩诃婆罗多》和《罗摩衍那》以及印尼民间传说和为民族自由而斗争的故事。自 18 世纪以来,皮影戏成为岛上惟一的大众艺术形式。七宝皮影分馆如果办到那里,也很可能成为那里受欢迎的民间文化大使。

七宝皮影现实的传承困境在上海郊区民俗中普遍存在,如青浦田山歌、崇明琵琶等,很多传承困境都和开发民俗文化缺乏国际视野有关。青浦田山歌可以和各国普遍存在的劳动歌谣联系起来,单日本、韩国就有许多劳动歌谣研究会与民间收集小组。崇明琵琶至少可以和琵琶发源地、重要传播区西亚联合起来,进行国际合作,互相交流,互相促进。

## 13.4　上海郊区民俗文化产业开发要创新内容和形式

文化产品的本质特征是为了满足人们的精神需求,其表现形态是使人们感动产生精神共鸣,而能使人们感动的永远都是人类共同追逐的真善美。当然其接受者因各国各地区的不同所受感动的程度也并不一样,所以我们既要使文化产品具有一定的世界性和普世性,又要研究符合各国各地区不一样的审美个性。

近年,中国的皮影剧团在世界演出反响强烈。2013 年 5 月 8 日至 16 日,"聚焦中国国际节"在美国达拉斯市和艾迪森市举行,大连群众艺术馆皮影剧表演的新编《鹤与龟》《三打白骨精》大放异彩,吸引了很多美国孩子和大人一起来观赏①。古老的中国艺术经过不断创新,仍然会受到当代人的欢迎。具有海派风格的七宝皮影也一定会受到世界的欢迎,但要打开国际市场,先要认真研究不同国家、不同民众的文化与审美特点,这样的创新才能有的放矢,取

---

① 刘涛:《大连群众艺术馆皮影剧团皮影戏在美国大放异彩》,大连海岛旅游网,2013 年 5 月 29 日。

得良好的演出效果。2013 年日本皮影戏《竹取物语》来到北京、上海、西安、杭州巡演①。《竹取物语》原是创作于 10 世纪初的小说,在日本家喻户晓,故事讲的是在月亮上诞生后落入凡间的美丽姑娘"辉夜姬"的故事;5 个贵族子弟向她求婚都失败了;皇帝想仗势强娶,也遭到她的拒绝,后来她突然升天。由小说改编成皮影戏的《竹取物语》在欧美演出时,西方人对这个故事并不太容易理解;而中国早就有《嫦娥奔月》的故事,所以中国观众比较能接受。

皮影剧本的改编也应该与时俱进,符合现代人的审美观。2009 年中国皮影戏《铡判官》在法国人旦梅的导演下改名为《灯官油流鬼》,把古老的包公戏进行了重新构造。旦梅对"油流鬼"这一人物特别感兴趣,她说,"包公已经是一个神了,离观众太远,而灯官油流鬼这个小人物,和我们一样都是最普通的老百姓,他遇到强权也会惧怕,遇到冤情也会同情,他最终做出的选择是我们所有人都可以做到的。"②这一具有"现代味"的古老戏剧在辽宁省朝阳 9 个剧场演出 3 场,场场爆满。皮影戏《蝴蝶恋人》的导演瑞特是美国人,他在近 20 年内完成了 23 部表现不同国家题材的作品。他对这一皮影戏作了以下改编:梁山伯接到祝英台书信知道真相后,悲愤之下将书信纸团吞咽而死。透过透明的人物光影,显示纸团顺着梁山伯的咽喉一点点下去。这种细节的改动使传统的皮影艺术有了新的活力。

学术研究是对所研究对象的规律性认识,会给文化产业的健康发展提供正确的思路,而且本身也有不可替代的宣传作用。欧美、日本、韩国等国的企业经常把支持学术发展作为一项经常性的使命,设立国际招标课题,并招聘国际上有名望的研究机构与学者来完成这些项目。笔者在日本留学期间就多次受到企业的学术资助。上海文化企业也可以考虑学习其中的成功经验,设立郊区民俗文化国际招标研究课题。如七宝皮影可以在以下研究方向上设研究课题:一是七宝皮影的重点、特点与今天的应用,二是世界各国皮影的重点、特点与今天的应用,三是皮影的时代创新与知识产权保护,四是皮影创新与适应互联网的研究等。

---

①  郑琳:《日本皮影戏〈竹取物语〉在杭州演出》,《钱江晚报》2013 年 8 月 23 日。
②  徐菲:《灯官油流鬼——法国女导演与中国皮影的美丽邂逅》,国际在线,2009 年 6 月 17 日。

发展郊区民俗文化产业,及时保护其文化资源的知识产权,也是谋求其长期发展的重要方面,而文化知识产权保护的形式也要不断创新。如过往的皮影作为中国的一个传统民俗保护项目,一般是群体创作的,其艺术样式、工艺和剧本都亟待受到知识产权的保护。1985年,七宝皮影戏传人琚墨熙依托积累的皮影戏资料,5年画了263幅《三国》皮影人物画。1988年10月,七宝以重彩画技法绘制出皮影画100余件,其中情节性绘画20余件、皮影人物画20余件、头像画50余件①。这些画的特点:一是构图单纯、平面化,上下左右满篇幅地安置人物,画面饱满、平衡,装饰感强;二是简洁的构图中绘以复杂繁密的图饰,体现了高贵的气质、神秘的境界;三是色调追求对比统一,复杂变幻而又倾向明确,具有古代织锦般的抽象美感。曹飞创立了"学士工作室",制作皮影纪念册等作品上万件,每月销售五百多件。2012年年底,台湾高雄皮影馆并购买了他的400件皮影作品,曹飞也应邀到台湾交流皮影文化艺术②。这样的皮影戏往往有明确的发明人,其艺术样式、工艺和剧本都应该受到知识产权方面的保护。

近年,中国皮影新创作和改编了一批剧目,如现代题材有《玉田从军》《半夜鸡叫》《聪明的伊敏》等,神话题材有《三打白骨精》《秃尾巴老李》等,寓言童话题材有《鹤与龟》《两朋友》《猴子的心》等。这些新剧本可以申请知识产权保护,甚至包括由七宝传统皮影发展而来的"中英沪"三语融合的全新剧目《孙悟空三打白骨精》③都可以申请。只有及时获得知识产权的保护,有关部门才会给所采用的民俗项目提供必要的保护经费。迪士尼的动画片票房只占总收入的30%,大部分收入都是靠"品牌授权",可见知识产权的重要性。

七宝皮影创新是民俗文化产业创新的一个典型案例,上海郊区的民俗项

---

① 张平:《琚墨熙的皮影人物画》,《艺术中国》2013年3月4日。
② 白云水:《河北大学生创立皮影工作室梦想皮影走向国际》,中国新闻网,2013年11月16日。
③ 2012年前,朱墨钧为上外闵行实验学校排练了中文版的《孙悟空三打白骨精》,一年后,学校的校长老师们都提出,要把学校的英语教学特色融入这部皮影戏,于是中英文版的《孙悟空三打白骨精》横空出世。后又将沪语融入了节目的编排,使之成为"中英沪"三语融合的全新剧目,除了创新,它保留了地方的特色,为皮影的传承谋划了一条新路子。

目很多可以通过设计创新发展成为特色的地方文化产业项目。如崇明的沙船①工艺,早在元代海上漕运粮食中就发挥了重要作用,开创海上漕运之路的崇明人朱清因之成为上海的"海运三杰"之首。可以探索在崇明创新设立沙船航海区,作为一个全新的文化旅游项目。2015 年意大利世博会上风味独特的中国民俗特色小吃受到广大游客的广泛欢迎。上海的小吃也很丰富,不少都是郊区民俗小吃,如高桥松饼、三阳泰糕点、南瓜塌饼、荠菜圆子、庄行青团、马桥豆腐干、朱家角扎肉等等,都可以进行口味和包装上的创新,形成具有上海民间风味特色的系列小吃品牌。综上所述,上海郊区民俗文化产业建设,既要留住"乡愁",又要有内容和形式的创新,才能体现城市在海内外的文化影响力。

郊区民俗文化是上海文化艺术瑰宝之一,但如何发挥好这种有地方特色文化资源的潜力,还需要不断探索。郊区发展文化产业的重要形式一般是兴办文化旅游业,而文化是灵魂,旅游是载体。我们要进一步挖掘上海郊区民俗项目本身的文化内涵,树立全国整体互动协调发展的理念,着眼于国际文化市场的现实需求,合理布局郊区文化产业园区,其内容和形式不断创新,才能使其可持续发展。

---

① 上海的市标有沙船图案,沙船模型也成为人民广场地铁站的地标之一。

# 14

# 上海文化创意产业园区发展
# 的类型演化及其选址特征

栾　峰　何　瑛　王　怀①

内容提要：　上海文化创意产业园区，从 1990 年代后期发端，以 2004 年推出
　　　　　　创意产业集聚区为标志，至今经历了三个主要历史阶段，2004～
　　　　　　2009 年以创意产业集聚区挂牌为标志的早期阶段、2009～2014
　　　　　　年以推出文化产业园区和恢复创意产业集聚区挂牌为标志的并
　　　　　　行发展阶段、2014 年至今以确立文化创意产业园区为标志的整
　　　　　　合发展阶段。本研究结合国际经验和上海特色，选取了行政区
　　　　　　划、公共中心、交通条件、高校院所、产业关联、历史关联、特色风
　　　　　　貌七个方面的主要因素对于中心城区获得资料的 105 家园区进
　　　　　　行总体性的区位特征进行测定，由此发现：园区选址的区位因素
　　　　　　包括三大层面，首先是距离公共中心和高校院所、以步行半小时

①　栾峰，同济大学建筑与城市规划学院副教授；何瑛，同济大学建筑与城市规划学院研究生；王
　　怀，上海华舆营造规划建筑设计有限公司规划师。

内为宜的适当距离和便捷的城市交通条件,其次是根据园区特性差异而表现出的与不同上下游关联产业分布和历史分布特征间的较强关系,第三是特定历史风貌等条件,仅对部分文化类和偏重消费市场类功能的园区具有积极的支持作用。有鉴于此,本研究提出三大政策建议。其一,积极开展企业选址特征的研究,提升文化创意产业园区政策的选址适宜性;其二,针对不同类型园区选址的区位因素差异,分类分别园区的布局优化和发展定位;其三,根据文化创意产业的聚焦战略需要,积极改善中微观发展环境。

关 键 词: 上海,文化创意产业园区,发展与选址

# 14.1 导　　言

冠以"创意"之名的如创意产业、创意经济、创意城市、创意产业园区或者集聚区(以下简称"文化创意产业园区")等,已经成为广为认知的概念,尽管在内涵上还都有些模糊甚至争议。创意也被认为是引领地方乃至国家发展的重要因素,这是相关概念和研究迅速热起的重要原因。越来越多的国家和地区已经开始采用积极的导引政策来推动创意产业发展,划定明确的空间范围并施以特定导引政策,也成为越来越常见的手段。这类空间政策最为普遍的特征,就是放松较为严格或者僵化的管制方式,积极鼓励新兴业态和空间使用方式的出现,譬如美国著名的 SOHO 区,就经历了从放松区划管制到制定鼓励政策的转变过程(蒂耶斯德尔等,2006)。

在国内,文化创意产业已被列入到国家大力促进的重点产业政策层面,越来越多的地方也开始针对本地的发展特征和战略需要,制定相应的空间促进政策。为方便,我们将该类特定政策性空间,统称为文化创意产业园区。上海、北京等地在国内率先启动的文化创意产业园区发展,已经

引领了国内潮流,形成了一些颇具美誉度的明星园区,也涌现出一批新研究成果。周灵雁等（2006）、诸大建（2007）、刘强（2007）、肖雁飞等（2007）、耿斌（2007）、姚瑶（2009）、褚劲风（2009）、栾峰等（2013）等的有关研究,已经分别从发展动力、发展阶段、发展类型模式、空间特征等角度解析了上海的文化创意产业园区。

本文归纳总结了上海文化创意产业园区的发展历程,并将其划分为三个主要阶段,分别为以创意产业集聚区挂牌运行为标志的早期阶段,以创意产业集聚区重新启动和推出文化产业园区并行为第二阶段,以整合推行文化创意产业园区为第三阶段。三个历史阶段也展现出了上海在空间政策制定方面不断探索和调整的历程,初期相对偏重传统产业概念并且在摸索过程中迎接质疑,中期进一步接轨国际经验并突出文化特征,目前则进一步强化了产业空间政策的统筹和布局导引的优化等。

在园区选址及空间分布的总体特征方面,本文在概述性分析的基础上,着重于建设相对成熟的早期阶段的园区进行了系统解析。主要根据国际经验和上海特色,提炼出行政管辖、公共中心、交通方式、高校院所、产业关联、历史传承和特色风貌七个方面的影响因素进行解析,并进而从影响程度的层面归纳为3个方面的选址特征,最具影响的是繁华都市公共中心、便利的市内交通及与高校院所的紧密关系,其次是行业的前后向关联及历史所形成的社会与行业网络关系,再次则是历史风貌和文脉的对于特定类型文化创意产业园区的重要支持作用。

## 14.2　上海文化创意产业园区的发展历程及背景

上海的文化创意产业园区,尽管发展历程并不太长,但已经呈现出了明显的三阶段发展历程,即以创意产业集聚区挂牌运行为标志的早期阶段,以创意产业集聚区重新启动和推出文化产业园区为标志的并行发展阶段,以及以两大类型园区归并和以推行文化创意产业园区为标志的整合发展阶段。这些不同历史阶段不仅在理念上有着较为明显的差异,在具体的措施方面也有所不同。并且,由于上海的文化创意产业园区发展,正值上海城市结构调整的重要历史时期,从这一特定历史时期上海产业及空间转型的方向和所面临的主要问题入手,也是理解上海文化创意产业园区政策演变,特别是早期阶段政策内涵的重要着力点,为此主要从以下方面进行简要解析。

### 14.2.1 文化创意产业空间政策推行前的时代背景

从发展背景的角度,上海文化创意产业园区的政策实施,与城市发展的进程阶段及重大战略取向有着紧密关系。在前者,20世纪90年代直至21世纪初期,上海正处于城市发展的重要历史转折期,经济结构尚未完成从传统工业部门为主导向现代制造业和服务业部门为主导的转型发展,中心城区也正处于"退二进三"战略的推进时期。在后者,作为中国经济中心,上海更需要在引导产业经济发展的现代化方面,作出表率性的重要战略部署,正在发达国家兴起的创意产业成为借鉴的重要方向。与此同时,房地产大潮所带来的老城区大拆大建式改造,也引发了对城市文脉延续和工业建筑遗产保护的广泛关注。避免旧城改造中过多采用住宅开发方式,从而导致老城区就业岗位大规模减少,也很快成为各界关注的重要内容。

为此,早在明确提出创意产业并推行文化创意产业园区政策之前,上海在20世纪90年代末期即优化调整了早前的"退二进三"措施,改变了相对放任的以住宅用地替代生产用地的旧城改造方式,探索性地推出了"都市工业园区"政策。1999年发布的《关于建设上海工业新基地的报告》,提出"高科技产业为主导,支柱工业为基础,都市型工业为特色"的现代工业体系,不仅明确了都市工业的发展地位,也为工业企业在中心城区的再发展提供了方向指引,改变了结构调整初期时的一刀切弊端。

2001年,上海市经委发布了《都市型工业园区、楼宇认定标准》,明确将"小批量型服装装饰业、绿色食品加工制造业、绿色包装与现代印刷业、珠宝钻石等工艺美术品、旅游制品制造业、化妆品及日用洗涤用品制造业、室内装饰装潢产品开发与组装业、轻加工型电子信息业(包括软件业)、钟表制造业、模具与模具设计制作业"等作为上海都市工业重点发展行业。此后,随着都市工业园的发展,部分生产性服务业、研发设计和现代物流等产业类型也逐步纳入到都市工业园的重点发展产业中。这为后续文化创意产业政策的提出,已经从产业部门方面做出了提前准备。同时,上海市的"十五"规划又明确提出,2005年前"外环线内建成5~7个都市型工业示范区;内环线内建成200个左右都市型工业园区;市中心地区建成100幢以上都市型工业楼宇"的目标,大量被保留下来的老工业厂房,直接影响了文化创意产业园区政策推行时的园区选址特征。

在城市结构调整的同时,实践层面也出现了自发调整推进的现象。一些艺术家利用生产功能从老城区外迁所形成的空置厂房,以非常低廉的价格租赁并积极推进了艺术化改造并开展相关文化创意活动,苏州河沿线的"M50""四行仓库""田子坊",都在这一时期出现,并引起了社会关注,特别是当他们面临传统的大拆大建式旧城改造时所表现出的对抗性活动,更引起了社会广泛的关注和讨论,也促成了一些推进中的大拆大建式改造项目的停止甚至转变,客观上发挥了示范效应。

### 14.2.2 以创意产业集聚区为标志的早期阶段

以2004年上海市经委推动创意产业集聚区挂牌为标志,上海的文化创意产业园区政策进入了正式推进的早期阶段,大致时间为2004—2009年。相对而言,早期阶段的一个突出特征,就是虽然一些具有明显的文化创意色彩的园区吸引了广泛的注意力,但总体上的"文化"色彩相对较淡,相当部分的IT行业或者其他如建筑设计等生产服务业主导的园区发挥了重要的经济支柱作用。尽管如此,早期阶段的发展也历经波折,在短短几年时间里就经历了政策催化、政策调整的波峰至波谷历程。

2004年,上海市经委正式为18家园区挂牌"创意产业集聚区",标志着空间政策的落地推进。同时,一批地方性政策和规范文件陆续出台,标志着政策催化期的到来。其中,《上海市创意产业发展"十一五"规划》对于创意产业发展进行了系统部署,提出"2010年,形成100个以上创意产业集聚区,建筑面积 150 万～200 万平方米,吸引 5 000 家以上各种创意相关企业集聚,吸引一批世界级创意大师在上海设立工作室",以及"形成 10 个左右国内外具有影响的创意产业集聚区"的发展目标;在发展重点上提出了"研发设计创意、文化传媒创意、建筑设计创意、咨询策划创意和时尚消费创意"5 大门类;在发展布局上提出了"以现有创意产业集聚区为基础,结合产业结构调整、旧区改造和历史建筑保护,根据各区的区位优势和产业基础,形成功能定位合理、区域特色明显的创意产业空间布局"的要求;在推进原则上,提出了"坚持政府、市场和企业的合理分工定位,市、区两级政府要形成合力、共同推进,在项目实施中给予必要的产业引导、分类指导和政策支持"的措施。

此后的 2005 年和 2006 年,上海市又陆续挂牌了三批,分别为 18 家、15 家和 27 家的创意产业集聚区,形成了早期阶段全市 78 家、中心城区 73 家的总体政策催化格局,迅速在全国范围内成为标志性的引领城市,也迅速引领了中心城区工业仓储类建筑物改造的新方向。其中,早在前期阶段即以自发集聚并颇具影响力的"M50""四行仓库""田子坊"等全部得以挂牌,它们的明显艺术气息及其与国际潮流贴近的形象标志,也迅速宣告推广了上海积极发展文化创意产业的决心。它们的共同特征,就是都以一些著名画家、建筑师、艺术家为龙头,利用明显低廉的租金吸引相关专业人员聚集,并最终带动了这些原本已经衰退物业的改造和新兴发展。除了这些社会明星园区,颇具行业性影响力的还包括同济大学附近的"赤峰路建筑设计一条街"、徐家汇附近已经形成的新兴电子及其商贸企业的集聚发展,以及上海西部地区颇具影响力的动漫、影视等行业的集聚发展。这些园区的发展,不仅为老旧工业和仓储类房屋的再利用提供了新的空间,而且为提供就业和改善老工业企业的经营状况提供了新的机会,总体上得到了广泛肯定。在此期间,多个政府部门的沟通机制建立,以及一系列规范性文件的出台,为这些主要依托老旧工业厂房发展形成的文化创意产业园区的经营,提供了重要支持。

但是很快,在越来越多的质疑声中,上海市的文化创意产业园区政策,就进入了短暂的政策调整期。从实际发展状况来看,尽管在短短 3 年内就推出了78家创意产业集聚区,并且舆论上曾一度引导着对一些明星园区的集中关注,也一定程度上放大了这一空间政策的成功度,但客观而言相当多园区迟迟未能进入正常运营状况,已经开始运营的园区也大多在招商方面承担着很大压力,2006~2007年的调查中发现大多园区存在着较多空置房屋的现象。这也导致相当多园区采取了非常实用的放到篮子里就是菜的招商策略,实际招商运行状况与挂牌时的发展定位偏离现象非常普遍。还有相当部分的园区直至这一时期结束也未曾实际运营。同时,质疑也越来越多,主要集中在文化创意产业园区变相商业开发、国有资产流失、园区改造违章等多个方面。2008年上海社科院《上海市创意产业发展研究》指出的"理论认识模糊""园区模式有误区"和"推进机制割裂"等问题,可以说集中代表了这一时期社会各界的有关质疑声音。至此,上海文化创意产业园区的挂牌进程自2006年进入停滞时期。

### 14.2.3 创意产业集聚区和文化产业园区并行发展阶段

以2009年4月上海市委宣传部命名颁牌15家市级文化产业园①为标志,上海市的文化创意产业园区政策进入了第二个发展阶段。这一阶段的主要标志,就是由两套机构同时推行了创意产业集聚区和文化产业园区,时间为2009~2014年。随着文化产业园区的推进,上海的文化创意产业园区政策也体现出更多对于"文化创意"的重视。而创意产业集聚区,也更加强调了设计等服务于生产的重点领域方向。

在文化产业园区方面,2009年命名的15家市级文化产业园区,一方面突显出对文化内容生产的重视,一方面也显现出同时关注传统文化生产方式和新兴文化生产方式的特点。前者如金山中国农民画村、南汇新场民间技艺文化创意基地等,后者如动漫谷文化创意产业基地、国家数字出版基地等。此

---

① 位于市区的12家,分别为动漫谷文化创意产业基地、国家数字出版基地、徐汇电子艺术创意产业基地、徐汇数字娱乐产业基地、2577创意大院、长宁多媒体产业基地、长宁新十钢视觉文化艺术产业基地、卢湾区田子坊、静安现代戏剧谷、普陀天地网络数字内容产业基地、M50艺术品创意基地、杨浦五角场800艺术基地;以及位于郊区的3家,分别为金山中国农民画村、南汇新场民间技艺文化创意基地、松江仓城影视产业基地。

后,2011 年 12 月,上海市有再次公布 37 家市级文化产业园并授牌,至此总计颁牌了 52 家文化产业园。

在宣传部门推动文化产业园区的同时,创意产业集聚区的挂牌工作也终于重新启动。2009 年至 2011 年间,上海市陆续挂牌了 25 家新的创意产业集聚区,虽然挂牌的速度和数量明显落后于早期阶段,但持续性的推进挂牌工作,也意味着在不断探索中前进。直至 2011 年 5 月,上海市正式出台了《关于促进上海市创意设计产业发展的若干意见》,系统提出了促进产业及园区发展的新思路。主要变化包括:其一,是进一步优化明确了重点支持领域,选择"工业设计、时尚设计、建筑设计、多媒体艺术设计等产业规模较大、产业带动效应强的创意设计行业给予重点支持",大"设计"类产业成为高度突出的推进部门;其二,在空间范畴提出了"促进创意设计业在重点产业基地和工业园区的配套布局、优化创意设计业在创意产业集聚区的建设布局、打造国家级工业设计示范园区"的发展思路,此外还在人才引进、平台建设和产权保护等方面提出了政策要求。

这一阶段的另一个突出特征,就是尽管文化产业园区和创意产业集聚区并行发展,但从文化产业园区首次推行,两者间就呈现出明显的交叉现象。第一批文化产业园区中,2577 创意大院、卓维 700、8 号桥、田子坊、M50 等,都是早期阶段的创意产业集聚区。第二批的文化产业园区,也同样存在这类现象。

### 14.2.4　以确立文化创意产业园区为标志的整合发展阶段

自 2014 年始,在政府政策引导下,上海的文化创意产业园区进入了两区合并的整合发展新阶段。2014 年分两批授牌了 106 家"上海市文化创意产业园区"的基础上,2015 年又颁布了《上海市文化创意产业示范园区认定和管理实施细则》,并首批认定了 10 家文化创意产业示范区,将文化创意产业园区的发展推向了新的阶段。

2014 年 1 月,上海市经信委印发《上海市设计之都建设三年行动计划(2013—2015 年)》,提出到 2015 年末,"创建 1—2 个国家级设计产业基地,形成若干个以行业设计为特色的产业基地,以及一批以设计为主要业态的文化创意产业园区",并提出了4个重点发展领域,即"大力发展工业设计,提高产业实力;加快发展时尚设计,彰显产业魅力;加快发展建筑设计,提升产业张力;着力发展多媒体艺术设计,激发产业活力。"整合性的文化创意产业园区概念得以形成。

2014年6月,上海经信委印发《上海工业及生产性服务业指导目录和布局指南(2014年版)》,从优化全市产业空间的角度,提出在中心城区域"形成具有国际影响力的高端生产性服务业、战略性新兴产业和创意时尚产业集聚区",在载体建设上"通过加快中心城区、内外环之间地区的产业结构优化和转型升级,合理利用原有工业用地和老厂房,重点建设文化创意产业集聚区"。文件又在整合梳理前几批"创意产业集聚区"的基础上,明确了87家主要创意产业集聚区名单,以及整体发展的布局要求①。

2014年10月,上海市文化创意产业推进领导小组办公室、市委宣传部、上海市经信委共同出台了《上海市文化创意产业园区管理办法(试行)》,提出了具体的"文化创意产业园区"和"文化创意产业示范园区"的认定标准,对原52家市级文化产业园区和87家创意产业集聚区进行整合,分两批次评定授牌了106家"上海市文化创意产业园区"。

2015年2月,上海市又出台了《上海市文化创意产业示范园区认定和管理实施细则》,并认定了首批10家文化创意产业示范园区,分别是上海张江文化创意产业园区、国家对外文化贸易基地(上海)、8号桥、800秀创意产业集聚区、长宁德必易园、M50艺术产业园、中广国际广告创意产业园、上

---

① 包括"结合黄浦江南北延伸段的规划完善和世博会场馆建设","充分利用苏州河沿岸的老场房、老仓库"提升黄浦江和苏州河的"两带"创意功能,以及"杨浦区以滨江地区近代工业建筑和大学周边区域为重点","闸北区形成一批以工业设计为特色的创意产业集聚区","普陀区以苏州河沿岸、华师大周边地区和桃浦都市产业园为重点发展区域","虹口区充分挖掘和利用区域名人故居资源","黄浦、卢湾、静安三区充分发挥城市核心区域的优势","徐汇区依托区域内丰富的研发科技资源以及高科技产业优势,加快推进研发设计、数字内容应用设计、广告传媒、咨询策划等创意产业发展","浦东形成一批以张江为代表的创意产业集聚区"等。

海天地软件园、创智天地和越界创意园。至此，不仅整合了此前的两大类园区，而且以示范园区的方式，对于文化创意产业园区的发展方向提出了导引性要求。

在此期间，上海市还相继出台了多部推动文化创意产业发展的政策，如《上海市工艺美术产业发展三年行动计划（2014—2016年）》《关于促进上海电影发展的若干政策》《上海市关于深入推进文化与金融合作的实施意见》、《中国（上海）自由贸易试验区文化市场开放项目实施细则》等。相比早期阶段，"文化"在文化创意产业政策中的地位得到了明显提高。

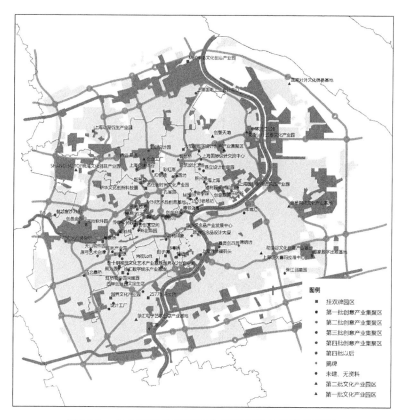

**图14.1　中心城区的创意产业集聚区和文化产业园区**

资料来源：根据实际调查并结合上海城市总体规划。

表14.1 上海市属创意产业集聚区和文化产业园区一览

| 区县 | 创意产业集聚区 | | | | | | 文化产业园 | | |
|---|---|---|---|---|---|---|---|---|---|
| | 第一批 | 第二批 | 第三批 | 第四批 | 第四批以后 | 共计 | 第一批 | 第二批 | 共计 |
| 长宁 | 周家桥、天山软件园（慧谷白猫软件园）、上海时尚园 | 马利印象（已摘牌） | 新十钢·红坊文化创意园、创邑·源、华联创意广场、湖丝栈、创邑·河 | 时尚品牌会所、原弓艺术仓库、聚为园 | 德必法华525创意树林、映巷创意工场 | 14 | 长宁多媒体产业基地 | 新十钢视觉文化艺术产业基地、周家桥、德必·易园 | 4 |
| 徐汇 | 乐山软件园、虹桥软件园、设计工厂 | 尚建园（筑园）（已拆除）、2577创意大院、越界·X2创意空间、尚街Loft时尚生活园区 | 数据大厦、西岸创意园 | 文定生活、SVA越界、尚街loft滨江、时尚服饰园 | D1国际创意空间、浦原科技创意产业园 | 14 | 徐汇电子艺术创意产业基地、2577创意大院 | 越界文化产业园、尚街Loft时尚生活园、越界·X2创意空间 | 5 |
| 静安 | 静安现代产业园、同乐坊、传媒文化园 | — | 98创意园 | 静安创艺空间（已摘牌）、3乐空间 | 汇智创意园、源创、800创意、秀人安垦绿色仓库 | 10 | 静安现代戏剧谷 | — | 1 |
| 虹口 | — | 智慧桥空间188、德邻公寓（已摘牌）、通利园 | 优族173、绿地阳光173、1933老场坊 | 彩虹雨、物华园、建桥69、老兴港 | 花园坊、大柏树数字设计创意产业集聚区 | 13 | — | 国家音乐产业基地（虹口制作中心）、中国出版盗桥创意产业园、上海明珠文化创意园 | 3 |
| 黄埔 | 旅游纪念品产业发展中心（已摘牌）、卓维700、8号桥、田子坊 | 旅游纪念品设计大厦 | — | SOHU丽园、南苏河、智造局、老码头 | 江南智造 | 10 | 卓维700、8号桥、田子坊 | — | 3 |

续表

| 区县 | 创意产业集聚区 | | | | | | 文化产业园 | | |
|---|---|---|---|---|---|---|---|---|---|
| | 第一批 | 第二批 | 第三批 | 第四批 | 第四批以后 | 共计 | 第一批 | 第二批 | 共计 |
| 杨浦 | 昂立设计创意园区 | 赤峰路63号设计创意工场、海上海、创意联盟、东纺纱谷 | — | 中环滨江128、梅迪亚（已摘牌） | 上海国际设计交流中心、上海国际家用纺织品产业园、上海铭大创意广场、环同济设计创意集聚区 | 11 | 杨浦五角场800艺术基地 | 创智天地、尚街Loft婚纱艺术产业园 | 3 |
| 普陀 | M50 | 天地软件园 | E仓文化创意产业园 | 长寿苏河（已摘牌）、创邑金沙谷 | 中华1912、景源时尚创意园 | 7 | 普陀天地网络数字内容产业基地、M50 | SHANGHAI TOP 桃浦文化创意产业园、谈家28—文化、信息商务港 | 4 |
| 宝山 | | | — | — | M50半岛1919文化创意产业园、上海国际工业设计中心、上海动漫衍生产业园 | 3 | — | 上海动漫衍生产业园、M50半岛1919文化创意产业园 | 2 |
| 浦东 | 张江文化创意产业园区 | 锦绣坊（已摘牌）、车博汇（未建） | — | 临港国际传媒产业园（已摘牌） | 张江创星园、上海双创产业园 | 6 | 动漫谷文化贸易基地、国家数字出版基地、南汇新场民间技艺文化创意基地 | 国家对外文化贸易基地、金桥网络文化产业基地（移动互联网视听产业基地）、上海证大喜玛拉雅中心 | 6 |
| 闸北 | 工业设计园、创意仓库 | 合金工厂（珠江创意中心） | JD制造（未建） | 新慧谷、名仕街、孔雀园、老四行仓库 | — | 8 | — | 上海多媒体谷、新华文化创新科技园、名仕街 | 3 |

续表

| 区县 | 创意产业集聚区 | | | | | | 文化产业园 | | |
|---|---|---|---|---|---|---|---|---|---|
| | 第一批 | 第二批 | 第三批 | 第四批 | 第四批以后 | 共计 | 第一批 | 第二批 | 共计 |
| 青浦 | — | — | 尚邱里(尚都里)(已摘牌) | — | — | 1 | — | 上海青浦现代印刷产业园区、尚之坊时尚文化创意园、中国·梦谷—上海西虹桥文化产业园、迎祥文化产业园 | 4 |
| 松江 | — | — | — | 泰晤士文化创意产业园 | 创异工房、时尚谷 | 3 | 松江仓城影视产业基地 | 泰晤士小镇文化产业园叁零·SHANGHAI文化创意产业园 | 3 |
| 闵行 | — | — | — | 古北鑫桥(M50西郊文化休闲园) | — | 1 | — | — | 0 |
| 崇明 | — | — | — | — | — | 0 | — | 江南三民文化村 | 1 |
| 奉贤 | — | — | — | — | — | 0 | — | 南上海艺术创意产业园 | 1 |
| 金山 | — | — | — | — | — | 0 | 金山中国农民画村 | 廊下乐农文化创意产业园 | 2 |
| 嘉定 | — | — | — | — | e3131电子商务创新园 | 1 | — | 中广国际广告文化创意产业园、南翔智地、东方慧谷 | 3 |
| 共计 | 18 | 18 | 15 | 27 | 25 | 103 | 15 | 37 | 52 |

注1：在103家创意产业集聚区中，有11家未建、摘牌和无资料。包括：马利印象、JD制造、临港传媒产业园、尚邱里(尚都里)。苏河、锦绣坊、车博汇、JD制造、静安创艺空间、德邻公寓、旅游纪念品产业发展中心、梅迪亚、长寿

注2：根据研究者自己调查整理，不准确处由研究者承担责任。

图 14.2 中心城区市属文化创意产业园区分布（2014）

资料来源：《关于认定上海市文化创意产业园区的通知》（沪文创办 [2014] 23 号和 24 号）结合上海城市总体规划图叠加绘制。

表14.2 上海市文化创意产业园区一览(2014)

| 区县 | 第 一 批 | 第 二 批 | 共计 |
|---|---|---|---|
| 长宁 | 周家桥文化创意产业园 | 长宁多媒体产业园、长宁德必易园、上海慧谷白猫软件园、华联创意广场、上海时尚园、上海时尚创意工场、德必法华525创意树林、新十钢、红坊文化创意园、创邑河、聚为园、湖丝栈创意产业园 | 12 |
| 徐汇 | 2577创意大院、越界创意园、越界·X2创意空间、徐汇软件基地、尚街Loft时尚生活园区 | 文定生活创意园、浦原科技创意园、慧谷软件园、滨江创意产业园、西岸创意空间、D1国际创意空间、尚街loft | 11 |
| 静安 | 同乐坊 | 3乐空间、汇智创意园、静安现代产业园、源创创意园、安垦绿色仓库、98创意园、800秀创意产业园 | 9 |
| 虹口 | 中国出版蓝桥创意产业园、上海明珠创意产业园 | 国家音乐产业基地上海虹口园区、优族173文化创意园、渡边物华园、花园坊、上海智慧桥创意产业园、虹口区大柏树"930"科技创意园、1933老场坊、绿地阳光园、空间188 | 11 |
| 黄埔 | 田子坊、卓维700、8号桥 | 老码头·创意园区、幸福码头·旅游纪念品设计中心、越界·智造局一期、江南智造——soho丽园、江南智造——红双喜研发中心、上海8号桥创意产业园(二期)、江南智造——上海8号桥创意产业园(三期)、江南智造——龙之苑、江南智造二期、江南智造局二期、南苏河创意产业集聚区 | 14 |
| 杨浦 | — | 尚街Loft上海婚纱艺术产业园、创智天地、63号设计创意工场、上海国际设计交流中心、昂立设计创意园、海上海、东纺谷创意园、中环滨江128、环同济设计创意集聚区、上海创意产业联盟 | 10 |
| 普陀 | SHANGHAI TOP桃浦文化创意产业园、上海天地软件园 | SHANGHAI TOP桃浦文化创意产业园、逸家28—文化产业园、中华1912文化创意产业园、诶家28·信息商务港、创邑金沙谷、E仓文化创意产业园、景源时尚产业园 | 8 |
| 宝山 | 上海动漫衍生生产基地、M50半岛1919文化创意园 | 上海国际工业设计中心 | 3 |
| 浦东 | 上海张江文化创意产业区 | 上海证大喜玛拉雅艺术中心、国家对外文化贸易基地(上海)、中国移动互联网视听产业基地、张江创邑星园、上海双创园 | 5 |

续表

| 区县 | 第 一 批 | 第 二 批 | 共计 |
|---|---|---|---|
| 闸北 | 上海名仕街创意产业园 | 新华文化创新科技园、上海多媒体谷、珠江创意中心、创意仓库、新慧谷文化创意园 | 5 |
| 青浦 | — | 中国·梦谷—上海西虹桥文化产业园区、上海青浦文化创意产业园区、尚之坊时尚文化创意园 | 3 |
| 松江 | — | 上海仓城影视文化产业园区、创异工房、时尚谷创意园、秦晴土文化创意产业园 | 4 |
| 闵行 | — | 中国（上海）网络视听产业基地、七宝老街民俗文化产业基地、M50西郊文化休闲园 | 3 |
| 崇明 | — | — | 0 |
| 奉贤 | — | 南上海文化创意产业园 | 1 |
| 金山 | — | 中国农民画村文化创意产业园区 | 1 |
| 嘉定 | — | 上海南翔智地文化产业园、中广国际广告创意产业园、东方慧谷—上海文化信息产业园、e3131电子商务创新园 | 4 |
| 共计 | 18 | 88 | 106 |

注：相比之前的创意产业集聚区，部分园区在认定文化创意产业集聚区时拆分为几个园区分别认定，例如江南智造创意产业集聚区拆解为7个文化创意产业园区，这种情况还出现在大柏树树数字设计文化创意产业集聚区、上海滩一幸福码头等。
资料来源：《关于认定现在上海市文化创意产业园区的通知》（沪文创办[2014]23号、24号）。

293

## 14.3　上海文化创意产业园区的选址特征

选址特征的研究,可以从形态表征入手,也可以从影响因素入手。后者由于本身即内涵了对成因的解释,对于后续的政策导引和企业选址等都具有重要意义。为此,主要从影响因素的层面,对上海文化创意产业园区的选址特征进行剖析。在影响因素的选择上,不仅考虑了传统的区位理论,也重点考虑了有关创新和创意的相关研究成果,并根据研究的可行性和上海的实际状况,进行整合优化。

总体上,在针对上海的较具影响力的部分研究成果里,周灵雁等(2006)归纳了3大较具影响力的主要特征,其一是主要分布在内环线、黄浦江和苏州河的围合地带,其二是内紧外松、内小外大的行业集聚空间分异明显,其三是高校创意产业集群显现。肖雁飞等(2007)的研究指出创意产业园区主要分布在CBD商务区外以及外环线以内尤其是内环线以内区域,并且呈现出苏州河沿岸、黄浦江沿岸和大学周边的三个圈层分布特征。姚瑶(2009)通过不同批次授牌的上海创意产业园的空间分布,得出上海创意产业园空间分布上主要集中于内环线以内和沿黄浦江、苏州河沿岸分布的空间态势。褚劲风(2009)针对市属前四批文化创意产业园区的研究归纳了4个主要特征,分别为基于中心城区改造导向的半环集聚、基于苏州河沿岸工业建筑指向的横轴集聚、基于大学园区辐射趋向的东北和西南双圈集聚、内外环线之间的零星分布模式。此外,耿斌(2007)、大建(2007)、刘强(2007)等的研究,则更加关注影响因素层面。这些研究,总体上主要涉及了城市发展和产业布局历史、城市功能结构、高校科研机构分布等因素的影响。

综合考虑国内外的相关研究,将文化创意产业集聚发展的主要影响因素,可以归纳为稳定而宽松的政策环境与政府管制、宽松和多样化的地域社会文化氛围、充足的技术人才及信息、便利而多样化的社会服务设施、良好的内外交通条件、近邻知识及技术创新地、紧密的产业上下游及网络关系、历史传承及独特的文脉地区等因素。就大都市区核心地区而言,主要剔除了如宽松的政策环境与政府管制、宽松和多样化的地域社会文化氛围等空间差异性相对较小的影响因素,并结合上海的历程将政策和行政因素纳入考虑范围。

由此,共提出了行政区划、公共中心、交通条件、高校院所、产业关联、历史关联、特色风貌等七个方面的主要影响因素,对于105家位于中心城区并获得调查信息的文化创意产业园区测定选址特征。

### 14.3.1 行政区划

作为促进新型产业发展和主要面向中心城区零星工业仓储用地转型导引的特定空间政策,无论是早期阶段的创意产业集聚区,还是此后的文化产业园区,都有着较为鲜明的行政色彩。具体表现在与区级行政区划间的特定关系方面,涉及园区的数量分配,以及园区在各区中的主要区位特征等方面。

在前者,主要体现为各行政区相对均衡的数量配置特征。除了辖区面积明显偏小的原黄浦和南市,以及原卢湾和静安等区,其他各区均有市属挂牌园区约7~10家。特别是早期阶段,各区均有至少3个批次的挂牌园区,充分显示出市属创意产业集聚区作为政策在市、区两级政府间的均衡配置特征。但也正是这一原因,使得仅仅通过文化创意产业园区的选址分布研究,很难在整体上准确揭示上海中心城区文化创意产业的选址分布特征,对此必须要有清醒的认识。实际上,早在文化创意产业政策推行不久即兴起的一些质疑,包括从统计数据上所反映出来的市属园区所承载的文化创意产出不足全市10%的现象,都可能与此有关,而不能由此简单的否定文化创意产业在都市区内部的空间集聚性。

在后者,各区的园区选址,不仅基本都避开了中心城区边缘的大型生产基地,并主要选址于老城区的零星工业仓储用地,更为重要的是相当部分园区还位居各区的辖区边界附近,这或许与上海市实施两级政府管理体制后,各区边界相对边远的区位特征有着一定的联系。

### 14.3.2 公共中心因素

从国际公认的文化创意产业与繁华大都市有着紧密关系入手,重点考察文化创意产业园区选址与各级城市公共中心的关系,可以发现两者间有着非常强的紧密关系。这种紧密关系主要呈现在特定的区位范围,即位于公共中心周边 800~2 000 米左右,并且根据市级公共中心和地区区级公共中心有所不同,距离市级公共中心的位置相对稍远,而距离地区级公共中心的距离较近。两个层面的归纳分析如下。

首先,在整体层面,105 家文化创意产业园区中,仅有 7 家位于中环线外,仅就分布密度而言,中环线内的密度远远高于中外环线间,两者的密度差超过了 1 倍有余,这与中环线内外城市建设和公共服务的发育程度呈现出明显的正相关,与老工业仓储用地的分布特征五正相关特征。

其次,结合上版的上海有关专业规划所确定的市、区两级公共中心[①]展开分析发现,纳入分析的 105 家园区中,仅有 11 家[②]位于市级和地区级公共中心紧密影响圈层以外,显示出与文化创意产业园区与繁华公共中心间的紧密关系。进一步分析发现,市公共中心周边,紧密影响内有约 40 家园区,而毗邻圈层和核心圈层的数量分别为 25 家和 2 家,还有 36 家在紧密影响圈外;地区公共中心周边,同样有超过 40 家园区位于紧密影响圈层,并且同时受到市级公共中心紧密影响的范围更加呈现出吸引能力。

据此可以初步判断,文化创意产业园区呈现出较为突出的近邻公共中心的区位倾向,但通常又避开公共中心核心地区,主要位于公共中心周边毗邻圈层到紧密圈层范围,大致距离 800~2 000 米左右的范围。并且,

---

① 根据上海市公共中心规划资料,并按照市级中心距原点 500 米半径为核心圈层,距 1 500 米半径为毗邻圈层,距 3 000 米半径为紧密影响圈层,并结合实际路网情况调整绘制;地区级中心同理距原点 200 米半径为核心圈层,距 800 米半径为毗邻圈层,距 1 500 米半径为紧密影响圈层,并结合实际路网情况调整绘制。

② 11 家分别是 M50 半岛文化创意产业园、东纺谷、上海国际家用纺织品产业园、创意联盟中环滨江 128、尚街 LOFT 上海婚纱艺术产业园、工业设计园、时尚品牌会所、创意联盟、张江创星园、e3131 电子商务创新园、创邑金沙谷。

公共中心的服务能级越高,园区选址距离公共中心核心的距离也相对越远离。

**图 14.3　中心城区市属文化创意产业园区与城市公共中心关系**

资料来源:根据实际调查并结合上海城市总体规划图叠加绘制。

### 14.3.3　交通条件

文化创意产业园区的分布与良好的交通条件有着紧密关系,又主要体现在聚集在以公共交通为主要方式的城市干道和轨道交通站点附近,城市高架道路周边的集聚性反而不明显。

将上海市现状轨道交通站点各 500 米和 1 000 米半径覆盖圈、高架道路出入口附近各500米和1 000米半径覆盖圈,以及中心城区"三横三纵"①主干道两侧500米和1 000米范围叠加作为中心城区内交通便捷地区进行分析发现,仅有10家文化创意产业园区位于上述交通便捷地区以外,约81%的文化创意产业园区位于轨道交通和城市干道交通所共同定义的交通便捷地区内,呈现出很强的公交便利区位导向特征。

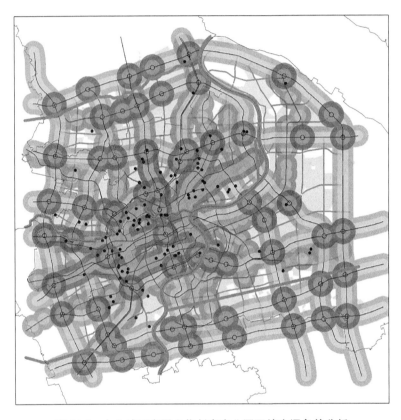

**图14.4　中心城区市属文化创意产业园区的交通条件分析**

资料来源:根据实际调查及有关地图资料绘制。

---

① "三横三纵"是上海市为改善中心城区交通条件在1990年代重点建设的贯通中心城区的骨架性干道。其中"三横"的南线是虹桥路—肇家浜路—徐家汇路—陆家浜路,中线是延安路高架下的地面道路,北线是长宁路—长寿路—天目路—海宁路—周家嘴路;"三纵"的东线是四平路—吴淞路—中山东一路—中山东二路,中线是南北高架下的地面道路,西线是曹杨路—江苏路—华山路—漕西北路。

单独从轨道交通条件来看,83 家文化创意产业园区位于 1 000 米半径范围内的交通便捷地区,其中又有 38 家(36%)位于 500 米半径范围内;单独从道路交通条件来看,接近 65%的创意产业园区位于三横三纵骨架干道两侧的 1 000 米范围内,位于高架快速路出入口半径 1 000 米范围交通便捷地区内的仅有 30 余家(32%)。

### 14.3.4　高校院所

文化创意产业园区分区在空间距离上显示出与高校院所非常紧密的关系。

通过网上电子地图查询有关高校院所后叠加入文化创意产业园区分布图,并以园区为圆心分别绘制 500 米、1 000 米、2 000 米半径影响圈后发现,除 9 家园区外,其余的文化创意产业园区周边 2 公里范围内均有高校院所,并且 33 家(约 30%)文化创意产业园区附近 500 米范围内即有高校院所。尽管单纯的距离关系并不能表达两者间存在着实质性的内在联系,但总体上的距离接近仍然具有很强的启示意义。

对于一些典型案例调查也可以发现,至少部分类型园区的分布与高校院所间的分布有着很强的区位关系,甚至可以发现非常明显的社会人脉关系。总体上,以建筑和规划设计为主导的如赤峰路 63 号设计创意工场、昂立设计创意园等,与同济大学有着紧密的空间区位关系,在内在机制上也清晰地可以发现其与同济大学规划建筑学科群间的紧密关系;乐山软件园、虹桥软件园等,与上海交大同样存在着紧密的空间区位关系,并且在内在机制上也可以清晰地发现与上海交大的电子和计算机类学科间的紧密关系;而天山软件园也同样与附近的航天等有关科研院所有着从空间区位到内在机制上的紧密关系;此外,位于中心城区西侧明显较为突出的动漫等类型文化创意产业园区的集聚,也与附近的上海大学和华东师范大学等,在空间区位关系和内在机制方面也存在着紧密关系。

因此,尽管进一步的内在机制上的关系尚需进一步的深入剖析,但空间上的邻近确实可以为这些文化创意产业园区享有知识、技术创新源及其有关人员的地利提供便利条件。据此可以结合现实的空间距离关系判断,文化创意产业园区与高校院所间的距离关系,并不能以简单的邻近来加以概述,而应以通常步行半小时(2公里)作为可达的适宜范围。

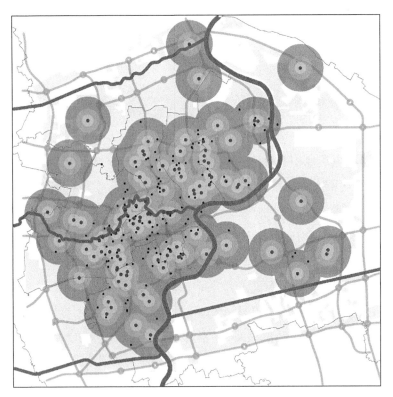

**图 14.5　中心城区市属文化创意产业园区的周边高校院所分布特征**

资料来源:根据实际调查及有关电子地图资料绘制。

### 14.3.5　产业关联

相当部分文化创意产业园区的分布还清晰地反映着产业的前后向联系特征,面向消费市场和面向生产环节的文化创意产业园区在分布上有着明显不同的区位导向,后者又有相当部分呈现出明显的分行业的前后向关联特征。

呈现出鲜明消费市场导向的园区,基本均位于浦西内环线内,且主要位于老城区。根据消费市场类型来看,主要分为三类:一是面向豫园特定旅游消费群体的旅游纪念品产业发展中心、旅游纪念品设计大厦,二是面向徐汇区已经形成的家居购物人群的文定生活和尚建园;三是面向时尚艺术消费品人群的位于卢湾区以创意文化产品为特色的田子坊和苏河沿岸的以时尚发布为主导的 M50 等。

在面向生产环节方面,除了前述高校院所周边,最为突出的还有位于彭浦工业区的上海工业设计园和合金工厂,位于张江的以张江高新技术产业园为背景的张江文化创意产业园,位于虹口的以虹口北外滩航运业为背景的物华园、通利园和建桥 69,位于凯旋路多媒体产业走廊的新十钢和创邑源等,都与周边产业区发展有着紧密内在联系。

总体而言,虽然不是所有的文化创意产业园区与其邻近地区都有着明确

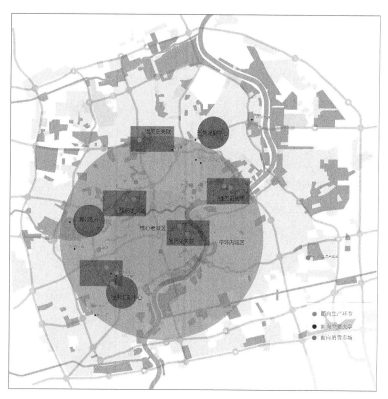

**图 14.6 中心城区市属文化创意产业园区的产业及历史关联特征**

资料来源:根据实际调查及有关电子地图资料绘制。

的产业前后向联系,但将这一角度纳入文化创意产业园区的选址布局仍然具有重要的现实意义。相比西方发达国家,现阶段即使如上海这样国内最为发达的城市,大部分的文化创意产业园区仍然明显呈现出服务生产和行业的选址特征。

### 14.3.6 历史传承

历史传承对于文化创意产业园区的选址,也有着较为明显的影响,主要体现在不同类型园区与历史上的生产功能布局的关系。

从历史发展的角度来看,最为突出的就是曾经在国内占据明显行业优势的纺织服装、机电、文化艺术等行业,至今仍然对相当部分的园区选址及其功能定位有着明显影响。代表性的包括位于杨浦区原上海纺织业聚集地区的梅地亚、东纺谷等,其园区原址就是纺织企业,M50也属于此类情况,而且至今这些园区的用地权属也仍然属于上海纺织集团;上海工业设计园前身属于老牌的机电企业,改造后的定位属性也延续了其既有的历史功能特征;旅游纪念品产业发展中心和旅游纪念品设计大厦所在地豫园,原本就是上海小商品交易及其简易包装加工地;而天山软件园等地原本就是上海电子等产业高度聚集的地段。

总体上,尽管尚需从历史传承的社会经济脉络角度展开进一步的深入分析,但现有的调查,也已经能够揭示历史传承对于部分文化创意产业园区的深刻影响,并且相当部分园区的影响是经由行业网络和社会人脉的延续而形成的。上海"退二进三"战略实施过程中,相当部分工业用地仅推进用地功能调整而保留了原有权属关系,不仅为部分下岗职工的安置等提供了条件,而且在客观上也一定程度上保护了原有的社会网络及行业网络,从而对上述园区在历史传承式的基础上升级发展发挥了积极作用。

### 14.3.7 特色风貌

独特的历史性和艺术性,曾是文化创意产业园区声名鹊起的重要原因之一,甚至曾经一度被视为文化创意产业园区的必然符号。然后即使从早期阶段的文化创意产业园区发展来看,这些流行的结论也是靠不住的。客观而言,特色风貌并不是文化创意产业园区发展的必然因素,也并非充分因素。当然特色风貌对于提升文化创意产业园区的空间品质,特别对于那些偏重于艺术和消费服务性的园区而言,仍然具有非常重要的价值。

从依托特色历史风貌的角度来看,最为突出的就是苏州河的老城区沿线地带,而且无论是保留老厂房或者新建园区,大多进行了特色风貌的营造。譬如 M50、老四行仓库、创意仓库等,大多在特色风貌的保留或改造等方面,产生了广泛影响。然而仅仅将它们的成功,归功于特色化风貌塑造方面,也显然有失公正,因为他们独具的苏州河沿线且位于老城区并临近城市公共中心的区位条件,显然产生了巨大影响。位于黄浦江沿线的外码头仓库等,显然也有同因之妙。其他特别是老城区内的园区,区位等其他因素的影响也显而易见。

更为重要的是,上海的文化创意产业园区,还有相当部分并未保留或刻意营造独特的风貌特色,却也依然在运营上取得了相当的成功。譬如前述的上海交大周边的部分园区,同济大学周边的如赤峰路 63 号和昂立园,以及相当部分的类似园区,基本都未进行可以的所谓特色风貌塑造,相当一些园区就是在全部拆除老建筑基础上重新打造的,如海上海等。显然,片面地夸大特色风貌对于文化创意产业发展的积极影响,实际上是曲解了特色风貌在部分类型园区发展中所发挥的实际作用。

# 14.4 结论及建议

概言之,上海的文化创意产业园区政策,已经经历了从早期阶段到并行发展阶段,直至最近的整合发展阶段,并且在这一过程中不断调整和优化着相关的产业及空间导引策略,最终实现了创意产业与文化产业在产业和园区等政策管理上的合一。尽管文化创意产业园区始终在承载产出方面的作用有限,但其在试验政策、打造示范、发挥影响等方面,仍然发挥了不可替代的作用,吸引着国内外的关注。结合前述分析,对于上海文化创意产业园区选址特征进行归纳,并进而对园区政策提出有关建议。

## 14.4.1 上海文化创意产业园区选址特征

上海文化创意产业园区的选址特征,既与国际经验有着相似之处,也有着自身较为突出的特点。除了特定的行政层级和管理体制影响,较为明显的有三个主要层次的选址因素。

其一,最为明显的区位因素,主要集中在三个方面,分别是内城公共中心的紧密影响圈层和毗邻圈层、轨道交通和城市干道主导的交通便捷地区、高校院所的半小时步行圈层,与国际一般经验相似。进一步的深入探讨也发现,这些因素在具体的距离上也有着明确指向性,总体上都以步行半小时即2 000米以内为最适宜距离,但就公共中心而言又需要保持必要的距离,这可能是距离越近物业租金越昂贵所形成的制约。

其二,具有较强影响的区位因素,主要集中在产业关联和历史传承两个方面。前者又可以进一步因为产业差异而有不同区位倾向,特别是面向消费和面向生产环节的园区在选址上的差异更为明显。基于消费市场导向的园区,往往具有更为广泛的社会知名度,且大多拥有更多的消费服务性设施;主要基于生产关联的园区,尽管社会知名度未必很高,但产出或业内知名度往往很高。同时,进一步的分析也发现,历史传承,特别是历史上的产业布局,对于上海中心城区的园区分布及主导功能,也具有较为明显的影响,这固然有着园区用地很多保留了原有的产权关系的影响,但同时也有着历史传承而形成的广泛社会关系的影响。

其三,特定的历史风貌对文化创意产业园区有着一定的积极影响,特别是对一些艺术文化类和偏重消费市场类功能的园区更有着积极的支持作用,但却并非是充分条件和必要条件,但两者间确实可以呈现出双赢特征。

### 14.4.2　文化创意产业园区的优化政策建议

基于上述分析,我们从优化政策的角度,对于上海的文化创意产业园区选址及引导工作,提出如下方面建议:

其一,积极开展企业选址特征层面的分析,明显提升作为空间政策的文化创意产业园区的选址适宜性。上海文化创意产业园区政策的特定历史背景,以及行政配置等因素,对于园区选址形成了明显影响,也一定程度上与园区承载文化创意产出比重不高有着内在关系。从进一步优化园区选址的适应性,以更好地承担起服务和促进文化创意产业发展的角度,有必要减少上述因素影响,尽快加强从企业选址特征方面的解析工作,并进而区分不同类型文化创意类企业的选址特征,从而为有关园区的定位及选址工作,发挥更为有效和广泛的指导意义。

其二,基于园区选址的区位因素差异,分类指导不同园区的发展定位及策略。文化创意产业园区不仅有着整体性的选址特征,分析中也发现不同类型园区的选址特征也有所不同,这意味着有必要分类指导不同类型园区的发展策略。即上海文化创意产业园区的建设,不仅要基于文化创意产业园区整体层面的选址特征来推进整体性的布局优化,而且有必要基于现有园区的选址来优化其发展定位及推进策略,以及基于空间差异性的把握,来更为积极主动地引导现状园区和未来园区的差异化选址布局。

其三,更为重要的是,差异化文化创意产业园区的选址特征,也反过来为优化文化创意产业的发展环境提供了更为重要的线索。对于已经确定的特定区位的文化创意产业方向,甚至已经初具形态的文化创意产业集聚区位,都可以从优化主要影响因素的层面,来积极塑造更为有利的中微观发展环境。

## 参考文献

SCOTT A J. Cultural-products industries and urban economic development: prospects for growth and market contestation in global context (2004). Urban Affairs Review, 39 (4): 461—490.

Allen J.Scott.创意城市:概念问题和政策审视[J].汤茂林译.现代城市研究,2007(2):66—77.

理查德·佛罗里达.创意经济[M].方海萍,魏清江译.北京:中国人民大学出版社,2006.

史蒂文·蒂耶斯德尔.城市历史街区的复兴[M].张玫英,董卫译.北京:中国建筑工业出版社,2006.

阿尔弗雷德·马歇尔.经济学原理[M].北京:商务印书馆,2005.

阿尔弗雷德·韦伯.工业区位论[M].李刚剑等译.北京:商务印书馆,1997.

理查德·弗罗里达.创意阶层的崛起[M].司徒爱勤译.北京:中信出版社,2010.

李冬生,陈秉钊.上海市杨浦老工业区工业用地更新对策——从"工业杨浦"到"知识杨浦"[J].城市规划学刊,2005(1):44—50.

褚劲风.上海市创意产业园区的空间分异研究[J].人文地理,2009(2):23—28.

冯叔君.关于上海创意产业发展的战略思考[J].浦东开发,2010(8):41—43.

耿斌.上海创意产业集群区开发特征及规划对策研究[D].同济大学硕士学位论

文,2007.

蒋三庚,张杰,王晓红.文化创意产业集群研究[M].北京:首都经济贸易大学出版社,2010.

厉无畏,王如忠.创意产业——城市发展的新引擎[M].上海:上海社会科学院出版社,2005.

刘强.同济周边设计产业集群形成机制与价值研究[J].同济大学学报,2007(3):61—66.

MAGGIONI M.(2009). Clustering dynamics and the location of high-tech-firms. The Dissertation for PhD Degree of Warwick Business School, University of Warwick.

迈克尔·波特.国家竞争优势[M].陈小悦译.北京:华夏出版社,1997.

乔尔·柯特金.新地理[M].北京:社会科学文献出版社,2010.

Richard pouder St John, Caron H(1996). Hot Spots and Blind Spots: Geographical Clusters of Firms and Innovation.A cademey of Management Review, 03637425, 21(4):1992—1225.

上海社科院.上海市创意产业发展研究[OL/R].2008.http://www.sass.org.cn.

上海市经委.上海创意产业发展重点指南[R/OL].http://www.ccitimes.com.

上海市经委.上海市创意产业发展"十一五"规划[R/OL]. http://www.sida.org.cn.

上海市委市政府.关于促进上海市创意设计产业发展的若干意见[R/OL]. http://www.csj.sh.gov.cn/2011-05-27\2015-11-12.

上海市经委.上海市设计之都建设三年行动计划[R/OL]. http://www.sheitc.gov.cn/2014-01-10\2015-11-12.

上海市市委宣传部、上海市经信委、文化创意产业推进领导小组办公室.上海市文化创意产业园区管理办法(试行)[R/OL]. http://www.shccio.com/zwgk/959.jhtml/2014-10-28\2015-11-12.

上海市市委宣传部、上海市经信委、文化创意产业推进领导小组办公室.上海市文化创意产业示范园区认定和管理实施细则[R/OL]. http://www.shccio.com/zwgk/957.jhtml/2015-02-02\2015-11-12.

王缉慈.论创意产业及其集群的发展环境——以音乐产业为例[J].地域研究与开发,2005.

肖雁飞、刘友金、沈玉芳.上海创意产业区空间创新点和趋势研究——一个"新经济空间"的视角[J].现代城市研究,2007(12):40—44.

姚瑶.创意产业园与城市更新的互动发展机制研究[D].华东师范大学硕士学位论文,2009.

约瑟夫·熊彼特.经济发展理论——对于利润、资本、信贷、利息和经济周期的考察[M].何畏,易家详译.北京:商务印书馆,1990.

周灵雁,褚劲风,李萍萍.上海创意产业空间集聚研究[J].现代城市研究,2006(12):4—9.

诸大建,王红兵.构建创意城市——21世纪上海城市发展的核心价值[J].城市规划学刊,2007(3):20—24.

# 15

# 面向 "十三五" 的上海纺织创意产业园转型发展路径及对策研究[①]

褚劲风 邹 琳[②]

内容提要： 近年来,在上海建设全球城市、创意城市、时尚之都等的大背景下,上海纺织创意园的转型取得初步成果,同时也遗留了一些亟须解决的问题。本研究立足"十三五"上海纺织创意产业园的转型需求,通过对纺织创意产业园及企业的深度访谈调研,提出"十三五"期间上海纺织创意产业园转型应从政策导向到产学研结合发展,从平台建设到园区氛围等方面形成联盟及协同推进机制,推动上海纺织创意产业园区实现全面的战略优化升级。

关 键 词： 十三五,纺织创意产业转型,发展路径

进入 21 世纪,我国产业结构的调整逐渐步入提升发展的阶段。国家高度重视文化体制的改革和文化事业的发展,2000 年,"文化产业"一词正式被写入中央文件。2002 年 11 月,中共十六大报告首次提出"积极发展文化事业和文化产业""根据社会主义精神文明建设的特点和规律,适应社会主义市场经济发展的要求,推进文化体制改革"等内容。2005 年,国务院发布《关于深化

① 本文为国家自然基金项目(项目编号:41171101)的研究成果。
② 褚劲风,博士,教授,上海市教育考试院,主要从事世界地理、城市地理与创意产业等相关研究;邹琳,华东师范大学博士研究生,主要从事长江流域区域地理、创新与创意产业等相关研究。

文化体制改革的若干意见》;2006年,中宣部、财政部发布了《关于进一步支持文化事业发展的若干经济政策》。2009年,国家颁布了《文化产业振兴规划》;2010年3月,中国人民银行会同中宣部、财政部等九部委联合发布《关于金融支持文化产业振兴和发展繁荣的指导意见》等,为文化创意产业发展提供了政策上的导向。

2012年,工业和信息化部制定了《纺织工业"十二五"发展规划》,以推进纺织工业由大变强。提出发展新型纺织纤维材料产业、新型纺织纤维材料产业、高性能产业用纺织品作为发展的重点领域。2013年《上海市加快创意产业发展的指导意见》中明确指出,构建以自主创新为核心的城市创新体系,实现经济结构调整以及经济增长方式的转变。2015年7月上海市杨雄市长指出,要以创新驱动发展 打造特色创新集聚区,更好地扶持小微企业发展,强调互联网在新时期创意园区转型及创意产业发展中的重要作用,认为在产业园引入创业社区的同时要突破传统的、发展互联网思维的创新项目。

在新的历史时期,基于纺织产业转型发展的基础,上海创意产业园区需进一步实现更加全面的战略优化升级。"十三五"时期,上海纺织文化创意园转型发展应遵循深化体制改革,强化"三大体系",注重平台建设,促进跨界融合,营造发展氛围,突出品牌特色的发展思路。

## 15.1 上海纺织创意园转型发展时代背景

20世纪90年代以来,伴随新经济的兴起,以"个性消费"和"服务经济"为特征的现代服务业得到快速发展,并渗透到生产和生活的各个领域。伴随创意产业的发展,创意融入并推动了纺织业转型发展和纺织技术的进步。在政府政策调整和制度转向下,上海纺织业逐步转型发展催生了纺织创意园的形成及发展。从发展内涵来看,纺织创意产业园(纺织创意园)不仅依托原有的上海纺织工业老厂房建设的创意产业园,更是上海纺织借助创意设计产业改变自身业态,实现了"时尚创意纺织"的转型之关键。

### 15.1.1　上海时尚之都建设的时代契机

2010年6月,"上海时尚之都建设座谈会"在上海国贸中心召开,提出上海打造时尚核心城市,将建成世界第六大时尚之都。时尚产业包含服装服饰、日用化学品、黄金珠宝首饰、家居用品、时尚数码消费品五大类。上海"十二五"规划提出将时尚产业作为重点发展领域,鼓励和支持多元主体参与时尚地标、时尚人物、时尚平台和时尚事件等要素资源的整合,推动具有中国文化和上海创意特点的国际时尚之都建设。纺织是与服装服饰最为密切的行业,上海"时尚之都"的建设,为纺织场域的形成与发展提供了良好的时尚氛围和广阔的设计平台,将鼓励更多的青年设计师和时尚爱好者参与到时尚设计的热潮中。借力上海"时尚之都"的建设,纺织创意园将积极调整定位目标和发展方向,努力吸纳优秀的人才和设计师,迈向更广阔的国际舞台。2015年首届中国品牌经济(上海)论坛上,上海市政府与中国纺织工业联合会共同签订共建上海国际时尚之都战略合作框架协议,对推进上海以及全国品牌经济和时尚产业发展,促进纺织服装产业转型升级具有重要意义①。上海建设国际时尚之都,有力地扩大了上海时尚产业对长三角及相关地区的辐射带动作用,对纺织服装行业自主品牌的发展产生积极而深远的影响。

### 15.1.2　上海后世博效应的导向作用

2010年上海成功举办世博会。作为中国首届世博会,不仅在世博会历史上是空前的,同时对上海创意产业也具有深远的影响。2010年世博会后,上海创意产业的目标定位更加明晰、组织架构更加健全、创意氛围更加浓郁②。后世博效应将为上海创意产业园区空间结构优化提供机遇。上海纺织创意园将受益于后世博效应的影响,进一步推动新一轮产业的调整和升级,为入驻上海纺织创意园的企业和个人提供更为广阔的发展空间和更为开放的创意氛围

---

① 根据人民网《中国纺织工业联合会王天凯:共同推进上海国际时尚之都建设》(http://sh.people.com.cn/n/2015/0425/c370809-24631790.html)整理。

② 褚劲风:《创意城市国际比较和路径选择》,北京大学出版社2014年版。

同时进一步推动纺织场域的形成。就纺织业而言，世博会为纺织业打开了一个看世界的窗口。世博会所涉及的"低碳环保""绿色清洁""可持续发展"等先进理念给纺织业的技术创新和进步提供了启迪和借鉴。并将推进纺织业新一轮的调整和升级。

### 15.1.3　上海建设全球城市的发展需求

近年来，上海围绕未来三十年的上海城市发展和建设，提出要将上海建设成为"全球城市群首位城市"。这就要从系统、智慧、可持续和开放引领的视角来审视和制定上海的"十三五"创意产业转型发展战略。上海全球城市建设要求始终坚持以人为本，走城市可持续发展之路。未来上海将成为可持续发展的，能成为人居之城，绿色、低碳、生态之城。在这种背景下，上海创意产业发展特别是纺织创意园区的转型也要紧跟全球城市建设的步伐，进行有序的转型升级。实现纺织产业业态、产业链、产业政策以及产业空间布局的多维度融合发展。从纺织创意园转型角度实现以空间高效利用为导向，坚持整合城市基础设施、商务中心区、文化休闲体验区等各类空间资源，叠加文化创意体验和文化创意消费功能等，实现空间功能的多元化，形成融合型的空间布局。

## 15.2　上海纺织创意园的转型发展条件

### 15.2.1　转型发展的优势

#### 15.2.1.1　历史积淀深厚奠定了转型发展的基础

上海纺织产业发展历史悠久，明清时已是全国棉纺织中心，纺织品成为主要出口产品。从1890年李鸿章创办上海机器织布起，近代上海纺织业已有130多年历史[①]。中国由此摆脱了数千年的传统手工生产落后状况，成为近代中国最早推动生产力发展的产业之一（见表15.1）。新中国诞生至20世纪80年代，上海纺织工业一直雄踞上海第一支柱产业的地位。产值和利税分别占

---

① 黎霞：《旧上海纺织企业档案简介》，《上海档案工作》1992年第2期。

上海工业的 1/3 和 1/4①。改革开放以来上海传统纺织服装产业经过了大调整、大变革,传统纺织服装产业规模占全市工业的比重大大降低(见图 15.1)。

**表 15.1　上海纺织企业演变**

| 时　间 | 发　展　历　程 |
|---|---|
| 1878 年 | 清政府建立上海机器织布制造局 |
| 1945 年 | 国民政府成立中国纺织建设总公司 |
| 1949 年 | 纺织工业部华东纺织管理局和上海市人民政府纺织管理局成立 |
| 1958 年 | 两局合并为上海市纺织工业局 |
| 1995 年 | 上海市纺织工业局转制为上海纺织控股公司 |
| 2001 年 | 上海纺织有限公司 |
| 2011 年 | 上海纺织有限公司规划上海市国资委直管 |

资料来源:根据上海纺织控股集团门户网:http://www.shangtex.biz/InfoList/M56241333.shtml 整理。

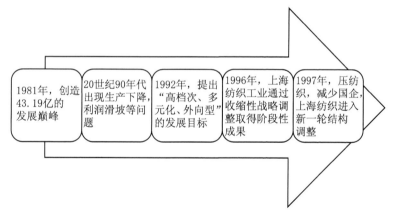

**图 15.1　上海纺织产业主要发展历程**

资料来源:根据沈耀庆《上海纺织产业转型研究》上海申达集团有限公司 2006 年 5 月整理。

1981 年上海纺织达到了发展顶峰。20 世纪 90 年代开始出现了下滑及大面亏损等问题。1992 年上海纺织进行了调整,一方面压缩初级加工规模,员工数从 55 万降为 2.25 万。另一方面从思想观念、价值取向等文化层面反思上海纺织的落伍②。在此基础上形成了上海纺织文化框架体系:播种创业理

① 封欣:《专访上海纺织控股(集团)公司董事长席时平"上海没有理由退出高端纺织"》,《东方早报》2009 年 11 月 23 日。
② 王建发:《上海纺织企业文化建设的过去现在及对策》,《政工研究动态》2002 年第 13 期。

念,用创业理念引导人;明确创业目标,用创业目标激励人;弘扬创业精神,用创业精神培育人;塑造创业形象,用创业形象凝聚人。同时,形成了包括以销售量定位的市场观,壮士断臂求新生的生存观,优势扩张的发展观,产权多元化的经营观,超常规激励的人才观,职工分流的再就业观在内的六大创业理念。1949~1993 年间上海国有纺织工业实现利税 806 亿元,出口创汇 280 亿美元,综合经济指标达到 93.1%①。上海国内知名的纺织企业包括申新纺织公司、永安纺织公司、安达纺织总管理处、中国纺织建设公司、美亚绸缎有限公司等。至 1995 年,上海市纺织工业局、上海市纺织国有资产经营管理公司组建了上海纺织控股集团。作为上海纺织工业的平台,纺织控股集团经过多年产业结构调整,制造业规模不断缩小。1996 年取得了一定的转型改革成果,1997 年经过转型发展取得了阶段性成功。至 2005 年上海纺织占上海工业总产值百分比约为 4.97%,销售收入、利润总额以及就业人数都有很大的提升。纺织工业发展基础为上海纺织服装产业的新一轮转型发展奠定了良好的产业基础。

### 15.2.1.2 区位优势扩大了转型发展的辐射范围

上海位于我国南北海岸线的中间位置,又是长江入海口,位于"T 字形"交点位置,因此是我国南北东西的交通要道,海陆空交通便利。为创意产业的发展及空间扩散提供了便利的交通条件。截至 2011 年末,上海全市土地面积为 6 340.5 平方公里,境内辖有崇明、长兴、横沙 3 岛,广阔的腹地为上海纺织场域的发展提供空间基础,同时也为纺织业的转型提供了重组空间。此外,黄浦江及苏州河一方面成为上海的水上交通要道,另一方面也哺育了独具特色的上海海派文化,使上海成为时尚文化的发源地。地域文化是不同地域因特殊历史、地理、人文背景形成的物质、精神文化总和②。上海拥有各国文化的传统以及开埠后形成的移民文化。多元文化融合形成了独具特色的"海派文化"。因此,多元文化的融合和文脉的独特传承为纺织场域的形成提供了文化

---

① 上海市华夏企业文化研究所:《转型——上海纺织集团调结构、转方式纪实》,上海人民出版社 2012 年版。
② 倪晓梅:《海派文化与上海土特产包装设计》,《上海师范大学学报》2011 年第 11 期。

支撑,必将推动纺织产业与创意产业的融合及新发展的实现。

### 15.2.1.3 创意产业迅速发展加快了转型的速度

上海以港兴商、以商兴市。自 20 世纪 20~30 年代远东地区经济中心到解放后中国重要的工业基地,再到改革开放后的经济、金融、航运、贸易中心,上海城市经历了由综合型城市—工业型城市—综合型城市的发展历程①。1997年上海市第七次党代会提出要积极发展"城市型工业",1998 年,上海政府提出了"都市型工业"的概念。为上海发展创意产业提供了思路来源②。2000年上海确立了在 600 平方公里的上海市区优先发展现代服务业,在 6 000 平方公里的郊区优先发展先进制造业"两个优先"的发展方针。2004 年中央批准了上海试行文化体制改革的试点方案,上海市政府通过在各领域出台一系列优惠政策推动创意产业的发展③。在政府的推动下,上海创意产业集聚区得以快速发展。自 2005 年确立了首批 18 家政府挂牌的创意园区后,创意园区数量增长迅速,特别是 2010 年世博会对创意产业的拉动效应显著。截至 2013年,上海有创意产业集聚区共有五批 87 家,总面积达 336 万平方米。营业收入高达 1 104.25 亿元(见表 15.2)。

**表 15.2　上海创意产业园区数量和规模比较**

| 年　　份 | 2005 | 2006 | 2007 | 2010 | 2013 |
|---|---|---|---|---|---|
| 园区个数(家) | 18 | 59 | 75 | 89 | 87 |
| 园区总面积(万平方千米) | 41 | — | 221 | 250 | 336 |

资料来源:上海设计之都官方网站,2014 年上海"设计之都"活动周内容。

2006~2010 年,文化创意产业被写入上海"十一五"规划,首次提升到战略发展的高度④。上海提出大力培育和发展文化创意产业,扩大产业规模的发展目标。上海市"十二五"规划进一步提出将文化创意产业打造成为引领

① 褚劲风:《创意产业集聚空间组织研究》,上海人民出版社 2009 年版。
② 马仁锋:《创意产业区演化与大都市空间重构机理研究》,《华东师范大学学报》2011 年。
③ 王树生:《布迪厄的"实践理论"及其对社会学研究的启示》,《社会科学研究》2005 年第 5 期。
④ 蒋绚:《创意产业的全球知识共建:基于创意产业界定问题的十年之辩》,《科技进步与对策》2013 年第 6 期。

和支撑上海新一轮发展的重要支柱产业。并将以服装服饰为核心的时尚产业作为文化创意产业发展的重点领域,支持和鼓励多元投资主体开展时尚地标、时尚人物、时尚品牌、时尚平台和时尚事件等要素资源的整合,推动具有中国文化和上海创意特点的国际时尚之都建设(见表 15.3)。2013 年 9 月 29 日,上海自贸区正式挂牌成立,国内外文化企业纷纷入驻。自贸区更为宽松和国际化的环境,对上海文化创意产业的制度环境以及整合文化创意资本,提供国际文化贸易,促进相关产业的深度融合、打造国际产业链等方面会产生深远影响,将为上海创意产业的发展提供了新的发展契机①。2004~2012 年上海文化产业增加值、总产值以及所占比重持续增加(见表 15.4)。

表 15.3 "十二五"期间上海文化创意产业发展重点

| 产　　业 | 重点发展领域与内容 |
|---|---|
| 媒体业 | 广播电视、新闻出版 |
| 艺术业 | 文艺创作、演艺、电影、动漫、非物质文化遗产开发利用、艺术品展示及拍卖 |
| 工业设计业 | 机械及装备设计、消费品设计 |
| 时尚产业 | 服装服饰、日用化学品、黄金珠宝首饰、家居用品、时尚数码消费品 |
| 建筑设计业 | 城市规划设计、建筑设计、室内装饰设计、工业勘察设计 |
| 网络信息业 | 网络游戏、网络视听、数字出版、面向重点行业的信息服务业 |
| 软件业 | 基础软件、工业软件、行业应用软件 |
| 咨询服务业 | 智库建设、商务咨询、科技咨询、社会科学咨询 |
| 广告业和会展业 | 广告、会展 |
| 休闲娱乐业 | 文化娱乐、旅游休闲、休闲健身 |

资料来源:《上海市文化创意产业发展"十二五"规划》。

表 15.4 2004~2013 年上海文化产业增加值

| 年　　份 | 总产出(亿元) | 增加值(亿元) | 占上海生产总值比重(%) |
|---|---|---|---|
| 2004 | 1 493.26 | 441.40 | 5.47 |
| 2005 | 1 686.99 | 509.23 | 5.51 |
| 2006 | 1 904.65 | 585.93 | 5.54 |
| 2007 | 2 348.84 | 700.60 | 5.61 |
| 2008 | 2 687.64 | 782.54 | 5.56 |
| 2009 | 2 882.44 | 847.29 | 5.63 |

---

① 根据上海市人民政府《上海市文化创意产业"十二五"规划》(http://www.why.com.cn/epublish/node42196/node42202/userobject7ai367647.html)有关数据整理。

| 年　份 | 总产出（亿元） | 增加值（亿元） | 占上海生产总值比重（％） |
|--------|--------------|--------------|----------------------|
| 2010 | 3 335.44 | 973.57 | 5.67 |
| 2011 | 3 855.12 | 1 155.40 | 6.02 |
| 2012 | 7 695.3 | 1 247.00 | 6.18 |
| 2013 | 8 386.21 | 1 387.99 | 6.43 |

资料来源：根据国家统计局《文化及相关产业分类（2014）》，上海2011年，2012年文化产业总产出和增加值口径有所调整。

在创意产业蓬勃发展的势头下，上海也是创意阶层首选的集聚地。就整个文化产业的就业总量及产值状况来看，截至2013年底，上海文化创意产业从业人员约130万人，实现增加值2 500亿元，同比增长10%，占全市GDP的比重为11.5%①。可见创意产业的领先发展及创意阶层的集聚为纺织创意园的转型和发展提供了良好的创意基础。

### 15.2.1.4　政策导向支撑了转型发展的战略转向

纺织服装产业在繁荣市场、扩大出口、吸纳就业等方面发挥重要作用。2007年纺织品服装出口总额1 756亿美元②，但2008年纺织行业多项出现"负增长"，因此，发展纺织服装产业要稳定国内外市场，同时提高自主创新能力。上海市政府在淘汰纺织服装产业落后产能，优化产业布局的同时加快自主品牌建设，促进产业持续健康运行上起了重要的引导作用，针对不同时期的发展状况制定了相应的政策规范。

面对经济危机对纺织产业的冲击，政府提出促进轻纺工业健康发展政策，如进一步减轻企业税费负担、清理和取消各种不合理收费；充分利用中央外贸发展基金扶持轻纺企业开展营销、研发和并购活动；安排中央预算内资金，支持轻纺等重点行业开展专项技术改造等③。此外，为促进纺织进出口及纺织

① 《上海文化创意产业从业人员约130万人》，东方网，http://sh.eastday.com/m/20140609/u1a8138131.html，2015年6月9日。
② 尹宏：《文化创意产业集聚的空间演化研究》，《四川师范大学学报（社会科学版）》2013年第2期。
③ 董小英：《知识优势的理论基础与战略选择》，《北京大学学报（哲学社会科学版）》2004年第4期。

企业发展,发改委于2009年推出四大政策扶持纺织行业:①上调出口退税率至17%。②扩大信贷规模,尤其针对中小企业可能会采用贴息贷款方式。③设立专项资金,支持企业技术改造。④支持企业兼并组、积极扩大出口,巩固和开拓国际市场①。此外,上海市政府根据《纺织工业调整和振兴规划》以及《轻工业调整和振兴规划》等制定了适合本市服装产业发展的政策。如鼓励服装服饰龙头企业以自主品牌建设为核心提高核心竞争力;支持中小企业加快营销模式创新,加大原创设计力度;支持环东华时尚创意产业集聚区、静安区时尚创意产业示范区等重大项目建设,吸引和培育国内外知名设计师②。具体分为以下方面内容(见表15.5)。上海市政府在制定的纺织服装扶持政策中对特别针对服装品牌的扶持设置了专项基金。其中特别对获得国家级品牌如中国世界名牌、中国名牌、中国驰名商标、最具市场竞争力品牌的企业予以奖励,并对老品牌服装的技术改造项目、科技创新项目、市科委产业链接项目等给予资金支持③。这就极大地鼓励了本土品牌特别是老品牌的科技创新,从而逐步实现品牌服装的转型发展。

表15.5　政府对纺织产业的政策支持

| 政策方向 | 概　　　况 |
|---|---|
| 资金及技术支持 | 1. 技术支持:对企业自主创新给予支持,重点在关键技术创新与产业化。对列入国家技术创新和技术改造的重点项目,按有关规定予以配套支持。<br>2. 项目资金支持:支持本市企业和行业协会开展重要国际、国家或行业标准制修订工作以及承担国际、全国或上海专业标准化技术委员会工作。优先对体现轻纺行业标准技术领先水准、国际先进水平或国际竞争能力以及自主知识产权的核心技术成果的标准化项目,给予经费资助。<br>3. 中小企业扶持:支持中小企业发展的专项资金(基金)向都市型轻纺企业倾斜,重点支持"专、精、特、优"型中小企业发展;引导中小企业产业升级,优化中小企业发展环境。争取中央外贸发展基金,加大对符合条件的企业巩固和开拓国内外市场的支持力度;实施缓缴社会保险费或降低相关社会保险费率等政策。 |

① 汪明峰、宁越敏、胡萍:《中国城市的互联网发展类型与空间差异》,《城市规划》2007年第10期。
② 朱晓明:《平台,赢在服务——在转型中发展服务经济与平台经济》,中信出版社2012年版。
③ 董小英:《知识优势的理论基础与战略选择》,《北京大学学报(哲学社会科学版)》2004年第4期。

| 政策方向 | 概　　　况 |
|---|---|
| 创意人才培训及资助 | 1. 设计师资助:对具有创新思维的原创型设计师进行鼓励及资助。加大原创设计支持力度。<br>2. 企业人才:采取在岗培训、轮班工作、协商薪酬等办法稳定员工队伍。允许使用失业保险基金支付社会保险补贴。 |
| 支持品牌建设 | 1. 自主品牌建设:对企业在技术改造、关键急需技术引进、科研立项、金融信贷等方面给予优先扶持。提倡在商业网点的规划布局中留出一定比例的空间支持自主品牌企业营销网点建设。<br>2. 老品牌支持:对获得国家级品牌(中国世界名牌、中国名牌、中国驰名商标、最具市场竞争力品牌)的企业予以奖励,对老字号的资金支持中高新财政补贴 2008 年就达到 150 万;高新技术成果转化项目资金支持 2008~2010 年由 740 万上升到 1 182 万;技术开发补贴 2010 年达 245 万;品牌专项补贴 2009 年达到 4 690.7 万。 |
| 平台建设 | 支持建立服装产业发展的公共信息服务平台,如建立上海纺织研发公共服务平台,平台拥有 13 个数据库,20 万条共享信息,200 人的专家团队,15 万册专业图书,100 项知识产权,200 家会员单位。形成以平台为核心的纺织科技自主创新的辐射源和增长极。同时通过打造国际时装周等节事活动平台实现企业间信息交流及宣传。 |

资料来源:根据①《展现创意魅力,推动发展时尚产业》,上海设计之都门户网;②朱烜:《政府在国有纺织企业技术创新中的作用研究——以上海纺织控股(集团)公司发展为例》(上海交通大学,2012 年 6 月 3 日)整理。

### 15.2.2　转型发展的机遇

#### 15.2.2.1　科技与时尚结合提升转型能级

上海纺织集团以上海市纺织科学研究院为载体,对下属研究院所、中心的科研资源进行全面整合。搭建了信息情报、标准检测、研发项目、成果转化四个平台。组建了科研机构的同时与东华大学、上海工程技术大学、上海财经大学等进行合作成立了联合研究中心。以众多科研机构为载体,上海纺织发展了具有科技含量及原创价值的新型化纤及材料。如纺织集团投入 3 000 万对高性能纤维进行产业化开发并获得了多项核心技术的发明专利。实现了传统纺织产业向高科技纺织的转型。

#### 15.2.2.2　循环经济思路提供发展方向

上海的产业发展正面临第三次产业革命的发展机遇。第三次产业革命的实质是以数字制造技术、互联网技术和再生能源技术的重大创新与融合

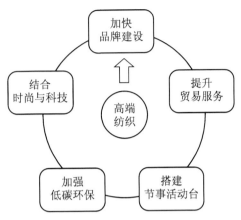

**图 15.2　纺织转型科技与创新平台搭建**

资料来源:根据上海市华夏企业文化研究所:《转型——上海纺织集团调结构、转方式纪实》(上海人民出版社 2012 年版)绘制。

为代表①。这一过程不仅将推动新兴产业诞生,还将导致社会生产方式、制造模式甚至生产组织方式等方面的重要变革②。由此可见对新能源、新技术的研发及应用顺应第三次产业革命发展的必然趋势。上海纺织在环保型化纤及低能耗、低排放的研发及产业化上取得了关键性突破。如上海纺织投资 1.4 亿元建设了年产 1 000 吨的 Lycoell 环保型纤维产业化生产线③。同时对能耗高、高污染的传统企业进行关停,实现了由传统制造业向环保可持续型纺织产业的转型④。

### 15.2.2.3　平台经济建设提升对外服务能力

上海纺织以现代时尚创意产业园,如 M50、尚街 Loft 等为载体发挥产业效应。同时积极举办时尚节事活动如上海时装周等吸引时尚设计人才集聚。时尚服装设计的背后力量是设计师,而设计人才的发展需要具有多元文化氛围的平台及宽容的社会环境,使他们能吸取到各种流行元素的同时使自己的设计能被更多的业内品牌看中,从而实现设计的产业化。如上海 2013 春夏时装

---

①　Michael. Poter, The Competitive Advantage of Nations, The Free Press, 1990.

②　Paul Krugman, Regional science and Urban Economics, Journal of Political Economy, 1996(6).

③　李小建:《经济地理学》,高等教育出版社 2006 年版。

④　马歇尔:《经济学原理》,商务印书馆 1997 年版。

周举办了近40场发布,吸引100多位设计师及两万多名观众参与。其中,上海纺织时尚服装品牌"MODERN SHANGHAI"通过举办展会得到了中外知名设计师的认可获得了商机。在此基础上,培育外向型企业也是上海纺织产业发展的要求及必然趋势。上海通过对业务结构、管理方式、盈利能力、贸易服务平台的结构转型逐步提升贸易服务能力及外贸能力①。如将客户结构集中化,将贸易结构由单一的出口向进出口并举转变。在管理层加强对外贸企业经济运行的监控分析。同时进一步提高外贸产品的附加值,提高自营、一手单的比例。

## 15.3 上海纺织创意园转型发展现状及阶段

### 15.3.1 上海纺织创意产业园发展类型

在上海纺织业的场域内,虽然纺织创意园都依托纺织老建筑老厂房,但由于创意活动集聚过程中主导力量的差异,其发展呈现出不同特点,据此可大致将纺织创意园划分为企业开发型、政府主导型、依托高校型、混合发展型四种类型。

#### 15.3.1.1 企业主导型纺织创意园

企业开发型纺织创意园主要是在原有纺织业的基础上,由企业策划、建设、运营、管理的创意园区。上海25家纺织创意园内的绝大多数属于这一类型。企业开发型园区又可分为两种。一种是在不变更企业纺织工业用地所有权的基础上对其进行打造、开发,通过向原有产业链的上游—设计和下游—服务延伸,积极发展现代服务业。主要有上海纺织控股(集团)公司旗下的M50艺术产业园(图3)、尚街LOFT时尚园等13家纺织创意园。

另一种是由地产公司或创意产业服务企业收购纺织地产并对其进行开发的纺织园区。主要有上海弘基公司旗下的"创邑·河"园区。上海德必文化创意产业发展(集团)有限公司旗下的德必·法华525创意树林创意园区等。

---

① 李小建:《经济地理学》,高等教育出版社2006年版。

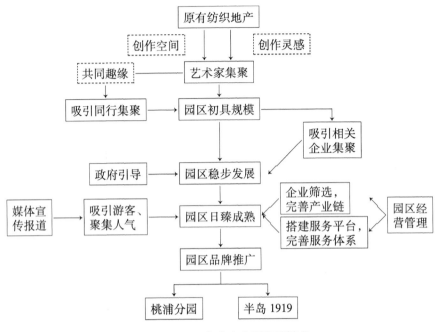

**图 15.3　M50 艺术产业园发展模式**

资料来源:作者绘制。

上海名仕街企业管理公司的名仕街创意园。上海申达集团有限公司旗下的汇智创意园等①。

　　由企业打造园区品牌,实行品牌经营是以上两种园区的共同特征。将园区品牌化,赋予了纺织创意园以新的价值和内涵,在塑造园区新形象的同时,也方便企业对园区实行统一管理,对于园区竞争力、影响力、辐射效应的提升具有重要意义。上海纺织控股(集团)公司对旗下的纺织创意品牌有着明晰的品牌定位,包括以时尚文化为发展目标的 M50,定位时尚生活的尚街 LOFT、以时尚设计为追求的上海国际时尚中心,及致力于时尚体验的上海国际交流设计中心四大品牌。品牌经营在实现园区物理空间上拓展的同时,通过建设服务平台,拓展和延伸品牌核心价值。如 M50 品牌不仅包括旗下的园区,还包括吾灵艺术设计网、M50 创意空间、M50 艺术体验馆、M50 设计联盟、M50 创意设计孵化

---

① 赵琨:《场域视角下上海纺织创意园空间演进研究》,上海师范大学硕士学位论文,2015 年。

器、M50 创意市集、吾灵小小画家坊、M50 表演工作坊等服务平台①。

### 15.3.1.2 政府主导型纺织创意园

政府主导型园区是由地方政府通过制定相关政策和制度,引导和扶持园区建设,是一种"自上而下"的集聚模式。政府在园区的前期规划、投资建设、招商引资、后期运营等各个阶段都起着主导作用。

表 15.6 上海市部分行政区企业优惠扶持政策

| 市 区 | 优 惠 政 策 |
|---|---|
| 浦东新区 | 《浦东新区加快文化创意产业发展的财政扶持办法》<br>《浦东新区文化创意公共技术服务平台补贴资金操作办法(试行)》<br>《浦东新区文化创意产业财政扶持配套资金操作办法(试行)》<br>《浦东新区促进高新技术产业发展财政扶持办法》<br>《浦东新区科技发展基金孵化器资助资金操作细则》 |
| 静安区 | 《静安区关于制定促进经济发展财政政策的若干意见》<br>《静安区科技创新专项资金管理办法》<br>《静安区增强企业科技创新能力的若干配套措施(2011—2015 年)》 |
| 徐汇区 | 《徐汇区关于加快推进高新技术产业发展的扶持意见(试行)》<br>《徐汇区关于加快推进现代服务业发展的扶持意见(试行)》 |
| 长宁区 | 《长宁区关于服务业发展引导资金使用和管理的实施意见》<br>《长宁区鼓励科技创新实施意见》 |
| 普陀区 | 《普陀区信息产业发展扶持政策》<br>《普陀区"市高新技术产业化重点项目"匹配支持资金实施细则》<br>《普陀区支持科技公共服务平台发展专项资金补充细则》<br>《普陀区中小企业共享科技资源支持资金管理补充办法》<br>《普陀区科技创新项目研发人才专项扶持计划实施细则(试行)》<br>《普陀区高新技术企业管理团队奖励实施细则(试行)》<br>《关于普陀区青年大学生创业孵化基地房租补贴的操作意见》 |
| 闸北区 | 《关于实施闸北青年创业园区补贴政策的意见》<br>《闸北区关于进一步促进中小企业发展的实施意见》 |
| 虹口区 | 《虹口区文化创意和旅游产业发展专项资金使用管理试行办法》 |
| 杨浦区 | 《关于界定享受扶持政策科技企业范围的实施办法》<br>《关于鼓励本区自主知识产权创造和应用的实施细则》<br>《关于认定我区"特色产品"和纺织类产品企业范围的实施办法》<br>《杨浦区重点发展的创意类企业确认办法》<br>《国家(市)重要科技计划项目杨浦区地方匹配资金管理办法》 |
| 闵行区 | 《关于加快引进海外高层次创新创业人才的配套实施意见(试行)》 |

资料来源:《上海企业优惠扶持政策》,http://service.shanghai.gov.cn/newdtbs/policy/PolicyMain.html,2015 年 3 月。

---

① 根据上海纺织时尚产业发展有限公司(http://www.shangtexfashion.com/?page_id=18)相关数据整理。

政府从全局出发对园区进行规划引导，充分利用了原有纺织老建筑老厂房的空间资源，对于老建筑改造、传统产业升级、城市空间功能转变起到了推动作用。此外，政府通过合理规划使得园区内资源的实现有效配置，通过发挥资本优势一定程度上降低了创意企业的风险，并且降低了企业入驻、交易成本，但此类园区可能存在政府规划的滞后性，来自园区外的行政干扰以及政府对园区内某些创意活动造成一定的限制等问题①。

### 15.3.1.3 知识溢出型纺织创意园

在该类园区中，大学和科研机构的学习、知识流动、创意人才的集聚是其形成的主导力量。主要代表有交通大学附近的慧谷软件园，以及依托上海理工大学的中环滨江128园区。慧谷软件园（包括虹桥软件园和乐山软件园）位于徐家汇科技密集区，建筑面积35 000平方米，紧邻上海交通大学等高等院校及包括中科上海分院、上海科学院在内的科研院所，并与国家级开发区漕河泾新兴技术开发区相呼应。交通便利、人杰地灵，科技、人才、信息、技术综合优势明显。园区以科技企业孵化器为定位，于1999年成立上海慧谷高科技创业中心。该中心是由上海交通大学、上海市科学技术委员会和徐汇区人民政府联合组建的社会公益性国家级科技企业孵化器，立足于为高科技企业技术创新创业提供全程服务，以促进科技成果转化，培育高科技企业和企业家。与传统政府或企业主导型的园区不同，慧谷软件园不仅重视大学生创业、高校教师的成果产业化，还特别强调科技与金融的融合发展。前两点主要集中于创新的源头、成果转化的平台和通道，而科技金融则是未来科技地产发展的必由之路，基于以上三点慧谷软件园使创业企业成果向社会化转化，并致力于实现创业企业的可持续发展。

### 15.3.1.4 综合发展型纺织创意园

与前三种形成纺织创意园较为单一的主导力量不同，混合发展型纺织创意区在政府、企业、科研等多个驱动力的共同作用下形成，代表性园区有东纺谷、上海国际家用纺织品产业园等。上海国际家用纺织品产业园是在杨浦工

---

① 谢兵、毛小岗：《我国台湾新竹园区与我国大陆政府主导型管理模式比较》，《中国科技论坛》2003年第5期。

贸(集团)有限公司,上海今代纺织科技发展有限公司,上海市、区两级政府等多方合力发展的创意园区。上海国际家用纺织品产业园位于杨浦区平凉路1398号,原为上海第四漂染厂。园区发展初期为上海市"一业特强"都市型产业园区,后以"建立家纺产业链的整合平台,打造一个产业集聚、品牌集聚、人才集聚的国际化家纺园区"为目标定位,通过整合产业资源,形成产业链集聚效应,通过搭建各个服务平台,逐步建立起完善的公共服务平台体系,通过加强技术投入和打造家纺自主品牌,不断提高产品的品牌含量及附加值,逐渐实现由都市工业园区向纺织创意园的转型和升级。此外,园区被杨浦区人民政府列为重点扶持和发展的优势产业,区政府对凡在杨浦区注册,从事专业家用纺织品设计、加工、生产、批发、销售的企业(简称"一业特强"企业),除享受国家和上海市产业系列扶持政策外,还享有杨浦区特定的优惠扶持政策。目前上海国际家用纺织品产业园初具规模化、特色化、品牌化、专业化,园区企业入驻率高达95%以上。

**表 15.7　杨浦区对"一业特强"企业的相关优惠政策**

| 序号 | 优　惠　政　策 |
|---|---|
| 1 | ● 可享受"专项发展资金"的扶持政策。 |
| 2 | ● 对符合条件的企业,可采用简便方式征收相关税收。<br>● 对增值税一般纳税人纳入防伪税控系统,并开具专用发票。 |
| 3 | ● 企业缴纳地方税收后可按比例获得奖励。 |
| 4 | ● 可享受上海市"技术改造"、"技术创新"、"新产品开发"和"建立技术中心"等扶持政策。 |
| 5 | ● 企业在开办初期如急需资金,可申请办理贷款信用担保,由区财政提供一定额度的贷款信用担保推荐。 |
| 6 | ● 私营或民营企业,可纳入政府购买服务的范围,以政策购买的中介服务,为企业无偿提供工商开业登记、变更登记、工商年检、纳税申报、发票管理、代理记账、贷款担保推荐等服务工作。 |

资料来源:上海国际家用纺织品产业园,http://www.hometexnet.com/http://www.hometexnet.com/Committee/index.aspx?ThisID=78, 2015 年 1 月。

## 15.3.2　上海纺织创意产业园转型阶段解析

### 15.3.2.1　萌芽阶段:创意园形态打造阶段

不同历史时期、各具风格的老仓库、老厂房、老建筑浓缩了近代上海纺织工业和城市文明的发展史，为创意活动的形成、集聚、发展提供了场所和空间。上海纺织创意园的发展多采用与历史建筑的保护相结合的发展模式。原市经济委员会总结推广了一套创意产业集聚区建设的操作办法：鼓励采用"三个不变"的开发原则，即老厂房、老仓库、老大楼的房屋产权关系不变、房屋结构不变、土地性质不变，兼顾了各方面利益，降低了建设开发成本，以调动了各方面的积极性，极大地推动了创意活动的集聚和创意园区的发展①。在纺织园区发展的初期，各个园区多依托老建筑，因此，在建筑风格上具有一定的相似性。纺织创意产业园区，在形态方面，除以老建筑为载体外，不同园区在建筑外观、内部构造、园区风格、顶层空间的利用，及与周边建筑和环境的融合度方面逐渐呈现出各自的特色。

**表 15.8　上海市部分纺织创意园形态打造举措②**

| 园　　区 | 形态打造举措 |
|---|---|
| 尚街 LOFT 时尚园 | 以"Dress well, Shop smart, Live beautifully"为发展主题，为旧载体赋予新概念，使三枪老厂房华丽转身，摇身变为时尚工厂，成为区域的"钻石地标"。 |
| 西岸创意园区 | 由久负盛名的意大利建筑设计公司 TESKO 马西姆公司负责概念设计，为原有单调的老厂房融入绿色、橙色等色彩，成为舞动在创意与时尚间的"绿盒子"，极大增强了园区的辨识度。 |
| M50 艺术产业园、湖丝栈创意园 | 最大程度地保留了老建筑的外观，镌刻着历史的老建筑外墙与建筑内的现代创意、设计、艺术活动形成新老对比，营造出独特的创意氛围。 |
| 聚为园创意园 | 在老建筑旁，新建了两幢三层的白砖红顶的"加拿大小洋楼"，与老建筑交相呼应，使园区的品质得以提升。 |
| M50 上海陶瓷文化产业园、名仕街 | 充分利用顶层空间，开辟花园或小块绿地，不仅为园区内员工提供休憩空间，也为园区增添了几分灵动与生气，实现了创意产业园区内空间利用的集约化和可持续化。 |

资料来源：根据 2014 年 5 月实地调研整理。

　　在纺织创意园形成的萌芽阶段，纺织创意产业园区的建构主要依托于场域内实体资源的整合，有效占有和利用场域内的资本成为这一阶段的重要特征。其中纺织工业遗留的老仓库、老厂房、老建筑为创意活动和创意产业的发展提供实体空间的同时，还营造了能够激发创意工作者创造的独特文化氛围，

---

① 褚劲风：《创意城市国际比较和路径选择》，北京大学出版社 2014 年版。
② 赵琨：《场域视角下上海纺织创意园空间演进研究》，上海师范大学硕士学位论文，2015 年。

成为场域内最重要的资本和资源。依托原有纺织地产,通过资金、技术投入,吸引创意工作者和企业入驻。在充分利用园区有效空间的同时,发挥现有资本的优势,吸引更多的资本,以此拓展园区辐射和影响力。随着纺织创意园的发展,集聚效应初步形成,纺织场域初具规模。

### 15.3.2.2 发展初期:创意园业态选择阶段

在不断整合和利用资本和资源的基础上,伴随纺织创意园的发展,除园区开发商,纺织创意园内的创意工作者和创意企业外,政府、集团、社会等多元主体逐渐介入纺织创意园的规划和发展,共同影响着纺织场域的构建。

创意工作者、创意企业的自主选择,政府的规划和政策导向,集团、企业有目的的招商、选商、育商都是创意园区业态发展的重要驱动力。创意工作者的业态选择往往缘起于他们对创意、艺术、设计的共同兴趣和追求,通过人际关系网络吸引同行,形成集聚,并使其在场域内的实体空间得以实践。典型代表是 M50 艺术产业园画家、画廊的自发集聚并形成享誉业界的创意和艺术集聚区。政府和企业集团对于业态选择,更具前瞻性和目标性,对于纺织创意园的业态选择起着重要的引导和扶持作用。在多元主体的介入和影响下,不同纺织创意园根据自身的条件和发展的需要,在园区的业态选择和组合方面有所侧重,各具特色。在纺织场域内,纺织创意园的发展呈现以时尚产业和创意产业为主,多种业态组合发展的特点。名仕街、上海国际家用纺织品产业园、上海国际时尚中心等部分纺织创意园,依托原有纺织工业积累的产业基础和优势,对原有纺织工业进行升级,使其向研发设计以及市场营销等附加值较高的环节转型发展,如发展服装服饰、原创设计、新型纺织材料研发、品牌制造、国际贸易等,大力发展时尚产业,这本身也是由传统产业向创意产业转型发展的过程。除发展时尚产业外,园区吸引其他创意产业企业入驻,如建筑设计、艺术创作、信息软件等。随着园区内创意活动的集聚和发展,与之相匹配的相关服务业态也会随之得以发展,如园区内的中西式餐厅、酒吧、咖啡店等餐饮休闲设施的出现,再如艺术设计所需的展览、展示空间的开辟和拓展等。

在纺织创意园发展的扩展阶段,纺织场域的建构以多元主体间的竞争和合作为主要特征。纺织创意园业态选择的过程，也是纺织场域内优胜劣汰的过程，不同创意企业间通过博弈、竞合最终留下最适宜的业态以适应市场和整个场域的发展。园区间各有侧重的业态定位，有效避免了场域内的产业雷同和资源浪费；园区内多种业态的组合，有助于完整产业链、服务链的打造和整体集聚效应的发挥，必将进一步促进场域内不同创意主体的有效合作和良性竞争，使整个纺织场域的集聚效应进一步凸显，促进纺织场域向更高水平发展。

### 15.3.2.3　转型阶段：创意园生态环境营造阶段

2008 年，"创意产业之父"约翰·霍金斯提出创意生态理论。他认为创意生态是一种"小生境（Niche）"，至少包含创意经济环境条件、生产者、消费者、分解者四部分，描述了一个在多样、变化、学习和适应作用下实践、孵化创意的正确栖息地，并指出"创意生态"三大原则是"人人都有创造力、创造力需要自由、自由需要市场"①。目前，M50 品牌下的 M50 艺术产业园、M50 西郊文化休闲园、M50 半岛文化创意产业园，尚街 LOFT 时尚生活园，上海国际时尚中心五家纺织创意园以其独特的创意氛围和开放式环境，被授予"上海工业旅游基地"②，吸引了一定数量的游客、市民感受园区的创意氛围并亲自参与到创意活动中，扩大了创意的受众。尚街 LOFT 时尚生活园和 M50 艺术产业园通过定期举办创意市集，鼓励更多的人参与到设计活动中，感受创意的魅力。此外，通过品牌经营，M50 旗下除创意园区外，还积极建设各种服务平台，使创意突破园区"围墙"的限制，促进了不同园区间乃至更大范围内信息的共享和创意的流动。（见表15.9）在纺织创意园发展的转型阶段，以纺织创意产业园区功能的强化以及与周边的互动为主要特征。由扩展阶段到转型阶段的发展是一个长期的过程，伴随园区的辐射和溢出效应，以上园区通过生态营造，将有望率先实现创意园区的可持续发展。

---

① 约翰·霍金斯：《创意生态：思考在这里是真正的职业》，北京联合出版公司 2011 年版。

② 根据上海工业旅游网（http://itripsh.com/itripsh/gongyelvyounianpiao/nianpiaojingdian/chuan/）整理。

**表 15.9　M50 品牌下的平台及功能**

| 平台名称 | 介　　绍 | 功　　能 |
|---|---|---|
| 吾灵艺术设计网 | 为 M50 品牌旗下艺术创意类行业资讯网站,以"品艺术、看设计"为主旨。 | 为用户提供专业的艺术和设计资讯。拓宽 M50 品牌的影响力,推动中国创意事业、艺术、文化的发展。 |
| Art in SH 艺术导览地图 | 提供上海艺术、展览活动的时间、地点、活动内容等具体信息。 | 为艺术爱好者,收藏家,公众提供城市文化、艺术、创意展览和活动指南。 |
| M50 年度创意新锐评选、 | CREATIVE M50 年度创意新锐评选自 2007 年创办,迄今成功举办 7 届,意在发现、鼓励和支持青年艺术才俊,提携后进。 | 已成为上海当代艺术建设与发展中一项重要的艺术活动,汇集了全国各大美术院校青年学生的优秀作品,从中发现青年学生的文化价值观和艺术创造力。 |
| M50 创意空间 | 成立于 2009 年初,空间与国内外的策展人、画廊以及艺术家合作,举办了多次有影响力的展览,受到关注。 | 给更多希望在上海举办展览的艺术家、独立策展人、设计师和一些文化艺术团体提供展览的空间。 |
| M50 漫生快活创意生活馆 | 设计师产品及艺术家衍生品概念店,搭建一个公共服务的展示、交流、交易平台。 | 致力于推进中国本土设计,充分发挥本土设计的创新能量,促进本土创新设计领域产业化发展的良性循环。 |
| M50 设计联盟 | 由来自建筑、平面、网页、产品、室内、涂鸦设计各个领域的创意人员组成。 | 联盟成员拥有各类大型项目的成功案例和丰富的策划经验,为客户提供全方面的、专业化的设计服务。 |
| M50 创意设计孵化器 | 具有孵育、智力服务、投融资等功能,通过整合创意资源,帮助园区创意企业实现成长和发展。 | 为创意企业提供了智力、资金、管理等方向的支持,有利于引导创意企业向良性方向发展。 |
| 吾灵小小画家坊 | M50 旗下的儿童产品,以"创意美术"开发和培训为特色,帮助孩子通过艺术媒介表达实现他们的思想。 | 致力于培养孩子的艺术素养,保护他们的创意天赋,激发他们的创意表达。培养未来的艺术人才。 |
| M50 表演工作坊 | 于 2008 年创立,推出首部小剧场话剧《浮生记》在上海话剧艺术中心上演 | 不断努力探索全新的文化经营模式,通过话剧等艺术表演悄然推动着中国文化的发展。 |
| M50 创意市集 | 秉承 M50"艺术、创意、生活"的品牌核心价值,坚持原创、扶持国内青年设计师及创意品牌的理念。 | 成为众多原创设计作品展示和销售的平台,让市场看到越来越多的中国原创力量。 |

资料来源:上海纺织时尚产业发展公司,http://www.shangtexfashion.com/?page_i。

## 15.4　上海纺织创意园转型发展的路径及对策

　　面向"十三五"创意产业发展的新阶段,上海纺织创意园将拓展转型发展的新路径。经过此前多年的建设及发展,上海纺织创意园取得了初步的发展成果,但同时也存在一定的发展为问题。如受制度转向的影响,在上海纺织创意产业园区内,特别是园区在建设过程中,初期由于缺乏规划,会出现一些资源浪费,重复建设的现象,表现为园区分布较为集中,园区功能、定位较为相似等问题,缺乏特色,对企业的吸引力不够等。在已有的纺织创意园内,聚集的纺织创意企业数量较少,占园区总企业的比重低,且仅有的纺织创意企业较为分散。纺织创意企业间,由于定位的不同,缺乏交流,园区内企业间的联系不够密切。另一方面,园区除在租金方面对原创企业进行一定的优惠外,在搭建平台、提供企业学习交流和培训方面,仍有待进一步完善。因此,"十三五"是上海纺织创意园转型升级的关键阶段,需要从政策导向到产学研结合,从平台建设到园区氛围等,形成新的协同推进机制。从政府角度实现政策导向及支撑,实现产学研协同创新发展,同时通过平台经济发展实现市场运作模式及电子信息服务模式的创新,最后通过良好的园区氛围营造实现创意人才的集聚和新园区业态的建设。

### 15.4.1 加强政策的导向及保障作用

#### 15.4.1.1 充分发挥政府的调控职能,为发展提供导向

政府的全力支持是指政府应充分发挥自身的导向监管、规划与保障职能,同时向服务型政府转变,政府的主要职能服务方式由关注企业个体发展想鼓励企业进行产业集群发展,同时为园区建设和发展提供便利。政府主导成立园区管理委员会,纳入企业、协会、高校、研究机构、创意个人等主体进行民主协商管理,为园区发展构建必备的管理支持和资源网络。园区管委会负责园区的日常管理与维护,在园区管委会下可成立公共服务平台、投融资平台、技术服务平台、企业招商管理平台等①。

在园区建设过程中,为适应产业集群发展、产业链整合的需要,政府应辅导园区规划,简化园区规划审批等行政程序,严格把关园区相关企业进驻、项目规划、项目招商、项目建设、业态发展、管理组织等事项,确保园区发展遵照国家社会经济发展政策与要求,鼓励园区按照国家产业发展规划、产业发展方

---

① 亓鹏:《旅游文化创意产业园区发展的协同机制研究》,云南财经大学,2014 年。

向进行谋划布局。政府经济发展、文化发展、生态发展等相关规划应将园区规划纳入考虑范围,将创意产业园区的定位、发展战略、投融资政策、运营管理、专项政策等方面纳入规划,提出明确要求①。政府基础设施建设、公共服务设施建设应向园区倾斜,给予园区发展良好的基础铺垫。各地行政主管部门不仅要转变工作作风,改进工作方式,积极为园区内的企业提供高效便利快捷的行政审批、审核审查等服务,还要不断创新服务方式在园区管委会的统领下,推进园区内的管理、服务、咨询平台建设,为企业搭建更加高效便捷的公共服务体系。

### 15.4.1.2　配套政策及措施

对创意产业创业个人提供资金扶持与奖励;对园区内进行创意创新且拥有知识产权的企业进行奖励,每获得一项知识产权都给予一定的奖励。为园区公共服务设施建设提供支持,鼓励纺织创意产业园区的转型发展②。设立鼓励园区发展、产业发展的专项扶持基金,扶持纺织创意产业园区的转型发展项目建设,为进驻园区的企业或个人提供优惠的信贷政策与财政补贴。对促进创意产业融合发展的项目,对列入省、市重点的项目,金融机构要优先支持贷款需求。对进驻园区的企业给予一定的免税减税、返税等激励对园区文化创意产业的原创研发、产品转化、产品营销、品牌打造等环节加大资助力度。建立政府投入引导机制,搭建创意产业投融资平台,创新投融资工具,提升投融资服务,引导具备条件的各种所有制经济实体、社会团体、民间资本和各界人士等投资主体,以独资、合资、合作等诸多形式投资开发园区建设、创意产业发展等;参与发展纺织创意产业配套的基础设施建设。

## 15.4.2　实现产学研的协同创新

### 15.4.2.1　优化产业结构,发挥相关产业的集群效应

纺织创意产业的产业链整合与产业集群是纺织创意产业园区转型发展的

---

① 亓鹏:《旅游文化创意产业园区发展的协同机制研究》,云南财经大学,2014年。
② 刘静:《福州建新工业向文化创意产业转型研究——基于政府管理视角》,福建农林大学,2013年。

根基,通过明确的产业定位、进行产业链整合、推进产业集群来优化文创意产业园区的产业结构,实现相关产业集群化,才能发挥园区的规模效益与经济效益,才能支撑园区的发展。以纺织创意产业为主导,完善创意产业的产业链条,通过宏观调控与市场调节合理配置产业链上、中、下游企业,上游进行原创研发设计、中游进行加工生产制造、下游负责配套服务营销发行。考虑到创意产业的创意性、融合性等特点,强化原创研发的创意创新能力,用优秀的创新的设计作为支撑,再通过配套服务、营销推介获得市场消费空间,转化成经济效益。

创意产业园区是实现产业集群的重要方式之一。其具有聚合、丛集和融合、交汇功能。地理位置接近也许会产生集群间的激烈竞争,但企业间却可以分享信息资讯,聚合特定的需求,继而降低交易成本。况且其所具备的公共技术服务平台、企业公共服务平台、投融资服务体系、中介服务体系等软硬环境,有利于整合专业资源,形成合理的专业分工,增强创意和创新氛围。首先,政府要统一为纺织创意产业园区进行规划,把纺织创意产业园用地选址和平衡纳入总体规划中,通过市场调查并以经济为依据,制定纺织创意产业园总体规划布局方案,根据文化创意产业的空间布局特征,制定空间发展战略,优化布局,推进产业梯度发展。根据创意产业分类特征,分类型、错位发展给园区产业战略以正确导向。同时,打造产业链,强化分工与协作,将产业上游的研究开发,中游的生产制造,下游的市场营销及衍生产品的开发汇集在产业园区,形成整个行业完整的产业链,纺织创意产业的竞争优势,产业积聚的规模效应才能发挥出来。注重品牌建设,体现产业园特点,形成独特的城市文化创意产业风格。

### 15.4.2.2 借力高校及科研机构,实现专业化人才对接

高校、科研机构为创意产业园区的发展提供必要的智力支持与人才保障。在园区内以将高校、企业、科研机构等进行合作,实现知识流动及转化,建立一定的创新网络,也实现创意人才的集聚。园区应为人才集聚提供开放平台,为人才孕育匹配激励政策:一是园区依托高校、科研机构资源优势,与高校或科研机构签订人才引育协议,园区负责人才结接收与吸纳,高校进行创意人才专

业教育,构建多层次、专业性的创意人才培养体系。二是将长期的学历教育和短期非学历专业培训教育结合,引导高校、科研机构加快纺织创意产业相关学科建设。三是园区自身成立机构培养文化创意产业专业人才,成为人才的孵化器与成长基地,让人才培育与实践密切结合。同时广泛吸引 SOHO 式创意组织与个人集聚到园区,为创意人才提供发展与创意的平台,同时为其提供居住、休闲设施。

### 15.4.3　发挥网络平台建设的推动作用

#### 15.4.3.1　面向市场运作,实现体验式消费

纺织创意产业园区作为公共的生活空间、创意空间、休闲空间、生产空间,是生产、生活、生态业态多元的融合,是一个区域经济综合体,其发展要以人为本,依靠消费体验实现市场价值,为社区居民提供良好的宜居、宜业空间。因此园区要基于广泛的市场应用,面向用户,实现与市场需求的对接,以消费需求为导向,从园区自身到园区产业、产出实现与市场的对接,即政府职能、政策扶持,产业集群、企业关联,高校合作、智力支持,创意研发、科研支撑,根据市场用户、消费体验来转变职能、制定政策,来指导产业集群,来进行人才培养及科研研发等。

#### 15.4.3.2　园区品牌网络化,创新电商服务新模式

纺织创意产业园转型还要加强本土品牌建设,同时创新的商业服务模式。本土品牌与国际品牌网络流量存在较大差距的原因在于网络平台完善及发展电子商务模式两个主要方面。因此本土品牌网络空间建设过程中,要不断完善自身的网络平台建设,同时要在原有的电商发展模式上进行突破创新。一方面本土品牌要加强品牌的网络平台建设,完善网络平台的配套服务。就这一点可以依托集团"中央研究院"——上海市纺织科学研究院国家级检测、信息服务平台以及数字化时装设计快速打样中心等资源优势,进一步提升综合配套服务能力,使网络空间形成完整的产业链,通过网页进行一站式全方位信息的解读既使消费者对品牌有更深入的了解也极大的节省了消费者的时间。

另一方面,品牌建设要将企业文化产品介绍与电子商务营销结合起来,发

展 C2B 与 B2C 集合的创新电子商务。在创新过程中突破产品过时及价格竞争等传统模式的束缚,将全线产品在电子商务网站上进行在线销售并依托完整的物流配送及服务体系使之实现。同时根据自身品牌特点区分设置将库存产品单列,通过公司 B2C 网站营销。品牌为扩大认知度及影响力也要积极与第三方平台合作,以授权方式将部分产品放在淘宝、易趣等第三方平台销售。同时完善电子商务体验服务,这包括了产品前端购物流程便利程度以及后端下单后的配送环节和售后服务①。电子商务发展过程中,产品和前端的竞争差别越来越小,现阶段的竞争主要集中于后续的配送及售后服务环节。因此,加大力度进行配套的快速物流建设及售后服务完善是品牌创新电商服务模式的关键。通过创新电商服务模式,品牌才能更好的提高认知度并完善品牌在消费者心中的形象。

### 15.4.4 营造良好的园区氛围

#### 15.4.4.1 营造创意环境,培育时尚设计人才

纺织创意产业园转型中需要注重专业时尚设计人才的培养,形成良好的时尚设计创意环境。首先,上海本土品牌服装要实现转型发展从源头上要吸引具有创意时尚设计理念的设计师。在培养或吸引了创意设计人才后,如何创造良好的环境,留住设计创意人才是品牌建设中的重要环节。解决这一问题一方面要对品牌服装企业特别是老品牌进行体制上改革。旧体制束缚是创新转型的一个重要问题,也束缚了创意阶层的创新。因此,要进行传统突破并建设具有创新思维的年轻设计团队,突破原有的设计瓶颈,抓住年轻消费群体的需求及心理②。另一方面要营造良好的环境留住设计创新人才,实现本土品牌的可持续创新发展。实现这一目标首先要为创意设计师搭建良好的创意平台,使他们的创意设计有市场化的机会。如纺控集团根据上海纺织发展调

---

① 根据中国电子商务研究中心《中高端服装品牌电商模式与策略》(http://b2b.toocle.com/detail-6062818.html)整理。

② 丁波、刘锟、黄勇娣:《能不能抓住年轻人的心——老品牌发展瓶颈如何破解(三)》,《解放日报》2012 年。

整的需要将鑫灵双创产业园打造成以"创业＋创意"互动发展为第一载体的创意产业集聚区,完成了从纺织制造到双创基地的成功转型①,同时与东华大学、上海工程技术大学、华东师范大学、上海杉达学院等高校结成联盟建立了以电子商务(天裁秀、双创秀、双创网)、服装设计为核心的大学生双创实训孵化基地,通过对创新人才的培养推动纺织的创新发展②。更重要的是,政府也要对创意设计师进行政策上的倾斜,从而使越来越多的时尚创意阶层留在上海。政府在进行政策制定及实行过程中要将人才发展与产业发展协调,制定符合实际情况的发展政策同时将创意人才的创业与创意结合、将经济与社会效益结合。同时充分发挥政府"经济调节、市场监管、公共服务、社会管理职能"的服务职能,更好的为企业发展服务③。

### 15.4.4.2 推进园区创意开发,实现纺织转型创意化

创意是纺织创意产业发展的核心,创意开发、原创研发是园区的生命力所在。园区要依托研究机构、研发基地、纺织文化创意中心等平台进行创意开发,促进园区创意纺织发展。一方面,园区开发与建设要创意化。园区要进行创意规划,园区的空间布局、功能分区、建筑设计、景观样式、风景小品、基础设施等要进行创意规划与策划,凸显园区地域特色及文化底蕴。另一方面是纺织创意产业要创意化。园区转型建设要以创意为导向,涉及到知识型产出与知识产权获得的一切创意活动都需要创造性思维。第三是培育园区创意氛围。园区应为创意氛围的营造提供开放、轻松的环境,如成立园区创意联盟,定期举办各类学术沙龙、研讨会、文化创意活动、文化艺术活动、时尚周活动等,以此集聚人气。

---

① 根据鑫灵双创产业园门户网(http://www.shuangchuang.cn/home/)相关资料整理。
② 根据双创产业园天裁秀门户网(http://www.tiancai.so/)相关资料整理。
③ 褚劲风:《鑫灵双创产业园调研报告》,2012 年。

# 16

# 上海文创园区的迭代发展

—— 文创园区迈向 3.0 时代

施晶晶①

**内容提要：** 上海文创园区十多年来的发展，不断适应并且引领着上海城市空间与城市功能的转变。在这个过程中，上海文创园区经历了从1.0 版、2.0 版到 3.0 版的转型升级，即从"文化创意产业要素集聚"，演变为以"文化创意产业要素融合渗透"，再上升到"以文化创意产业要素辐射联动"的阶段。基于过往经验与当下趋势，上海未来推动 3.0 版文创园区的发展，应该把重点落实在参与型业态、创客空间、辐射型服务平台的建设等方面。

**关 键 词：** 文化产业，创意产业，文创园区，城市更新

## 16.1　上海文创产业园区发展的关联要素

经过十多年孜孜以求的探索，上海文创产业成绩斐然，其中最为显著的成果，是涌现出一批远近闻名的示范型园区，形成了一整套成熟有效的开发、运营模式。上海文创产业园区的发展历程是有迹可循的，总体上，上海文创园区的发展适应并引领着上海城市空间与城市功能的转变，服务于上海城市更新。

---

① 施晶晶，文学硕士，任职于上海创意产业中心，从事文创产业项目规划、活动策划、平台建设等相关工作。

### 16.1.1　文创产业服务上海产业结构调整

产业结构调整是近几年来上海城市产业发展的主题。"十二五"期间,上海加大服务经济的发展力度,第三产业增加值增速不仅明显超过第一、第二产业,而且持续高于 GDP 增速,服务业已成为上海经济增长的重要动力。2014年,上海服务业增加值 15 271.89 亿元,增长 8.8%,第三产业增加值占上海市生产总值的比重达到 64.8%,形成以服务经济为主的产业结构。

其中,文化创意产业经过近十年的迅速发展,正在成为引领和支撑上海新一轮发展的支柱产业。上海文创产业总产值从 2006 年的 4 641.22 亿元稳步增长到 2013 的 8 386.21 亿元,增速比全市生产总值快 0.6 个百分点,占全市生产总值的比重为 11.83%。

文创产业对上海全市经济发展的贡献率逐年提高,2013 年达到 14.4%。就产业层面而论,文创产业的贡献在于:以工业设计、时尚设计、建筑设计等为主体的设计产业加速发展,已成为上海转变经济发展方式和打造城市品牌的主要手段;以新媒体产业为代表的文创产业发展迅速,动漫产业、网络游戏、网络视听等新媒体业态的市场份额和产业规模居全国前列;咨询服务业与会展服务业继续保持大幅增长态势,上海正逐步成为国际咨询总部的集聚地;依托大型国际活动、品牌文化项目建设、浦东自贸区建设、上海加入联合国"创意城市网络"等,上海文创产业的国际交流与合作日益频繁,为上海文创项目与服务"走出去"提供了丰富机会。

在"十三五"期间,上海将继续产业结构调整的步伐,以"四新"经济为引领,大力提升以服务经济为主的产业结构的质量。文创产业将在调整产业结构、改变生活方式、激发文化活力、活化社会管理、优化产业布局等方面扮演更加重要的角色。文创产业作为高端服务业的服务能力将进一步发挥,以强大的渗透性与融合度,与制造业、信息产业、新媒体产业、旅游产业、体育产业等联动发展,将内容创新、设计创新、科技创新相结合,在综合创意、设计优化、品牌建设等方面发挥引领带动作用。

### 16.1.2　文创园区优化城市空间转型

2014 年,上海新一轮城市总体规划(期限确定为 2040 年)编制正式启动,其中一个重点内容是设置规划建设用地的上限,上海将 3 226 平方千米的用地总量锁定,实现全市建设用地规划总量零增长。这一举措反映了上海城市规划思路转变,即上海由新(一次)开发为主转入二次开发为主的空间发展模式,上海土地管理的基本策略将调整为"五量调控":总量锁定、增量递减、存量优化、流量增效、质量提高。

2014 年 5 月,上海市经信委、市规土局在地产大厦召开了产业用地新政解读会,上海市规土局提供了以下数据:一是未来新增用地供应规模将逐年减少,2013 年底上海建设用地 3 070 平方公里,约占全市陆域面积 45%,距离 2020 年 3 226 平方公里的终极规模,只剩下 156 平方公里的增量空间;二是工业用地占比高,截至 2012 年底上海工业用地总量已累计供应 856 平方公里,占建设用地比重约 28%,是东京、纽约等国际代表性城市的 3—10 倍;三是存量工业用地数量大、利用水平有待大幅提高。

在城市更新的进程中,工业用地的转型是一个重要的研究课题。上海存量土地盘活的主力在工业用地,突破口也在工业用地。从空间规划层面上看,工业用地转型涉及土地再利用、后工业景观再造、设施更新、空间置换等方面;从产业内容规划层面上看,涉及产业形态、产业类型、产业内容等。

上海工业用地的存量仍有释放的空间,用于发展高端制造业与先进服务业。文创园区的开发是上海工业用地转型的重要方向与理想模式。在空间层面,文创园区的开发,是重构工业遗产的过程,也是生产文化空间与艺术空间的过程,空间的再现手段多样;在产业层面,如前段分析,文创产业具有较高的产业贡献率,满足轻资产、跨界融合、高成长的产业发展要求。

### 16.1.3　文创园区参与都市文化建设

打造开放、包容、创新、充满活力的大都市文化生态并非一蹴而就,需要通过文化项目与文创活动来培育。尤其在都市发展的扩张阶段,上海的建设重心与人口导入向中外环乃至外环以外区域转移,偏远地区往往缺乏文化氛围和文化产品,文化建设如何与城市扩张速度不同步。

文创园区可以胜任文化拓荒的使命。首先,文创园区的建设同时是文化基础设施的建设,文创基础设施建设带动文创项目与文创活动的兴起。文创园区中的文化空间与休闲空间占比不断上升,文创园区成为演艺、运动、展览、发布的阵地,文创园区能够满足该区域内文化生活的需求,其影响力也会以圈层状不断辐射。

其次,文创园区有利于构建良好的文创生态。一个良好的文化生态,是由不同人群的互动营造出来的,在产业多元、往来自由的场域中,新的观念、事物、产品、服务、制度才会诞生①。文创园区中,企业家、创业团队、知识分子、艺术家、学生等各类人群组成了一个富有活力的场域,创新的活力是文化创造、文化传播的源泉。文创园区是一个会影响区域精神面貌的生态圈,是一个富有文化号召力与感染力的集聚区。

## 16.2 上海文创园区的代际发展与特点

### 16.2.1 1.0版文创园区:简单集聚,夯实基础

上海创意产业园区的兴起,伴随创意产业在上海的萌生,是上海都市产业结构调整的需要。

为了转变经济增长方式、转变城市功能,实现第二、第三产业融合和产业结构的升级,1997年上海市首次提出要积极发展城市型工业,1998年上海市政府正式明确了"都市型工业"新概念。文创产业在这样的背景下迅速发展起来。一方面,在资源压力、环境压力和转型压力日益增大的情况下,创意产业能够很好地服务传统产业,能满足传统产业转型升级的现实诉求,另一方面,创意产业在上海海纳百川的历史人文传统和近代工商业大都市的深厚基础中,找到了丰沃的土壤。

---

① 理查德·兰德利:《创意城市:如何打造都市创意生活圈》,清华大学出版社2009年版。

产业的发展，必须拥有与之适配的空间。随着上海中心城区的工厂向郊区转移，在中心城区出现了大量空置的老工业建筑，这为兴起的文创产业提供了良好的实体空间，文创产业的入驻，也成为了盘活国有工业存量资产的一种有效手段。

在产业需求与空间诉求两方面的一拍即合中，创意产业园区的雏形就此诞生。在2000年左右，一些设计公司开始租用苏州河一带的老工厂、老仓库作为自己的办公场所，也出现了设计公司（设计师）、艺术家整租然后分租的地产运营模式，文创产业最早就集聚在这样的空间里。四行仓库①和M50是这种模式的代表。

出于规范管理与产业扶持，2008年，上海市政府、上海经信委出台《上海市创意产业集聚区认定管理办法》，从官方角度定义了文创集聚区，即"依托本市先进制造业、现代服务业发展基础和城市功能定位，利用工业等历史建筑为主要改造和开发载体，以原创设计为核心，相关产业链为聚合，所形成的以研发设计创意、建筑设计创意、文化传媒创意、咨询策划创意、时尚消费创意等为发展重点并经市政府有关部门认定的创意产业园区"。

综上所述，1.0版文创园区奠定了文创产业的空间基础，对于老旧工业厂房在历史、社会、文化、建筑等方面的价值给予了重新估量，建筑改造的经验也在这一时期逐渐积累成熟②。文创园区在完成基础要素集聚的发展阶段后，进入了快速发展时期。

### 16.2.2　2.0版文创园区：加速发展，形成模式

上海创意产业园区的快速发展，首先表现在数量的激增，上海先后五个批

---

① 四行仓库始建于1927年，1999年留美回国的建筑师刘继东，最先把自己的设计事务所开在四行仓库中，在上海市经委、闸北区政府等各界的支持下，逐渐把作为历史老建筑的四行仓库改造成为"创意仓库创意园"。改建后的四行仓库总面积4.3万平方米，十几家创意设计公司入驻其中，以城市规划、建筑设计、环境艺术、数字网络、多媒体软件技术、视觉设计、服装设计等企业为主，是上海文创园区的坐标之地。

② 老旧工业厂房的改建理念在实践过程中逐渐形成以下几个方面的经验，即改建坚持建筑的原真性、保证建筑的安全性、注重建筑的功能性、体现建筑的艺术性、处理好保护与再利用的关系。

次授牌的创意产业园区数量达到 89 家,主要分布于上海的中心城区。2.0 版文创园区的主要特征如下:

### 16.2.2.1 多元且成熟的开发模式

2.0 版文创园区的开发主导者更为多元,拥有专业化的分工协作,策划方、资源方、运营方、产权方、投资方多方联合,既能很好地把握业态层面上的品质,又有高效的地产开发经验。

园区开发模式上先后形成了整体包装运营模式、分工合作运作模式、行业组织运作模式、创意地产运作模式、国有企业运营模式、设计企业运作模式、院校企业运作模式、人才孵化运作模式等,形成了多元化的文创园区。

### 16.2.2.2 主题化与特色化的产业规划

可持续发展的创意产业园区,一定是经过了缜密调研,精准定位于创意产业的某个分支门类,既避免了产业大杂烩和流于形式、徒有其名的粗放型发展,又避免了同质化竞争带来的资源浪费。

**表 16.1　上海代表性主题型文创园区**

| 名　称 | 园区主题 | 主　要　业　态 |
|---|---|---|
| 红　坊 | 视觉文化艺术产业 | 艺术展览、艺术培训、艺术孵化、艺术品储存等、艺术文化交流 |
| 动漫大场 | 动漫产业 | 动漫创作、动画制作、动漫动画发布媒体、延伸产品开发与销售 |
| 8 号桥 | 时尚设计产业 | 建筑设计、工业设计、服装设计 |
| 花园坊 | 节能环保产业 | 环境能源交易、能效服务 |
| 文定生活 | 时尚家居产业 | 家居设计、室内设计、生活艺术 |

### 16.2.2.3 品牌化与连锁化的经营模式

上海创意产业园区发展呈现品牌化、连锁化的趋势,管理体系日趋专业化、标准化,这是产业成熟的标志,有利于优质资源的集中与互补。

上海纺控集团拥有一批纺织工厂,因为产业结构调整,这些工厂逐渐被开发成为文创园区,如今,上海纺控旗下拥有 13 个文创产业园区,这 13 个文创产业园已被纳入到上海国际时尚中心、M50、尚街 LOFT、上海国际设计交流中心四大品牌体系中统一管理。

上海德必文化创意产业发展(集团)有限公司是品牌文创园区的开发商

运营商,在上海地区拥有 15 个文创产业园区,均被归拢在统一的品牌体系之下,德必公司对这些园区的投资、设计、建设、招商、运营进行统筹规划。

### 16.2.2.4 完善且有效的服务平台

文创园区不仅是文创企业的集聚,更重要的功能在于孵化。上海文创园区依托相对成熟的专业机构与企业,着力打造产业信息平台、产业要素平台和专业技术服务平台,满足企业的通用服务需求与个性化需求。

表 16.2 位于上海文创园区的文创产业服务平台

| 服务对象 | 服务平台 | 所在园区 | 运营企业 |
|---|---|---|---|
| 工业设计 | 江南智造创意设计转化平台——智品行空 | 上海浦东张江高科技园区 | 智品行空文化创意(上海)有限公司 |
| | 上海文化创意产品设计转换技术资源整合平台 | M50 | 上海漫生快活生活用品有限公司 |
| | 工具模具(上海溯洄)设计研究公共服务平台 | 上海国际工业设计中心 | 溯洄(上海)设计咨询有限公司 |
| | 时尚消费品设计公共展示服务平台 | 老码头 | 上海乐杨商贸有限公司 |
| | "设计立县计划"上海—长三角工业设计项目服务外包平台 | M50 | 上海木马工业产品设计有限公司 |
| 时尚设计 | 上海服装服饰类设计品牌孵化平台 | 上海服装服饰类设计品牌孵化平台 | 上海纺织时尚产业发展有限公司 |
| 建筑设计 | 上海城市及环境设计公共服务平台 | 环同济设计创意集聚区 | 上海华邦城市规划设计有限公司 |
| 全行业通用 | 上海创意产业品牌推广子平台 | 德必易园 | 上海德必创意产业发展有限公司 |
| | 上海设计之都公共服务平台——投融资子平台 | 尚街 loft | 上海市创意(设计)产业投资基金联盟 |
| | M50 创意设计孵化器 | M50 | 上海 M50 文化创意产业发展有限公司 |
| | 上海创意人才工坊 | M50 | 上海竹山文化创意产业发展有限公司 |

资料来源:根据上海设计之都公共服务平台网站(http://spcd.creativecity.sh.cn/)整理。

值得特别指出的是,这些服务平台的服务对象也在变化。早期的服务对象主要是文创行业内的企业,对尚不成熟的文创企业发挥培育孵化的功能,如今,这些服务平台也承担起了服务其他行业的功能,为行业外的机构与企业提供增值服务。

综上所述,2.0版文创园区与文创产业的高速发展与扩张相辅相成,使得文创产业发展的根基更为稳固,促进了文创产业在城市专业转型与功能转变上发挥更加有效的作用。

### 16.2.3  3.0版文创园区:多元形态,全面升级

上海文创产业经过一个阶段的高速发展,其渗透性与融合性得到了充分发挥,文创产业形态的多样与成熟,反过来塑造了文创产业园区的面貌,即3.0版文创园区。

#### 16.2.3.1  园区、商区、社区三区融合

由于文创产业的外延无限丰富,文创园区也变得没有边际、没有围墙。文创园区的发展也逐渐朝着商务办公、商业、旅游为一体趋势发展。

中成智谷创新创意创业园区,就是三区融合的代表。中成智谷致力于打造"一谷三汇"的综合型文创园区,即打造智慧谷(商务办公)和以乐居汇(家居设计)、乐喜汇(婚尚喜典)、乐童汇(儿童体验)为核心的主题商业项目,辅之以文创型生活方式类业态。日前,一批主力商户已经入驻,星球影棚(多档热门综艺制作方)、醇情百年(婚庆产业一站式会馆与影视基地)、云 SPACE(国内专业的活动场地服务商,负责中成智谷大秀场的运营)、UPBOX 激战联盟(专业足球活动运营商)、唯一视觉(国内首屈一指的互联网婚纱旅拍公司)等。

可以想见,未来的中成智谷将汇集各类客流,除了办公人群,更多的是商业消费者前来参与休闲娱乐、文化演艺、体育运动。在商业配套并不完善的宝山淞南,中成智谷让文创产业集聚并辐射,成为一座开放、多元、包容的社区型园区,3.0版文创园区还承担着城市功能转型与更新的职责。

#### 16.2.3.2  智能化、人性化、精细化的园区服务

文创园区整合资源,引入科技、创意含量高的服务系统,为入驻企业提供更为智能化、更为人性化、更为精细化的物业服务。

长宁德必易园启动了园区智能化创新服务项目。园区引入三全鲜食贩售

机——APP 订餐、贩售机上直接取饭。这种形式节约了白领煮饭与餐厅排队的时间,又保证了菜品的安全卫生,搭建了"App+funbox 智能终端+中央厨房"的新模式,成为白领用餐的最佳选择之一。

无水洗车项目也已推出,无水洗车是在水里加入洗车水蜡的一种节水洗车方式,它免去了冲洗过程,与传统洗车方式相比节水可达90%以上。客户只需在上班时将汽车停放在园区无水洗车点上,下班即可开着崭新的爱车回家。

文创园区的良好服务不仅需要广泛开阔、与时俱进的思维方式,更需要专业的团队配合执行。在智能化创新服务项目实施过程中,园区客服部、工程部、保安部和保洁部人员都被积极有效地组织起来,进行服务项目的引入与自我研发。3.0 时代的文创园区,考验的是管理者的综合素养。

### 16.2.3.3 园区开发商与入驻企业之间形成更为深刻的互动关系

文创园区的开发者,越来越不满足于跟入驻企业仅仅发生租赁关系,参与园区的产业链布局,注重引入企业间的关联性;在园区尚在筹建与规划阶段,就邀请有入驻意向客户参与进来,按企业需求订制办公面积、办公位置、内部装修、花园环境,功能区域等,以此为园区的建筑设计做市场调研;园区还扮演了天使投资人的角色,用投资的方式吸引有潜力的企业和项目入驻。总之,园区中的企业与企业、园区与企业之间存在更为深刻的互动与共生共荣关系。

以上分析列举了上海文创园区三个发展阶段的主要特点,使用了"迭代"来描述文创园区在时间纬度中的发展,但这 3 个代际之间并不存在明显的界限,后一代是基于前一代的基础生长演变,不是突变。根据上海文创产业的发展现状,1.0 版本的初级园区形态已经不复存在,2.0 版本是市场主流并且正在向 3.0 版过度,2.0 版本与 3.0 版本的园区形态,仍会长期共存。

上海文创产业的三个代际,见证了文创产业在上海"集聚—发酵—扩散"的轨迹,即从"文化创意产业要素集聚",演变为以"文化创意产业要素融合渗透",再上升到"以文化创意产业要素辐射联动",文创园区越来越开放、越来越包容、越来越活跃成为整体的趋势。

## 16.3　上海 3.0 版文创园区的提升重点

### 16.3.1　进一步打造体验性强、参与度高的文创园区

在互联网+、电商发达的大背景下,线下的传统商业一直在谋求转变,当越来越多的消费需求可以在线上轻松解决和满足时,就对线下的传统商业提出了更高的要求。体验性强、参与度高的项目成为吸引消费的有效手段,这也刺激了更多更好玩、更有趣、更丰富的线下体验型业态的诞生。尤其在文创园区下一轮开发重点将逐步转移至副中心城区以及郊县的背景下,由于区位和体量的差异,文创园区的规划方向与开发模式也将更加倾向于开门迎客的"三区融合"。

在未来,文创产业园区的定位与业态选择将更加宽泛,不仅是创意办公的集聚,而是藉由文创引领的生活型、休闲型业态。同样是商业空间,文创园区与百货公司的吸引力有所不同,文创园区开放式、会呼吸、具有设计感的空间环境,更符文创型项目/商业、基于共同爱好的社群活动、非大规模连锁型品牌等的入驻,无论是文创园区的开发或是现有文创园区的转型升级,以下业态都是值得考虑的招商或经营方向:

#### 16.3.1.1　新型博物馆

对博物馆的传统理解是:博物馆是征集、典藏、陈列和研究代表自然和人类文化遗产的实物的场所,并对那些有科学性、历史性或者艺术价值的物品进行分类,为公众提供知识、教育和欣赏的文化教育的机构、建筑物、地点或者社会公共机构。

但如今的博物馆也经历着多元化发展,含义与功能要宽泛得多。特别需要指出以下二类:

第一,融合科普与互动体验的专题型博物馆。此类博物馆围绕某一物品进行深度挖掘,展览物品的价值并不仅限于年代的久远或者工艺的精美,而在于这种展示形式把与之相关的历史、故事、应用以一种有趣的、富有创意的方式串联,配合互动体验项目、衍生品售卖与主题轻餐。

上海玻璃博物馆就属于这个类型。上海玻璃博物馆由上海轻工玻璃有限公司发起并资助建立,以分享玻璃的无限可能为理念,分为五大板块:什么是玻璃、技术与工艺的发展、从日常生活到科技前沿、艺术创造力的证明和热玻璃工作室,分区展出玻璃的知识和历史,工业与科技,还有国内外顶尖的玻璃艺术品,参观者还可以亲自体验玻璃吹制。上海玻璃博物馆的魅力就在于将工艺与科技、艺术与文化完美融合。

第二,介于商业展览与艺术展览之间的创意型博物馆,即由一个理念或是一个故事串联起展览内容,以情动人。

位于土耳其伊斯坦布尔的"纯真博物馆"就是此类代表。纯真博物馆的灵感来源于土耳其国宝作家、诺贝尔文学奖得主奥尔罕·帕慕克的同名小说《纯真博物馆》[①],小说的作者就是博物馆的策划人,作者帕慕克把博物馆根据书中 83 个篇章分为 83 块区域,展示的都是小说情节里物品。

### 16.3.1.2 融合艺术普及与创作培训的艺术展览馆

即"白盒子"现代艺术展览公共空间,不同类型的艺术实践都可以在这个公共艺术空间中被当作"艺术作品"来呈现,这个空间拥有极度的表达自由,匠人、艺人、艺术爱好者都可以带着自己的作品自圆其说,对艺术、文化、创意采取了开放、包容与实验的态度。

### 16.3.1.3 "办公+展厅+商铺"形态的设计师工作室

即设计师原创品牌工作室模式,服装设计、家具设计、工业设计企业多选择这类空间。例如位于半岛 1919 中的 YANG DESIGN(杨设计顾问),底楼是企业经营的一个工业博物馆和企业设计展厅,楼上是办公区域。又如位于文定生活家居创意广场的昌永中设计事务所/半木展厅,也是兼具了设计办公、

---

① 小说《纯真博物馆(The Museum of Innocence/Masumiyet Müzesi)》的故事梗概:1975 年,有婚约在身的 30 岁少爷凯末尔爱上了自己的穷亲戚、18 岁的清纯美少女芙颂。可两人的爱情来而复去,凯末尔想找回爱人的心,自此追寻便是八年,但还是迟了。凯末尔爱芙颂的一切,也爱芙颂爱过的,甚至触碰过的一切。痴情、忧伤的男人收集着心上人摸过的所有物品,那些盐瓶、小狗摆设、顶针、笔、发卡、烟灰缸、耳坠、纸牌、钥匙、扇子、香水瓶、手帕、胸针甚至是 4 213 个烟头。凯末尔用十五年的时间走完 1 743 个博物馆,创造出独一无二的"纯真博物馆",那所有的物件成为这座爱情博物馆的珍藏,纪念他永失的所爱。

展览与销售的功能。

### 16.3.1.4　电商的线下展厅与体验店

电商模式的兴起极大改变了零售业的面貌,线上销售成为零售业的重要渠道。比如生活类电子产品的销售,不再是进驻国美、苏宁这样的电器卖场,而是通过新品发布会增加关注度,继而通过电商平台完成销售,如果是仍处于纸稿与打样阶段的产品,则会选择通过众筹平台上发布展示并筹措资金,同时也是市场调研。

线上销售再火爆,许多产品还是需要在购买前被体验,因此,电商的线下体验店必不可少,可以以单一品牌或是集成品牌的体验店,并且联动文创园区中的秀场空间进行发布。

### 16.3.1.5　工业遗址公园

工业遗址是城市不可再生的文化遗存,一方面,是城市记忆的沉淀,代表着城市文明的传承与延续;另一方面,是城市保持多样性和唯一性的重要标志。工业遗址公园是工业遗产保护和再利用的主要形式,也是城市更新的有效手段。

西方进入后工业化时期较早,在工业遗产开发上积累的成功经验可供我们参考。比如西雅图煤气厂公园(Gas Works Park),原先其实是一个瓦斯厂,瓦斯厂内的一些设施如瓦斯管等都还保留在原处。工厂1956年停工后,1975年在一位市政府官员的游说之下被改建为公园,并成为世界上第一个以资源回收的方式改建的公园。

这启示我们:工业遗址公园的开发,要兼顾工业遗产的美学价值和使用价值,开发过程应该利用绿色生态的改建手段,结合公共艺术、园艺、演艺场地、户外运动场地、公共休憩空间的打造进行综合规划。

### 16.3.1.6　观光工厂

起初,观光工厂的诞生是工厂转型升级的结果。台湾观光工厂起源于工厂生产效率大大提升、机器减少、空间增加,就将腾出的空间用作文创开发,结合自身企业的业务,开设企业展馆,展示企业历史和企业加工生产的流程,增加消费者对品牌的认知与认同。如今,许多工厂将开发观光工厂作为品牌营销的重要手段。观光工厂可以位于工厂内,也可以以飞地窗口的形式开展。

上海珍得巧克力剧院位于上海国际时尚中心,珍得巧克力来自于奥地利,约瑟夫·珍得被评为世界最好的巧克力制造商之一,巧克力剧院就是该品牌开发的观光工厂。在巧克力剧院,消费者可以透过玻璃窗观看到巧克力的生产,可以通过电影了解"可可豆生长的地方"(印度和拉丁美洲),可以看到品尝到从可可豆到巧克力的转变,还可以观看并学习巧克力的制作。

### 16.3.1.7 创意市集

创意市集是流行的文创活动,即在特定场地展示、售卖个人原创手工作品和收藏品的文化艺术活动,是草根、新锐的街头时尚的发源地,也是众多才华横溢的原创艺术家与设计师的事业起点。

作为品牌文创活动打造创意市集,可以拥有更大的格局。比如由李宗盛、张培仁等人在台湾策划发起的简单生活节(Simply Life),自 2006 年 12 月开始,每两年举办一届。简单生活节集中了音乐舞台、书友交流、创意集市等几种业态,除了众多音乐人的表演,还汇聚了各类创作者、农地上的个体耕耘者、服装生活制品的设计人员、意见领袖等等。

2015 年国庆期间,简单生活节登陆上海,为期三天的活动由四个大舞台的演出、创意市集和 6 场分享书房的论坛,超过 60 组艺人登台表演,约 100 个来自华人地区的创意品牌缤纷亮相,吸引了来自全国各地逾 6 万观众前来观看,成为全国各地青年国庆来上海的一大文化理由。这种大众参与的、混搭跨界的文创狂欢活动,值得借鉴。

### 16.3.1.8 电子竞技演播室

电子竞技演播室是网游产业的延伸,通过网络游戏集聚爱好者,在同一空间内游戏竞赛,并实时转播游戏进程,扩大网游的影响力。

上海近铁城市广场吸引了暴雪电子竞技馆,逾 700 平方米大型室内电子竞技演播室,用于举办重量级的电子竞技赛事、直播等活动,贯穿全年。

电子竞技演播室的建立,这对于网游、电竞的开发者来说,是一个活态的品牌营销方式,电子竞技比赛也从幕后被推到了台前,从小众娱乐走向大众关注。对一些以动漫游戏为主导业态的文创园区来说,投建电子竞技演播室,以分时租赁的方式出租给动漫游戏开发者,作为游戏试玩、发布、粉丝聚会的空间,既是完善产业链,又有切实的经济与社会效应。

### 16.3.2　参与"大众创业，万众创新"背景下众创空间的建设

2014 年 9 月的夏季达沃斯论坛上,李克强总理在公开场合发出"大众创业、万众创新"的号召,李克强总理提出要在 960 万平方公里土地上掀起"大众创业""草根创业"的新浪潮,形成"万众创新""人人创新"的新态势。此后,李克强总理在首届世界互联网大会、国务院常务会议和各种场合中频频阐释这一关键词。政府号召创新与创业,并通过一系列落在实处的政策激发民族的创业精神和创新基因。

许多文创园区收到舆论与政策导向的影响,已经投入众创空间的开发。创客空间对"大众创业,万众创新"有很好的推动作用,开发模式上,又能与文创园区的空间属性、服务平台有效嫁接。比如创智天地 Innospace 项目,Inno-Space 是专注于互联网/移动互联网初创成长期企业的创业服务平台,旗下拥有面向种子天使阶段的人民币创投基金和提供优质创业加速孵化服务的国际创业集训营。比如波特营投入 1 000 平方米的物理空间用于"微果"计划,并已针对该计划成立了相关运营团队。"微果"的本质就是用平台经济模式来智造微企业的成长,培育包括大学生在内的富有创业情怀的创业阶层,这将成为项目实施和发展的主动力,也拥有广阔的发展空间。

众创空间绝不仅仅是物理意义上的空间,而是以创业服务孵化平台为核心,整合空间资源。对于开发方而言,收入来源于房租、增值服务费用、股权投资回报和社会效应溢出。众创空间开发的关键在于:

（1）空间建设:为创新创业者提供工作、社交和资源共享的空间。

创业空间的建设要符合创业团队的需求,提供办公空间和生活空间。具体而言,办公空间采取分时租赁、设施共享的模式,区域划分上具备商务办公区、成果展示厅、业务洽谈室、多功能活动室和休闲娱乐区,完善的办公配套服务,比如:会务安排与会务保障、打印复印、快递收发、停车、免费咖啡等。创客公寓也不仅仅是房屋租赁,更要注重社区化建设,使之成为社交活跃、有温度

的众创社区,这也符合文创园区三区融合的发展方向。

（2）服务平台:为创业创新者提供各种促进业务发展的服务。

众创园区提供的创业扶持服务,应该是基于创业咨询之上的扶持计划,通过开发标准化产品与定制化产品实现。

文创园区需要整合一部分相关资源,包括商业咨询公司、创投机构、基金公司、创业导师、技术支持团队等,制定创业服务流程,设计创业扶持的标准化产品,即创业团队必要的通用产品,包括创业培训、项目对接、政策法务支持等,以及创业扶持的定制化产品,包括个性化办公空间、智能技术服务、投融资金融模型等。

### 16.3.3　辐射更为广泛的文创服务平台

文创产业的属性是高端服务业,本质是提供把文创变为一种产品和服务,而文创园区对产业的贡献在于使得产业发展更为集约化。未来,文创产业园区一方面要继续深化园区服务与平台建设,对入驻的文创企业与文创项目,提供更具聚焦性与针对性的解决方案,提供精耕细作的定制化服务;另一方面,也是更为关键的发展方向与建设重点,即是发挥跨界资源整合与服务的能力,建立有效数据库,运营好研发成果转化平台和创意设计对接平台,面向传统产业,面向长三角以及更加广阔的国内外市场,培育文创项目、输出文创服务。

设计立县是一个上海文创服务走出去的尝试,由上海木马工业产品设计有限公司组织运营,通过市场化运作模式,推动设计专业企业、设计机构、设计师、营销咨询企业与制造业、旅游业的项目合作,是整体提升传统产业实力、完成产业转型的有效手段。设计立县的核心是借助上海的设计资源和设计智库,为传统产业服务。

类似这样的整合了文创产业服务企业与要素的服务平台,应该是未来文创园区的重点。上海文创产业走出去,从企业"点对点"服务企业开始,逐步整合为平台"面对点"服务企业,以及通过其他省市区县政府购买服务的方式,让上海的文创平台"面对面"服务一个片区成为可能。文创机构与文创园区在整合平台、拓展市场方面,应该具备更加深远的眼光。

　　文创园区的开发是手段而不是目的。文创园区为文创产业发展提供基础,使得文创产业集约化发展,拥有更强大的生产力和更旺盛的生命力;文创园区为城市功能转变与空间利用带来解决方案,从营造创意氛围到改变城市气质,贡献于城市的文化建设;也因为越来越多的开放式文创园区,为大众带来了更具愉悦感的生活。面向未来,我们对于新一代文创园区的建设充满信心,也期待着文创园区实现更大的社会担当。

# 栏目八:借鉴国际经验 优化产业政策

# 17

# 日本的创意产业与创意城市政策

佐佐木雅幸 著① 任 明 译②

**内容提要:** "创意城市"是 21 世纪城市理论的焦点,所推动的不仅是城市经济的复苏,也是社会及文化的复苏。日本城市一直在努力摆脱自 1990 年代经济泡沫破裂以后的长期经济停滞,目前通过建设"创意城市"实现都市复兴、做出表率的主要有金泽与横滨两个城市。本文介绍了金泽和横滨建设"创意城市"的经验,总结了建设"创意城市"所需经过的步骤。

**关 键 词:** 日本创意产业,创意城市,创意政策

---

① 佐佐木雅幸(Masayuki Sasaki),博士,都市与文化经济专业教授,任职于日本同志社大学经济系。
② 任明,文学与传媒专业博士,上海社会科学院文学研究所副研究员。

## 17.1　创意城市的时代

20世纪80年代以来开始快速发展的新自由主义全球化,在金融与经济领域将全世界拖入了一种金钱游戏,在全球各大城市之间展开竞争;在所谓为"生存"而进行的"狗咬狗"的对抗中,加大了地区间与社会中的不平等。然而,当下全世界所陷入的近80年来最严重的经济危机为人们提供了反思的机会。世人开始意识到需要摆脱市场原教旨主义,脱离围绕金融市场而展开的"全球化"(佐佐木 Sasaki 2010a,2010b)。

在这一背景下,全球社会正在试着改变现有的社会—经济体系;与此同时,人文与社会科学领域也涌现出一种对现有的理论进行反思与质疑的需求。在城市研究领域,开始于21世纪初期的对全球创意及可持续发展城市的反思变成了一项紧急任务(萨森 Sassen 2010)。

"创意城市"是21世纪城市理论的焦点,它取代了"全球城市"原先所具有的理论地位。在世界向以知识与信息为基础的经济模式转换过程中,以"生产制造"为基础的"福特城"开始变得日益衰败。在这一背景下,"创意城市"理论通过一些成功案例,初步形成了"通过文化与创意实现都市复兴"的理念。该理念很快在全世界范围内受到欢迎,并且通过各种转化延伸到与创意产业、创意经济及创意阶层相关的各领域。在美国,该理念为各城市之间加大吸引创意阶层的力度增添了竞争动力(佛罗里达,2002)。

然而,只是吸引创意阶层无法真正打造成创意城市。正如安迪·普拉特(Andy Pratt 2010)所表明的,为了发展创意城市的经济引擎"创意产业",城市的文化资本与资源自身的价值必须被激活;如果缺少创意网络及以创作人与艺术家的创造性与自主性为基础的创意集群,也不可能实现城市经济的可持续性发展(普拉特 Pratt 2010)。此外,一个城市的发展政策如果只关心吸引创意阶层,也会加重社会各阶层间的紧张关系。

"创意城市"的都市发展理念最初来自于欧盟所倡导的"欧洲文化城市"及"欧洲文化之都"的活动。该理念所推动的不仅是城市经济的复苏,也是社会及文化的复苏,目的是通过文化与创意打造新的产业及工作岗位,解决无家可归及环境等城市问题(兰德瑞、比安契尼,1995;兰德瑞,2000)。

由于很多工作岗位都受到当前全世界经济萧条的影响,"创意城市"理论正在为"社会包容"等问题提供创造性的解决手段,譬如确保无家可归的人不被全社会所排挤与遗忘、解决知识与信息经济中所产生的不公平问题及快速"全球化"所带来的难民问题等。

从"全球城市"到"创意城市"的模式转变已经成为事实。自2004年以来一直强调保护"文化多样性"的联合国教科文组织,提出"建设创意城市网络"的号召,鼓励城市之间由"竞争"转向建立由城市组成的"网络"。

日本城市一直在努力摆脱自1990年代日本经济泡沫破裂以后的长期经济停滞,这是日本城市对"创意城市"及通过文化艺术来实现"都市复兴"越来越感兴趣的一个原因。日本有两个已经在这一方向上有所进展的城市:一个为金泽市,当地商业领袖及市民组成了"金泽创意城市委员会",推动打造"创意城市"的草根运动;另一个为横滨市,该市前任市长采取"艺术创意城市战略",成立了专门推动"创意之城横滨"发展的政府部门。

## 17.2　日本创意产业的特征

21世纪之初,托尼·布莱尔领导的英国政府与伦敦前任市长联合宣布了一项扶植"创意产业"发展的政策,"创意产业"在这里是指那些以个体的创造性、技巧与才能为基础、通过知识产权的建立与使用、具有创造财富及工作岗位潜能的产业,包括以下13个部门:广告、建筑、手工艺、设计、时尚、电影、美术与古董、游戏软件、音乐、表演艺术、出版、软件、电视与广播等。2000年上述产业在英国的产值超过1 200亿英镑,雇佣劳动力约132万人,在英国国内生产总值所占比例中排名第二,在伦敦各产业雇佣人数中排名第三(DCMS,1998、2001)。

由于日本创意产业缺少官方统计数据,本文作者只能在各种官方数据的基础上通过对各产业群的采访及其所提供的文件来收集数据,将其与英国数据进行比较。表 17.1 显示日本上述 13 项产业的总产值为 38.834 兆日元（3 530 亿美元），雇佣人数为 140.878 万人；这些数据显示日本创意产业在雇佣人数及市场规模的绝对值上都超过了英国。然而，当将两国 GDP 整体规模及雇佣人数计算在内时，英国创意产业雇佣人数所占比例大约是日本的两倍，创意产业市场规模所占比例则超过日本三倍左右。英日之间的这一差距某种程度上可以看作是显示了日本创意产业未来所拥有的增长潜能。日本唯一在市场规模上超过英国的是游戏软件及手工艺；综合来说，英国设计、表演艺术、音乐和电影工业的发展都超过了日本。

接下来我们将考察奠定"酷日本"形象基础的日本创意产业的特色部门——漫画、动画片及游戏软件产业。

2000 年，全球漫画、动画片及游戏软件的市场规模为 34 兆日元（3 000 亿美元），与全球广告开支的 39 兆日元（3 550 亿美元）非常接近，约占全球新媒体内容市场的 100 兆日元（9 000 亿美元）的 1/3。2005 年日本漫画、动画片及游戏软件的市场规模分别为 5 020 亿日元、2 270 亿日元及 3 140 亿日元，总计 1.043 兆日元（95 亿美元），占日本新媒体内容市场约 13.7 兆日元（1 240 亿美元）的 1/10 左右。然而，如果把人物衍生产品（根据漫画人物生产的产品）及娱乐设施包括在内，该领域的全部市场规模在 3 兆~5 兆日元（270 亿~450 亿美元）之间。日本漫画市场尤其展示出领先于世界的增长。2005 年，日本印制了 1.35 亿份《周刊少年 Jump》及《周刊少年》这样的漫画杂志。日本共有漫画杂志 183 种，这些漫画杂志与漫画书一起，约占日本出版物销量的 37.4%、出版销售市值的 22.9%。随着 Mandarake 这样道格拉斯·麦克格林曾在《日本民族的"酷"》（Douglas McGray 2002）一文中考察过的、专门经营原版及二手漫画出版物的商店出现在美国拉斯维加斯和意大利博洛尼亚这样的地方，漫画已经成为代表了日本的"酷"文化的、具有国际竞争力的产业。据不完全统计，日本漫画艺术家的数量在过去 10 年中增加了 1 000 人，共有 4 080 位艺术家。然而，《周刊少年 Jump》目前的印刷数量仅为其 1994 年高峰期印刷数量 650 万份的一半。一些评论人士注意到，虽然日本漫画在海外受欢迎的程度在增长，在日本本土却似乎正处于十字路口（日本电通研究所 Dentsu

Research Institute,2001-10)。

**表 17.1 创意产业市场规模与雇佣数(2000 年):英国 VS 日本**
**(货币兑换率 1 英镑=185 日元)**

| | 市场规模 | | | 雇佣数 | |
|---|---|---|---|---|---|
| | 英国(十亿英镑) | 英国(十亿日元) | 日本(十亿日元) | 英国 | 日本 |
| 出　版 | 18.5 | 3 422.5 | 4 815.0 | 140 800 | 169 395 |
| 电视与广播 | 12.1 | 2 238.5 | 3 738.6 | 102 000 | 135 000 |
| 电　影 | 3.6 | 666.0 | 1 806.6 | 44 500 | 75 288 |
| 音　乐 | 4.6 | 851.0 | 2 142.6 | 122 000 | 119 002 |
| 广　告 | 16.0 | 2 960.0 | 10 189.9 | 92 800 | 154 382 |
| 游戏软件 | 1.0 | 185.0 | 1 210.0 | 21 500 | 29 000 |
| 软　件 | 36.4 | 6 734.0 | 10 722.8 | 555 000 | 555 253 |
| 设　计 | 26.7 | 4 939.5 | 665.2 | 76 000 | 46 861 |
| 时尚设计 | 0.6 | 111.0 | 25.0 | 11 500 | 4 500 |
| 美　术 | 3.5 | 647.5 | 84.5 | 37 000 | 23 500 |
| 手工艺 | 0.4 | 74.0 | 384.6 | 23 700 | 25 900 |
| 表演艺术 | 0.5 | 92.5 | 48.8 | 74 300 | 58 200 |
| 建　筑 | 1.7 | 314.5 | 3 000.0 | 20 900 | 12 500 |
| 总　计 | 125.6 | 23 236.0 | 38 833.6 | 1 322 00 | 1 408 780 |

资料来源:Dentsu Research Institute(2001-10)。

动画片领域,日本的市场规模从 2000 年的 1 590 亿日元(14.5 亿美元)持续增长到 2006 年的 2 590 亿日元(23.5 亿美元)。宫崎骏执导的《千与千寻》在 2002 年柏林国际电影节上获得"金熊奖",并于 2003 年获得一项奥斯卡奖项,为动画片这种艺术形式赢得了国际声誉。今天,全世界放映的动画类节目中有 60%是在日本生产的,欧洲这一数字超过了 80%。就市场规模来说,2006 年的 2 590 亿日元是日本的历史最高纪录。在日本电影在好莱坞大片的压力下出现整体下滑的形势下,宫崎骏等人所导演的动画电影通过混合媒体的推广战略,取得了巨大成功;这种推广战略涵盖了出版商、广播电视及广告公司等,对动画片的票房成功起到了很大作用。此外,数字技术的发展与普及也推动了经典动画电影重新灌制 DVD 等业务的繁荣。

在电脑游戏软件产业领域,2005 年日本公司卖出了 4 870 亿日元的游戏产品,其中 48% 在日本销售,其余的销往海外。日本游戏软件出口达到 2 327 亿日元(21 亿美元),而进口只有 30 亿日元,制造了巨大的出口顺差。随着"超级马里奥""宠物小精灵""勇者斗恶龙""最终幻想"等热门游戏的出现及索尼 Play Station2、任天堂 DS 等特制游戏机的传播与发展,日本游戏软件业与硬件业已经开始联合起来占领世界市场。

以"J-Pop"闻名于世的日本音乐产业,其音乐专辑——主要以 CD 为载体——2005 年的销售收入为 3 672 亿日元(33.3 亿美元),呈现出自高峰期——1998 年的 6 075 亿日元(47 亿美元)及 1997 年的 5 881 亿日元(45 亿美元)——以来持续下降的一种趋势,同时反映了音乐产业的一种整体形势。日本音乐市场的整体规模大约为 1.6 兆日元(145 亿美元),包括音乐录影带及 DVD 的 3 477 亿日元(31.6 亿美元)、版权使用费 1 135 亿日元(10.3 亿美元)、互联网及手机下载 122 亿日元(1.1 亿美元)、卡拉 OK 机约 7 466 亿日元(67.9 亿美元)。日本进口音乐软件费用达 210 亿日元(1.9 亿美元),而出口仅为 22 亿日元(2 000 万美元)。

日本流行音乐产业一项引人瞩目的特征是:该产业过去并没有在产业及各种文化辅助项目的庇护下寻求政府帮助,而是通过自身努力寻求市场发展;直到最近日本流行音乐界才开始寻求政府产业及文化辅助项目的帮助。一直以来,日本政府文化项目的目标主要是保护文化财产、扶持传统艺术及高雅文化;在产业扶持项目中,即使是对信息及传播科技等产业的扶持也是倾向于硬件,几乎没有对内容创作者的扶持。

由于缺少对创意产业人才的扶持,日本很多有才华的创作人都集中到了漫画产业。因为漫画产业的培训开支相对较低,进入该领域较容易。Mandarake 公司出版了一本被日本年轻漫画艺术家视作"登堂入室"标志的漫画杂志,该公司主席在一次采访中向本文作者揭示了一种属于漫画界内部的常识与智慧:"成为漫画艺术家所需要的就是一支笔与一些纸,拥有才华的年轻人不需要投入太多就可以进入该领域。"

日本流行音乐的产业结构特征是整合了对原创内容具有高度创意的创作

者以及由辅助人员组成的团队与创业公司,外加能够获得资金及对原创材料进行再加工的制片人。制片人通常属于大的信息文化或大众媒体产业的一部分,负责传播、发行、广告及营销等。在日本动画片产业,"创作者"指的是动画片导演,"导演"指的是创作者的经理人,他们通常与电视台或电影公司制片人联手运作一个项目。日本437家动画片制作公司中,只有不到50家能够承担起制作过程"总承包人"的角色,其余的都是小型的二级承包商。因此在制作动画电视节目时,赞助商所支付的5 000万日元要先支付广告代理及广播公司的费用,之后大约只剩下1 200万日元能够被支付给总承包商。随后,因为将美术设计、摄影及音效制作等工作承包出去是业内普遍做法,这导致日本动画产业对低花费、高水准的内容有很大需求,"创作者"——而非那些著名的"导演"们——要面临彼此之间的激烈竞争,由此而形成的产业环境无法鼓励整个行业提高创作质量。最近几年,这种"二级承包"的结构已经扩大到韩国,使得日本的内容产业正在变得空心化。

上述情况导致并进一步鼓励了动画产业向东京集中。有才华的年轻人被吸引到东京来,希望能从集中在那里的大型出版及大众媒体公司富有经验的制片人那里获得工作机会。此外,大阪等其他大城市的有才华的制片人也正在自愿向东京迁移。目前日本72%的动画产业雇员集中在东京都市区西部郊区如三鹰市、国分寺等地方(东京大都会政府,2010)。

日本流行文化在韩国、中国台湾和香港地区、新加坡等地受到热烈欢迎的一个共同基础是这些地区因全球化及经济发展成果而诞生的一种美国式的生活方式;这一生活方式也导致了在东京、首尔、新加坡和台北诞生了相同的都市空间。在日本漫画及其他动画作品中,人物与故事背景通常并不暗示特定的民族,再加上对日本以外的形象的成功运用,这些都被归为文化"中立性"或"空白性"。然而值得注意的是,目前除了东京,并没有别的日本城市能够打造新的日本流行文化,表现一种与富士山及歌舞伎所不同的"酷"的形象。

正像道格拉斯·麦克格林(Douglas McGray 2002)所注意到的,以东亚为中心,日本流行文化已经形成了一个巨大的国际市场。最近,韩国的流行文化也已扩展到日本、中国台湾等地区并获得了良好反响。韩国热门电视连续剧如《冬日恋歌》及"韩流"中的电影与电视现在比日本作品还要受欢迎,韩国在线游戏产业目前占了全球市场的 30.4%。

东亚文化这种互相渗透的现象并不仅仅是一个国家将其创意产品卖到亚洲市场所导致的结果。举例来说,日本流行歌手小室哲哉等在亚洲市场的流行要归功于香港星空卫视的销售努力,日本电视连续剧《阿信》取得广泛成功是由于一家澳大利亚制作公司。流行文化互相渗透的现象源于"全球媒体战略"这一大的背景;由于这一背景,日本流行文化产品的"中立性"是一项有利的因素。

韩国文化产业的快速增长以及日韩之间新的文化交流主要缘于以下两点:(a)韩国前总统金大中在位期间推出推动韩国文化产业发展及对韩国开放日本流行文化的政策,(b)日韩共同主办"世界杯"取得成功。亚洲创意产业的发展普遍依赖于各国政府,亚洲人对其他国家的文化也普遍保持着尊敬并且在国与国之间保持着友好关系。

然而,文化活动主要集中在首都及大城市是整个亚洲都需要加以纠正的问题。如果创意产业的发展提升并巩固了文化活动在像东京、首尔及上海这样的城市的集中,不仅可能会导致文化产出的均一性,减少多样性,并且也将降低创意产业长期发展所需要的竞争力。亚洲需要有一种"文化去中心化"的政策,将文化项目扩展到省级地区,并在中小型省级城市中推动创意产业的发展。以这样的政策为基础,鼓励各个地区创意城市的多样化增长并在城市之间建立合作网络,是亚洲城市发展的一个重要步骤。

## 17.3 日本的"创意城市"挑战: 以文化为基础的生产系统

以本文作者与兰德瑞及佛罗里达的讨论为基础,在这一节,"创意城市"被定义为以培养在文化艺术领域的新潮流及通过艺术家、创作人及普通公民充满活力的创意活动推动创新及创意产业发展的城市;此类城市包括各种多样化的创意与创新环境,具有地区性及"草根"的能力,为全球变暖等全球环境问题寻找解决方案（佐佐木，2001）。

在对一些城市进行实证分析的基础上，本文作者定义了一个"文化范式的生产模型"（见图17.1），以代表一种通过文化资本的增长去创造具有较高经济与文化价值的产品与服务、并且达到良好平衡的文化生产与消费系统；在这一系统中，消费刺激着生产（佐佐木，2003、2007）。

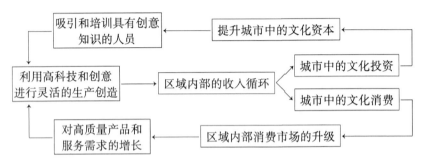

**图17.1　文化范式的生产模型**

资料来源：本文作者绘制。

这一定义包含了下列创意城市的具体元素：首先，不仅艺术家、科学家、工人及手工艺者应该从事创意工作，所有公民都应该发展并扩大其自由进行的创意行为，这样做的结果是生活满意度得到提高；为了实现这一目标，需要鼓励更多生产及提供有使用价值及文化价值的物品及服务，并改善工厂及办公室的工作环境。其次，公民的日常生活需要具有艺术性，也就是说，在确保公民有足够的收入及自由时间实现富足以外，高质量的消费品必须价格合理，人们可以以较低的价格欣赏到如表演艺术等文化艺术活动。第三，城市里支持及辅助科学、艺术等创造性活动的大学、技术学校、研究机构、剧院、图书馆和文化机构等，必须起到作为扶持创意发展的基础设施的作用。第四，城市的环境政策很重要，它为城市的历史遗产及环境提供保护，推动市容改善，而这些可以促成市民创造力及感性经验的提升。第五，城市必须拥有达成良好平衡的、能够满足创意街区可持续性发展需要的经济基础。最后，就公共管理来说，创意城市管理应该包括具有创意及整合性的都市政策、与产业政策相一致的文化政策及由公共财政支持并实行民主管理的环境政策等组成。

本文以下章节将为金泽及横滨的都市政策发展提供具体建议(见表 17.2)。

表 17.2　金泽市与横滨市要素比较

| | 金泽市<br>(联合国教科文组织"创意城市") | 横　滨　市 |
|---|---|---|
| 人　口 | 45 万("合乎人类生活尺度"城市) | 360 万(现代、大型城市) |
| 经济层面 | 中小型企业、传统艺术与工艺品 | 大公司、港口城市、汽车及高科技产业 |
| 文化层面 | 传统与当代艺术 | 当代艺术、非营利性艺术组织 |
| 文化预算 | 人均 4 000 日元 | 人均 2 500 日元 |
| 创意城市推动手段 | 商界、市民团体、市长办公室 | 市长办公室、非营利性艺术组织 |

资料来源:本文作者收集整理。

## 17.4　作为联合国教科文组织 "创意城市" 的金泽

就人口、环境及城市主要特征来说,金泽与意大利著名的"创意与可持续发展之城"博洛尼亚有很多共同之处。金泽拥有 45 万人口,是一个人口规模"合乎人类生活尺度"的城市,城市周围群山环绕,从山谷中流淌出的两条河流穿过城市。金泽很好地保存了自身的传统城市景观、艺术与工艺;作为一个中等规模的城市,金泽不仅保持着独立的经济基础,在城市发展、文化及环境保护等方面也有着良好的平衡。"二战"结束后不久,金泽就建立了金泽艺术与工艺大学。除了培育传统艺术与手工艺人才,金泽在工业设计领域也培养了很多领军人才。当地培养的人才往往是传统工艺领域的创新者。金泽在历史保护方面也是日本城市中的佼佼者,其对德川时期的城堡区所进行的一丝不苟的保护就证明了这一点。

除了保护历史景观、传统艺术与手工艺,金泽还培养了顶级交响乐团指挥及室内音乐演奏组;其在文化创意领域与市民相关的其他成就还包括通过建设"市民艺术村"及"21 世纪当代艺术博物馆"为当地培养了艺术家。

随着 1980 年代后期全球化趋势的加快,多年来维持金泽经济高速增长的纺织工业开始下滑。1996 年 9 月,"金泽市民艺术村"在一家原先空置的纺纱厂及临近的仓库上落成。金泽市长推出这一24小时开放的设施，以满足市民想要有一个白天工作结束以后可以在晚上使用的公共艺术设施的需求。该艺术村由分别占据旧纺纱厂区四个独立街区的戏剧、音乐、"生态生活"及艺术工作室四部分组成。两位由市民选出的总监负责监管各工作室的管理工作。金泽市民对该艺术村的频繁使用及独立管理，使得艺术村成为当代日本"市民参与型"文化机构的一个杰出代表。通过市民的积极参与，被废弃的工业设施被建成新的文化设施——一个为文化创意服务的新场所。

金泽市另一个对现有设施进行重新想象与创造性使用的例子是"21世纪艺术博物馆"，2004年10月开幕。该博物馆位于市中心，在曾经坐落于此的县政府搬到郊区以后，很多人都担心市中心将会失去原有的活力。除了从全世界收集并展示当代艺术作品，这一新成立的博物馆还征集并展示当地的传统艺术与手工艺品。在融合全球与地方、当代与传统的同时，该博物馆还奉行一种激发当地人对艺术的兴趣及发掘人才的政策。为了实现这一目标，博物馆第一任馆长号召当地学校与市民参与他命名为"博物馆巡航"的教育参访活动。21世纪艺术博物馆落成后的第一年就吸引了约150万名参观者——这一参观人数是该市人口的三倍；从参访活动中产生的收入超过100亿日元。

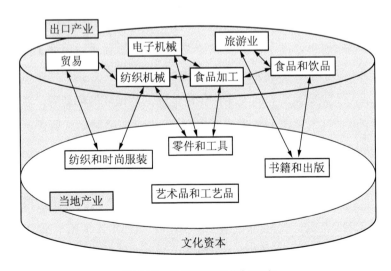

**图 17.2　金泽市的文化与经济**

从 2008 年开始,该博物馆还开始赞助举办室外展览,使得该市一块相对安静的区域也开始活跃起来,人们可以到那里欣赏创作传统或当代作品的艺术家与工作室的作品。这些举措为通过文化创造性融合传统与现代、实现都市更新提供了成功的案例。

将博物馆作为宣传时尚与数码设计领域产业发展的中心,金泽市通过这些手段持续推动了本市创意产业的发展。人们通过金泽市的例子,可以看到在当代日本如何通过对文化艺术的推广推动新的地方产业发展。如图 17.2 所展示的,金泽市为如何利用城市不断增长的、具有高文化含量的创意能力推动经济发展提供了卓越案例。作为江户时代日本手工艺生产的中心,金泽市的历史清楚展示了日本经济发展的不同历史阶段:从手工艺出品到"福特主义"的批量生产、最后到当代文化创意产业——以"文化"为基础进行生产——的新时代。

金泽市的创意城市战略也展示了政府与市民通过"金泽创意城市委员会"等对话平台进行合作的重要性,该委员会请来不同领域的专家及政府内外人士一起研究、决定与公共政策有关的事务。这样一种对话平台及讨论、做决定的方式显然与都市创意的理想相一致的。金泽市的这些发展经验符合联合国教科文组织对手工艺与民间艺术领域"创意城市"的要求,2008 年 10 月,金泽市向联合国教科文组织提出颁发"创意城市"称号的申请并于 2009 年 6 月获得认可。

2009 年,为应对当下全球经济危机的考验,金泽市制定了《手工艺及制造艺术条例》,以保护并促进传统艺术、手工艺与他新兴产业的发展。金泽市前任市长对颁发该条例的目的做了如下阐述:

> 我认为当下社会已不再了解工作的意义及生活最基本的方式。在这样一个时代,我们应该重新评估并珍惜真正能够产生价值的手工艺及制造艺术的精神。不做出这样的努力,我们可能会失去我们社会赖以存在的坚实基础。幸运的是,金泽市拥有从江户时代流传下来的手工艺背景这样一个广泛基础。金泽市传统手工艺艺术包括陶瓷器、友禅丝染、镶嵌及金箔等。我们的目标是保护与培养当地传统工业,同时引进并推出新

科技及具有创新性的想法。我们还申请加入了联合国教科文组织在手工艺与民间艺术领域的"创意城市网络"。条例的推出是为了重新认可手工艺及制造艺术的重要性及其中所包含的自豪感,推动地方支持手工业及制造艺术产业,实现把金泽市建设成一个充满活力的城市的目标。该条例也适用于农业及林业。我们正在计划推出一个以"金泽"为品牌的农产品权威认证体系,并成立一所金泽林业学院。我们还想通过推出加贺友禅丝染及金泽金箔手工艺推广与研究所等机构,在商业公司与大学之间建立起合作关系。我认为通过将手工业及制造艺术多样化,将为都市发展的多样化铺平道路。

对金泽市前任市长的采访,2010 年 10 月

正如本节所描述的,金泽市经过市长领导的政府部门与私人部门持续不断的努力——就像一辆车的两只轮子——正共同努力将金泽市建设成一个充满创意的城市。

## 17.5 "创意之城横滨" 的实践

横滨,这个有着 150 年历史的旧港口城市,目前已发展成日本最大的城市中心之一,它与同样拥有丰富悠久历史的江户时代的"城堡城市"金泽有着截然不同的风貌。在日本泡沫经济达到顶峰的时候,横滨市实施了一项大型水岸开发项目,想建立一个新的商业中心区,摆脱其作为重工业城市的形象。然而随着泡沫经济的瓦解及后来东京中心区域建筑业的繁荣,横滨遭受了双重打击。从 2004 年开始,横滨开始拥抱一个新的都市愿景,着手推动一项将横滨市改造成文化艺术创意中心的项目。

这一新的都市愿景包括四方面内容:(a)打造一个艺术与创意人才愿意居住的、富有创意的环境;(b)打造一个创意产业聚集区,推动经济活动;(c)利用城市的自然资源来达到上述目的;(d)利用市民的主动性来实现这一愿景。横滨市希望 2008 年以前能吸引 2 000 名艺术家及 1.5 万名工人到该市

的创意产业集聚区来。

2004年4月,横滨市前任市长中田宏特别设立了一个"创意之城横滨"办公室。新部门的中心任务就是在港口附近建立数个"创意核心区";这些创意园区利用一些历史建筑如旧的银行大楼、仓库及空置办公室等,为当地的市民艺术家及其他创意个体提供创意空间。"河岸艺术1929"(The Bank ART 1929)是这项雄心勃勃的工程的开始。该项目在两个通过竞争选出来的非盈利组织的指导下进行,组织各种展览、表演、工作坊、座谈会等活动,一些活动甚至吸引了参与者从东京及横滨其他地方赶过来。

这些创意走廊从一开始就扩张并整合了附近大量空置的建筑物与仓库。2007年3月,这些创意走廊对当地经济所产生的连锁影响在120亿日元(1亿美元)左右。2007年7月,一个由公共及私人领域的个体及机构所组成的艺术委员会在横滨成立,其主要任务是吸引并支持艺术家及其他创意人才来当地发展。

具有实验性质的Kogane Cho集市在横滨众多活动中很有代表性。该活动在一个在战后混乱期聚集了很多流氓与娼妓的地区举行。虽然该地区已经发展成为一个拥有250多家商铺的商业中心,但近年来很多商铺倒闭,整个地区正处于衰落之中。一些年轻学生与艺术家与当地商户合作,推出集市计划。该计划在规划阶段所体现出来的群体多样性就已经可以说明文化项目可以如何推动社会包容性的发展。规划活动因为有当地居民、大学生、艺术家及各类专家的参与而被打造成了一个艺术活动,使得这一因商铺大量空置而日益衰败的地区重又恢复了活力。

2009年为纪念横滨港口开放150周年,在这里举行了一个旨在亚洲建立创意城市网络的国际创意城市大会。

横滨的发展是具有标志性的,它展示了在都市更新过程中,推动文化艺术创意发展的政策也导致了与文化政策、产业政策及社区发展相关的政策的重构。换句话说,为推动横滨发展成"文化与艺术之城"而成立的新机构超越了通常会阻碍创意领域政策形成的官僚化的部门主义,具有建设性地吸引了非营利组织与市民参与到政策制订与管理中。就整个日本来看,以文化艺术为基础的都市政策与项目发展推动了社会包容政策的兴起。

横滨案例中最值得注意的是把之前主管文化、产业与都市政策的各自独立的政府部门进行了重组，形成了两个新的核心性组织："文化艺术之城"建设部门及"创意城市"推广部门，共同推动都市复兴过程中对文化艺术创造力的开发。如果这一做法行之有效的话，横滨将在日本建设"创意城市"的运动中占据领先地位。可以想象新组织的形成在之前采取垂直组织的行政部门之间将会产生一些冲突，但在城市中保存创造力的最好途径就是让组织更富有创造性，因为这将随之在个体身上发掘出更多创造性。对官僚组织文化的创造性改革令横滨距离发展成为"创意城市"的目标更近了一步。

在金泽，商业部门与市民们率先发起成立金泽创意城市委员会，提出推动当地政府把金泽打造成"创意城市"的建议。在横滨，都市水岸发展计划"横滨港未来"（Minato Mirai）所遇到的挫折遭到了前任市长的批评，并随后提出一个新的城市发展战略。可以说，发展创意城市的努力往往因城市历史背景的不同而采取不同的战略。

如果进行理论总结的话，横滨的案例代表了一个城市在"福特主义"及新自由主义模式倒塌后自愿选择了"认知文化"的生产体系，而金泽所经历的则是一场对当地历史传统更有持续性、也更顺利的"进化"——尽管事先并非没有经过计划。

## 17.6 总结：通过发展网络建设创意城市

创意产业的分散趋势始于金泽和横滨的创意城市政策。基于这些城市的成功案例，其他一些城市如札幌、仙台、名古屋、神户和福冈等也都开始推动自身建设"创意城市"的计划。接下来的讨论列举了本文作者认为要实现这一目标所需要经过的步骤。

首先，有必要对城市自身的文化进行深入分析，提升居民对融合当代艺术与传统文化的共识，明确发展"创意城市"的必要性，详细制定面向未来的"创意城市"理念，在理解城市历史背景的基础上，制定一个详细的、面向未来的

"创意城市"构想。

其次,在理念发展过程中,艺术与文化的创造力必须被公认为是影响产业、就业、社会制度、教育、医疗和环境等众多领域的重要因素。为了将文化政策与产业政策、城市规划与环境政策等相连接,政府的垂直管理结构必须转变为水平管理结构,庸俗的官僚主义思维必须被清除,组织文化必须加以变革。

第三,文化艺术必须被认为是知识信息社会的核心基础,必须通过系统规划来发扬与展示城市居民的创造力。尤其是,城市必须打造产业发展与文化创造所需要的多样化的创意环境与空间,必须培养出富有创造性的生产商/制作人等来负责这项任务。

第四,创意政策如果局限于当地政府将不能获得有效推广。必须与经过广泛挑选的市民合作,包括商界领袖及非营利组织等;合作可通过成立创意城市促进委员会等形式。促进创意城市发展最重要的任务是推出研究与教育项目,开发必需的人力资源。

为打造与发展创意城市,我们不仅需要展开由联合国教科文组织所推动的、全球层面的城际合作,还需要从亚洲及国家层面的伙伴关系中进行学习。城市内部在公众、私人及政府部门之间展开协作也很重要。本文作者呼吁建立一个多层次与多方面的合作关系,鼓励每个城市都为这一目标提供多样化的平台。

## 参考文献

DCMS—Department for Culture, Media and Sport(1998). Creative Industries Mapping Document. London: DCMS.

DCMS(2001). Creative Industries Mapping Document. London: DCMS.

Dentsu Research Institute(2001—10). White Paper of Information Media Business. Tokyo: Dentsu Research Institute.

Florida, R.(2002). The Rise of the Creative Class. New York: Basic Books.

Landry, C.(2000). The Creative City: A Toolkit for Urban Innovators. London: Comedia.

Landry, C. and Bianchini, F. (1995). The Creative City. London: Comedia.

McGray, D.(2002). Japan's gross national cool. Foreign Policy, 130(June-July):44—54.

Pratt, A.C. (2010). Creative cities: Tensions within and between social, cultural and economic development: A critical reading of the UK experience. City, Culture and Society, 1(1):

13—20.

Sasaki, M. (2001). The Challenges for Creative Cities, in Japanese; translated into Korean 2004. Tokyo: Keiso Shobo.

Sasaki, M. (2003). Kanazawa: A creative and sustainable city. Policy Science(Ritsumeikan University), 10(2).

Sasaki, M. (2007). Towards an urban cultural mode of production: A case study of Kanazawa, Japan, in M.Nadarajah and A.T.Yamamoto (eds). Urban Crisis: Culture and the Sustainability of Cities. Tokyo: United Nations University Press, 156—74.

Sasaki, M. (2010a). City, culture and society(CCS): Opening up new horizon of urban studies. City, Culture and Society, 1(1):1—2.

Sasaki, M. (2010b). Urban regeneration through cultural creativity and social inclusion. Cities, 27(1001):S3—S9.

Sassen, S. (2010). The city: Its return as a lens for social theory. City, Culture and Society, 1(1):3—11.

Scott, A.J. (2008). Social Economy of the Metropolis. Oxford: Oxford University Press.

Tokyo Metropolitan Government(2010). Report on the Situation and Problem of Creative Industries. Tokyo.

# 18

# 纽约创意区生活圈：
# 对未规划文化区域出乎意料后果的反思

莎朗·库金　劳拉·布拉斯罗　著①　刘　春　译②

**内容提要：** 从20世纪10年代早期的格林威治村（Greenwich Village）到如今的布什威克（Bushwick），纽约创意区的发展历史，揭示出未经规划或自然行成的地带，往往会产生令人意料不到的后果。这些艺术家工作和生活的地段，有着较高的房价和更为集中的资本投资，最终会带来社区的更迭和中产阶级化。即使大多数主题是不妥协和反叛，创意区关于"差异性"的美学表达还是吸引了非创意文化的消费者，他们逐渐变得喜欢真诚去伪、随性不羁的生活方式。而文化企业家中的一些人，本身就是创造性的生产商，懂得如何吸引见多识广的消费者走进创意区，经过媒体的后续渲染，于是更多的消费者和房地产开发商相继到来。聊胜于无的艺术家住宅管理条例，无法为建立"创造性"区域这一既定目标服务，结果导致了创意生产者群体性向其他地方的外迁。

**关 键 词：** 创意区，中产阶级化，loft 居住，纽约城，文化生产，文化消费

## 18.1　引　言

自20世纪90年代开始，从阿姆斯特丹到新加坡，世界各地的许多城市都

---

① 莎朗·库金（Sharon Zukin），布鲁克林学院和纽约城市大学研究生中心，社会学教授。劳拉·布拉斯罗（Laura Braslow），纽约城市大学，社会学博士候选人。
② 刘春，文学博士，上海社会科学院文学研究所助理研究员。

制定了文化政策,标识其创意与革新中心的文化身份。用不着忽视存在于地区间政治、经济和文化生态方面的差异,我们就可以看出这些文化政策的制定者们在相当程度上分享着共同的目标。由于工业经济衰退的刺激,欧洲和北美的政府官员,寄冀开启后工业的新时代;老牌工业城市,如伦敦、大阪和横滨,则旨在扩大社会参与,为较少特权的社会团体提供定位明确的文化服务、文化设施和文化产品(Noda,2010;Sasaki,2010)。还有其他的一些亚洲城市,尤其是新加坡、香港和上海,目前都没有遭受经济衰退,但是政策决策者们还是希望为城市建构出更多的竞争力——通过在拥有研发优势的高科技工业和文化地域身份两方面的同时发力,提升城市在全球和本土精英中的地位和影响。

如此多元而混杂的动机很可能加大“创意城市”预期受益者之间的紧张局势。富有抱负的文化策略试图减少不平等,扩大每个人在城市空间中应该享有的权利(Lefebvre,1968),而工业化的文化政策,则倾向于奖励受过高等教育并且富裕的城市居民,以及资产不菲的外国移民和跨国资产阶级(Sklair,1991)。

政府部门采用理查德·佛罗里达(Richard Florida,2002)的建议,发挥创意阶层在后工业城市发展中的引导作用,有效缓解了以上两种文化政策制定思路之间的矛盾。过去十年,这个想法的确为许多城市制定文化政策提供了观念性的基石——明确提出“人”而非金融资本才是后工业增长的关键。针对财政紧张的城市,建议实施较低成本的方案,来吸引和挽留具有创意和活力的居民;而对于缺乏资金投资工厂建设的城市,则可以改建自行车道,鼓励酒吧和咖啡馆的蓬勃发展,吸引那些想要在传统、主流文化之外表达“差异”的男男女女,确保他们享有舒适自由的城市氛围。

然而试图通过运用文化同时满足社会参与和经济增长两方面的需求,佛罗里达所定义的创意阶层内部就存在不可调和的矛盾。城市新文化政策预设的主要受益人群,一方面包含了银行家、律师和工程师,另一方面也包含了艺术家、作家和音乐家。这些群体之间彼此需求的不兼容,以及他们欲求和经济的不平等,致使学术界对佛罗里达提出了严厉的批评(比如 Peck,2005)。此外几乎没有证据表明,创意阶层的成员,尤其是在他们三十岁之后,会为了愉悦的环境而不是工作的原因搬迁(Hansen & Niedomysl,2009;Musterd & Murie,2010)。

在创意城市的地理范围内设立文化政策,主要涉及因素之间的矛盾和竞争会更加突出。归根结底,土地才是最根本的城市商品。而在很多地方都是价高者得的房地产市场,在考虑为建立目标创意城市而分配享有空间时,会根据生活方式和艺术品位优先考虑那些具有创意生产者身份的人,相应就会减少其他普通居民的机会——主要因为他们缺少教育和金融资源,也就是文化资本,很难去影响和消费新艺术、餐饮、媒体节目和时尚——这些在现代生活中占支配地位且极具象征资本的领域。一旦被类似创意阶层这样的标识定位,无论该地区表现出中产阶级还是嬉皮士的品味特点,都会与诸多因素的变动密切相关,比如资本投资、政府政策、媒体对于空间和生活方式的再现等,当然还有社会文化的品味结构(Zukin,2010)。结果一个起初为创意生产者设立的保护区域,面临着被改换成创意消费者空间的危险。

专门设立的创意区,乍看上去似乎变得去商业化了,脱离了"城市地块运用不当——贬值——地产商投机改建——重新估价"的金融模式。然而实际上,地产开发商和政府官员经常使用"艺术化生产模式"的象征资本,赋予那些出现问题的工业区新的文化符号,并以创意之名为其重构区域文化认同,整个地块的经济价值随之提高(Harvey,2001;Zukin,1989)。

文化区还有效激活了另一个关键的城市商品:劳动力。为创意人士找一块靠近城中心的地方,这方便了他们接近例如广告、时尚、媒体等文化工业的雇主。他们会作为自由职业者和合同工受聘,运用技能和才华去生产迎合小众以及大众市场的消费品(Lloyd,2006)。此外在餐馆、咖啡馆和酒吧兼职"日常工作"的演员和艺术家,也支持了旅游业。服务者同时也是消费者,这些生意实践了"自己动手"的文化理想以及闲适、自在的生活方式,是一种体现个人自主和"不虚伪"的消费模式(Binkley,2007)。而自20世纪60年代以来,在"西方""后现代""后匮乏"等消费文化语境中,这一模式意义重大(Frank,1998;cf. Bell,1976)。

现今文化区域建构创意阶层的方式和早期政府主导的城市再开发有很大的不同。在20世纪60年代和50年代的纽约,林肯中心的公共部门为了建造表演艺术中心,拆除了位于曼哈顿的一个工薪、低收入中产阶级的社区,取而代之以中等公寓房子和商店,以及许多为音乐会、歌剧和芭蕾表演服务的设施,建构了纽约世界文化现代中心的位置,并吸引私营地产商推出昂贵的新住宅(Zipp,2010)。几乎同时代处于类似的原因,法国政府在巴黎中心的一个衰落区域,建立了蓬皮杜现代艺术中心(Pompidou Center),提升了博堡(Beaubourg)区,以及巴黎乃至国家的现代化形象(Baudrillard,1977)。

从设计于20世纪50年代,2007年被联合国教科文组织列为世界文化遗产景点的悉尼歌剧院,到1997年开放,被诸多专业建筑家誉为20世纪末最引人注目的建筑——西班牙毕尔巴鄂市的古根海姆博物馆(Tyrnauer,2010),国家最初设立的文化区域模式,目的在于整合高等文化研究机构,并给其他政府和文化消费者留下深刻印象(Evans 2003)。这些区域既不是新波西米亚的自由文人聚集区,也并非生活工作一体化的场所。

而今的文化区域里,旧建筑作为活动中心、交流平台和工作场所为创意生产服务,获得新的价值。20世纪70年代SoHo(Small office Small home)出现在公共视野中,它是纽约城区的一片工业loft(阁楼)区,中心地带建立了许多艺术家的工作室和艺术画廊,改变了公共官员和开发商对创意文化设施的认识。SoHo就是自然形成而非政府设立的创意区。然而它的成功鼓励了当地政府在生活—工作区为创意生产扩大低廉、小规模空间的企图。在接下来的二十年里,部分基于SoHo的先例,同时也因为文化工业增长的共识和欧盟文化政策的出台,全球范围内很多地方的市级政府,开始给文化中心工作坊的艺术家、手工艺者和设计师发放租房津贴。以此希望这些空间不仅能够支持一项创新型的劳动力,同时用创意、活力而不是腐朽落伍为城市赢得新的文化认同。

然而就像当地政府很快意识到的一样,这些政策会导致意想不到的后果。一方面,作为政治运动的激进分子,艺术家们在创意区会变得更可见,或者至少增加了他们批评集会、集体反抗和破坏的机会。当地官员也许会通过加强审查或者限制接触的方式，加强艺术家聚集区的社会监控，就好像香港牛棚艺术村（Cattle Depot Artists' Village in Hong Kong）的案例。另一方面，正如 SoHo 上演过的，文化中心会通过提升租金吸引高额利润，艺术家使用的空间被转移给更高租金的支付者，改为其他更能获利的用途，于是在 SoHo 工作或者居住就超出了文化生产者的经济承受能力。创意阶层中更富裕的一些人搬到贫穷艺术家原先的工作室，把它改造为奢华的阁楼公寓；他们也成为了文化区餐馆、精品店和酒吧的主要赞助商。

中产阶级化威胁了创意艺术家和低收入文化生产者在城市中营造的社区共同体，这种情况在纽约、芝加哥、柏林和上海各不相同。特别是在纽约，尽管"艺术家引导"的中产阶级化有着很长的历史，作为颇有警示意味的寓言，我们回溯历史可以看到，紧随创意区生活圈形成而来的，就是该地区的再次商品化。我们甚至可以通过公共艺术，这一创意区视觉景观的显著特征，追踪出创意区生活圈的开端和终结。在早期的创意区发展准自发模式中，公共艺术是匿名的、富于挑衅的，常常套用当地方言俗语。而到了后期，公共艺术的审美便更倾向于主流文化，往往是商业导向和自我指征的，以便建构和维护创意区

**图 18.1　公共艺术，包括涂鸦，巩固了一个区域的"创意"声誉**

图片摄影：Laura Braslow。

371

新兴的"创意"声誉。实际上,就好像"工业化的雅致"这种室内设计风格,跟生活工作同区域的 loft 密不可分,公共艺术被普遍认为既是一种符号,同时也是创意生产区上升到创意消费区域声望提高的媒介(见图 18.1)。

## 18.2　一个放任自由的创意城市？

某种程度上,早期的公共政策可以在特定的地理范围内,启动甚至推动工业用途建筑的密度。纽约规划出视觉上连接在一起的工厂区和港口区,它的经验构成了大都会文化区的原型印象。我们"阅读"一个 19 世纪的文化区域,四或五层楼高带大窗户的红砖建筑,配原木或水泥地板,围绕着出租房公寓和沙土铺成的街道。当今在世的文化批评家,难道有人能从这种简要描述中辨别出此地是 SoHo 的铸铁制造商阁楼,威廉斯堡(Williamsburg)的仓库,还是位于切尔西(Chelsea)的美术馆展厅吗？更重要的分析,应该围绕 SoHo 以及纽约其他文化区域体现出的空间规模和构成。这些场所表现出了一种新的有关艺术化生活的共同空间——一个在艺术家想象中"重生"的街坊——而不是以城市的异质形式,被分散或淹没的个体艺术家工作室聚集的陈旧创意区。

尽管 SoHo 已经影响了全世界当代创意区的空间建构,它的特立独行还是有着很多重要的价值。和纽约的其他文化区域一样,SoHo 的存在并不归功于与"创意阶层"或"文化工业"有关的公共政策。SoHo 作为一个整体,它的土地用途从来都不是为保护租客权力,让他们作为文化生产者生活和工作而设定的。① 当然这也不是说,政府的政策对纽约创意区的生活圈没有影响。税收和区域法律法规,连同交易合约、劳动法、金融管理制度,以及运用经济和社

---

① 20 世纪 60 年代,纽约市政府的文化事务部门提出了"艺术家驻地(Artist in Residence)"项目,允许个体艺术家经政府认证后,可以在位于曼哈顿下城(Lower Manhattan)和布鲁克林工业建筑及工业场所的 loft 中居住生活。然而这个项目在 80 年代房价上涨以及 loft 居住合法化之后,被逐渐废弃。此后,纽约市政府又在时代广场的商业剧场区(Theater District)和时代广场南的时尚区(Fashion District),设定了两个保护文化生产的特别区。然而尽管这两个地方被特定划分,在工厂和办公楼的居住化改造中,非创意行业的居住人口在稳定地"入侵"——或者说被官方鼓励。在这些案例中,纽约市政府都是把文化生产视为一种工业,同时把该地当成生产场所而不是生活—居住区来保护的。

会手段规划的资本投资，降低了住房成本，使得大多数文化生产者需要的低租金住房变得可得。同样，这样的公共政策也鼓励用以改善房屋条件的资本投资，提高租金、赶走 loft 里的艺术家们。

尽管对于现状通常情况下几乎做不了什么，纽约的政府官员却能从创意区的声望中获得好处。和很多更规范的文化区一起，这些地方因为能够带来游客收益而备受赞誉；研究证明在艺术博物馆、剧院、美术馆以及影视产业存在着令人惊奇的"乘数效应"，带给城市的常常是较为脆弱的经济（例如 http://www.allianceforarts.org/pdfs/ArtsIndustry_2007.pdf; http://www.alliance-forarts.org/pdfs/CultureBuildsNY_2007.pdf）。对建成或维持创意区都缺乏明确支持，强有力地揭示出两者皆非政府官员关心的重点。相反，他们推出的工业以及土地使用政策，目的在于为私营地产开发商提供便利。事实上 20 世纪 70 年代期间，后工业化的波西米亚艺术家们在 SoHo 形成的疆域，致使政府允许区域变化（例外），相应地导致了房屋高租金、公寓出售，以及对艺术家来说过于昂贵，却吸引了媒体大亨、高收入电影演员和时尚模特的新旅馆、公寓的增多。这样的 SoHo——而不是 70 年代荒芜的郊区——才是城市官员喜欢的。

置地产商于艺术家之上，在公共讨论中显而易见与知识导向、文化为基的城市经济相互矛盾（Pratt，2008；Pratt，2009；Scott，2000；Scott，2008）。然而这也证明了某些都市研究专家对于当地政治因素，特别是参选议员和地产商之间的通力合作，提出的警告（Indergaard，2009；Pratt，2011；Pratt & Jeffcutt，2009）。此外这种矛盾提醒我们应该警惕——艺术家们和其他文化生产者复兴了衰落的社区，维护了城市竞争力——这类纽约政府官员的赞美。在纽约，这个市长和其他支持者倾向称之为"世界文化资本"的城市，对于房地产商的偏好在本体意义上超越了文化。

如果纽约的文化区并不是由官方政策来引导，它们就会对 20 世纪早期以来就广为人知的规律性、重复性的过程有所回应：资本投资和国家投资周期性的缺席，媒体对积极面的报道引发舆论关注，最后针对异质审美的商业资源流动（Zukin，2010）。第一次世界大战期间及战后（1914~1925 年），随着艺术家和激进的作家安顿于格林威治村，这种模式就被确定了。"二战"后（1945~

1960年)一群聚集的抽象表现主义画家(Abstract Expressionists)在某种程度上重复了这个过程。20世纪60到70年代之间,此模式又被新一代艺术家移植到了SoHo。因为房屋木地板经常发生火灾,艰难支撑的loft那时被称为"百亩地狱"(Hell's Hundred Acres)。

20世纪70年代末到80年代早期,当SoHo变得对大多数艺术家而言太过昂贵,新近的艺术学校毕业生们所组成的另一代艺术家群体,在位于东村(East Village)的临街租赁店铺,追随50年代就搬到这里的爵士乐音乐家、舞者和反传统诗人,以及60年代末聚集在此的嬉皮士(和在旧金山的Haight-Ashbury区发生的一样),创造了一个新的创意区。但是当80年代东村租金上涨以后,地产开发商和警察都变得活跃了,一个新的文化生产者创意大军第一次在曼哈顿之外,穿过东河,于布鲁克林的威廉斯堡(Williamsburg)稳定下来了。

到了21世纪第一个十年早期,当租金飞涨、建筑或老化不能使用或作为独立产权公寓被出售,艺术家们和其他文化生产者沿着地铁L线,搬迁到了位于东威廉斯堡和布什威克去另一个创意新区(见图18.2)。

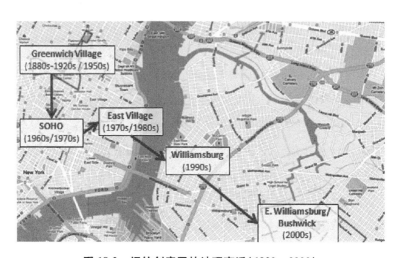

图18.2 纽约创意区的地理变迁(1920—2000)

在20世纪70年代晚期,正如《纽约客》(The New Yorker)里一篇漫画反映的,艺术家、知识分子和高水平的文化消费者,都已对文化区域频繁地理迁移的模式形成条件反射。漫画中一位男性艺术家的妻子带着她打包好的行囊,宣称要离开他。"我已经跟着你从西村(West Village)搬到东村,从 SoHo 去了 NoHo,又到了 Beloho,"她说,"但是现在还要去 Hoboken(在新泽西州),实在是太过分了!"

对于艺术家如何以及为何会作为中产阶级化的"突击部队"吸引富裕消费者,还没有完全的定论(参见 Deutsche & Ryan,1984;Ley,2003)。然而库金(Zukin,1989)提出了持续增加的文化生产者劳动力人口、增多的知名艺术家数量,与媒体对于"艺术化"生活方式的推广之间,存在着复杂的相互关系。她和米勒(Mele,2000)强调逐步扩大干涉范围的大小房屋业主,以及房地产开发商,都急于认清靠近城市象征和金融中心的土地的潜在经济价值。库金和米勒都关注到 SoHo 区消费空间的扩张,以及东村范围内从补充性报纸到主流杂志的媒体报道。简而言之,艺术和创意本身的魅力只是问题的一方面,更重要的是,不妥协的艺术家创意区和高收入居民社区间的必要联系,证明了通过创意生产者的创意活动和新消费模式的媒体形象,企业家们有意无意间允许并且强势肯定了"异质"是街区"荣誉"的基石。

纽约创意区持续重复的发展简史强调了社会—空间变迁的三个步骤:群体迁徙、营造区域声誉、街道上的视觉表现。一项关于这些过程之间相互作用的分析指出,如果没有保护文化生产者的工作机会和生活空间,创意区的生态就会变得非常脆弱。

## 18.3　群　体　迁　徙

个体搬迁的原因可能是自然发生的或者社会影响的(一方面是从退休到死亡,另一方面也许冲着更低的房租、更大的空间,或者更好的公共设施、私人服务),而大规模和群体性迁徙——整个区域功能性的搬迁和社会、族群或者人口统计意义上的群体——是对整个环境因素的反应。这些因素可能是客观的或主观的,或者两者皆有。它们反映了诸多方面的变化,比如公共政策、资源(包括劳动力)便捷度,创意空间和艺术家们与城市空间的其他用途及使用者之间的竞争和冲突,以及租赁价格等。此外在工业区,互相依赖的模式和常规社交在文化生产者集体迁移中也扮演了重要角色,尤其在新创意区"接纳"迁徙的尾声阶段。

正是迁徙的事实说明了房地产市场的易变性。在自然形成的文化区,很有必要强调个人选择这一因素的重要性,比如青年长大成人就要搬离家庭,是社会文化常识。然而和其他迁徙者一样,艺术家也会被一些"推拉(push-pull)"的因素影响。他们被业已存在或者内嵌的创意区吸引,但他们无法支付高租金的现状,限制了他们对地产市场的选择。这种经济限制会"拉"他们去使用不足的住宅区、商业空间以及低收入社区。换句话说,艺术家和其他迁徙者可能会被一个区域的声誉吸引,但是他们更会被租金限制。甚至当大部分新近毕业的私人艺术院校艺术生安顿在同一个社区后,文化生产者会表现出一种连锁性的迁徙。虽然关于这一点还没有研究资料,但是90年代缅因州斯考希根(the Skowhegan School of the Arts, in Maine)艺术学院的毕业生,有一半生活在布鲁克林的威廉斯堡,这种情形曾被作为逸闻趣事报道过。同样的原因,年长以及年轻的艺术家也会因为他们的社会以及专业的交际网被"拉拢"到某个特定的区。

"推动"迁徙的一面,可能是由于公共政策中隐含了对文化生产者的歧视,特别是公共官员针对在房间或创意区生活和工作不分开的艺术家们,加强区域规定,只允许此空间用来生产制作。这是在SoHo和曼哈顿及布鲁克林其他区域多年长存的情况。艺术家们在那些区域的loft里居住是违法的,他们会因为被房屋管理部门驱逐而担惊受怕①。另外还有消防部门,处于消防考虑,可能会宣布一幢艺术家居住的未改善的住宅楼存在安全隐患,从而要求所有人撤出。另外如果房屋业主听到这一区域会被改建的传闻,也会声称他们

① 实际上,20世纪70年代颁布的一条法律要求SoHo的房屋业主,要为制造商租房子预留出底楼空间,而业主们则更倾向于租给艺术家和商店。如果业主声明制造商支付的较低租金,对自己的物业经济维持有损害,他们就可以不执行该项项规定。这是在艺术家联合拥有的房产,以及个体业主产权所有的房子都曾出现的案例。

"突然发现"艺术家在 loft 里的居住不合法,从而迫使艺术家们搬出他们的工作室。等到房屋收回,业主们就可以重新翻修房子,提高租金或者作为独立产权房出售。这样的事发生在 2005 年威廉斯堡滨江区改造之前和之后,现在的布什威克也偶有发生。

很有必要再次强调,除了"艺术家驻地"项目的偶然实施(Haughney,2010;Robledo,2007),纽约城市法律并没有划分出任何仅供文化生产者使用的区域或者工作生活一体化的单元。提高租金,无论文化生产者还是文化工业本身,都没有因此得到保护。在一个房地产成为主要产业的城市,如果没有持久的、补偿性的动力,针对艺术家的出租管理的缺乏,难免会引起自然形成的创意内区的"创造性的破坏"。这是在北京、上海和纽约都出现过的情况。而像阿姆斯特丹那样的城市,为保护租客制定了非常完善的法律,就像最近在阿姆斯特丹"贫穷"地区发生过的一样,驱逐艺术家变得比较困难——但是由于相同的原因,除非公共政策发生改变,艺术家也不能更换成其他"非创意"的低收入房客,以此支持作为社会和族群多样化代理人的文化生产者。

早在 20 世纪 30 年代就有资料表明,格林威治村艺术家出现过群体性的搬迁,当游客大量涌入、租金高涨,他们被赶到了城市的其他区(Ware,1935)。大萧条期间,建于 19 世纪晚期,属于银行家、律师和商人的宽敞的联排别墅,失去了经济和文化价值,被隔成小公寓和出租屋,游客也变得稀少了,一些艺术家和作家又重新搬入了布鲁克林高地(Brooklyn Heights)(Agee,2005)。然而仅仅在大萧条和二战结束后,当工厂和家属搬去郊区,艺术家就又被"拉"回了制造业区。工业区连接着低收入社区,在纽约地产市场的"软肋"地段,文化生产者开始悄悄地聚集。一些艺术家,比如威廉·德·库宁(Willem de Kooning)住在一个社区,但是在另一个社区的 loft 或者工作室创作(Stevens & Swan,2004),还有一些人,比如罗伯特·劳森伯格(Robert Rauschenberg)生活、工作和社交,都在以前的工业生产区(Tomkins,1980)。

在 20 世纪 60 年代,更多不同类别、流派的艺术家租用了制造区的 loft,但是他们通常不被注意,要么是因为这些单元已经闲置,要么是由于搬迁后的工厂区租客无人留意。20 世纪早期的格林威治村,一些艺术家在表演和私人

"沙龙"中保存了形成于19世纪巴黎的波西米亚传统。例如摄影师尤金·史密斯（W.Eugene Smith）就在自己位于曼哈顿鲜花批发市场的公寓，上演整夜的爵士音乐会（http://www. jazzloftproject. org/）。除了东村的"披头族（beatnik）"能够撑起创意区的声誉，艺术家在整个曼哈顿下城都是分散的，没有形成特定的社区。然而到了20世纪70年代，SoHo打破了这种模式。由于纯粹的偶然因素，SoHo成为了一个自发形成又自觉建设的艺术家社区，而且，发展出一种独特的视觉审美和生活方式（Zukin，1989）。

如果说纽约生产制造业的衰退，促成了地产市场中的软肋SoHo的发展，罗伯特·莫斯（Robert Moses）在曼哈顿下城穿过布鲁姆大街（Broome Street）建立一条高速路的计划被击败后，一项并不明确的区域环境再发展计划，在靠近该区南部边缘的地方，为个体艺术家们在此建立生活工作驻地，提供了空间和时间。一项文化基金会已在西村的一个空闲电话公司综合大楼，投资了一个大型艺术家联盟住房开发项目，给一位激浪运动（Fluxus movement）的创始人发放贷款，帮助这位个体艺术家在SoHo买一幢小楼。他也确实建立了一个小型的艺术家住房联盟，这就给其他艺术家做出了示范。然而，由于这片区域的土地使用属性还是制造业，这些艺术家在SoHo的生活或者工作还是没有法律依据。好在因为在新的市政实施中，艺术和文化带来了增长的利益，也因为肯尼迪在华盛顿特区管理中，对于艺术和文化提出了的一项新承诺，艺术家们赢得了在loft里生活和工作的权力——不仅仅在SoHo——只要他们被地方政府认定为艺术家，并且在建筑外悬挂"艺术家驻地"的标识，就可以告示那些可能会对他们的存在大喊大叫的消防员。

现在结果已经很清楚了。伴随房租高涨这一不曾料想的结果，SoHo的出现可以当作创意生产和创意消费两方面的范例。地产开发商逐步进入这个区域，大的开发商替代小的，装修完善的loft公寓替代简陋的木头地板和自己搭建水暖管道的艺术家的loft。大厦底层的商业空间也遭遇了相同的模式。20世纪70年代期间，制造业的房客被艺术画廊替代，然后80年代艺术画廊被个体精品时装屋代替。90年代，时装屋又被连锁商店取代。创意区也遵循了相似的模式。从80年代开始，文化生产者的生活工作空间一直向东搬迁，穿过更工业的、更多工人阶级聚集的房地产"软肋"社区:先是在东村,接下来是威廉斯堡,然后是最近的布什威克。

除过低租金和不妥协的风格,为什么艺术家们选择的是这些街区而不是别的? 导致这种迁徙的一个重要社会因素,就是街区的声望——文化声誉,比如表演和消费的创意区(Zukin,2008)。无论如何在某些方面,一个区的创意声誉对于更富有的文化消费者而言,堪称市场风向标。

## 18.4　营造区域声誉

SoHo 进一步发展了早期波西米亚艺术家在巴黎和格林威治村的成就:它定义了一个创意区,就是包含了社会的、文化的和性别差异的生存心态(habitus)。创意区空间化落实了布迪厄(Pierre Bourdieu)关于共同结构和品味表达的理念(Bourdieu,1984),一个创意区定位、体现并且再现了在这样一个地方,人们可以用一种相对安全的方式表达他们与主流行为模式、社会角色的差异。这种表达无论对于他们自己还是整个社区,都只会产生很少的负面结果。与空间的不同用途一致,"表演"的程度和范围非常重要。一位居住在普通社区的艺术家可能会被邻居视为性格古怪的异类;艺术画廊或酒吧推出的五十位艺术家,则会增加社区的声望。他们关于差异性的表达,不仅在非艺术工作者的邻居中使艺术家们变得可见,对他们自己来说也同样如此。文化生产者们开始认识其他同道中人,形成社会和专业的社交网络,随后形成了整个区域的文化身份认同。

拥有艺术家身份的企业主,在这些环节中起到了关键作用。一些人可能会因为想要赚钱的经济驱动变成企业家,其他一些人则可能有社会或者文化的原因:帮助后来的艺术家建立一个社区或者为人们的某种小众需求、差异性体验提供服务(Muschamp,1997;Patch,2008)。无论商业所属权是个体的、利益导向的,还是集体的、非营利的,企业主们开张经营了艺术画廊、咖啡馆、酒吧和剧院、服装店,于是一系列的消费空间营造出整个社区与众不同的文化形象。就好像在 20 世纪 80 年代早期的东村,文化区如同一场经久不散的嘉年华盛会，带着巴赫金（Bakhtinian）理念中的狂欢气质浮出水面，整个世界颠倒了工作与游戏、白日和夜晚、寻常和异常（见 Taylor 的一手档案，Taylor，2005）。对于创意区之外的消费者，这一切都具有不可抵挡的吸引力，提升他们对于真实去伪、波西米亚式生活方式的理解。

艺术家企业主之外，媒体也在营造"与众不同"的社区方面起到重要作用。在纽约的每一个创意区，都有很多主流媒体之外的补充性媒体，以预先存在的社会网络和那些想要加入的人为受众，它们最先表达的内容就是差异性。在 SoHo 和东村的前互联网时代，这些媒体就是口舌相传的人际传播和每周发行的报纸。在威廉斯堡，视觉和图像艺术家们往往很早就开始使用基于网络的技术，以及彼时出现不久的网站和博客等补充性媒体。20 世纪 90 年代末开始，2003 年后爆发，从"内部（insiders）"视角出发的创意区互联网覆盖面戏剧性地扩大了。文化生产者写关于他们街区的博客，而媒体批评家则为全世界的观众排名、评估和推出新地点、新事件。当威廉斯堡在平面媒体和网络始露头角，没过几年布什威克的创意声望就几乎完全凭借网站和博客炒红了。

博客推进了由布什威克区创意生产者创作和推出的第一届集体艺术展览，即 2005 年的布什威克公开工作室（Bushwick Open Studios），甚至在更早的时期，在线媒体就把东村和布什威克描述成了新兴的创意区。比如，那些文化上被吸引和"卷入"并把布什威克视为"下一个"波西米亚艺术家聚集地的消费者，一个戏剧团体为了在东村举行的国际边缘艺术节演出排练，被在线报道如此描述："摩根大街'L'站出来，比起沉闷的部分，很难想象在布鲁克林还有哪个地方户外会有更多的戏剧氛围。挤在兼卖酒和杂货的小酒馆中间，附近垃圾处理中心飘来的阵阵恶臭，头顶上拉瓜迪亚机场（LaGuardia-bound）航班升降带来连续不断的嗡嗡声，其间有一个被称为办公室行动（Office Ops）的小型创意绿洲。在这里，腐旧的涂鸦装饰的外墙背后，郊区吸血鬼（Suburban Vampire，剧团名称）在一间狭窄、闷热的排练室，排练'胡萝卜和大棒'（Carrot and Stick，剧目名）。"（http://www.brooklynrail.org/2003/08/theater/brooklyn-in-the-fringe）对那些了解 SOHO、东村和威廉斯堡历史的人来说，这样的修辞可能会吸引他们。

当文化生产者开始搬往布什威克，该区缺少的是可以同时迎合"差异"并满足主流品味的零售商店和餐馆。这就反映了该区大量的土地被用于制造生产业，同时低收入者、黑人和拉丁裔居住的社区长期缺乏商店和生活服务。很多黑人和拉丁移民住在大型的公共居住项目，或者廉价的私人物业。在1977年用电限量的时候，入室抢劫和火灾时有发生。在这个区的商业街也就是著名的百老汇，房屋空置率和犯罪率都有所增高。和20世纪70年代的SoHo或者10年后的东村不同，在这些地方开咖啡馆或者卖酒和健康食物的小店都是革新性的。作为一种补充性的生活方式，生活咖啡馆（Life Café）二十多年来一直在东村提供膳食①，2002年它在布什威克开了一家提供早午餐的店，这就给整个区贴上一枚非常独特的标记。

2002年末又有一家售卖健康食物的商店，位于布鲁克林的"天然（Natural）"在生活工作区的核心地段，靠近摩根大街L地铁站的地方开张了。2005年沿L线往东再过一站邻近约瑟夫大街站的地方，更有野心的餐馆"东北王国（Northeast Kingdom）"和"维科夫斯塔尔（Wyckoff Starr）"咖啡馆开业了。这种变化表明了创意社区的迁徙或者说扩张，已经越过东威廉斯堡的loft进入布什威克的居住区，到了皇后区瑞兹伍德（Ridgewood, Queens）的边缘。

新的咖啡馆和商店引起了媒体更多关注，直接回应了中产收入的青年消费者对嬉皮士生活方式的选择。2006年《纽约时间》（Time Out New York）杂志，就把布什威克列入5个可以得到划算住宅的"边界"社区之一："到现在你肯定听到过各种各样天花乱坠的广告，但是想想吧，甚至一篇名为《星期天格调》的《纽约时代》的文章都为布鲁克林的内在魅力倾倒。除了可以招待十几位朋友（以及他们的唱片机）的宽敞loft，这里还有很多传统的住宅。在L线约瑟夫站附近，你会发现工业设施和家庭住宅的组合——这样的混搭十足增添了劲酷之感（尽管里面肯定还有危险的地方）。"威廉斯堡的风尚被修辞性

---

① 坐落于东村，历史上有名的生活咖啡馆，四分之一世纪以来招待了很多艺术家、演员和各式各样在附近汤普金斯广场公园游荡的流浪艺术家。已故的老顾客乔纳森.拉森（Jonathan Larson）在他的作品百老汇音乐剧《吉屋出租》（Rent）中为它留名（New York magazine, http://nymag.com/listings/restaurant/life-cafe）。

地描述成一种混合的风格，与之相关的是低价和对危险、不妥协的暗示。这就有力吸引了年轻、理想主义的新居民。他们用"创意"标识自己。虽然这其中的很多人都是学生和年轻的专业人士，并非工作的艺术家。

很快投资商也开始注意到这里了。社区的居住区建立了新的住宅公寓，制造业的 loft 被半合法半不合法地翻修之后跻身高端公寓，但是 2008 年开始的经济衰退，暂缓了银行给建筑业和商场的放贷。一些项目被暂停，开发商降低了独立产权公寓的售价，或者把它们改造成出租房。到了 2010 年，当资本再次流动，新住宅和新消费空间的发展项目又被启动了。

房地产开发商指导建筑师和市场商铺打通区域的"创意"声望。网站推出了位于前布什威克编织厂的一个新公寓（http://www.castlebraid.com/），提供放映室、顶层露台，并为"创意人士"提供运动房。"城堡公司，并不仅是一个公寓住宅"，网站介绍说，"它是个体和充满活力的集体之间相互作用并有助创意的平台，是一个依照艺术家习惯建立的世界。最终在这里，你可以自由生活在你的角色里，你一直知道这个角色终将属于你。"

作为创意消费和审美设计的链接，新的零售商店也出现了。"在布鲁克林的布什威克区"，一份在线建筑报纸写道，"安德烈斯科斯基（Andre Kikoski）设计的维科夫贸易所（Wyckoff Exchange）（在维科夫大街），因其"接近原料"的外观，负载了嬉皮士风格更为时髦的都市感。覆盖着高强度钢罩，即将开业的商场，把传统的仓库改变为商场。一面自动铁墙，关闭以后是大门，向上回弹合拢后变成帐篷，为进入前面装有玻璃门的商场的消费者遮风挡雨。整个建筑是对布什威克工业历史的致敬，也为当地特色食品和该社区都市农场自产蔬菜提供了场所。"（Starita，2011）（见图 18.3）。

当零售商店被视为艺术作品，并且它们出售的商品被作为馆藏仔细挑选，一个布什威克这样的文化区就提升了自身的创意声望。2007 到 2010 年之间，在一年一度布什威克公开工作室项目中，登记参加的艺术家群体从大致 150 个翻倍到 320 个。2009 年，布什威克在《纽约时间》"火爆"社区的排榜中也挣得一席之地（2009 年 4 月 23 日出版的《纽约时间》）。和 SoHo、东村、威廉斯堡之前发生过的一样，这个区对企业投资者来说风险更低了，而且对中产阶级

**图 18.3　布什威克的维科夫贸易所零售商店**

图片摄影 Laura Braslow。

的居民来说也更体面了。结果"创意"居民开始失去他们的地盘。"在布鲁克林拥有一间巨大的价格可接受的 loft,四邻居住着优秀的艺术家、音乐家,对很多人来说仍然深具吸引,"发表在纽约地产博客的匿名批评贴说,"很多我认识的艺术家过去住在威廉斯堡或者布什威克,现在搬到了福特格林(Fort Greene)或者瑞德胡柯(Red Hook)。在布什威克之外找到价格合适的房子,只是想想就够吓人了。"( http://ny.curbed.com/archives/2009/02/09/inside_the_new_mckibben_lofts_php )

　　我们认为评价公共艺术非常重要,这一因素在建立社区"创意"声望过程中贡献颇大。挑衅倾向或批判性明显的公共艺术,比如涂鸦和街道艺术,作为社区文化的标志,事实上吸引而非吓退了投资商。啊呀,公共艺术的视觉创意可以帮助建立一个街区"创意区"的声望,并且这也是群体迁徙中"推动"的因素之一。最终,当一个创意区变得更贵,拥有更多餐馆和零售商店,公共艺术对于不同意见的表达就会减少,同时关于市场规范的表达则会增多。当我们对比纽约老创意区格林威治村和如今的公共艺术新区布什威克,这些差异就显而易见了。

# 18.5 街道上的视觉表现

对于差异性空间化的表演和展示,都在公共艺术中得以再现。暂且不论诸多可以想见的定义,公共艺术关键的要素就是在街道占据高度的可见性。广义来说,公共艺术可以包括视觉产物,比如公共空间的雕塑、壁画和表演(音乐、舞蹈或者演出)。它可以是表现主义的、纪念性的或者商业的、建筑学的,也可以是其他很多生产和传递美学符号的模式和象征,比如国家设立的前领导人的直身雕像,个人和家庭为纪念死去亲属设立的非正式纪念碑等。在纽约这样的大城市,商场的橱窗展示是公共艺术非常重要的商业形式,然而街上卖 T 恤和公园卖海报的小贩,也同样如此。所有这些公共审美表达都为塑造既定空间的特征服务,有关它的历史,现在和可能的未来。不借助多媒体呈现,这里我们只能提示纽约以前和现在创意区里的公共艺术大致如何,以及引起外界注意后发生了什么。

起初,早期的创意者倾向采取该地区长期居民的审美特征,从他们的祖国文化中改编风格和主题。这些居民大多数贫穷,常常是少数族裔,也可能是移民。举例来说,从 20 世纪 80 年代开始,布什威克就有以拉丁裔为主的混杂人口,此时"壁画"是公共艺术中的主要类别。同时由于该区历史悠久的拉丁色彩,壁画也是东村最重要的美学表达方式。在布什威克,因为区域累积的社会、经济劣势,壁画常常寄托了对被谋害青年人的哀思,并激励现在的居民反抗社区的中产阶级化(见图 18.4A 和 B)。而新的艺术家居民和商业企业家,则用壁画去标识他们的"存在",并在街道传播各自的美学。他们都把社区看成一个"搬入"创意的地点。

另一方面,很早以前格林威治村中心地段的开发,就是朝向专业、创意和更高阶层的中产阶级居民扎根延伸。这里几乎没有什么壁画,取而代之的是官方雕塑,都是对官方投资温情脉脉的展示以及商业化的标志。事实上,我们可以看到这个区的主要审美主题——复制、保守、嘲讽——在商场橱窗的展览里一目了然。私人房屋宏大或优雅的建筑装饰,很少出现表现主义艺术作品。

**图 18.4A　壁画"回忆中",布什威克维科夫大街**

图片摄影:Sharon Zukin。

**图 18.4B　壁画"反抗中产阶级化",布什威克**

图片摄影:Laura Braslow。

在一个罕见的例外中,我们看到了儿童艺术展,表达了对 2001 年 9 月世贸中心遭受恐怖袭击中受害者的哀思(见图 18.5)。布什威克几乎没有什么国家设立的官方艺术作品,我们找到的那些都非常低调。一个社区的主要公园中心有一尊雕像,地点位于旗石广场,被一组与地面齐平的小马赛克标记,很容易被人忽略。而格林威治村的官方艺术作品,则表达了对过去创意声誉的敬意。东村的入口著名的阿斯特立方,巨大的黑钢雕塑,矗立在阿斯特广场,永

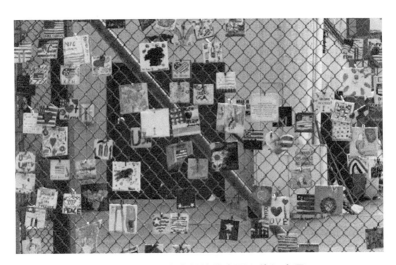

**图 18.5　格林威治村的儿童画瓦片纪念展**

图片摄影:Sharon Zukin。

**图 18.6　格林威治村的阿斯特立方**

图片摄影:Sharon Zukin。

久地倾斜着(见图 18.6)。2011 年公共艺术基金(Public Art Fund),在东村北边的联合广场安装了一个十英尺高的临时展品——安迪·霍沃尔(Andy War-hol)的青铜雕塑。这位艺术家曾经有一间命名为工厂的工作室(http://www.nytimes.com/2010/11/26)。

以前和现在浮现出的创意区,也可以根据街头艺术和涂鸦的表现以及是否缺失来区分。尽管很多参观者可能会把涂鸦看作视觉化的失序或者低阶层在区域反抗中的一部分,它仍然被那些已经居住在那里的青年人创造和欣赏。比如新的艺术家居民创作的壁画就是如此。而在老牌创意区的街道,例如布鲁克林或者 SoHo,就很少能看到涂鸦。然而那些被新兴创意区名头吸引到布什威克的人,会很快把涂鸦视为创意社区特征的标志。有辨别眼光的文化消费者,仔细观察的话会看到哪些涂鸦是艺术家的作品,而哪些是身居低等阶层的青年画的。前者会表明这个区域是消磨费时间和值得资本投资的好地方。几年前,布什威克作为街头艺术中心在艺术界颇有声誉,有一小组画廊为这个类别投资。现今已经很少见成群结队的白人青年,在画着一堆标语的墙壁面前相互留影了,这个地方也鲜有小型电影摄制组取景拍摄了。他们是这个区域创意声誉最后的消费者。

## 18.6　结　　论

当地政府、艺术家以及希望艺术家好的研究者都应该对创意区保持谨慎态度。公共官员、房地产开发商、专业人士和文化生产者在创意城市的方案规划中要占有不同的比列。很大程度上,创意生产者是低收入人群。尽管他们的品味和一些律师、媒体明星类似,他们的经济地位更接近工人和移民。不用说消费空间发展规划对高收入阶层品味的迎合,艺术家社团的社会结构就和他们的低收入社区名声冲突。和规划形成的创意区一样,自然形成的创意区如果打算长期支持创意生产,艺术家和工人们需要的低租金住房和政治自由就都应该被保障。

在过去的三十年里,纽约城区通过批准和修订 loft 法律,两次整顿艺术家社区,稳定了生活工作场所的租金。第一次是在 20 世纪 80 年代早期,另一次是在 2010 年。第一次的法律法规,主要涵盖了位于曼哈顿下城的 loft 建筑,后来的修订法把租赁保护延伸到了自治区之外,特别是艺术家近年来搬去的布鲁克林。然而尽管支持者和政策制定者都拥有最好的意图和美好的愿望,纽约模式的管理还是一把双刃剑。即使最好的案例,也依赖于房东愿意服从租金管理,而这也证实了作为创意社区,这些地方对其他拥有强大经济资源的非创意租户具有持续增强的吸引力。尽管房主保留了 loft 空间,被 loft 法律保护的艺术家,还是有可能因为周围的社区变化和中产阶级化,发现他们自己从他们选择的创意环境中被间接地取代了。

对艺术家来说,他们对监管是不信任的。极端情况下,为了践行“差异”,他们可能更想要一个其时间空间可以保持他们边缘性的未被识别的“炼狱”。纽约的案例,表明了自然形成的艺术家社区就是创意的丧钟(和高租金的开始)。

## 参考文献

Agee, James(2005). Brooklyn is: southeast of theIsland: travel notes. New York: Fordham University Press.

Baudrillard, Jean (1977). L'effet beaubourg: implosion et dissuasion. Paris: Editions Galilée.

Bell, Daniel(1976). The cultural contradictions of capitalism. New York: Basic Books.

Binkley, Sam (2007). Getting loose: lifestyle consumption in the 1970s. Durham, NC: Duke University Press.

Bourdieu, Pierre (1984). Distinction: a social critique of the judgment of taste trans. Richard Nice. Cambridge, MA: Harvard University Press.

Cartier, Carolyn(2008). Culture and the city: Hong Kong 1997—2007. The China Review, 8(1), 59—83.

Currid, Elizabeth(2007). The warhol economy: how fashion, art, and music drive New York City. Princeton, NJ: Princeton University Press.

Deutsche, Rosalyn, & Ryan, Cara Gendel(1984). The fine art of gentrification. October, 31, 91—111.

Evans, Graeme(2003). Hard branding the culture city-From Prado to Prada. International Journal of Urban and Regional Research, 27(2), 417—440.

Florida, Richard(2002). The rise of the creative class. New York: Basic Books.

Frank, Thomas(1998). The conquest of cool: business culture, counterculture, and the rise of hip consumerism. Chicago: University of Chicago Press.

Hansen, Hogni Kalso, & Niedomysl, Thomas(2009). Migration of the creative class: evidence from Sweden. Journal of Economic Geography, 9(2), 191—206.

Harvey, David(2001). The art of rent: globalization and the commodification of culture. In Spaces of capital: towards a critical geography. New York: Routledge, 394—410.

Haughney, Christine(2010). Suddenly, SoHo heeds law on artists' lofts. New York Times. November 11.

Indergaard, Michael(2009). What to make of New York's new economy? The politics of the creative field. Urban Studies, 46, 1063—1093.

Kong, Lily(2009). Making sustainable creative/cultural space in Shanghai and Singapore. Geographical Review, 99, 1—23.

Lefebvre, Henri(1968). Le droit a la ville. Paris: Anthropos.

Ley, David(2003). Artists, aestheticisation and the field of gentrification. Urban Studies, 40(12), 2527—2544.

Lloyd, Richard(2006). Neo-bohemia: art and commerce in the post-industrial city. New York: Routledge.

Mele, Christopher(2000). Selling the lower east side: culture, real estate and resistance in New York City. Minneapolis, MN: University of Minnesota Press.

Muschamp, Herbert (1997). Behind cast-iron facades, dreams are wrought. New York Times, May 9.

Musterd, Sako, & Murie, Alan(Eds.) (2010). Making competitive cities. Oxford: Wiley-Blackwell.

Noda, Kunihiro(2010). Yokohama's New Urban Policy—Creative City, Presentation to International Training Workshop, Creativity and Economic Development. Venice, November.

Patch, Jason(2008). Ladies and gentrification: new stores, residents, and relationships in neighborhood change. In J. DeSena ( Ed.). Gender in an Urban World, research in urban sociology. Amsterdam: Elsevier, JAI Press. Vol.9, 103—126.

Peck, Jamie(2005). Struggling with the creative class. International Journal of Urban and Regional Research, 29(4), 740—770.

Pratt, Andy C.(2008). The creative economy report. Geneva: UNCTAD.

Pratt, Andy C.(2009). Urban regeneration: from the arts "Feel Good" factor to the cultural economy: a case study of Hoxton. London. Urban Studies, 46, 1041—1061.

Pratt, Andy C.(2011). The cultural contradictions of the creative city. City, Culture and Society, 2(3), 123—130.

Pratt, Pratt C., & Jeffcutt, Paul(2009). Creativity and innovation in the cultural economy. London: Routledge.

Robledo, S.Jhoanna(2007). Loft Clauses, New York magazine. http://nymag.com/realestate/realestatecolumn/34448/.

Sasaki, Masayuki ( 2010 ). Urban regeneration through cultural creativity and social inclusion: rethinking creative city theory through a Japanese case study. Cities ( Suppl. 1 ), S3—S9.

Scott, Allen J.( 2000). The cultural economy of cities. London: Sage.

Scott, Allen J.( 2008). Social economy of the metropolis: cognitive-cultural capitalism and the global resurgence of cities. Oxford: Oxford University Press.

Sklair, Leslie( 1991). Sociology of the global system. Baltimore, MD: Johns Hopkins University Press.

Starita, Angela( 2011). Golden Age of Groceries, The Architect's Newspaper. http://www.archpaper.com/e-board_rev.asp?News_ID=5179.

Stevens, Mark, & Swan, Annalynn( 2004). De Kooning: an American Master. New York: Knopf.

Taylor, Marvin J. ( Ed.) ( 2005). The downtown book: the New York art scene 1974—1984. Princeton, NJ: Princeton University Press.

Tomkins, Calvin( 1980). Off the wall: a portrait of Robert Rauschenberg. New York: Doubleday.

Tyrnauer, Matt ( 2010 ). Architecture in the age of gehry, Vanity Fair. http://www.vanityfair.com/culture/features/2010/08/architecture-survey-201008?currentPage=all.

Wang, Jun( 2009). Art in capital: Shaping distinctiveness in a culture-led urban regeneration project in Red Town. Shanghai. Cities, 26, 318—330.

Ware, Caroline F.( 1935). Greenwich Village, 1920—1930: a comment on American civilization in the postwar years. Boston: Houghton Mifflin.

Zipp, Samuel( 2010). Manhattan projects: the rise and fall of urban renewal in Cold War New York. New York: Oxford University Press.

Zukin, Sharon ( 1989 ). Loft living: culture and capital in urban change ( 2nd ed ). Baltimore, MD: Johns Hopkins University Press.

Zukin, Sharon( 2008). Consuming authenticity: from outposts of difference to means of exclusion. Cultural Studies, 22(5), 724—748.

Zukin, Sharon( 2010). Naked city: the death and life of authentic urban places. New York: Oxford University Press.

# 后　记

　　《上海文化产业发展报告（2016）》以"迈向'十三五'，开创新格局"为主题，全面分析了"十二五"时期上海文化产业的主要成果和经验，以目标为引领，以问题为导向，对"十三五"时期上海文化产业的发展，进行了深入的研究，并且在理论和实践相结合、全球化视野与本地化操作相结合的意义上，提出了一系列的对策举措，体现了本书特有的专业化水平和敏锐的现实把握能力。

　　上海社会科学院、上海市科委、上海理工大学、上海文化产权交易所、上海出版印刷高等专科学校、上海国际艺术节中心、上海工程技术大学、上海喜布文化传播有限公司、同济大学、上海华舆营造规划建筑设计有限公司、上海市教育考试院、华东师范大学、上海创意产业中心、日本同志社大学、美国纽约城市大学等机构的专家学者和专业人士参加了本书报告的研究、编撰和翻译工作，其中有许多是他们承担的重点研究课题成果。本书的封面、内容提要、目录等由上海社会科学院文学研究所刘春翻译成为英文。上海社会科学院文学研究所沈洁为本书的编辑出版做了许多工作。施聪等参与了有关文件资料等工作。

编者

2016 年 6 月

**图书在版编目(CIP)数据**

上海文化产业发展报告.2016/荣跃明,花建主编.
—上海:上海社会科学院出版社,2016
ISBN 978 - 7 - 5520 - 1439 - 6

Ⅰ.①上⋯　Ⅱ.①荣⋯　②花⋯　Ⅲ.①文化产业-研
究报告-上海市-2016　Ⅳ.①G127.51

中国版本图书馆 CIP 数据核字(2016)第 146842 号

**上海文化产业发展报告(2016)**

主　　编:荣跃明　花　建
责任编辑:王晨曦
封面设计:周清华
出版发行:上海社会科学院出版社
　　　　　上海顺昌路 622 号　邮编 200025
　　　　　电话总机 021 - 63315900　销售热线 021 - 53063735
　　　　　http://www.sassp.org.cn　E - mail:sassp@sass.org.cn
照　　排:南京理工出版信息技术有限公司
印　　刷:江苏凤凰数码印务有限公司
开　　本:710×1010 毫米　1/16 开
印　　张:25.75
字　　数:362 千字
版　　次:2016 年 6 月第 1 版　2016 年 6 月第 1 次印刷

ISBN 978 - 7 - 5520 - 1439 - 6 / G·564　　　定价:128.00 元

版权所有　翻印必究